Library of
Davidson College

LA VIE DE SAINT ALEXIS

COMITÉ DE PUBLICATION
DES
«TEXTES LITTÉRAIRES FRANÇAIS»

MM. J. Céard   Paris
     F. Deloffre   Paris
     G. Hasenohr   Paris
     Ph. Ménard   Paris
     A. Micha   Paris
     R. Niklaus   Exeter
     Ch. Roth   Lausanne
     G. Roussineau   Paris
     M. Screech   Oxford

www.droz.org

TEXTES LITTÉRAIRES FRANÇAIS

LA VIE
DE SAINT ALEXIS

Edition critique
par
MAURIZIO PERUGI

LIBRAIRIE DROZ S.A.
11, rue Massot
GENÈVE
2000

ISBN: 2-600-00456-4
ISSN: 0257-4063

© 2000 by Librairie Droz S.A., 11, rue Massot, Genève.
All rights reserved. No part of this book may be reproduced in any form,
by print, photoprint, microfilm, microfiche or any other means without
written permission.

που πέτονται με τους θεούς

Explication des sigles et des abréviations

Hormis les dictionnaires, les répertoires et les textes mentionnés aux p.281-2, les sigles les plus souvent utilisées dans le présent ouvrage concernent 1) les manuscrits de la *Vie de saint Alexis* en décasyllabes (=StAl), qui constituent la base de notre édition critique ; 2) les manuscrits des Vies latines, qui ont servi de modèles pour la composition du poème vernaculaire.

1) Les manuscrits de StAl, dont les fiches complètes seront fournies avant le texte critique, sont au nombre de sept, correspondant en réalité à six versions différentes (compte tenu que M = Ma,Mb) :

L = Psautier de St. Albans, Hildesheim (Hannover), 1er quart du XIIe s. ;
A = Paris, BN nouv. acq. fr. 4503, fin du XIIe s. ;
V = Biblioteca Vaticana, Vat. lat. 5334, XIIe s. ;
P = Paris, BN fr. 19525, XIIIe s. ;
S = Paris, BN fr. 12471, XIIIe s. ;
Ma = Paris BN fr. 1553, XIIIe/XIVe s. ;
Mb = ms. Carlisle, The Cathedral Library, XIIIe s.

Il convient d'avertir au préalable qu'il ne s'agit pas que de témoins différents du même ouvrage, chacun des sigles indiquant plutôt une version partiellement autonome par rapport aux autres. L'opposition la plus importante est entre A et L, dont l'un transmet une version 'courte' ou écourtée, tandis que l'autre, tout en proposant la même conclusion que A, présente 15 strophes de plus : celles-ci contiennent le récit des miracles ainsi que les funérailles, le tout étant complété par une deuxième conclusion. Tous les autres manuscrits partagent la version 'longue', avec un nombre plus ou moins important de lacunes par rapport à L : en particulier V, l'un des trois manuscrits les plus anciens, est mutilé, ne débutant que par la dernière ligne de la str.85. Parmi les témoins plus récents, P est le seul qui présente la structure métrique en strophes de cinq vers assonancés, alors que SM sont des remaniements considérablement élargis qui ne conservent qu'une partie du matériel originaire : S est en laisses assonancées, M (représenté par deux témoins) est en laisses en principe rimées.

Dans notre introduction ainsi que dans le commentaire, une expression du type L(=P) signifie que par rapport au texte de L, allégué en entier, le texte de P est fonctionnellement le même, à l'exception de quelques minimes variantes de forme qu'il aurait, en l'occurrence, été inutile de détailler. Plus ou moins rares, toutes les combinaisons de ce type sont naturellement possibles.

2) L'expression cod. Marcianus désigne la version grecque contenue dans le cod. Marcianus VII 33, qui a été découverte et publiée par Rösler 1933. Parmi les sources latines, uniquement celles antérieures à la fin du XIe s. sont utiles à l'établissement du texte de StAl. Voici donc les sigles désignant les Vies latines de saint Alexis utilisées pour la présente édition ; sauf le poème en vers rythmiques indiqué comme Rythme ou Rythme latin, il s'agit de textes en prose. A l'exception de Md, dont l'original est datable au IXe s., tous les autres remontent au XIe s. :

A = Admont. 664

B = Bruxell. II 992

C = Casin. 792

Ct = Casanat. 719

Md = Madrid, Academia de la Historia, Aemilianensis 13

Rythme = *Pater deus ingenite,* édition Sprissler 1966 (mss. Admont. 664 et Pal. lat. 828)

Comme dans le cas de StAl, les sigles désignent non seulement des manuscrits, mais surtout des versions différentes. Md est le sigle que nous avons attribué à la plus ancienne Vie, éditée par Mölk 1976b, et dont la tradition manuscrite est limitée à l'Espagne. Les autres sigles correspondent à ceux employés par Sprissler 1966 dans son édition. En particulier, Sprissler 1966:106 répartit les manuscrits du XIe s. en quatre types, qu'il désigne à partir des quatre manuscrits de base, dont A est le plus proche de la *Vita* officielle imprimée dans les *Acta Sanctorum*. Au lieu d'établir un texte critique, Sprissler propose une édition synoptique des quatre témoins de base. Les types C et A forment un groupe très soudé, alors que la relation entre Ct et B est plus lâche, dans la mesure où le premier semble finalement remonter au type C. C'est pourquoi dans notre travail il nous a souvent fallu utiliser les expressions suivantes:

C,A = accord entre les textes de C et de A
Ct,B = accord entre les textes de Ct et de B
C(=A) = texte de C, auquel A s'accorde à quelques détails près (variantes de fond mineures et/ou variantes de forme)
Ct(=B) = id. pour les textes de Ct et de B

Bien que plus rares, d'autres combinaisons sont naturellement tout aussi possibles. Ajoutons d'autres expressions abrégées auxquelles nous avons eu recours par souci de commodité:

(Vie/Vita) (espagnole/ancienne) = Md
(Vies/Vitae) plus récentes = l'ensemble constitué par C,A,Ct,B

Sauf indication contraire, les numéros des vers et des strophes correspondent au texte de L, même lorsqu'il s'agit des variantes portées par les autres manuscrits (pour les mss S, Ma, Mb, une table de correspondances se trouve aux p.192-6).

L'abréviation ad v. renvoie au commentaire relatif au vers mentionné.

Au seuil de notre édition, nous tenons à remercier Dominique Billy, dont l'aide nous a été précieuse.

Préhistoire de la Vie de saint Alexis

1.1. C'est Amiaud 1889 qui a publié et analysé le premier la légende syriaque de l'anonyme 'homme de Dieu'[1]: né et élevé à Rome (c'est-à-dire Constantinople), il quitte ses parents et sa fiancée pour vivre en mendicité, en se rendant d'abord à Seleucia, ensuite à Edesse, où il achève ses jours. Composé entre 450 et 475, le texte syriaque se lit dans trois manuscrits du VIe s. (dont le plus ancien date de 584), auxquels sont venus s'ajouter des témoins plus récents, à savoir une version grecque du XIIe s. dans le cod. Marcianus VII 33[2] ainsi qu'un certain nombre de manuscrits arabes, tant complets que fragmentaires, dont le plus ancien remonte au Xe s. (Graf 1944:497-8).

Ainsi qu'il a été supposé par Amiaud et confirmé par Poncelet 1889-90, la *Vie de saint Alexis* est l'œuvre d'un hagiographe byzantin, chez qui ce noyau de la légende originaire se joint au motif du retour à la maison familiale[3]. Ce motif a été tiré de la

---

[1] *Bibliotheca Hagiographica Orientalis*, p.10-11, n°36-42. Le texte carschouni (ms. Vaticanus Arabicus LV, arabe en caractères syriaques, dont la première partie a été traduite par les Bollandistes, a. 1545, 17 Iulii, IV, 265-270), l'appelle aussi *Mar Riscia* 'mon prince' (Rösler 1905:35).

[2] La version grecque doit remonter au VIe s., car on y mentionne l'église de Ste-Marie à Edesse, bâtie après 489 (ce qui par ailleurs ne saurait s'accorder avec la tradition, qui place la mort d'Alexis sous l'empire d'Honorius: cf. Rösler 1941 ad v.87). Selon Rösler qui en a découvert et publié le texte, le cod. Marcianus représenterait «die ursprüngliche Fassung der Legende», sur laquelle aurait pu se baser la Vie du Mar Riscia, embellie de détails puisés au monde oriental (Rösler 1933:508, 514; 1941:vi-vii); cf. pourtant Mölk 1976b:293.

[3] Les traits distinctifs du noyau plus ancien et du remaniement ont été résumés et discutés par Rösler, qui ne croit guère à l'existence d'un 'original byzantin': voy. par ailleurs sa discussion du stemma qu'Amiaud avait proposé (Rösler 1905:7 ss., et notamment 28-29; cf. aussi Id. 1933:517-8, où l'on tient compte de la *Vita Joh. Calybitae*, absente dans l'étude de 1905).

légende de Johannes Calybita, qui, renonçant au mariage ainsi qu'aux richesses et aux privilèges dont il devait hériter, quitte Byzance pour s'enfermer de longues années dans un monastère de la plus rigide observance. Poussé par la nostalgie de revoir sa famille[4], il retourne à Rome où il mène sa vie incognito dans une cabane près de chez son père et sa mère, desquels il ne se fait reconnaître que peu avant sa mort[5]. Cet élargissement de la légende est attesté dès le IXe s. dans des manuscrits syriaques[6] ainsi que dans des versions grecques plus récentes: le protagoniste (qui dans celles-ci s'appelle désormais Alexius)[7] quitte Edesse dès que sa sainteté commence à être reconnue.

C'est en 868 qu'Anastase le Bibliothécaire fut chargé par le pape Formose (titulaire du diocèse de l'Ile Tibérine, où le Calybite est toujours vénéré par l'ordre des Fatebenefratelli) de traduire la *Vita Joh. Calybitae*. Composante essentielle de la légende alexienne, cette Vie fait aussi office de précurseur au sein du même courant hagiographique. Dans sa lettre dédicatoire

---

[4] *Hostis bonitatis diabolus turbavit cor meum, desiderium inducens videndi parentes meos et domum meam* (§ 8). Considéré comme un obstacle à l'amour pour Dieu, l'amour pour la famille équivaut à une tentation du démon, sur laquelle Jean prend paradoxalement le dessus quittant le monastère et revenant près de chez ses parents.

[5] L'agnition se fait moyennant un livre de prières dont la mère lui avait fait cadeau (§ 13).

[6] A la fin de la première vie syriaque ainsi que dans le texte carschouni, le saint homme tombe malade et meurt à l'hôpital, pour être finalement enterré dans une fosse commune; le sacristain et l'évêque Mar Raboula cherchent en vain le cadavre pour lui donner une plus digne sépulture: il a miraculeusement disparu. Le cod. Marcianus est en accord avec cette version, sans pour autant mentionner le nom de l'évêque édessène (Rösler 1933:514). «A la suite de cette première vie, dont la fin laisse en effet supposer la résurrection du saint, les cinq autres manuscrits en ajoutent séparément une seconde, racontant sa fuite d'Edesse, son retour providentiel à Rome, et les faits de son séjour et de sa mort dans cette ville» (Amiaud 1889:1). Dans la juxtaposition assez maladroite opérée par la seconde Vie, le saint meurt donc deux fois (Stebbins 1973:501, 503).

[7] L'innovation paraît remonter à Joseph, dit l'Hymnographe (mort entre 880 et 893), auteur de l'hymne sur lequel Amiaud s'appuie pour soutenir son hypothèse de l'original byzantin.

au pape Formose, alors évêque de Porto, Anastase précise *pia Romani hominis exempla non habere Romanos*. Il se propose donc d'enrichir de saints romains l'hagiographie romaine, et pour ce faire, il est obligé de recourir à la tradition byzantine. Jean Calybite n'est qu'un exemple parmi d'autres saints orientaux mis en circulation par Anastase, avec le résultat de retarder l'influence de la tradition franque (Leonardi 1981).

1.2. Depuis Duchesne 1890:245 l'on a longtemps répété que la diffusion du culte de saint Alexis en Occident remonte à Serge, métropolite de Damas, qui se réfugia à Rome en 977[8]. En fait, ainsi que Mölk l'a rappelé, le saint était déjà connu en Espagne[9]. Le plus ancien des quatre manuscrits qui ont conservé cette *Vita* (BHL 289) est un Passionnaire provenant de l'Abbaye de San Pedro de Cardeña (Burgos): le nom du copiste (Endura, tel qu'on le lit dans une glose marginale) est autrement attesté entre 924 et 972 en tant qu'écrivain, témoin, abbé.

Un de ces quatre manuscrits, qui remontent à un même ancêtre, est originaire de Santo Domingo de Silos; un autre, conservé à Madrid et datable entre le Xe et le XIe s., appartient à la même branche de la tradition manuscrite que le précédent, mais doit être considéré comme le plus fidèle au texte original. Provenant de San Millán de la Cogolla (Logroño), haut lieu de la culture ibérique, ce manuscrit (=Md) contient en plus la *Vita sancti Martialis* d'origine limousine, ce qui confirme ses liens avec l'un des centres les plus importants dans l'histoire de la littérature gallo-romane.

---

[8] Cf. toutefois les doutes précocement avancés par Rösler 1905:3-5. Par ailleurs, l'épitaphe de Serge (mort en 981) ne fait aucune mention de saint Alexis.

[9] C'est ce qu'avaient démontré Férotin (1912), Vázquez de Parga (1941), Fábrega Grau (1953), outre Baudouin de Gaiffier dans de nombreux articles à partir de 1937, ainsi que la *Bibliotheca Sanctorum,* Rome 1961, col.814-823: références bibliographiques chez Mölk 1976b:295; cf. également Mölk 1978b:455-6. Ainsi que le remarque Díaz 1981:56-57, vers la fin du Xe s. nous assistons en Espagne au début d'une sorte de Légendiers; plusieurs autres vies de saints confesseurs sont représentées à l'intérieur de la Compilation où voisinent la *Vita Augustini* et la *Vita Alexi*.

Dans la Vie espagnole, le protagoniste s'appelle «famulus Dei» au lieu de «homo Dei», et on verra que cette distinction a probablement laissé des traces dans la tradition manuscrite. On sait depuis longtemps que la fréquence des appellations *vir Dei, homo Dei, famulus Dei* constituent l'une des principales nouveautés des *Dialogi* de Grégoire le Grand[10]. Il s'agit d'une tradition qui, elle aussi, remonte sans aucun doute à des modèles orientaux[11]. On devient *vir Dei,* c'est-à-dire adepte d'un idéal ascétique aux traits extrêmes et presque inhumains, toujours à partir d'un refus: Honoratus pratique l'abstinence non pas comme un but, mais *ad amorem caelestis patriae*; l'histoire de Constant peut se résumer dans les mots *funditus terrena dispiciens, toto adnisu mentis ad sola caelestia flagrabat*; Anastase quitte sa fonction de chancelier pour entrer dans un monastère et *soli Deo vacare*[12]. Notre poème vernaculaire est parsemé de locutions semblables.

Dans la Vie espagnole, le nom du saint n'apparaît nulle part: sous la forme d'*Alexius* ou *Alixeus*, il ne se lit que dans la subscription du plus ancien témoin ainsi que du plus récent, outre que dans une glose marginale (*Alesius*) du codex de Madrid. Tant celui-ci que le manuscrit de Santo Domingo de Silos affichent le titre: INCIPIT VITA SANCTISSIMI VIRI FILIUS FIMIANI. Par ailleurs cette Vie, où la famille et les autorités politiques et religieuses sont tout aussi anonymes, ignore tant la légende édes-

---

[10] Cf. Cracco 1981 (avec bibl.). On trouve aussi *servus Dei, vir sanctus, vir venerabilis, sanctissimus vir, servus Domini.* Dans le livre II des *Dialogi,* l'auteur affuble Benoît des titres de *vir domini* (II,28), *vir Dei* (II,25), *venerabilis pater* (II,9), *sanctus vir* (II,25). De même Sulpice Sévère appelle saint Martin *beatus vir* (7,7) ou *vir Deo plenus* (3,2). Dans un cas et dans l'autre, les épithètes se réfèrent au vivant du protagoniste. Une partie de ces titres résonnent aussi dans StAl ainsi que dans ses Vies métrifiées (cf. Wagner 1965:149).

[11] Cf. Peeters 1950:46 ss., illustrant l'origine syriaque et aramaïque de plusieurs éléments intégrés de bonne heure à la culture occidentale.

[12] Benoît lui-même peut être considéré comme le *vir Dei* exemplaire des *Dialogi,* dans la mesure où il renonce à ses nobles origines ainsi qu'à la perspective d'une carrière séculaire à Rome.

sène de l'image du Christ[13] que l'épisode de l'icône miraculeuse de Marie: cf. Md 9 *factum est, ut revelaretur per visionem noctis ad prepositum domus sancte ecclesie*[14]. Ce détail se retrouve dans un hymne en l'honneur de st. Alexis, écrit en Champagne au XIe s.[15]

Dans la Vie romaine officielle Alexis passa dix-sept ans en Syrie et autant dans le palais de son père. Alors que la Vie syriaque ne mentionne le numéro dix-sept que dans ce dernier cas, dans la Vie espagnole ainsi que dans la Vie latine désignée par le sigle Ct le nombre d'années ne figure que pour le séjour en Syrie[16]. La *aulam, <que> sancta vocatur* (Md 22), où Alexis

---

[13] Attestée dès le VIe s. en Orient, où elle a été précédée par la légende de la lettre de Jésus-Christ (cf. ci-dessous ainsi que Rösler 1905:5-6, 49): connue dès le début du IVe s., celle-ci est encore mentionnée dans Ct 16, l'une des quatre rédactions de la 'Vita' latine éditées par Sprissler.

[14] Texte d'après Mölk 1978b:460. Dans son édition critique rédigée deux ans plus tôt, Mölk avait comblé la lacune (*ut revelaretur <sanctissima mater Domini> per visionem noctis* sur la base des paroles que le sacristain adresse par la suite au saint homme: *Domina nostra sanctissima et gloriosa mater Domini Maria vocat te ad aulam sanctam suam*. Cependant l'intégration est d'autant moins satisfaisante, que le sacristain, avant de reconnaître le saint homme, fait l'objet d'une nouvelle semonce prononcée par une voix indéterminée (*subito audivit vocem dicentem*). Dans le cod. Marcianus le sacristain ἑώρα ἐνύπνιόν τινα: le rêve se répète trois nuits de suite. En revanche, dans les textes grecs du type II (cf. ci-dessous), c'est la sainte-Vierge qui lui apparaît deux fois en rêve, et c'est ainsi qu'il faut entendre le terme *imago* (aussi intrinsèquement ambigu que, dans nombreux textes grecs, εἰκὼν τῆς θεοτόκου) dans les versions latines (et françaises) de ce type. Dans les versions latines classifiées par Sprissler il s'agit désormais de *l'imago* (ou *ycona*) de la sainte-Vierge.

[15] Cf. Mölk 1978b:459-460, qui envisage deux possibilités: soit cet hymne reflète la tradition espagnole; soit il y a eu «un rapport indirect ou direct avec un des rares manuscrits byzantins ou italo-grecs parlant, eux aussi, du songe du sacristain». La persistance de traditions anciennes dans le culte d'Alexis observé dans la région champenoise semble être confirmée, quoique à une date beaucoup plus récente, cf. Jung 1984:220, note 11 («la version du ms. A du poème français ressemble-t-elle beaucoup à la *vita* abrégée d'un bréviaire de Châlons-sur-Marne du XIIIe siècle [publiée par Mölk 1976a]»). Ainsi que nous le verrons par la suite, la tradition du poème vernaculaire recèle de nombreuses traces d'une version pareille à l'ancienne Vie espagnole.

[16] Pour d'autres détails, cf. ad v.161 et 271.

est enterré[17], doit correspondre à l'église de St.-Pierre, comme il se trouve dans la seconde Vie syriaque du IXe s., dans une partie de la tradition arabe et éthiopienne, dans plusieurs manuscrits grecs et légendiers espagnols, enfin dans Ct[18]. Le texte espagnol reflète donc une situation antérieure au culte qui réunit, dans la même église de l'Aventin, les saints Alexis et Boniface[19].

1.3. L'auteur de la légende alexienne se caractérise, vis-à-vis de ses modèles, par un certain nombre d'innovations:

1) l'omission de deux motifs essentiels, à savoir la nostalgie de la famille et l'agnition peu avant la mort (Mölk 1976b:293). Ces deux coupures revêtent une importance indéniable, dans la mesure où elles impriment une fois pour toutes à l'histoire d'Alexis cette marque de rigueur presque impitoyable, qui constituera désormais son trait distinctif;

2) ainsi que l'a démontré Baudouin de Gaiffier 1945 et 1947, le motif du mariage dans la plus ancienne Vie espagnole[20]

---

[17] Selon Mölk 1976b:315 il pourrait s'agir, dans la Vie espagnole, de saint Phocas, dont le culte est attesté en Espagne au cours du VIIe s.

[18] Par contre, Agapius porte μεγάλη ἐκκλησία: cf. Rösler 1905:75; Mölk 1976b:300, note 31; Id. 1978:456. C'est en effet l'église de saint-Pierre qui, avant l'église de saint-Boniface, était destinée aussi bien aux épousailles d'Alexis qu'à sa sépulture: «On commença par placer à St.-Boniface la cérémonie du mariage d'Alexis, tout en laissant les funérailles à St.-Pierre. Mais on ne se contenta bientôt plus de ce premier lien créé entre le monastère de l'Aventin et le saint qui commençait à y être honoré. On modifia formellement la vieille rédaction grecque, et on transporta également à St.-Boniface les funérailles et la sépulture de l'Homme de Dieu» (Gaffier 1900:254-5); cf. Rösler 1905:11-13, qui évoque la tenace rivalité, sous le pontificat d'Honorius III (XIIIe s.), entre les moines des deux églises, prétendant les uns et les autres d'être en possession des reliques du saint. Comme toutefois la seconde version syriaque ainsi que des versions grecques citent plus exactement une église de saint Pierre et saint Paul, il aurait pu s'agir à l'origine, selon Rösler, non pas de la basilique de St.-Pierre à Rome, mais de la petite église de S. Pietro in Vincoli, que le pape Paul I consacra aux deux apôtres en 760 env.

[19] Les premiers témoignages de la nouvelle situation se trouvent déjà au Xe s. dans des sources grecques (Parisinus Graecus 1538 et Marcianus Graecus 359), cf. Mölk 1976b:300, note 32.

[20] Cf. Md 4 *Quia ex divino precepto cognovi coniugium mihi non esse peccatum, sed gratiam, faciam, que hortamini*; Mölk 1976b:298.

est extrapolé de la *Passio SS. Iuliani et Basilissae*: par rapport à la littérature hagiographique, saint Alexis présente donc la fusion des deux alternatives auxquelles l'ascète est normalement confronté, l'une étant la chasteté dans le mariage, l'autre la fuite de la maison paternelle[21];

3) la fusion des deux légendes aboutit à la structure circulaire typique de la «mythic quest»[22];

4) au point de vue géographique, Seleucia (versions syriaques et carschouni) est remplacé dans les versions grecques et latines par Laodicea (*Lalice* dans le poème vernaculaire, *Licca* dans le Rythme latin), d'où le saint embarque également pour le retour[23].

A ces traits acquis depuis longtemps, on ajoutera le rôle joué par la mère de Jean Calybite. Non seulement elle aura deux fois refusé de voir le mendiant inconnu[24], mais elle cherche à enfreindre par la suite les dernières volontés de son fils, qui demande à être enterré vêtu de ses haillons[25]. On ne peut s'empêcher de

---

[21] Sckommodau 1956:177. Le motif du mariage non consommé (tout à fait étranger au noyau originaire de la légende, où la fuite a lieu avant le mariage) est ancien dans l'hagiographie latine et grecque, cf. Aigrain 1953:229-230; Gnädinger 1972:47, note 122.

[22] «Externally, Alexis' departure and sojourn in Alsis would seem to fulfill the basic design of the traditional pilgrimage, while the combination of this departure with his subsequent return to Rome appears to resemble the essentially circular contour of the mythic quest» (Maddox 1973:149).

[23] Dans un certain nombre de versions, dont celles représentées par les mss SM, le saint fait un détour par Jérusalem avant d'arriver à *Lalice*; cf. Rösler 1905:47-48, qui signale en particulier le texte latin édité par Massmann, où le saint embarque à Pise pour Jérusalem, d'où il arrive finalement à *Lucca* (< *Licca*), *ubi imago domini nostri Ihesu Christi a Nichodemo secundum eius expressam similitudinem facta narratur, ab universo ibidem orbe colitur atque adoratur.*

[24] La première fois lorsque celui-ci est étendu devant sa porte, § 11 *Exiens postea mater eius videt illum et propemodum attonita obstupuit eo quod ita agrestis videretur. Et dicit pueris suis: 'Trahite illum hinc, quod isto hic iacente non possum transire'*; la deuxième lorsqu'il l'appelle peu avant de mourir, § 12 *Et ingressa nuntiavit haec viro suo. Qui dicit ei: 'Vade, domina mea, et ne superbias; pauperes enim elegit Deus'. At illa distulit abire.*

[25] § 14 *Tunc mater eius oblita iuramenti exuit eum pannis conscissis et induit illum auro textis vestibus. Cumque indutus fuisset, statim dissoluta est mater*

réfléchir à la complexité de ce substrat qui prend enfin sa forme définitive dans le personnage de la mère d'Alexis, tel qu'il a été fixé dans les biographies latines et surtout dans le poème vernaculaire.

1.4. Dans le manuscrit de Cardeña, le texte est inséré entre la *Translatio Saturnini* (1er novembre) et la *Passio ss. martyrum innumerabilium Caesaragustanorum* (3 novembre). Par rapport à la liturgie orthodoxe, où le saint est vénéré le 17 mars, et à la liturgie romaine, où il est vénéré le 17 juillet, cette date du 2 novembre correspond à la liturgie de l'Eglise orientale, voire syriaque. Ce lien direct entre l'Espagne et l'Orient est confirmé sur le plan toponymique.

Aussi bien dans la version syriaque que dans le cod. Marcianus le saint arrive à Seleucia, ensuite à Edesse[26]. Comme on l'a dit ci-dessus, dans la version élargie Seleucia est remplacé par Laodicea, dont le saint embarque à nouveau pour le retour. Dans la version espagnole, enfin, le saint arrive dans une île qui s'appelle Laudocia (forme médiolatine)[27], où se trouve une ville nommée (H)erea, faute d'archétype pour (H)eroa, soit ar-Rúhā, nom arabe d'Edesse répandu par les chroniqueurs des croisades sous la forme (sans article) de Roha ou Roais[28]. Mais pourquoi dans le texte espagnol Herea est-elle placée dans une île? C'est que la Mésopotamie du nord, où Edesse se trouve, a toujours été

---

eius. Veniens autem post in recordatione, dicit: 'Consilium filii nostri teneamus'. Et exuto eo, confestim sana facta est mater eiusdem pueri.

[26] On rappelle qu'à la place d'Edesse, c'est le toponyme *Alsis* qui caractérise la plupart des rédactions vernaculaires, y compris les plus anciennes, cf. ad v.86 (et Rösler 1905:48).

[27] La plus ancienne attestation ibérique se trouve, d'après Mölk 1976b:297, dans le codex Toletanus (VIIIe ou IXe s.) d'Isidore, *Etym.* XV,1,14.

[28] Cf. l'ancienne parétymologie évoquée chez Rösler 1933:515: *Edessa quae a fonte perlucidis undis illic fluente Callirrhoë vocitata fuit et per Syncopen Rhoë*. Dans le cod. Marcianus il est bien question d'une source à laquelle Alexis se rend habituellement pour se désaltérer. Rösler 1905:48 cite la version en vers octosyllabiques du XIIIe s. publiée par Paris 1879 (*Edesse qui ore est Rohes apelee*, v.306) ainsi que le texte du même siècle, en laisses d'alexandrins, édité par Herz 1879, et plus récemment, par Stebbins 1974 (*Rohais*).

appelée par les historiens et érudits arabes al-Ǧazīra 'île' (cf. al-Lādhiqīya 'ville du port').

Outre ces liens avec la chrétienté arabe, le texte espagnol révèle la présence de quelques légendes latines: en plus de la *Passio SS. Iuliani et Basilissae* (cf. ci-dessus), il faut encore mentionner la *Vita S. Eugeniae* et la *Vita S. Theodosiae,* qui se trouvent également dans le passionnaire de Cardeña. Alors que les deux premières sont attestées en Espagne dès le VIIe s., la *Vita S. Theodosiae* n'y est connue qu'à partir du IXe s., ce qui permet de dater la *Vita sanctissimi viri filius Fimiani* à la fin du IXe s. au plus tôt (Mölk 1976b:299).

1.5. S'étant enfui de Damas sous le coup de l'invasion arabe, le métropolite Serge se réfugia à Rome en 977. Ordonné diacre de l'église de St.-Boniface en Aventin par le pape Benoît VII, il la transforma en abbaye bénédictine. C'est à partir de 986, sous l'abbé Léon, qu'Alexis apparaît comme second patron de l'abbaye (Werner 1990:533). Par la suite, le nom d'Alexis est attesté dans plusieurs calendriers écrits ou complétés au cours du XIe s. à Mont Cassin, où en 1023 le pape Benoît VIII fit transférer les reliques du saint (Id., p.537). Bien des manuscrits cassinois datés de ce siècle présentent une version particulière de la *Vita*.

Depuis Mont Cassin, le culte de saint Alexis rayonne bientôt en Europe: à Brno, après autorisation du pape, l'évêche de Prague Adalbert[29] dédie un cloître à la triade formée par les saints Benoît, Boniface et Alexis; au début du XIIe s., le monastère de St. Albans érige la fameuse chapelle consacrée à Alexis, lors de la composition du ms. L. C'est entre ces deux événements, voire entre la fin du XIe s. et le début du siècle suivant, que se situent les peintures murales dans l'église romaine de St.-Clément (liée, à l'origine, à la mission des Slaves)[30]. Ces peintures

---

[29] Ancien moine de l'abbaye bénédictine de l'Aventin; prononcée pour la fête de saint Alexis (17 juillet), son homélie sur Mt. 19,27-29, qui date vraisemblablement de 995, se base sur la tradition latine de StAl, cf. Sprissler 1966:102-6.

[30] Martyr de Tarse, connu de la liturgie et patron d'une église sur l'Aventin depuis le haut Moyen Age. Mais pour l'auditeur du XIe ou du XIIe s., il s'agissait plus

s'inspirent de la tradition romaine de la légende, ainsi que le démontre le choix des épisodes: on y voit la rencontre avec le père, la mort du saint entouré par ses parents en larmes, enfin l'identification faite par le pape, sans que les deux empereurs y soient présents[31].

---

probablement de l'Apôtre des Slaves, exécuté en 1009 (Bordier 1993:254, avec une remarque fort éclairante à propos de l'inceste que le plus ancien Boniface aurait commis avec sa mère, nommée Aglaé).

[31] Sckommodau 1956:187. L'absence des empereurs correspond à la rédaction ancienne, telle qu'elle se reflète encore dans la Vie espagnole.

Le problème de l'unité du poème

2.1. Les termes de la question, qui continue d'être débattue depuis plus d'un siècle, peuvent être résumés de la manière suivante. Les plus anciens témoins de StAl présentent une bipartition très nette en ce qui concerne la conclusion du poème:

1) alors que le ms. A se termine par la str. 110 (les avis sur cette conclusion ne sont pas unanimes: quelques-uns la jugent irréprochable, mais aux yeux de la plupart il s'agit d'un texte mutilé), tous les autres manuscrits, quel que soit le nombre total des strophes, arrivent jusqu'à la str. 125, qui fait office de conclusion;

2) parmi ce dernier groupe de témoins, le ms. L occupe une place à part, dans la mesure où il présente les deux conclusions à la fois;

3) la tranche de texte qui manque à A, et que les autres témoins conservent d'une manière inégale, contient la cérémonie des funérailles avant la sépulture de saint Alexis dans l'église de St.-Boniface; dans les mss LVSM, trois strophes (deux dans M) sont encore insérées décrivant les miracles opérés par le corps du saint.

Tant les mss AP que le Rythme ne prévoient donc que des miracles du vivant du protagoniste, à savoir l'icône miraculeuse (mais on a vu que, dans la version la plus ancienne, il est tout simplement question d'une vision du sacristain) et, au moment même de la mort, la voix céleste qui résonne du maître-autel[32].

---

[32] Il s'agit de deux types de miracles parmi les plus communs dans la littérature hagiographique (il est d'ailleurs important de préciser qu'ils ne sont pas directement accomplis par le saint lui-même: c'est plutôt, dans un cas comme dans l'autre, un signe envoyé par Dieu ou par la sainte Vierge, en vue de confirmer la sainteté du protagoniste).

Les 'Vitae' plus récentes, ainsi que les autres manuscrits, présentent en plus une liste stéréotypée de guérisons attribuées aux reliques aussitôt après la mort[33].

En général le miracle est soit un argument (p.ex. en vue de constituer un dossier pour la canonisation) soit un instrument de propagande[34]: il s'agissait à chaque fois de confirmer au travers des miracles la sainteté et la puissance du patron.

Les avis sont partagés depuis le début entre les partisans de l'unité du poème et ceux qui ont soutenu l'existence de deux versions distinctes, l'une 'courte' et l'autre 'longue'. Comme nous l'avons dit tout à l'heure, on n'a pas forcément considéré la première comme la plus ancienne, dans la mesure où elle aurait pu être 'écourtée'. D'autre part, une version plus étendue ne saurait exclure la possibilité d'interpolations.

2.2. Ce contraste s'est polarisé d'une manière hautement symbolique autour des mss L et A dans le duel opposant, au cours des années 50, Lausberg et Sckommodau. Publié en 1929 par Rajna, le ms. V aura dû attendre longtemps avant d'occuper la place qui lui revient dans la tradition alexienne: bien qu'autant (sinon plus) ancien que les deux autres, son texte ne commence qu'avec le dernier vers de la str. 85[35].

---

[33] D'après le relevé effectué par Sigal 1983:46 sur les Vies relatives aux XIe et XIIe s., les guérisons représentent la plus fort proportion, mais alors qu'elles ne constituent qu'un tiers des miracles *in vita*, elles atteignent presque les deux tiers des miracles posthumes. En revanche, les visions, qui constituent un quart des miracles *in vita* et qui viennent donc en seconde position par leur importance, ne concernent que 5% des miracles *post mortem*.

[34] Ainsi, pour confirmer la 'fama sanctitatis' d'Adelaïde on rédige, à l'abbaye de Selz, sépulture de l'impératrice, un *liber miraculorum* daté de 1051-56, dont l'objectif premier est d'obtenir la mise en marche d'un processus de canonisation (Corbet 1986:61; Barone 1991:439). En général, on trouvera d'autres exemples instructifs chez Harmening 1966.

[35] Ce qui a encore pu ternir (d'une manière même inconsciente) son image, c'est la qualité de sa langue: tout à fait excentrique par rapport à la solidarité linguistique des deux autres manuscrits anglo-normands, ce témoin ne présente surtout rien de comparable à la fascination exercée par les graphies archaïques (ou archaïsantes) de L.

Foerster 1915:151 a relevé le premier la présence dans L de deux conclusions incompatibles. Se basant sur un certain nombre de prétendues incohérences et contradictions entre les mss L, P, A ainsi que sur l'absence de quelques passages dans la 'Vita' latine par rapport au poème, Foerster supposait qu'env. 1/5 du texte serait dû à des interpolations. S'il est vrai que sa méthode «zeigt die Gefahren der philologischen Chirurgie» (Curtius 1936:135), plusieurs de ses critiques à la conception unitaire du texte, telle qu'elle s'est affirmée à partir de l'édition de Paris 1872, ne retiennent pas moins aujourd'hui toute leur valeur. Bien qu'indifférenciée et excessive à la fois, sa liste de passages à supprimer – comprenant les str. 61, 100-101, 108-111, 117, 119, 120, 122 – a notamment le mérite d'avoir signalé une fois pour toutes un groupe de strophes qui, de fait, n'ont cessé de poser problème par la suite[36].

C'est d'abord E.R. Curtius qui, s'opposant aux conclusions de Foerster, s'est attaché à démontrer l'unité du poème (1936). Il a bien montré que tant les répétitions formulaires que les procédés d'élargissement sont le résultat d'une technique tout à fait consciente, donc elles ne sauraient être tenues, comme le propose Foerster, pour des indices d'interpolations[37]. L'importance accordée à la dimension médiolatine est l'autre grand mérite de cet article, dont les années n'ont pas terni l'actualité[38]. Son point faible, par contre, est le refus d'admettre, dans le texte de L, toute distinction touchant à l'authenticité ou à la chronologie:

---

[36] En guise de conclusion, Foerster rappelle (p.168) que, quand bien même on devrait accepter en bloc son analyse, «der ganze, vorausgehende Teil, also volle vier Fünftel des Gedichts, diese strenge, unbarmherzige Kritik ohne weiteres verträgt und zu irgend welchen Bedenken keine Veranlassung gibt». En effet, c'est justement la dernière partie de StAl qui, dans une perspective stratigraphique, pose le plus grand nombre de questions.

[37] Lausberg 1956:57-58 a popularisé à ce sujet l'étiquette d'«imitatio sui», destinée à une remarquable fortune. Cette possibilité n'était évidemment pas tout à fait inconnue à Foerster (cf. p.ex. p.159).

[38] La fiche consacrée à l'article de Curtius dans Storey 1987 se termine pourtant par ces mots quelque peu paradoxaux: «The comments on C's article by H. Hatzfeld [«Romance Philology», I (1947-48), 305-327] are more interesting than the article itself» [!].

Curtius accepte en bloc la version du manuscrit de base selon l'édition de G. Paris, non sans avoir remarqué (p.124) que la mort d'Alexis «teilt sinngemäss das Gedicht in zwei symmetrische Hälften (Str. 1-67, 68-125)»[39].

Avancée par Sckommodau 1954, la thèse contraire à l'unité du texte d'après L peut se résumer dans la formule suivante: c'est le ms. A qui conserve la conclusion originaire du poème, alors que les str. 111-125 ne constituent qu'un rajout («Fortsetzung»), si ancien soit-il[40]. Les articles de Sckommodau, dont la position se caractérise de par sa «Tendenz zum Urtext» (Flasche 1957)[41], posent d'une manière souvent très lucide la distinction entre les deux concepts d'intégralité (L étant le manuscrit le plus 'complet') et de fiabilité. Des suggestions éclairantes sur les limites linguistiques et métriques de L[42] se doublent cependant d'une réévaluation de A d'autant plus excessive, qu'il essaye d'en justifier jusqu'aux corruptions les plus manifestes[43]: c'est le manuscrit censé représenter le plus fidèlement l'original de par sa versification (coupe 5+5, césure lyrique)[44], le nombre des strophes, enfin l'esprit dont il est imprégné.

---

[39] Cet argument sera ponctuellement repris par Lausberg.

[40] La cohérence 'idéologique' de A fait l'objet d'une analyse détaillée chez Robertson 1970: à son avis, ce manuscrit contient «a strict moral message» et constitue «a complete and cohesive version of the poem».

[41] A représente en effet l''Urtypus des Gedichts' (Sckommodau 1954:165).

[42] Sckommodau 1954:166; 1956:189-190 conteste au ms. L la valeur qu'on lui accorde d'habitude: ses archaïsmes ne seraient qu'un trompe-l'œil, comme le montreraient les graphies hypercorrectes (*qued* 107, *net* 360, *derumpet* 387) qui compromettent la mesure du vers. Selon la réplique de Lausberg 1958:168, loin d'archaïser la langue de son texte, ce manuscrit ne fait que la conserver. La distinction entre graphie archaïque et archaïsante est en tout cas de la plus haute importance dans l'histoire des études sur la tradition manuscrite de StAl.

[43] Il est instructif de constater que la plupart des vers irréguliers de A, qui selon Sckommodau 1954:169 ss. seraient acceptables en soi, sont en réalité à mettre en rapport avec la présence de facteurs dynamiques.

[44] Celle-ci souvent considérée comme une possible source de troubles dans la tradition (cf. p.ex. 1954:176), ce qui finit par invertir encore une fois la direction correcte de l'analyse textuelle (cf. les objections de Lausberg 1955:298-300).

Tout en laissant tomber les arguments d'ordre métrique[45], Hemming 1994 s'est encore employé à justifier les irrégularités du ms. A en ce qui concerne le nombre des vers dans chaque strophe, sur la base de «l'orientation et le message» propres à cette version[46]. Pas plus que les autres savants qui l'ont précédé (à l'exception de Contini), il ne fait dans son analyse aucune part ni aux cas très évidents de double rédaction, ni aux endroits où A reflète un texte manifestement inachevé du point de vue de l'élaboration[47].

2.3. La thèse de Lausberg puise largement à l'article de Curtius[48]. Le maître argument employé par Lausberg 1955 pour démontrer l'unité du poème est un principe de composition

---

[45] Proposée comme modèle de base, la coupe 5+5 «semble poser plus de problèmes qu'elle n'en résoud. La versification du manuscrit est irrégulière quoi qu'on fasse. On compte env. 80 vers faux, chiffre très élevé (contre une quarantaine dans L)» (Hemming 1994:xxix). En réalité le copiste de ce manuscrit, «s'il est moins mauvais qu'on ne le représente souvent [à partir de Paris 1872:4; cf. aussi Sckommodau 1954:165], ignore la grammaire du texte qu'il reproduit, comme il ignore la métrique du poème qu'il transcrit» (ibid., vi). Pour la 'réhabilitation' de ce manuscrit cf. Jung 1984:220, note 10.

[46] Lausberg avait notamment attiré l'attention sur la tendance de ce manuscrit à introduire des rimes (1955:299) ou à confondre indûment les unités strophiques (1958:142). Comme dans le cas du ms. L, les conclusions de Lausberg sont correctes, à condition de ne pas négliger les implications axiologiques: comme nous le verrons, les str. 51-52 dans le ms. L sont en effet des indices de soudures anciennes, de même que, dans le ms. A, la jonction des str. 62 et 72 est le résultat non pas d'une confusion, mais, une fois de plus, d'une rédaction encore provisoire.

[47] Par ailleurs, Hemming dans sa démarche semble tout à fait ignorer le précédent de Jung 1984:221: «Sur les 106 strophes du ms. A, 28 ne comptent pas 5 vers, mais pratiquement toutes ces 'strophes' irrégulières offrent un sens satisfaisant, de sorte que l'on doit parler d'un texte à prédominance strophique» (suivent d'autres réflexions sur l'anisosyllabisme au XIe s.).

[48] Dont Lausberg valorise surtout les remarques sur la bipartition de L et sa symétrie prétendument recherchée (p.116-7, 124); sur le récit des miracles (p.127); sur l'invention du décasyllabe, qui serait à attribuer elle aussi à l'auteur de StA1 (p.133). Curtius est notamment mentionné chez Lausberg 1955:204 (note 28a); c'est à lui qu'il dédie son deuxième article publié en 1955.

prétendument basé sur le numéro cinq («Fünferschema»)[49], dont l'unité de base serait la strophe pentastique[50]: le poème est construit sur la base de cinq groupes de 25 strophes chacun; chaque groupe consiste à son tour en cinq groupes de 5 strophes chacun, voire de 25 scènes rangées par séries de 5. Le texte de L serait donc conçu pour illustrer un cycle d'images («Zeigung des Bilderzyklus und der moritatmässige Vortrag») à l'occasion de la fête du saint[51].

Cette numérologie serait également à la base du décasyllabe, que l'auteur aurait inventé en rajoutant deux pieds à l'octosyllabe des poèmes de Clermont[52]. Portant sur le deuxième hémis-

---

[49] «Der Alexiusdichter ist ein Potenzrechner»; sa «Fünfer-Obsession» est bien entendu à mettre en rapport avec un réseau symbolique typiquement médiéval, auquel appartiennent les cinq plaies du Christ, les cinq lettres du nom de Maria, les cinq apparitions du Christ ressuscité, les cinq doigts de la main, etc. Quant à la proportion 2:3, il suffit de penser à la Trinité ainsi qu'aux deux natures du Christ. La durée réelle de la vie d'Alexis, d'après les calculs de Lausberg 1955:212-3, aurait elle-même atteint les 50 ans! D'autres considérations chez Lausberg 1958:161-162 (y compris le rapport entre 75 strophes masculines et 50 féminines); Sprissler 1966:64. – Pour un résumé des valeurs symboliques attribuées au 5 cf. Meyer 1975:127-9.

[50] Créée à l'imitation de la strophe employée par Prudence (cf. U. Mölk dans GRLMA, t.I, Heidelberg 1972, p.481). Comme Paris 1872:130 l'eût déjà signalé, la strophe pentastique est encore utilisée dans l'Epître farcie de St.-Etienne (1130 env.) ainsi que dans la *Vie de saint Thomas Becket* de Guernes de Pont-Ste-Maxence (entre 1172 et 1174). L'Epître, à laquelle fait déjà allusion Lausberg 1958:159, 162, est également valorisée par Hemming 1974 comme preuve de l'influence de la chanson de geste sur la littérature ecclésiastique en langue vulgaire (ce texte est pourtant daté par Hemming au XIe s.); cf. aussi Jung 1984:220. Abordée dans son ensemble par Cingolani 1985 et 1994, la question gagnerait à être reprise sur des prémisses nouvelles.

[51] Autrement dit, «eine volkssprachliche, mündlich vorgetragene Kommentierung zu gezeigten Bildern» (Lausberg 1955:210). Ainsi que le rappelle Sckommodau 1956, ce point de vue s'inspire d'Auerbach 1959:112, qui n'avait pourtant pas eu la prétension d'en faire la plaque tournante d'un système aussi contraignant («Systemzwang»). De tels «Bilderzyklen» ne sont par ailleurs attestés que très tard dans le domaine de l'art hagiographique français, caractérisé au XIe s. par les enluminures, au XIIe par les peintures murales, au XIIIe par les vitraux peints (Sckommodau 1956:184-8; résumé de ses arguments chez Lausberg 1959).

[52] Cf. déjà Curtius 1936:132-3, qui reprend une idée de Becker (le modèle du décasyllabe épique se trouverait dans l'hendécasyllabe alcaïque de Prudence et d'Ennode).

tiche, à partir d'une césure 2+2 pieds désormais fixe, cet accroissement du vers de quatre à cinq pieds répondrait à la formule 2+3=5, à laquelle on propose de ramener tant l'élargissement de la strophe de quatre à cinq vers[53] que l'étendue du poème dans le ms. L.[54]

Fondé «auf der recht prekären Basis des 125 Strophen von L»[55], le schéma de Lausberg révèle plus d'un point faible, dont l'auteur se montre lui-même conscient: faisant souvent appel à des termes tels que «Elastizitäten», «Überlappungen», «Durchbrechungen» pour justifier les nombreuses incohérences de sa construction, il est p.ex. obligé de reconnaître l'existence de neuf groupes composés respectivement de deux, quatre, six, sept et neuf strophes[56]; par ailleurs, la nécessité de considérer la 'première conclusion' comme authentique, l'amène à formuler des explications tout aussi improbables que provisoires, sur lesquelles il est obligé de revenir à plusieurs reprises (cf. ci-dessous). Enfin, si Sckommodau s'emploie à défendre les irrégularités métriques de A, Lausberg en fait de même pour son manuscrit préféré: ainsi, le mélange d'assonances masculines et féminines

---

[53] Evoquant encore une fois l'épître de St.-Etienne à propos de la strophe pentastique de StAl, Hemming 1994:xxii-xxiii reprend – quoique d'une manière implicite – l'hypothèse de Lausberg que la strophe de cinq vers est le résultat d'un élargissement: «Si on lit L sans parti pris, on verra que par rapport à A, bien des strophes comptent un vers de remplissage».

[54] «Wir können sicher sein, dass wir mit dieser Unterstellung nicht irregehen: das Fünferschema ist Strukturelement des Alexiusliedes überhaupt, das aus 125 Strophen bestehet» (Lausberg 1955:203-4).

[55] Baehr 1968:176, qui rappelle également la «mathematical Demonstration» esquissée par Hatcher 1952, ainsi que la «arithmetic Structure» proposée par Bulatkin 1959. Les recherches de Lausberg ont à leur tour ouvert le chemin à nombre d'études dont le point fort est encore une fois la symbologie numérique, à commencer par les partitions proposées par Vincent 1963. Il s'agit en général de savants de langue anglaise, dont les analyses ne coïncident par ailleurs qu'en partie avec celle proposée par Lausberg.

[56] Lausberg parle dans ces cas de «désordre affectif» (1955:207); en fait «c'est de la paille dans son acier», comme le dit Goosse 1960, qui juge Lausberg «un esprit remarquablement clair, précis et méthodique (...). Mais c'est aussi un esprit systématique».

dans les str. 21 et 57 serait à prendre comme un indice de l'ancienneté de cette rédaction[57].

Selon une autre hypothèse avancée par Lausberg, StAl aurait été écrit dans un monastère de religieuses[58]: c'est à leur intention que l'auteur se serait éloigné par endroits de sa source, notamment là où il développe le rôle de l'épouse d'Alexis, astreinte au vœu de virginité et symboliquement comparée à une tourtre[59]. Selon Lausberg, StAl aurait été chanté dans ce monastère les jours fériés[60], en l'incorporant à l'office entre l'épître de saint Paul à Timothée (1 T. 6,6-12) et la lecture de l'Evangile (Mt. 19, 27-29)[61]: ces deux textes auraient suggéré aussi bien le début

---

[57] Ainsi qu'on l'a déjà insinué, et qu'on essayera de démontrer par la suite, cette affirmation est en partie acceptable, quoique dans un sens bien différent par rapport à celui que Lausberg lui attribue.

[58] D'où la conjecture (évidemment injustifiée) *serors* au lieu de *seignors* au v.621, cf. Lausberg 1955:307; 1958:171, note 32. Trouvant un terrain propice grâce à la présence historique de Christina de Markyate, l'hypothèse de Lausberg prend aussitôt des racines tenaces dans une vaste aire des études alexiennes (Pächt, Gnädinger, Avalle, Sprissler entre autres; elle refait surface dernièrement chez Eusebi 1998:491).

[59] La fonction de cette similitude dans l'économie du poème a été soulignée dans une mesure sans doute excessive par Avalle 1963.

[60] L'idée d'un emploi paraliturgique de StAl remonte à G. Paris; outre Lausberg et Avalle (cf. la note suivante), elle a été partagée par nombre de savants, cf. le résumé de la question par Gnädinger 1972:51, note 135.

[61] Lausberg 1955:304-7, 314; 1956:44-45, 51-53. Encadré entre ces deux textes, StAl peut donc être considéré comme une forme élargie de séquence (à l'instar d'Eulalie, du trope *Quant li solleiz*, du *Sponsus*), même si à cette époque, il ne fait plus l'objet d'une pratique liturgique (cf. aussi Lausberg 1958:149-151). Se référant à la préface attribuée à Geoffroi de Gorran (qui aurait puisé le texte de StAl à l'office destiné à une communauté de religieuses), ainsi qu'au tropaire de St.-Martial-de-Limoges daté des années 1096-99 et contenant le *Tu autem* (Paris BN lat. 1139), Avalle 1963:73-85 rattache lui aussi StAl à la tradition bénédictine des tropes en langue vernaculaire. L'emploi du décasyllabe remonterait aussi au répertoire de l'école de Limoges, confirmant la qualité de trope qu'il faut reconnaître à StAl. Par cette voie, Avalle relie les suggestions de Lausberg et de Pächt à deux points forts de sa recherche: d'une part l'étymologie du décasyllabe (cf. sa *Preistoria dell'endecasillabo*, Milano-Napoli, Ricciardi, 1963), d'autre part sa théorie (déjà énoncée par Chabaneau, et aujourd'hui dépassée, cf. Perugi 1994:82-83) d'une tradition poitevine, qui, ayant son berceau à St.-Martial-

(«justitiam, fidem, caritatem»)[62] que la fin du poème («patrem aut matrem aut uxorem ...vitam aeternam possidebit») tel qu'il se trouve dans la version de L[63]. C'est une autre manière pour Lausberg d'en revendiquer l'unité[64].

2.4. S'inscrivant dans le sillage tracé par les études de Lausberg, les recherches menées par Pächt et ses collègues (1960) ont eu avant tout pour résultat d'élargir nos connaissances sur le ms. L[65]. Un problème supplémentaire concerne le prologue en prose rimé qui, dans ce manuscrit, précède le poème[66], ainsi que les deux textes, tout aussi courts, qui lui font suite, à savoir un passage de

de-Limoges, serait à l'origine de la plus ancienne étape de la littérature galloromane, dénommée 'franco-occitane'.

[62] Remise en question par Sckommodau 1956, l'existence d'un réseau de citations bibliques et liturgiques à la base du prologue de StAl (on en trouvera l'essentiel dans notre commentaire) est à nouveau affirmée par Lausberg 1958:138-142.

[63] Cf. encore une fois les objections de Sckommodau 1956:168-173: à la différence de la *Vie de saint Léger,* pour laquelle une liturgie spécifique est attestée dès l'époque carolingienne, le culte pour Alexis ne remonte guère au-delà du moyen âge tardif [plus exactement, entre la fin du XIe et le début du XIIe s., cf. Mölk 1976a:237], le nom du saint ne figurant même pas dans le calendrier de St. Albans. La fondation d'autels ou de chapelles, qui répondent aux exigences d'un culte de plus en plus populaire, n'implique nullement l'existence d'une liturgie spécifique. Ni l'un ni l'autre des deux textes indiqués par Lausberg n'apparaissent d'ailleurs dans aucun missel en relation avec ce saint; autrement dit, aucune prémisse liturgique ne saurait être appliquée au texte vernaculaire du XIe s. Les objections formulées par Sckommodau ont été confirmées, dans leur substance, par les recherches de Mölk.

[64] Ainsi, la str. 51 fait à nouveau allusion à ce schéma général en reproduisant le catalogue initial des vertus énoncé au début du poème (Lausberg 1958:162-3) – et peu importe qu'il s'agisse d'une strophe dont l'intégration au texte primitif apparaît problématique à plusieurs égards.

[65] Ce manuscrit appartenait à l'origine à l'abbaye de Lambspringen, où une communauté de moines bénédictins, chassés d'Angleterre, l'avait apporté entre 1643 et 1657; il est propriété actuellement de l'église jésuite de St.-Godeshard à Hildesheim (Hannover), à laquelle il fut livré vers la fin du XVIIIe s. avec d'autres manuscrits et imprimés. C'est Wilhelm Müller, germaniste de Göttingen, qui a publié le premier *La Chanson d'Alexis* dans «Zeitschrift für deutsches Altertum», 5 (1845), 299-318.

[66] Souvent interprété comme un texte versifié: bibl. chez Mölk 1977:295-6.

Grégoire le Grand (Incipit: *Aliud est picturam adorare*), valorisé entre autres par Lausberg, et une traduction de celui-ci en français[67].

Pächt a démontré que le copiste de L a bien travaillé dans le scriptorium de l'abbaye de St. Albans (Hertfordshire), près de Londres. Tant le prologue en prose que la traduction du texte de Grégoire ont été non seulement copiés, mais bel et bien composés à St. Albans. Il n'est pas sûr que les deux textes soient du même auteur; en tout cas, ni l'un ni l'autre ne sauraient être attribués à l'auteur du poème vernaculaire[68].

Le manuscrit de Hildesheim fait partie d'un psautier offert à Christina, par la suite prieure de Markyate, près de Dunstable, pour la conforter dans sa décision de quitter son mari et de se réfugier dans un cloître[69]. Une idéologie en quelque sorte comparable semble aussi être à la base du codex oxonien contenant l'une des versions récentes de la Vie de saint Alexis, le ms. Bodl. Canonici Misc. 74[70].

---

[67] Les trois textes sont disponibles dans l'édition de Mölk 1977, assortie d'un commentaire ponctuel.

[68] Mölk 1977:302-3, avec bibl. On rappelle notamment que Lausberg avait attribué à l'auteur de StAl le prologue du poème (1955:306-7; 1956:38; 1958:150).

[69] Cf. Goldschmidt 1895; Talbot 1959 et 1962; Elkins 1988; L'Hermite-Leclercq 1992. La fonction de prosélitisme exercée par le texte alexien est encore attestée dans le cas du marchand lyonnais Pierre Valdès, qui se convertit en 1173 en écoutant le texte récité sur la place du marché. Il s'agit, après Christina de Markyate, du deuxième exemple illustre d'«imitatio Alexii». Le point sur Valdès a été fait par Gnädinger 1972:24-28 (cf. ibid., p.34, pour d'autres exemples célèbres de conversion suite à la lecture d'une Vie de saint).

[70] Outre cette version qui remonte au XIIIe s. (éditée par Stebbins 1971), ce manuscrit contient encore cinq vies de saints, dont la *Vie de sainte Euphrosine*, ainsi que deux sermons, eux aussi versifiés: «the hagiographical material illustrates the general message of the sermons. Their message is double: that earthly joys are naught in comparison with those of paradise, and that the salvation of the soul for the Day of Judgement is attained by preferring chastity to the state of marriage (Alexis, Julianna, Euphrosine), or by repentance followed by a chaste life (Mary the Egyptian), and finally by steadfastness of faith in the face of adversity (Andrew)» (McCulloch 1977:173-4). Euphrosine partage avec Alexis l'image de la turtre (cf. ad v.149).

StAl, qui débute au f.29 du manuscrit de Hildesheim, est précédé par une célèbre miniature dont les images sont glosées à l'aide de trois titres[71]: a) *Beatus Alesis puer electus*; b) *O sponsa beata semper gemebunda*; c) *Ecce benedictus Alexis receptus in nave*. En haut de la page on lit ce distique: *Ultima pudice donantur munera sponse/Anulus et remge verborum finis et ave*. On a depuis longtemps reconnu que le texte et les miniatures forment une unité codicologique[72], de même que la vie d'Alexis et celle de Christina en forment une anagogique[73].

L'ermite Roger, protecteur de Christina, mourut en 1121 ou 1122[74]; la notice de sa mort est en tout cas enregistrée dans le manuscrit à la date du 12 septembre 1123 par une main autre que celle du copiste principal. Ces données rendent probable que le manuscrit ait été composé avant 1123 (Wormald). D'après une suggestion de Dodwell, enfin, le manuscrit pourrait être l'œuvre de Geoffroi de Gorran (Maine), depuis 1119 abbé de St. Albans, avec qui Christina entretenait des relations étroites: ceci impliquerait que le manuscrit ait été copié à St. Albans entre 1119 et 1123.

---

[71] Cette miniature a été réimprimée récemment par Camille 1996, en même temps que les autres présentes dans le manuscrit, dont une montrant le roi David en musicien inspiré par le Saint-Esprit. Appelant l'attention sur le clivage historique entre philologie et iconologie, symbolisé en l'occurrence par l'édition de G. Paris, l'auteur de cet essai prône l'exigence de récupérer une lecture associant le texte aux images qui l'accompagnent dans le codex. Bien que pas tout à fait inutile, ce rappel est néanmoins assorti d'un ton polémique d'autant moins justifié, que les références y sont largement incomplètes (ainsi les travaux de Mölk n'y sont-ils aucunement mentionnés).

[72] Selon Pächt 1960:139 l'enlumineur, par son choix portant sur les épisodes initiaux, se démarque de la tradition iconographique alexienne, qui privilégie d'habitude les dernières scènes, dont notamment celle du saint gisant sous l'escalier. Par ailleurs la tradition hagiographique valorise en principe les scènes représentant les miracles ou la passion du protagoniste. Aussi le relief donné à la fuite du lit conjugal serait-il encore une fois à interpréter comme une allusion implicite aux vicissitudes de Christina.

[73] Sur la base de l'étude menée par Pächt, le parallélisme entre Christina et Alexis est soigneusement analysé par Gnädinger 1972:44-53.

[74] Pour l'influence de Roger sur la vie érémitique de Christina cf. Gougaud 1920:223; Id. 1928:17, 90; Talbot 1959:12 ss.

Pächt suppose enfin[75] que le poème aurait pu être chanté lors de la consécration d'une chapelle à saint Alexis par Ranulph Flambart, évêque de Durham, à St. Albans entre 1115 et 1119[76]. Il est enclin à croire que le texte de L représenterait l'archétype (!) en même temps que le point de départ d'un véritable culte de saint Alexis.

2.5. Basées sur le recensement des témoignages fournis par les bréviaires français jusqu'à la fin du XIIIe s., les recherches de Mölk démontrent au contraire que le lien direct entre St. Albans et le poème, tel que Pächt a cherché à l'établir, ne repose guère sur des bases solides: le culte d'Alexis en France, dont nous ne disposons d'ailleurs que d'assez peu de témoignages[77], n'était aucunement limité à cette abbaye[78].

---

[75] Reprenant une hypothèse de Goldschmidt 1895.

[76] Absent dans le calendrier du manuscrit (cf. Sckommodau 1956:169), le nom d'Alexis apparaît néanmoins dans la litanie. Déjà Lausberg avait appelé l'attention à plusieurs reprises sur la chapelle de St. Albans comme siège possible d'un culte local d'Alexis (1956:58; 1958:151-2; 1959:142).

[77] Le bréviaire de St.-Loup-de-Troyes et le *Liber ordinarius* de l'abbaye de Rheinau sont les plus anciens manuscrits qui attestent d'une manière explicite l'existence d'un office consacré a saint Alexis. Nous sommes entre la fin du XIe s. et le début du siècle suivant; cf. Mölk 1976a:243 ainsi que ses conclusions, ibid. 233: «Was nun das offizium des hl. Alexius angeht, so ist zunächst festzustellen, dass es in Frankreich vom späten XI. Jahrh. bis zum beginnenden XIV. Jahrh. nur eine einzige ihm gewidmete Noktum zu kennen scheint, des weiteren, dass nur solche ein Alexiusoffizium enthaltenden Brevierhandschriften auf uns gekommen sind, die nicht in Benediktinerabteien (cursus monasticus), sondern z.B. in Kathedral- oder Kollegiatkapiteln (cursus romanus) im Gebrauch waren».

[78] La bibliothèque de St. Albans possède la Vita tant dans la version romaine (BHL 286) que dans la variante de Mont Cassin (BHL 287). Au cours des XIe et XIIe s., la Vita se diffuse en France dans deux versions différentes, BHL 288 étant plus connue au nord et dans la Wallonie, alors que BHL 286 est prédominante dans l'ouest, au centre et dans l'est. Quant à la variante du nom *Alexius* (majoritaire dans les sources liturgiques et littéraires françaises, et déjà typique dans la littérature byzantine ainsi qu'à Rome et à Mont Cassin), en Normandie elle est souvent remplacée par *Alexis*, «phénomène qu'il serait tentant de voir, dans un sens ou dans l'autre, en rapport avec la diffusion éventuelle du *Rythme* latin ou celle, attestée, de la *Chanson* française» (Mölk

Quant à StAl, le rapport entre la récitation du poème et la fête du saint est certes évident dans les mss LAV; la notice de la conversion de Pierre Valdès prouve néanmoins qu'en 1173 la chanson était sortie depuis longtemps du cadre liturgique de la fête, et ceci avant même que le ms. P (str. 109) ne l'atteste d'une manière indéniable (Mölk 1978a:340)[79].

Avant les recherches de Mölk, Baehr 1968 avait déjà porté des objections sérieuses à la suggestion avancée par Pächt. Tout à fait indéfendable du point de vue philologique, elle est également injustifiée par rapport au récit, l'insertion des str. 109-110 suffisant à elle seule à repousser la tentation de voir dans L soit l'original du poème, soit une copie très fidèle.

Cela n'implique pas pour autant qu'il faille se rallier à Sckommodau, dont les conclusions ne paraissent à Baehr guère acceptables à la lumière des sources latines connues: il existe, il est vrai, des *Vitae* qui ne mentionnent ni les miracles ni le sort des parents d'Alexis après la mort de celui-ci; les *Vitae* les plus proches du texte vernaculaire n'en contiennent pas moins tous les éléments, souvent dans une formulation tout à fait comparable.

Que les str. 111-125 soient bel et bien authentiques, c'est ce qui est prouvé, selon Baehr, par le rôle joué par l'épouse d'Alexis[80] ainsi que par un certain nombre de liens qui existeraient, tant au

---

1978a:348; cf. aussi Id. 1976a:236). C'est cette forme (d'ailleurs déjà témoignée dans deux versions de la *Vita*, BHL 288 et 290) qui s'impose dans la région wallonne. Au XIe s. le culte d'Alexis est aussi répandu en Champagne (Troyes, Châlons-sur-Marne, Montiéramey), alors que les témoignages sont moins nombreux au sud et au sud-est. Les exemples de saint Simon de Crépy (cf. ci-dessous, note 95) et de saint Thibaut l'Ermite, dont la patrie était Provins, confirment «l'importance du nord-est de la France et surtout de la Champagne dans le culte du saint» (Werner 1990:537).

[79] On a depuis longtemps remarqué que LA contiennent une allusion explicite à la fête en l'honneur du saint (v. 542 *oi cest iurn oneurét* L: *ui en cest iur honurez* A; cf. aussi le prologue dans L, f.29v: *del quel nus avum oït lire e canter*), qui manque tout à fait dans P, où *por ceo <en> est ore el ciel coroné* ne concerne que le processus de sanctification.

[80] Le poème tout entier serait, sans celles-ci, «als ein höchst unbefriedigender Torso mit grossen Ansätzen, die ins Leere zielen» (Baehr 1978:177-8, note 13).

niveau du style que des formules employées, entre la conclusion et le reste du poème. Une symétrie parfaite relierait notamment les trois strophes de l'exorde et les trois strophes finales, ce qui amènerait une fois de plus à considérer les str. 109-110 comme interpolées[81].

2.6. Les travaux de Mölk et de Baehr soulèvent un certain nombre de problèmes liés à deux éléments majeurs qui caractérisent les versions élargies de StAl: il s'agit, d'une part, des str. 51-52, et d'autre part, du développement dont fait l'objet le personnage de l'épouse.

Dans les str. 51-52 l'on a soupçonné de bonne heure un substrat idéologique d'origine clunisienne[82]. Mis à part la question de l'authenticité de ces strophes, qui sera traitée au cours de l'analyse stratigraphique, d'autres indices, rares et pourtant indéniables, parlent en faveur d'une relation ancienne entre le mouvement clunisien et la diffusion du culte de saint Alexis en France. En particulier, Mölk 1976a:243 a prudemment attiré l'attention sur un possible lien entre Cluny et l'un des deux plus anciens témoignages d'un culte alexien, attesté à l'abbaye de Rheinau[83].

---

[81] Le même point de vue avait été manifesté par Curtius 1936 sur la base du ms. V. En fait, ces parallèles ne démontrent guère autre chose que la cohérence formulaire caractérisant le texte du ms. L: à supposer que quelqu'un se soit donné pour tâche de pourvoir le poème d'une continuation, il serait tout à fait normal que, ce faisant, il ait tiré profit du style et du formulaire propres à l'œuvre qu'il était en train de 'compléter'. Par ailleurs, ainsi que l'analyse linguistique le démontre, des différences assez importantes de langue et de style ne cessent d'exister pour autant entre la continuation et le noyau primitif (cf. ci-dessous).

[82] Curtius 1936:124; cf. ci-dessous, p.74.

[83] Dans la suite de ses recherches, Mölk 1978a:352-3 souligne toutefois que non seulement le nom d'Alexis ne se trouve dans aucun des bréviaires clunisiens du XIe s. qui nous sont connus (Cluny, Moissac, Limoges), mais aussi qu'il n'apparaît ni dans aucun calendrier, ni dans le nécrologe clunisien du XIe s., tel qu'on peut le reconstruire sur la base des manuscrits dérivés (pour le sanctoral clunisien en général, qui «n'a pas encore été analysé comme il le mériterait», cf. les remarques de Philippart 1992:80; Iogna-Prat 1992:105). Ceci dit, la localisation sud-orientale du ms. V, témoin d'une étape très importante dans le processus d'élaboration de StAl, ne rend l'hypothèse d'une présence clunisienne que plus probable.

Il ne nous appartient pas de préciser le statut du poème vernaculaire par rapport aux traits marquants de l'hagiographie clunisienne, tels qu'ils ont été mis en relief par nombre d'études récentes[84]. Nous nous limiterons donc à fournir quelques points de repère, qui pourront être utiles à une meilleure compréhension de l'analyse stratigraphique proposée au chapitre suivant.

Saint Alexis se rattache au modèle du personnage de haute extraction[85], qui manifeste sa perfection dès l'enfance; un être d'exception, dont la puissance surnaturelle est finalement confirmée par le pouvoir thaumaturgique. Les fidèles doivent se contenter de l'invoquer comme un intercesseur. L'une des marques de la sainteté alexienne, pour le moins à son état primitif, est donc le fait d'être non-imitable[86]. Par rapport à cet état de choses, un changement substantiel s'affirme au cours du XIIe s. Or, c'est en premier lieu le monachisme réformé qui a voulu esquisser des modèles de sainteté imitable (Barone 1991:444), dont la conversion de Pierre Valdès fournit, un siècle plus tard, un exemple illustre[87].

---

[84] Que StAl n'a pas encore la place qui lui revient dans le cadre de l'hagiographie tout court, pas plus d'ailleurs que les plus anciens textes hagiographiques en langue vernaculaire, voilà ce qui ressort p.ex. des deux premiers volumes des *Hagiographies* dirigés par Philippart 1994 et 1996, cf. respectivement M. Thiry-Stassin, *L'hagiographie en Anglo-Normand*, 409-410, et G. Brunel-Lobrichon, A.F. Leurquin-Labie, M. Thiry-Stassin, *A l'origine de l'hagiographie en langue française, IXe-XIe siècle*, 293-4.

[85] «Un saint pour les grands du monde en détresse: on trouvera de plus en plus son nom dans l'aristocratie, à Rome comme ailleurs» (Werner 1990:537); «Sckommodau aurait pu souligner plus fortement le caractère aristocratique de "ce public exposé à l'agitation manichéenne"» (ibid., p.539).

[86] «Dieu demandait à ses amis et serviteurs de le servir fidèlement, c'est-à-dire de se comporter ici-bas de la façon la plus différente possible de celle des hommes ordinaires: prier au lieu d'agir, jeûner au lieu de se nourrir, veiller au lieu de se reposer, rechercher la souffrance et non le plaisir, etc. Dans cette perspective qui est celle qui domina dans la littérature hagiographique jusqu'au XIIe siècle et parfois même bien au-delà, le saint apparaît avant tout comme un être céleste, ayant renoncé à toutes les fonctions vitales, ou qui du moins a essayé de les réduire au strict minimum pour acquérir la pleine maîtrise de son corps et se détacher complètement de la chair» (Vauchez 1991:163).

[87] Gnädinger 1972:35, note 85. La corrélation entre *electio* et *imitatio* dans la légende alexienne a été illustrée par Schöning 1982.

Werner 1990 essaye de reconstituer «le cadre tout à fait européen de cette communauté d'hommes remarquables qui a vu l'influence de la légende et du culte de saint Alexis autour de l'an mil»[88]. Outre l'abbé Léon et son successeur Jean Canaparius, il s'agit d'Odilon, abbé de Cluny et auteur de la Vie de l'impératrice Adélaïde[89]; Guillaume de Volpiano, futur abbé de St.-Bénigne de Dijon et l'un des grands chefs de la réforme monastique; Notger, évêque de Liège, et son ami Adalbert de Prague. «Le personnage-clé, le 'multiplicateur' comme on dirait aujourd'hui, c'était l'empereur Otton III» (Werner 1990:535-7)[90].

La propagation du culte alexien de Rome en France se fait d'abord, selon Werner 1990, grâce aux liens d'amitié qui existaient entre Léon, abbé de sant'Alessio et légat du pape auprès des rois de France, et Abbon, abbé de Fleury (St.-Benoît-sur-Loire), auteur entre autres d'un poème dédié à Otton III. «Il est d'autre part très probable que la France a connu dès le règne de Robert II, et la légende de saint Alexis dans sa version latine, et sa propagation parmi les milieux aristocratiques, qui correspond parfaitement à ce que nous observons dans l'Empire, peut-être avec un petit décalage chronologique» (Werner 1990:538-540, 542)[91].

2.7. Par ailleurs, surtout dans ses versions élargies, la vie d'Alexis en tant que saint confesseur[92] garantit une certaine marge d'*imitatio* en ce qui concerne les relations avec les conjoints et

---

[88] C'est justement aux environs de l'an mil que Iogna-Prat 1992:104 date «le vrai démarrage de l'hagiographie abbatiale clunisienne» (cf. ibid., p.107).

[89] Pour l'importance d'Odilon dans l'hagiographie abbatiale clunisienne cf. Iogna-Prat 1992:109.

[90] Id., p.544, signale le diplôme d'Otton III pour St.-Boniface et St.-Alexis et son abbé Léon, du 31 mai 996 (cf. Theodor Sickel, *Ottonis III. Diplomata*, Hannover 1893 [MGH *Diplomata* vol.II,2], n.209). En général, les relations particulièrement étroites entre Cluny et Rome sont évoquées par Iogna-Prat 1992:116-7.

[91] Dans son article, Werner s'efforce de remplir le 'hiatus' historique que d'autres historiens ont remarqué entre «le rôle du monastère de sant'Alessio sous Otton III et le succès littéraire de la légende qui, datant d'une autre période, ne saurait être compris à partir de la gloire éphémère du monastère» (ibid., p.545).

[92] A l'intention des «hérétiques d'Arras», qui voulaient limiter le devoir de culte aux apôtres et aux martyrs, l'évêque de Cambrai rappelle lors du

les plaisirs de la chair et du monde. Il n'est pas surprenant qu'on retrouve ces côtés développés chez Adalbert de Prague et Pierre Damien (Mölk 1978a:354-5; Brooke 1991:73)[93]. La fonction de plus en plus importante accordée à la sainteté de l'épouse dans la deuxième partie du poème, n'est probablement pas étrangère à cette évolution de la sainteté alexienne[94].

Des recherches sur l'hagiographie féminine démontrent que celle-ci a évolué depuis le IXe s. et particulièrement en Saxe et dans les régions proches[95], où toute une série de *Vitae* témoigne d'un rejet progressif des thèmes ascétiques et anti-matrimoniaux qui ont dominé le haut Moyen Age[96].

Dans son noyau originaire, la vie alexienne se situe certes en dehors de ce courant développé par la sainteté ottonienne. Ajoutons qu'elle est manifestement étrangère à la valorisation du mariage dans la réflexion sur les sacrements, amorcée vers 1100 (Lobrichon 191:158)[97]. En effet, dans le noyau primitif du poème, il y a opposition radicale entre le mariage comme convention purement sociale, et l'ascétisme poursuivi comme instrument de perfection individuelle[98].

> synode de 1025 qu'on obtient la palme du martyre *non solum effusione sanguinis sed abstinentia peccatorum*.
>
> [93] C'est Pierre Damien que l'abbé Hugues a chargé de rééélaborer la *Vita sancti Odilonis* de Jotsald (cf. Iogna-Prat 1992:106, 109).
> [94] Dans le dossier de saint Hugues, la communauté clunisienne est d'ailleurs conçue comme une sorte de «société de parfaits, hommes et femmes» (Iogna-Prat 1992:114).
> [95] On signale aussi l'éclipse, au Xe s., du thème de la fuite devant le mariage: si courant dans l'hagiographie franque, ce thème semble pourtant réapparaître au XIIe s. (Corbet 1986:204-6, à propos du mariage dans l'hagiographie des IXe-XIe s). La Vie de saint Simon de Crépy, comte de Valois et de Bar-sur-Aube (mort en 1082), au moment où le protagoniste se sépare de son épouse, cite l'exemple de saint Alexis: *Cui melius similem quam sancto Alexio dixerim?* (Gaiffier 1947:178; Werner 1990:537; Pinder 1994:71, note 1).
> [96] Au début du XIe s., la *Vita Mahthildis posterior* (étudiée dernièrement par Corbet) constitue un excellent exemple de récit hagiographique qui place le mariage au cœur même de la sainteté.
> [97] Inclus entre les sacrements par Hildebert de Lavardin, le mariage fut consacré en tant que tel par le Concile de Vérone en 1184.
> [98] Ainsi que le montre le lien historique avec Christina de Markyate, saint Alexis annonce plutôt le courant de sainteté mystique (Dinzelbacher 1991:491).

C'est surtout dans les versions tardives de la légende que le personnage de l'épouse est destiné à assumer un rôle primordial. Tout en faisant abstraction du domaine hagiographique, Pinder 1994 a illustré la valorisation progressive du mariage dans les versions SMQ, où l'épouse joue un rôle beaucoup plus important[99]. Dans S, pour la première fois, Alexis est en quelque sorte considéré comme un mari exemplaire: il ne s'agit plus de renoncer au mariage, mais de mettre en relief le lien conjugal en tant que moyen de servir Dieu en chasteté[100].

Plutôt que sur la consommation, le mariage est désormais fondé sur le consentement réciproque des conjoints. Dans ce cadre, les auteurs des versions remaniées ont travaillé pour adapter le motif de la fuite d'Alexis à un nouveau public ainsi qu'à une mentalité profondément changée. Il n'en reste pas moins que les principaux éléments de cette mutation sont déjà présents dans la 'continuation' du poème primitif[101].

2.8. Très informée, la mise au point de Baehr 1968 fait aussi allusion (p.179) à l'importance du ms. V. Exécuté vers le milieu du XIIe s.[102] par un scribe wallon selon Rajna 1929:51 e 59, ce manuscrit contient encore un fragment en prose occitane (XIIIe ou XIVe s., non recensé par Brunel) ainsi que plusieurs textes en

---

[99] C'est elle qui reçoit le parchemin avec le testament du saint homme (cf. ci-dessous, ad v.373).

[100] Pinder 1994:77-81, qui cite la distinction, introduite dans le mariage par Hugues de St.-Victor et Pierre Lombard, entre une sphère charnelle et une sphère spirituelle.

[101] «The vernacular hagiographers who took up the story of Alexis were thus faced with a problem: they had to interpret for a lay audience a legend whose values were rooted in the past, and which sat uneasily with the new marital order the Church was trying to promote» (Pinder 1994:72). Référée aux auteurs des remaniements, cette considération convient d'abord et tout autant au responsable de la version 'définitive' de StAl.

[102] Sans exclure pour autant une date plus ancienne, ainsi que le rappelle Wilmotte 1940:45: «le manuscrit, selon des avis compétents [sc. Luigi Schiaparelli, cf. Rajna 1929:51, note 2], serait du début du XIIe siècle, peut-être de la fin du XIe siècle»; cf. Rohlfs 1968:xv: «Aus dem Anfang des 12. Jahrhunderts, also vermutlich älter als L».

prose italienne du XIVe s. Bien que confirmée par Hahnel 1934 sur la base de 26 traits linguistiques, l'origine wallonne a été réfutée par Stimm 1963[103], qui localise ce manuscrit dans l'aire sud-orientale, notamment sur la base de la terminaison de 1re pers. du pl. *-em*, de l'impér. *faides*, des formes de plus-que-parf. de l'indicatif latin à valeur d'irréel, enfin de 534 *mune* < MUNERA, 'lectio difficilior' assurée par l'assonance[104].

Par rapport à l'établissement du texte, le moment d'une évaluation correcte de ce témoin n'était pourtant pas encore arrivé, la plupart des études alexiennes continuant à graviter autour du dualisme entre L et A: bien que sous des formulations parfois très différentes, on est le plus souvent revenu sur la nécessité primordiale de distinguer entre ces deux versions du poème. Ainsi Maddox 1973 justifie l'une et l'autre à l'aide d'arguments tirés non pas de la critique de textes, mais de la différente identité 'mythique'[105], dans la mesure où le centre de l'intérêt est dans A la sainteté du corps, dans L celle du document (*cartre*)[106]. Développant de façon systématique le parti pris de considérer les strophes absentes dans A comme des 'suppressions'[107], Maddox conclut que c'est «the influence of a more austere monastic doctrine, which prompted its scribe to delete

---

[103] Selon une remarque pour le moins expéditive de Hemming, Stimm «se trompe en cherchant à localiser le fragment dans le sud-ouest [sic]. Rajna (1929) a vu juste, comme me le confirme M. Stewart Gregory. Tous les traits de la langue de V sont typiques des textes wallons» (Hemming 1994:xx).

[104] Cf. le résumé de Burger 1998:373-7: originaire de la zone frpr., la version de StAl transmise dans V aurait été copiée, dans l'état où nous la connaissons, par un scribe wallon.

[105] La notion de 'myth' étant définie comme «the manner in which each text, through its narrative patterns, realizes a coherent instructive view of sainthood assimilable within a community of the faithful to whom the narrative is directed» (Maddox 1973:146).

[106] Id., p.152. La dialectique entre l'âme et le corps dans StAl avait été dûment relevée par Curtius 1936:121-2.

[107] Tandis que A «is portraying Alexis as a pilgrim-saint rather than intercessor», L «sublimates the pilgrim-saint into a *gemme celeste* by de-emphasizing the paradigmatic aspects of the pilgrimage and by stressing the concept of a pilgrim who becomes ultimately a relic to be enshrined and revered» (Id., p.154).

segments of L in an effort to achieve a more strictly ascetic instructive synthesis»[108].

Selon Mölk 1978a:341, le ms. L résulterait d'une contamination entre l'original et une version abrégée du type A, ce qui forcerait à conclure que celle-ci est antérieure à 1120: au début du XIIe il aurait donc existé en Angleterre deux versions différentes de StAl[109].

2.9. Le point de vue illustré par Hemming, bien que sous une forme tout à fait provisoire, dans son édition du ms. A (1994)[110], constitue une prémisse très opportune au diagramme que nous allons tracer ci-dessous[111]. En dépit d'un certain déficit de rigueur

---

[108] Déjà Sckommodau (1954:195-8, 202-3) avait essayé de différencier les versions des mss A, L, P d'un point de vue théologique. Il va de soi que l'étude de Maddox, malgré quelques aspects intéressants, ne saurait être considérée comme pertinente. Plus récemment, à partir de prémisses tout aussi trompeuses, Hemming 1994:xxiv-xxvii cherche à expliquer le jeu des variantes entre L et A sur la base «de changements opérés afin de donner au récit une portée et une orientation distinctives», proposant un modèle qui évolue sur la base d'une progressive «récupération ecclésiastique»; «La leçon finale de A c'est qu'il faut suivre l'exemple d'Alexis en renonçant aux valeurs du monde, du 'siècle'. En L et les autres versions qui le suivent, le saint est surtout présenté non pas comme modèle mais comme source de miracles et comme intercesseur».

[109] Déjà avancée deux ans plus tôt (cf. Mölk 1976a:232), cette reconstruction a été dernièrement reprise dans l'édition fac-similée du ms. L (Mölk 1997:93). Citons encore l'avis de Elliot 1980, selon lequel le texte de L serait la refonte d'un poème antérieur proche de A; les quinze dernières strophes auraient été composées à St. Albans lors de la dédicace de la chapelle de saint Alexis (entre 1115 et 1119).

[110] Cette édition présente dans l'apparat critique les interventions du réviseur («un vandalico rimaneggiatore di poco più tardo», comme l'appelle Contini 1986:83), négligées jusque-là par les éditeurs précédents, et visant en général à remplacer tant bien que mal par des rimes les assonances originaires. A vrai dire, Hemming croit distinguer deux réviseurs différents, mais son avis n'est pas partagé par Burger 1998:267-8, qui par ailleurs voit dans cette œuvre de révision des indices de contamination.

[111] On peut toutefois se demander sur quelle base Hemming 1994:xxi-xxii a pu associer les «superbes travaux» de Contini aux conclusions de Rajna 1929 et surtout de Elliot 1983, persuadés l'un et l'autre «that we are dealing with memorial transcription if not with outright oral composition». Comme Contini

dans l'emploi des catégories philologiques, le savant anglais n'a pas manqué d'attribuer toute sa valeur à deux faits dont l'importance est incontestable, à savoir la proximité de L et V dans la dernière partie du poème, et la fonction distinctive que revêtent les épisodes des miracles et des funérailles par rapport à la version de A.

Cela dit, Hemming (pas plus d'ailleurs que Sckommodau) n'a pas resisté à la tentation de confondre, dans son mauscrit, la réalité brute avec la certitude qui seule peut découler d'un procédé de rationalisation. Selon Hemming, l'analyse du texte de A fournirait à elle seule une preuve indéniable de l'autonomie originaire de cette rédaction. Voici son point de vue. L'un des sommets de l'imitation christique dans StAl coïncide avec les v.269-270 (selon le texte de L): *Ainz priet Deu quet il le lur parduinst/Par sa mercit, quer ne sevent que funt.* Dans les «511 vers et 106 strophes [en fait 105!]» qui composent le texte de A, ce distique se trouve à la fin de la str. 53, aux v.255-6. «Cette identification d'Alexis avec le Christ figure dans toutes les versions, mais son encadrement et sa position centrale sont des traits distinctifs de notre version» (Hemming 1994:xxv), ce qui constituerait un indice très fort en faveur de la cohérence architecturale propre à cette version du poème.

Dans la forme où il est exprimé, l'argument de Hemming repose sur de fausses prémisses. Considérant le texte de A à l'état brut, Hemming fait abstraction tant des rajouts (doubles rédactions) que des nombreuses lacunes qui le caractérisent. Ainsi, si l'on prend la str. 53 comme strophe centrale du poème, dans la première partie du texte de A (v. 1-265) il faut compter avec 2 vers surnuméraires et 8 vers de moins[112], alors que dans la

lui-même l'a précisé à plusieurs reprises (et en termes qui devraient être acquis d'une manière définitive), une altération mnémonique est certainement présente dans la tradition du StAl comme de bien d'autres ouvrages médiévaux, «sous forme d'écho ou d'anticipation, rigoureusement individuels, de passages similaires du même texte» (p.65): ces innovations (dont le lecteur de la présente édition trouvera de nombreux exemples) ne cessent d'obéir pour autant aux mêmes lois qui régissent les avatars de la transmission manuscrite.

[112] Lacunes aux v.28, 116-7 (la str. 24 ne compte que trois vers), 160 (final), 165 (id.), 179-180 (la str. 36 ne compte que trois vers), 230 (final); vers surnuméraires: v.135', v.191'.

seconde partie, vis-à-vis de 5 vers surnuméraires, on a un total de 21 vers de moins: en effet cette partie présente, par rapport à la première, de nombreuses strophes regroupées, ou alors caractérisées par la chute du dernier vers[113]. La prise en compte de ces facteurs impose donc de rectifier le calcul de Hemming, par rapport auquel il faut descendre de 11 vers: la ligne de démarcation se situerait dans ce cas à la str. 56, axée sur la symbologie numérique (*Trente treis anz*)[114], donc également pertinente par rapport à l'imitation christique[115].

La récente édition de ce manuscrit permet enfin de récupérer quelques précieuses suggestions qui remontent à M.D. Legge et à Mölk[116]. Selon une hypothèse formulée par Legge 1963:243[117], reprise et développée par Mölk 1978a:342-3, c'est d'un monastère normand, peut-être Le Bec, que les moines de St. Albans ont importé et l'office et la 'chançon', ainsi qu'il avait été pour Sainte Catherine[118]. Bien que le culte de saint Alexis ne soit

---

[113] Lacunes aux v.288, 293, 311, 342, str. 62+72 (-3 vers), 363-5, 378, 388, 409, 440, 450, 460, 475, 505, 510, 519, 533; vers surnuméraires: 467', str. 97 (+4 vers).

[114] Dans l'analyse en «Bilder-Fünfergruppen» menée par Lausberg 1955:211, c'est plutôt la mort d'Alexis qui occupe le centre de la composition. Il convient de répéter, par ailleurs, que cette remarque sur l'architecture de A ne remet aucunement en question les nombreuses correspondances internes qu'on a pu déceler dans le texte de L pris dans son intégralité, dans la mesure où la 'continuation' implique évidemment la mise en place consciente d'une nouvelle structure compatible avec la précédente (cette pratique est d'ailleurs bien connue dans l'hagiographie latine, comme nous l'avons rappelé à plusieurs reprises).

[115] Gardant sa validité d'un point de vue général, la remarque de Hemming constitue un indice supplémentaire, mais tout de même précieux, du fait que les str. 51-52 et 87 (manquant dans le ms. A) sont effectivement étrangères à cette rédaction, ainsi que nous nous efforcerons de le démontrer ci-dessous.

[116] «Le fait que V, d'origine wallonne, soit presque identique à L depuis la str. 111 jusqu'à la fin, porterait à croire que cette élaboration a eu lieu d'abord en France (au Bec comme le veut Legge 1970?) plutôt qu'en Angleterre (à Saint Albans)» (Hemmings:xxvii).

[117] Cf. aussi Legge 1967 et 1970.

[118] Geoffroi, originaire de l'ouest, avant d'être nommé en 1119 abbé de St. Albans, avait composé un *ludus de sancta Catherina* qui est sans doute en relation

attesté au Bec qu'à partir du XIIIe s., on peut néanmoins faire appel aux bonnes relations que ce monastère entretenait avec l'Italie au XIe s.[119]

D'origine anglaise, le ms. A a été exécuté probablement vers la fin du XIIe s.[120]: StAl est intercalé entre un poème sur l'Assomption de la Vierge par Herman de Valenciennes[121], et le *Voyage de saint Brendan* par Benedeit, ce dernier étant suivi de la *Vie de sainte Catherine* par Clemence de Barking, refonte d'un ouvrage antérieur. Associant deux hypothèses émises par Legge, l'une relative à un moine nommé Benedeit[122], l'autre (comme on a vu tout à l'heure) à un lien supposé entre un ouvrage sur sainte Catherine et le monastère du Bec, Hemming partage l'idée d'une relation entre le ms. A et l'abbaye de St. Albans, «dans la

avec l'(anglo)normande *Vie de sainte Catherine,* dont le ms. P² a gardé un fragment. A remarquer, dans la dernière ligne, la formule *En iceste parole Amen,* qui fournit un parallèle aussi rare que précieux au dernier vers de StAl dans les mss LV (cf. déjà Fawtier-Jones 1930:86-87, 94; Avalle 1963:176).

[119] Les nombreuses particularités liturgiques que Le Bec partage avec Mont Cassin ont été certainement introduites par Lanfranc. Originaire de Pavie («garnison clunisienne en Italie du Nord», cf. Iogna-Prat 1992:88) et disciple d'Herluin, arrivé au Bec en 1042, Lanfranc fut faire de l'école du monastère un établissement prestigieux, dont saint Anselme fut l'élève le plus célèbre (cf. Feldhohn 1964:232; Châtillon 1984:169-170). Lanfranc a passé plusieurs mois à Rome en 1050, se rendant sans doute aussi à Mont Cassin. En tant qu'indice supplémentaire pour le culte du saint en Normandie, Mölk 1978a:349 mentionne la mort d'un moine, appelé Alexis, dans l'abbaye de la Trinité à Caen, aux environs de 1113. Les indices recueillis par Legge et Mölk ont été résumés par Cingolani 1993.

[120] Cf. Waters 1928:xii, confirmant la datation de L. Delisle. Paris 1872:3-5 (auquel s'en tient Storey) avait accepté la datation proposée par P. Meyer, soit le milieu du siècle.

[121] Auteur d'origine picarde qui a utilisé le premier le texte de StAl. Smeets 1963 «a vu des influences stylistiques, verbales et métriques de l'*Alexis* sur la *Bible* de Herman», mais passe sous silence le fait qu'un autre poème de cet auteur se trouve dans notre manuscrit (Hemming 1994:viii).

[122] Identifié par Legge 1967 comme étant passé du Bec à St. Albans au début du XIIe s., il aurait pu être l'auteur du *saint Brendan*. Le point de vue de Hemming converge, dans ses lignes essentielles, avec celui de Cingolani, dont l'article avait paru l'année précédente.

mesure où elle figure dans l'histoire d'au moins trois des poèmes qui s'y trouvent»[123].

Compte tenu du fait que, dans le cas de ces trois poèmes, le ms. A offre une version plus courte que celles qu'on trouve ailleurs, il semble probable «que le copiste de ce recueil de textes pieux en langue vulgaire, a eu pour tâche de fournir à ses auditeurs ou auditrices des versions abrégées des poèmes» (Hemming 1994:ix).

Quant au ms. P, il serait originaire de Peterborough (Northamptonshire) selon Cingolani[124], qui propose de délimiter par ailleurs une aire insulaire anglo-normande particulièrement réceptive vis-à-vis de la production épique et hagiographique du XIIe s.: St. Albans, où le plus ancien manuscrit de StAl a été copié, se trouve au centre d'une aire comprise entre Peterborough, Oxford et Oseney; c'est justement dans cette région que les plus anciens manuscrits de la *Chanson de Roland* et de la *Chanson de Guillaume* ont été copiés ou sont conservés[125].

2.10. Dans son édition de 1872, G. Paris fait état d'une notice des *Acta Sanctorum,* s.v. *Alexis,* relative à Tetbald de Vernon, chanoine de Rouen et hagiographe, qui en 1053 recouvra sa vue lors de la translation à Rouen des reliques de saint Wulfram. Comme Tetbald aurait, d'après un chroniqueur, écrit en langue vulgaire «d'agréables chansons d'après une sorte de rythme tintant», G. Paris proposa de reconnaître en lui le probable auteur

---

[123] A savoir (répétons-le) le poème de Herman de Valenciennes, le *Voyage de saint Brendan*, la *Vie de sainte Catherine* (Hemming 1994:viii). On rappelle par ailleurs la typologie commune à L, A et V, dans la mesure où ces manuscrits sont caractérisés par la 'scriptio continua', typique des psautiers (Cingolani 1990:68).

[124] Cf. Cingolani 1994:190, note 16, qui signale la coïncidence de quelques textes présents dans ce manuscrit avec ceux qui ressortent d'un catalogue de la fin du XIVe s. relatif à la bibliothèque de cette abbaye bénédictine; description dans Blaess 1973:342-6 (en plus de la *Vita S. Alexis Gallice*, ce document fait encore état, entre autres, du *Compotus Philippi de Ta[u]n Gallice*, de la *Vita S. Margarete Gallice,* de l'*Historia Anglorum Gallice et Rithmice* [sans doute l'*Estoire des Engleis* par Geoffroi Gaimar]).

[125] Cingolani 1990:67, avec bibl.

LE PROBLÈME DE L'UNITÉ DU POÈME   47

de StAl, qui aurait donc été composé vers 1040 (Paris 1872:43-44)[126]. Loin d'être sûres, aussi bien l'attribution que la date ont néanmoins été accueillies d'une manière assez stable dans les manuels courants[127].

Parmi les objections avancées par Sckommodau 1954 à la datation haute proposée par G. Paris, figurent surtout les célèbres graphies trompe-l'œil si typiques de L[128]; par la suite, d'autres arguments sont tirés à partir des toponymes[129] ainsi que de la relation étroite que StAl entretient avec le Rythme

---

[126] *Hic quippe est ille Tetbaldus Vernonensis, qui multorum gesta Sanctorum, sed et sancti Wandregisili, a sua latinitate transtulit, atque in communis linguae usum satis facunde refudit, ac sic ad quamdam tinnuli rhythmi similitudinem, urbanas ex illis cantilenas edidit* (J. Mabillon, *Acta sanctorum ordinis Benedicti*, III, Venezia 1734, p.360-1).

[127] Foerster emploie le terme de «mutmasslichen Verfasser». Contini 1986:80 considère 1040 comme une date «piuttosto divinata che dimostrata dal Paris»: à son avis, la «connexion imaginaire» entre StAl et Tedbald de Vernon est en tout cas beaucoup plus solide que la comparaison du poème avec la ChRol. Selon Hermann 1940, Thiébaut serait plutôt l'auteur d'une vie latine d'Alexis en vers. Cingolani 1993:285 voudrait lui attribuer la *Vie de sainte Catherine* éditée par Fawtier-Jones 1930. Selon Sckommodau 1954:197 le fait que la plus ancienne rédaction du poème (= ms. A) ne contient pas le récit des miracles, suffit à démontrer que son auteur ne saurait être identifié à Tetbald de Vernon. S'appuyant sur des spéculations d'ordre métrique, Lausberg 1959:144 avance l'hypothèse que l'auteur aurait pu être un disciple de l'hymnographe Adhémar de Chabannes (mort en 1034).

[128] A ce sujet, Hemming 1994:xvii-xviii conclut néanmoins que «derrière cet archaïsme superficiel et trompeur», de par ses traits caractéristiques (à savoir: *-eret* plus-que-parfait à côté d'*ert*, *-t* final entravant l'élision, *ai* distinct de *ei*, *-a* final pour *-e* caduc) et dans son ensemble, la langue de L est comparable à celle de Benedeit et de Philippe de Thaon: dans l'un et dans l'autre, il s'agit de textes écrits en Angleterre pendant la première moitié du XIIe s. Bien que partiellement valable au point de vue linguistique, ce diagnostic n'est pas moins approximatif, le but de Hemming étant surtout de démystifier le prétendu archaïsme de L («Disons-le avec toute la force possible: sur le plan linguistique il n'existe aucune raison solide pour faire remonter la composition de la version de L de la *Vie de saint Alexis* au milieu du onzième siècle»).

[129] Reprenant une hypothèse de Pächt, Sckommodau 1963 se base sur le toponyme *Lalice* (v.81 et 190) pour situer la composition de StAl après la première croisade (1059), mais cet argument ne saurait être valable selon Beckmann 1964.

latin[130]. D'autre part, les études de Rajna 1929 et Stimm 1963 sur le ms. V ont beaucoup contribué à relativiser les prétendus archaïsmes de L, posant la question en termes plutôt géo-linguistiques. Enfin, selon Baehr 1968:180, tant l'absence de tout primitivisme dans le style, que la distance par rapport au traitement épique du décasyllabe propre au *Roland* (deux arguments dont Sckommodau s'était déjà prévalu), plaident aussi en faveur d'une datation plus tardive, soit une génération après les textes de Clermont-Ferrand qui, eux, se situent vers le milieu du XIe s.

Considérant le Rythme comme 'ante quem', dont la composition a été fixée par Forster 1968 à une date qui n'est pas antérieure au dernier quart du XIe s., Mölk 1978a:342 propose la fin du même siècle comme date de l'original du poème[131]. Cingolani 1994:457 indique également les années 1070-90, entre la ChRol et le Rythme.

Nos conclusions ne sont pas pour contredire ce point de vue de plus en plus partagé par les spécialistes[132]. Par ailleurs, comme nous l'avons déjà anticipé, elles ne concernent que la dernière étape du processus d'élaboration du poème. Du point de vue d'une analyse stratigraphique, telle que nous allons la proposer ci-dessous, l'institution du culte d'Alexis à Rome (témoignée à partir de 987), et en général la composition des 'Vitae' éditées par les Bollandistes sur la base de manuscrits qui ne remontent pas au delà du XIe s., ne représentent un 'post quem' que par rapport à la version élargie, caractérisée par la mention de l'église

---

[130] Même les diminutifs tels que *sponsula, verbula,* employés dans Rythme 61-62, loin de confirmer l'ancienneté du modèle, sembleraient témoigner au contraire d'une «etwas rührselig-süssliche Stilisierung der Legende» (Sckommodau 1963:322-3). Baehr 1968:180 avance pourtant des parallèles qui remontent jusqu'au IXe s. L'emploi de ces diminutifs est d'ailleurs commandé par d'évidentes raisons d'ordre métrique (Sprissler 1966:88-89).

[131] Dans sa préface à l'édition fac-similée de L, il finit pourtant par se rallier à l'hypothèse de G. Paris: «Quant à la date du poème original, il est toujours le plus raisonnable d'opter, avec Gaston Paris, pour le milieu du XIe siècle» (Mölk 1997:93).

[132] En particulier, les liens culturels avec les deux poèmes de Clermont-Ferrand trouvent dans l'analyse linguistique une confirmation ponctuelle.

de St.-Boniface. Indépendamment de la question d'ancienneté, cette version s'identifie d'abord au ms. P, dont le Rythme est très proche. Ceci dit, les str. 1-110 présentent un certain nombre de traces qui remontent à une Vie plus ancienne, intermédiaire entre Md et Ct.

STRATIGRAPHIE DES SOURCES LATINES ET DU TEXTE VERNACULAIRE

Les sources latines

3.1. La question du modèle latin. – Quel a été le modèle latin utilisé par l'auteur de StAl? Malgré sa démarche, que Curtius affuble du terme peu flatteur de «Gymnasialpädagogik»[1], Foerster a une fois de plus été le premier à avoir abordé ce problème central dans la tradition de StAl; et c'est l'un des torts de la critique postérieure que d'avoir mis de côté, et parfois balayé d'un revers de main, cette approche pourtant essentielle non seulement pour l'établissement du texte, mais aussi en vue d'une appréciation correcte du poème, et de l'originalité de son auteur, par rapport à la tradition à laquelle il était confronté.

Après avoir longtemps considéré la 'Vita' latine comme inutile à l'établissement du texte vernaculaire, Foerster finit par changer d'avis peu avant sa mort (16 mai 1915), arrivant même à envisager une édition critique du texte latin[2]. Foerster, qui voyait la source du poème dans l'une des 'Vitae' imprimées par les Bollandistes, dans son mémoire publié en 1915 utilise plusieurs rédactions latines pour établir le bien-fondé des nombreuses lacunes et interpolations («Der nun folgende Nachweis von

---

[1] Dont les analyses relatives à la str. 111 ainsi qu'aux v.327 (*bans*), 562 (*vertuz*), 625 (*En ipse verbe*), fournissent des exemples tout à fait instructifs (Foerster 1915:144, 153, 155, 166).

[2] Imprimée dans les quatre éditions de l'*Übungsbuch* (1884, 1902, 1907, 1911), la phrase «Die Vita ist für die Textkonstitution wertlos und wurde daher hier nicht abgedruckt» (cf. aussi Foerster 1915:133) fut ainsi modifiée dans l'édition de 1915 (où la 'Vita' des Bollandistes est imprimée en appendice): «Die Vita ist für den Wortlaut wertlos, aber wichtig für seine Komposition»; cf. les remarques de Rajna 1919:12.

einigen Lücken und einer ganzen Reihe von Interpolationen», p.134) qu'il propose de reconnaître dans le texte de L.

Les recherches les plus approfondies ont depuis été menées par Margarete Rösler[3], qui a opportunément posé le problème de l'inadéquation, pour le moins partielle, du texte latin officiel[4]. Dans la tradition des 'Vitae' alexiennes, Rösler 1905:23 ss. distingue quatre types[5]: I, auquel appartient le texte imprimé par les Bollandistes[6]; II, où il est question de l'icône que le roi d'Edesse Abgar aurait reçu des mains de Jésus-Christ[7]; III, une version tardive et profondément interpolée, mais appartenant, selon Rösler, au même type que la source utilisée par l'auteur de notre poème; IV, où Alexis se rend en pèlerinage en Terre Sainte, rencontrant le diable sur son chemin, qui cherche à le tenter (textes espagnols, portugais, italiens).

Que la source du poème vernaculaire ne soit pas une simple variante du type I, c'est ce que Foerster avait déjà soupçonné, signalant un certain nombre de passages qui se rapprocheraient davantage du type II[8]. D'après les conclusions de Rösler, celle-

---

[3] Prenant le relais de Rösler dans la *Sammlung Romanischer Übungstexte*, Rohlfs a laissé tomber cet aspect du problème: dans son édition plusieurs fois révisée et réimprimée, il se contente de reproduire en appendice le texte latin de Foerster, tout en communiquant en apparat quelques variantes tirées de Rösler 1905. Par ailleurs, ni chez Rösler ni chez Rohlfs l'ancienne 'Vita' espagnole n'est jamais vraiment entrée en ligne de compte.

[4] La seule mention de l'*espethe* (v.72) suffirait selon Rösler à démontrer l'indépendance du poème vernaculaire par rapport au texte des Bollandistes. Les quatre versions imprimées par Sprissler 1966 s'accordent (§ 15) sur les détails de l'anneau et de la ceinture enveloppés *in prandeo et purpureo sudario* (C,A), *in palliolo purpureo* (Ct), *in sudario brandeo* (B).

[5] Cf. aussi le résumé qu'en donne Stebbins 1975.

[6] *Acta Sanctorum,* 17 Iulii, IV, n°286, 251-253 (texte établi par Joannes Pinius, Antwerpen 1725). Ainsi que Blau 1888 l'a démontré, aucun des manuscrits latins recensés par les Bollandistes n'est antérieur au XIe s.

[7] La plupart de ces textes sont grecs, mais il y en a aussi des latins, roumains, slaves; il existe en outre des textes contaminés entre I et II. Parmi les versions éditées par Sprissler, Ct et B mentionnent (§ 16) le roi Abgar, dont la légende a été résumée par Stebbins 1975:680-2.

[8] Cf. Foerster 1915:133, avec un jugement quelque peu défavorable sur le travail accompli par Rösler («Für unsre Untersuchung freilich ist der Ertrag ein geringer»).

ci serait à reconnaître dans l'«Urtext» du type III, dépendant lui aussi des versions grecques du IXᵉ s. Malheureusement les recherches de Rösler, poursuivies dans son étude de 1933 avant d'être fixées de façon très cursive dans l'édition de 1941, s'appuient sur ce que nous désignerons comme le texte de Massmann[9], soit une version latine beaucoup trop récente et interpolée pour permettre une reconstruction fiable, à laquelle s'ajoutent d'autres versions en anc. anglais et en anc. allemand relevant du même type. Avant Rösler, Massmann lui-même avait surestimé l'importance de ce texte, que déjà Amiaud et Paris considèrent à juste titre comme un remaniement assez récent et, sans aucun doute, spécialement italien[10].

Dressant un relevé des correspondances entre le Rythme et le texte de Massmann, Sprissler 1966:154-7 finit par ranger ce dernier dans la tradition C,A; il y reconnaît toutefois de nombreux rapprochements avec le Rythme, que l'auteur de ce texte aurait aussi imité[11]. Sprissler confirme donc que le texte de Massmann n'est finalement qu'une rédaction tardive[12].

Tout en reposant sur des prémisses précaires, les résultats communiqués par Rösler 1933 et 1941 à propos de ce texte ne

---

[9] Edité par Massmann 1883:157-166, ce texte (= BHL n°292) a été transmis par deux manuscrits, Ratisbon. civ. 70 et Scheftlarn. 138: le premier est dû à une main du XIIᵉ s.; dans l'autre on reconnaît deux mains, dont l'une du XIIᵉ et l'autre de la moitié du XIIIᵉ s. (cf. Sprissler 1966:154-7). D'après une distinction entre *päpstlich* e *brautlich* introduite par Massmann lui-même pour les versions occidentales plus récentes, ce texte relève du type *brautlich*, car c'est finalement à l'épouse que le parchemin est remis d'une manière prodigieuse; il en est de même pour les mss S, M, Q (Rösler 1905:70; Pinder 1994:75).

[10] Amiaud 1889:xxxiii; Paris 1879:165 et 1889:301. A part le côté romanesque qui caractérise tout spécialement le personnage de l'épouse, le texte de Massmann présente des lacunes et des discordances considérables par rapport à StAl: ainsi la similitude de la tourtre ne s'y trouve pas, bien qu'elle soit attestée dans la version en anc. all. (cf. Rösler 1941 ad v.149); le détail de l'épée y manque aussi.

[11] Cf. déjà Pächt 1960:126 ss.

[12] Que ces indices aient été tirés du Rythme ou plutôt du texte vernaculaire, voilà un problème destiné à rester ouvert, dans la mesure où les conclusions de Sprissler (antériorité du Rythme par rapport à StAl) ne sauraient être considérées comme définitives (cf. ci-dessous).

portent pas moins sur un certain nombre de passages du poème qui méritent toute notre attention, dans la mesure où ils correspondent à quelques-uns parmi les indices de soudure ou d'innovation, que nous allons signaler à l'aide d'une analyse basée sur des éléments formels (cf. ci-dessous). Il s'agit notamment des str. 58-59, bâties sur la même assonance; str. 21, bâtie sur une assonance mixte; str. 48-49, similaires à la str. 21 et faisant l'objet d'une double rédaction dans le ms. A. Voici la liste des passages spécialement concernés:

1) La première plainte à laquelle les familiers se livrent avant même que des émissaires ne soient envoyés à la recherche d'Alexis (str. 21), ne se trouve que dans les types II et III[13].

2) Les str. 48-49 trouvent aussi une correspondance dans le texte de Massmann, cf. *equidem pater et mater una cum sponsa veniebant frequenter et assidebant et colloquebantur cum ipso quem adeo sibi attinere nesciebant*[14].

3) Dans les textes des types I et II on entend la première et la deuxième voix divine le dimanche, la troisième le jeudi ou vendredi de la même semaine; dans le type III, en revanche, elles résonnent dans la même journée (en général, au nombre d'une ou deux seulement): cf. str. 59[15].

4) C'est dans les types III et IV que le personnage de l'épouse est de plus en plus développé (d'où l'effort de plusieurs textes de lui trouver un nom, ainsi qu'à son père)[16].

---

[13] Cf. déjà Rösler 1905:51-52. Par rapport au v.108, Rösler 1933:524 observe que dans certains textes du type III, ainsi que dans la version française S, l'épouse reproche à Alexis de lui infliger, par sa fuite, un tort irréparable. Quant à la formule de transition *ut ad id redeamus* (= v.101 *Or revendrai*), attestée dans le texte de Massmann ainsi que dans la version en anc. all. (cf. Rösler 1941 ad v.), il s'agit selon toute probabilité d'un emprunt au texte vernaculaire.

[14] Il n'en reste qu'une courte allusion dans B 39 (*Sponsa autem eiusdem pauperis...semper ignorans*). Par contre, dans les versions françaises S, M, Q ces dialogues ont été considérablement développés (cf. Rösler 1905:62).

[15] Les variantes de ce motif, assez nombreuses, ont été recensées par Rösler 1905:64-67.

[16] D'autres correspondances entre le texte de Massmann, StAl, et quelques version en anc. angl. et all., signalées par Rösler 1905, n'ont pas été reprises par

Renouant avec les considérations de Foerster[17], Rösler 1933:527 confirme l'existence de rédactions du type I, qui tantôt s'accordent avec le type II, tantôt semblent fournir des indices pour la reconstruction du type III et de son prétendu archétype. Une fois évacué le faux problème lié à ce dernier, et si l'on se réfère désormais aux sigles utilisés par Sprissler[18], il paraît légitime de voir dans Ct le modèle cherché par Rösler dans le type I. Parmi les rapprochements indiqués dans son travail de 1933[19], deux nous semblent surtout pertinents, à savoir Ct 48 par rapport au v.298 *que la citét ne fundet*; Ct 89(=C) *claudis gressum reddebat* par rapport au v.552 *Ne muz ne clos* (texte du ms. V). Comme on le verra tout à l'heure, cette liste est susceptible d'être sensiblement étoffée.

3.2. Le rythme 'Pater Deus ingenite'.

Ni Sprissler ni personne d'autre ne s'est jamais donné la peine de faire une

la suite, à savoir: Alexis loge *per triennium in palatio cum imperatoribus* (cf. v.35 *Puis vait li emfes l'emperethur servir*: ce détail est partagé par le Rythme, vv.38-39); le texte omet de préciser qu'avant de fuir de la maison paternelle, Alexis se pourvoit d'argent; il spécifie par contre que deux sont les messagers chargés de sa recherche (Rösler 1905:40, 46, 51). La mention de la maladie mortelle, déjà présente dans la version syriaque, n'est par ailleurs reprise que par le texte de Massmann (Id. 1905:63), auquel il faut ajouter le Rythme (cf. ci-dessous, note 122). Dans tous ces cas, il est bien possible que le modèle ait été le poème vernaculaire lui-même.

[17] En marge des v.236-245 de son éd., dans une note à l'allure encore une fois manifestement provisoire, Rösler 1941 observe que l'essentiel des prétendues interpolations signalées par Foerster se trouve finalement dans les textes de ce qu'elle appelle type III; par ailleurs, si l'avis de Foerster devait être partagé, il faudrait en conclure que la source du poème aurait combiné les textes de deux types, I et III – ce que Massmann 1843:30 avait d'ailleurs supposé pour le poème en anc. all.

[18] Dont l'emploi a été illustré dans les listes des sigles et des abréviations. Ici nous nous limitons a rappeler que Sprissler répartit les manuscrits du XIe s. en quatre groupes, qu'il désigne moyennant les sigles des quatre manuscrits de base, à savoir C, A (le plus proche de la *Vita* officielle), Ct, B.

[19] Dont *qualiter Romam reliquerat* (C 44, cf. Ct) et v.285 *Cum s'en alat*; *quem vivum sperabam cernere* (C 84, cf. Ct), prononcé par l'épouse, et v.389 *Vif atendoie que a mei repairasses* (texte de P), prononcé par le père; *non misertus es senectuti patris nec doluisti miseriam afflictae matris* (C=Ct 72) et v. 396-7.

comparaison entre la classification proposée par Rösler et les quatre types principaux d'après lesquels Sprissler range à son tour les mss du XIe s. qu'il a rencensés pour établir son édition synoptique (Sprissler 1966:28-30, 106-7)[20].

Se réclamant des travaux de Lausberg, Sprissler considère StAl comme un ensemble organique. D'ailleurs sa recherche n'est pas spécialement axée sur le poème: c'est le Rythme latin qui fait surtout l'objet de son intérêt. Persuadé que le Rythme non seulement précède StAl, mais représente l'une des sources utilisées par l'auteur du poème vernaculaire[21], Sprissler s'emploie avant toute chose à identifier les versions latines de la *Vita* auxquelles l'auteur du Rythme aurait puisé. Si l'on s'en tient à ses conclusions, celui-ci aurait utilisé deux versions en même temps, l'une de type C et l'autre de type Ct, sans pouvoir préciser pour autant s'il avait sous les yeux un manuscrit où ces deux rédactions auraient été associées[22].

Transmis dans deux mss, le rythme *Pater Deus ingenite* s'étend sur 348 octosyllabes rythmiques groupés en strophes de six vers aabbcc[23]. Le ms. 664 de la Stiftsbibliothek d'Admont (Steiermark) remonte à la fin du XIe s.[24]; l'autre manuscrit, le Palat. lat. 828 de la Bibliothèque Vaticane, date du début du siècle suivant. Sur ces bases, Forstner 1968 suppose que le Rythme a été copié

---

[20] Parmi les quatre versions de la 'Vita' publiées par Sprissler, la première (=C), considérée comme la plus ancienne, ne présente que très peu de variantes par rapport au texte publié dans les *Acta Sanctorum*, dans lequel on a longtemps vu la source de StAl (les Bollandistes avaient recensé neuf versions différentes de la Vita, cf. BHL, I, n°286-291; II, n°291a-c).

[21] L'un des arguments majeurs (cf. Sprissler 1966:92-94) étant la présence du *degrét* au-dessous duquel l'on arrange le lit d'Alexis, cf. 165-6 *fac mihi vel vilissimum/sub gradu tuo lectulum*; 185-6 *sub domus ascensorio/locans eum in grabatto*. Après Rösler 1905:61, Lausberg avait aussi appelé l'attention sur le *grabatum* en tant que relique vénérée à Rome (1958:152, 165; 1959:143).

[22] «Dabei muss offen bleiben, ob es nicht eine Hs. oder Hss.-Gruppe gegeben hat, welche die Eigenarten der Hss. C und Ct in sich vereinigte» (p.52).

[23] C'est le même schéma métrique que dans la *Vie de saint Léger*.

[24] Ainsi que le démontre Forstner 1968, la subscription qui vient après le poème, avec le nom du pape Léon IX (1002-54), est à mettre en relation avec la pièce suivante: en l'attribuant au Rythme, Sprissler s'était basé sur de fausses prémisses, qu'il avait puisées dans la bibliographie précédente.

dans le dernier quart du XIe s.[25] Le commentaire de Sprissler utilise la nouvelle édition du Rythme préparée par Assmann 1955[26].

Si les relations entre le Rythme et le texte vernaculaire sont indéniables, il est en revanche bien plus délicat d'établir la chronologie relative des deux ouvrages. Pächt 1960, Sprissler 1966, Baehr 1968, Mölk 1978a supposent que le Rythme précède StAl. Robson (ap. Pächt 1960), Bischoff 1957[27], Sckommodau 1963 partagent l'avis contraire[28].

L'antériorité de StAl est également prônée par Rychner 1977 à l'aide d'arguments fort suggestifs. A son avis, la comparaison des deux textes entraîne la conclusion «que le poème latin est une adaptation abrégée de la chanson française»[29]. Attirant l'attention sur la correspondance (d'ailleurs déjà signalée par Rösler) entre Ct 48 et v.298 *que la citét ne fundet*[30], il considère Ct comme l'intermédiaire entre la 'Vita' et le Rythme[31].

---

[25] C'est également en 1100 env. que Loew situe l'hymne à saint Alexis déjà publié en deux versions par Dreves et Chevalier (1893), qui le considéraient comme plus ancien (cf. Mölk 1978b:457). L'hymne a été fait à Rome en imitation de l'homélie composée en 995 par Adalbert, moine de St.-Boniface.

[26] Editant la version la plus ancienne, Assmann suppose que le manuscrit provient de Metz, ce qui incite Hemming 1994:xx à établir un lien entre la Wallonie, d'où le ms. V serait originaire (mais cf. ci-dessus, p.40-41), et la Lorraine d'une part, et d'autre part, les régions germanophones d'où proviennent les deux manuscrits qui ont conservé le Rythme.

[27] Selon Bischoff, les toponymes *Licca* et *Alsis* seraient à eux seuls preuve suffisante que le Rythme a été rédigé en utilisant StAl comme modèle; cf. pourtant Sprissler 1966:99.

[28] D'autres savants (Forstner 1968, Uitti 1970 [c.r. de Sprissler, «Romance Philology», 24 (1970), 130-3]) ont préféré ne pas trancher la question.

[29] «Il semble même que l'excessive démonstration de l'épouse restant jusqu'à sa mort sur la tombe de son mari puisse reposer sur les vers 121a-c de la chanson mal compris» (Rychner 1977:82).

[30] Cf. § 48 *quaerite hominem Dei, ut preces effundat pro urbe Romana, ut per eum inconcussa maneat* (les autres 'Vitae' se bornant à l'invitation *ut oret pro Roma*). D'autres rapprochements sont possibles entre le Rythme et ce manuscrit, dont notamment Ct 33 *Vadam, inquit, in domo patris mei, in qua credo, quod iam a nemine possim agnosci* et Rythme 151-4 *Sed dat mihi solatium/cutis mutata postmodum;/caro confecta macie/vetabit me cognoscere*.

[31] Cf. Rychner 1977:82-83: «Il n'est pas impossible que l'auteur du *Pater Deus* ait eu aussi sous les yeux un texte de la *Vita*: quelques rencontres d'expression,

A commencer par le thème initial du vieillissement du monde, ces deux textes ont en effet beaucoup en commun, et des rapprochements même très ponctuels sont possibles, dont les plus intéressants concernent, à notre avis, l'emploi de formules para-épiques[32] (ce qui est aussi le cas pour le texte de Massmann). Si la distribution des matériaux correspond à peu près à celle du ms. P (en l'absence, donc, des miracles), il n'en reste pas moins que l'auteur du Rythme omet un certain nombre de traits distinctifs de StAl[33]. Au reste, si l'on se réfère à la liste des traits particuliers à StAl par rapport aux 'Vitae' (cf. ci-dessous), on verra que très peu d'entre eux se retrouvent dans le Rythme[34].

Le problème de la chronologie relative entre le Rythme et StAl n'entrant pas dans le cadre de la présente édition, nous nous

ici et là, le donnent peut-être à penser. Mais ce n'est pas la *Vita* qu'il abrégeait, c'est bien le *Saint Alexis*. Il est frappant et concluant, en effet, que le *Pater Deus* ne comporte aucun élément narratif de la *Vita* qui ne figure aussi dans le *Saint Alexis*, alors que, nous l'avons vu, il en comporte, du *Saint Alexis*, qui ne sont pas dans la *Vita*, et qu'il en omet d'autres qui sont communs au *Saint Alexis* et à la *Vita*. En critique de texte, on dirait, selon la méthode de Dom Quentin, que l'absence d'accord entre la *Vita* et le *Pater Deus* contre le *Saint Alexis* fournit la preuve que le *Saint Alexis* est l'intermédiaire entre la *Vita* et le *Pater Deus*».

[32] Cf. 11-12 *De quibus unum eligo,/de quo cantare gestio* (= StAl v.15), 79-80 *Nunc praetermisso filio/de patre loquar denuo* (= v.101), 319 *Sed nihil illud profuit* (= v.529). La formule employée aux v.27-30 est particulière au Rythme: *Cuius virtutum plurima/patrata sunt insignia,/velut haec nostra pagina/vobis monstrabit postea*.

[33] Aussi la mère d'Alexis n'y a-t-elle aucune part, et il manque surtout la scène de la chambre nuptiale mise à sac ainsi que le colloque consolatoire entre la mère et l'épouse; comme dans la Vie syriaque, le nombre de 17 ans n'est pas spécifié pour le séjour à Licca (cf. 103-4 *In Licca multo tempore/usus dei servimine*); compte tenu du fait que les str. 48-49 ont été transmises en double rédaction dans le ms. A, le passage équivalent dans le Rythme correspond plutôt à la deuxième variante de ce manuscrit; la voix céleste ne se fait entendre que deux fois; ce n'est qu'après l'*escondit* d'Euphemien qu'Alexis, sentant la mort s'approcher, écrit son testament. D'autres décalages ont déjà été signalés par rapport à la fin du récit.

[34] Déjà Baehr 1968:182 trouve difficile d'expliquer comment une *abreviatio* du texte vernaculaire ait justement pu omettre les épisodes les plus marquants, tels les plaintes monologiques et surtout le rôle central attribué aux familiers du protagoniste.

contenterons d'émettre une hypothèse provisoire. Compte tenu de la proximité indéniable entre le ms. P et le Rythme, celui-ci pourrait refléter, en tant qu'*abreviatio*, une rédaction de StAl antérieure à l'insertion des miracles. En effet, s'il est vrai que le Rythme est beaucoup plus proche du poème vernaculaire que de n'importe quelle 'Vita', l'élimination de nombre de traits pertinents au point de vue narratif serait difficilement explicable si l'auteur avait eu sous les yeux une version 'définitive' du texte français.

Il convient d'appeler l'attention sur le fait que, par delà leurs points de vue extrêmement différents, les recherches de Foerster, Rösler, Sprissler, Rychner finissent par déboucher sur des conclusions assez semblables au sujet des sources utilisées par l'auteur de StAl[35]. Ces savants s'accordent encore sur un point essentiel: aucun d'entre eux n'a jamais tenu compte de l'ancienne version espagnole de la 'Vita'. Bien que géographiquement éloigné par rapport à l'implantation du culte bonifacien à Rome (dont la relation est évidente avec la version élargie de StAl), ce texte 'périphérique' constitue néanmoins un point de repère non négligeable.

En effet nous sommes de l'avis que, surtout après l'édition critique de la Vie espagnole par Mölk, la direction des recherches doit être inversée: la prétendue antériorité du Rythme n'étant finalement qu'une manière d'évacuer le problème majeur, mieux vaut procéder à une comparaison détaillée entre le texte vernaculaire et toutes les principales rédactions latines de la 'Vita' dans les éditions disponibles, essayant d'apprécier les différents rapports que chacune d'elles entretient avec la tradition de StAl.

3.3. La Vie espagnole: les archaïsmes. – Une série d'indices confirme, s'il en était besoin, que la tradition des Bollandistes dans son ensemble ne saurait être considérée comme la

---

[35] Vu le grand nombre de rapprochements qu'il est possible d'établir entre le Rythme et StAl, il est tout à fait normal, quelle que soit la chronologie adoptée, que l'identification des sources aboutisse dans les deux cas à des résultats largement communs.

source directe de StAl. Quelques lacunes pourraient certes s'expliquer par un souci d'abréviation de la part de l'auteur du poème[36]. D'autres discordances pourraient être le résultat de quelques concentrations ou déplacements effectués par l'auteur[37]. Il n'en reste pas moins qu'aux discordances déjà évoquées (dont notamment la différence entre les toponymes employés), on peut encore ajouter que l'histoire y est située dès le début *temporibus Archadii et Honorii*; les noces d'Alexis sont célébrées dans l'église de St.-Boniface (§ 12)[38]; le *clerc* du v.375 s'appelle *Ethius* (§ 69); un *suavissimus odor* émane du sépulchre (§ 94, cf. Rösler 1905:75-76)[39].

On a déjà appelé l'attention sur les traits essentiels qui, en plus de l'absence des miracles, opposent la plus ancienne ver-

[36] P.ex. dans les 'Vitae' on décrit longuement les richesses et la position sociale d'Euphemien, ainsi que ses pieuses mœurs (§ 2-5, cf. déjà Md 1); avant de fuir de sa maison, Alexis pénètre dans la chambre de son père, d'où il emporte de l'argent (§ 16, cf. Md 6); le *templum sancti Pauli* est mentionné en relation avec *Tharsum Ciliciae* (§ 31); pendant que les serviteurs d'Euphemien apprêtent la maison pour recevoir les autorités, la mère et l'épouse les interrogent sur ce qui peut bien être arrivé (§ 57-59). Le détail du *relef de la tabla* (v.247) semble avoir été calqué sur la *Vita Joh. Calybitae* (cf. ci-dessous); cf. par ailleurs la prière adressée par Alexis à son père (§ 35 *et pascar de micis, quae cadunt de mensa tua*).

[37] On a déjà signalé que le récit des miracles a lieu dans les 'Vitae' tout de suite après la sortie du cortège de la maison d'Euphemien (§ 89). On peut encore observer que la teneur du testament d'Alexis est résumée dans les 'Vitae' à l'instant même où celui-ci est en train de l'écrire (§ 44, cf. Md 17), alors que dans StAl elle est évoquée lors de la lecture du clerc (str. 76-77). Par ailleurs, seuls C et Ct, § 70, profitent de la lecture pour évoquer la remise de l'anneau et de la ceinture, en tant qu'instruments destinés à faciliter l'agnition.

[38] Dans Md 5, les noces d'Alexis se célèbrent *in ecclesia, que vocatur sancta*; et, bien que la voix tombant du ciel soit entendue *in domum sancte Marie* (Md 18), le corps du saint est transféré *ad aulam, <que> sancta vocatur* (Md 22).

[39] En particulier, C et Ct précisent qu'après l'annonce de la mort d'Alexis, tout le monde se réunit *ad ecclesiam beati Petri apostoli* (§ 50); mentionnent encore une fois l'*anulum et balteum (brachile)* en fonction de l'agnition du corps saint (§ 70); l'épouse, dans sa plainte, revient sur la comparaison avec la tourtre (§ 84, cf. aussi *turturem meum* dans B). Le type C contient aussi quelques détails qui contredisent le texte vernaculaire: p.ex., après la naissance d'Alexis, ses parents décident de garder la chasteté (C=A 10, cf. ad v.36).

sion latine tant aux autres 'Vitae' qu'au poème vernaculaire, à savoir: il manque le nom du protagoniste; il n'y a pas d'icône miraculeuse, le sacristain étant averti *per visionem noctis* (Md 9); Tharsus n'est guère mentionné[40], pas plus que le *grabatum*[41]: à l'instar de Iohannes Calybita, Alexis loge *inclusus in cellula parvula* (Md 16)[42]. Il manque encore le détail tout aussi important des *lavadures* (§ 41 et v.264); il n'y a qu'une seule voix qui tombe du ciel[43]; aucune mention n'est faite du pontife ni des empereurs; enfin, la réponse négative des serviteurs, interrogés sur la présence du saint homme à la maison d'Euphemien, enchaîne directement avec la révélation du *prepositus*.

Cela dit, Md présente un certain nombre de traits qui, pour ne guère trouver de correspondances dans les 'Vitae' plus récentes, ne sont pas moins partagés par StAl: il s'agit donc d'archaïsmes que le poème vernaculaire a conservés par rapport aux 'Vitae' plus récentes. En voici un relevé essentiel:

la mère d'Alexis est anonyme, alors que dans les 'Vitae' (à la seule exception de Ct, qui s'accorde avec le silence de Md) elle s'appelle Aglaé;

celle-ci demande à Dieu un fils *qui placeat ante conspectum tuum* (Md 2 = v.25 *Amfant nus done ki seit a tun talent*), alors que dans les 'Vitae' l'invocation manque tout à fait;

---

[40] Md 11 n'a qu'une phrase générique: *volens semetipsum ad incognitas et inauditas longeque divisas regiones transportare*, ce qui est encore une allusion à la littérature des régions extrêmes, après la précision faite au § 6 au sujet d'Herea (*Est civitas illa in extremis locis*).

[41] Pourtant ce détail essentiel se trouve déjà dans le cod. Marcianus, où il est question d'un ψάθιον (le terme est attesté chez Du Cange à partir du Xe s., cf. Rösler 1933:515).

[42] Resté dans Ct 38 (*domumculam*), ce détail est confirmé par la suite, cf. Md 20 *ad cellulam sanctissimi viri* (par ailleurs, Md 14 contient déjà une formulation proche des 'Vitae': *Deduxit autem eum idem prepositus eius ad civitatem et posuit habitationem eius in exitu et in introitu palatii, sicut beatissimus Fimianus preceperat*).

[43] *Populi autem, qui erant congregati in domum sancte Marie, audierunt vocem de summo altario...dum audissent vocem de medio templi altaris* (Md 18).

Md 5 relate le sermon adressé par Alexis à son épouse pendant la scène du congé (cf. str. 14)[44], alors que dans C,A il n'y a qu'une allusion indirecte[45];

au retour d'Alexis à Rome[46], Md 12 mentionne la *viam, qua graditur omnis populus* (cf. v.212; les variantes dans Rösler 1905:59);

Alexis implore son père au nom du fils qu'il a perdu (Md 12 *si in hac presenti vita demonstret tibi Dominus filium tuum, per quem tantas tribulationes sustines,* cf. v.219), alors que les 'Vitae' (sauf en partie B) se bornent à une allusion générique (§ 35 *si habes aliquem in peregrinatione*). C'est bien ce détail qui motive les larmes d'Euphemien au début du paragraphe suivant[47];

---

[44] Le congé qu'Alexis prend de son épouse manque tant dans le cod. Marcianus (où aucune mention n'est faite de la chambre nuptiale) que dans l'ancienne version syriaque. Dans les textes syriaques plus récents, c'est la lettre écrite par Alexis qui contient une allusion au colloque avec l'épouse ainsi qu'aux cadeaux remis à celle-ci (Rösler 1933:519). Dans l'un de ses hymnes à Marie où il insère un éloge d'Alexis (c'est, autant qu'on sache, le premier texte où ce nom apparaît), l'hymnographe Joseph (IXe s.) se borne à observer qu'Alexis échangea la chambre nuptiale terrestre pour la céleste (ce motif a été repris par Adalbert de Prague dans son homélie, cf. Sprissler 1966:105). C'est dans le Synaxarium Basilianum (l'un des recueils organisés au Xe s., qui contiennent des épitomes des Vies des saints) qu'on entend pour la première fois Alexis parler avec son épouse et lui remettre l'anneau. Le texte carschouni décrit la première rencontre entre Alexis et son épouse: après un long sermon, celui-ci *annulum et pallium exuit et utrumque uxori tradens, simul parentes eidem commendans*. Une fois les serviteurs revenus sans nouvelles, elle manifeste son intention de demeurer chez sa belle-mère.

[45] Dans les deux autres rédactions il manque tout à fait: Alexis, entré dans la chambre nuptiale, trouve son épouse *sedentem subsellio* (B 14) ou *sedentem in medio nobilium matronarum quemadmodum mos est* (Ct 14), et se borne à lui remettre soit *anulum suum aureum et bracilem quo erat praecinctus* (Ct), soit *anulum suum aureum* lequel *de zonis suis excidit* (B).

[46] Sauf dans Md et B, la seule préoccupation d'Alexis à son arrivée à Rome est qu'on ne le reconnaisse pas.

[47] Md 13 *Dum autem audivit pater eius nominari filium suum..., flevit diutissime*; et encore: *postquam dulcissimum mici filium nominavit,* cf. v.222. Là aussi les 'Vitae' (§ 36) portent des locutions moins précises: *commota sunt quippe omnia viscera eius super eum pro amore filii sui* C (=Ct), *rememoratus est de filio suo et compunctus* A (=B).

Alexis lui-même pleure (Md 14 *Beatissimus autem puer audiens hec et considerans dolorem patri pro desiderio filii non poterat a lacrimis se continere,* cf. v.244-5);

Euphemien interroge personnellement les serviteurs au sujet du saint homme qui se trouverait dans sa maison: Md 18 *Et festinans venit ad domum et interrogavit familiam suam* = v.323-4 (cf. aussi Md 19 avec la réponse négative de ceux-ci);

à la fin du récit, allusion est faite aux parents qui, eux aussi, vont mériter le paradis (Md 23, cf. str.121).

3.4. La Vie espagnole: éléments mobiles par rapport aux Vies plus récentes.
– Il est d'autres détails du poème qui présentent des traits communs à Md et aux autres 'Vitae', où ils occupent cependant une place différente:

1) Une fois logé près de chez son père, Alexis *parum exinde in usibus suis adsumebat, cetera aliis pauperibus tribuebat* (Md 14)[48], ce qui correspond à la première partie de la str. 51 (v.251-3):

De la viande ki del herberc li vint,
Tant an retint dunt sun cors an sustint;
Se lui en remaint, sil rent as pov<e>rins.

Ce détail apparaît dans C(=A) 18 beaucoup plus tôt, c'est-à-dire après l'arrivée du saint homme à Herea: *Sancta quoque Dei mysteria singulis diebus dominicis accipiebat et de elemosinis quae ei dabantur quantum sibi sufficeret reservabat, cetera vero pauperibus erogabat*[49], ce qui correspond ponctuellement à la str. 20; cf. notamment v.98-100:

---

[48] Le récit de la Vie espagnole suit de près la *Vita Joh. Calybitae*, § 11 *Nihil itaque neglegens praepositus domus fecit ei tabernaculum. Per singulos vero dies pater eius de mensa sua mittebat escam. Qui ea quae sibi mittebantur, pauperibus erogabat. Ipse autem neque edebat neque bibebat, ita ut pauperes accurrerent et alerentur.*

[49] Plus générique le texte de Ct et B, qui décrivent par contre la posture habituelle d'Alexis: *Facies autem sua inter brachia eius, cor vero eius erat in Deo* (B).

Reçut l'almosne quant Deus la li tramist:
Tant an retint dunt ses cors puet guarir,
Se lui 'n remaint, sil rent as poverins.

Quant à l'allusion au sacrement de la messe, elle se rapporte à la str. 52[50].

La comparaison entre Md et les 'Vitae' plus récentes reflète donc sous l'angle chronologique le rapport de similarité entre les str. 51-52 et la str. 20, dans la mesure où celle-ci correspond à une étape postérieure dans l'élaboration du texte latin.

2) Dans les 'Vitae' plus récentes, après le retour des émissaires chargés de la recherche d'Alexis, la mère ouvre la fenêtre de la chambre nuptiale, *stravit saccum et cinerem et iactavit se ibidem cum lacrimis dicens: heu me misera, lapsa est in lacu miseriae vita mea. Iam non de isto loco exurgam donec audiam quid actum sit ex unigenito filio meo* (Ct 24, cf. B). Quant à l'épouse, elle fait vœu de chasteté, en se comparant à une tourtre[51].

Mis à part l'élément rhétorique de l'apostrophe, qui semble être du cru de l'auteur (cf. ad v.141), ces deux scènes correspondent aux str. 28-30. Dans Md, par contre, elles n'interviennent qu'après le logement d'Alexis dans sa cellule, et plus exactement, après la phrase correspondant aux str. 51-52 (distribution aux pauvres de la plupart de la nourriture)[52]. Un élément dans Md (*non cessabimus flere, usquequo demonstret nobis Deus, quo devenit filius noster*) renvoie cependant à la str. 22 (v.107: *Respont la medre: – Lasse, qued est devenut? –*).

---

[50] Les deux endroits de la légende alexienne où ces détails sur la nourriture et les sacrements trouvent place sont mentionnés d'une façon très générale chez Rösler 1905:50 et 63.

[51] La similitude dans C,A et (plus copieusement développée) dans Ct, alors que B se borne à mentionner le vœu de chasteté. Par rapport aux autres versions, les Vies latines omettent de mentionner la douleur du père (Rösler 1905:52).

[52] Cf. Md 15 *mater...dicebat: 'Vivit Dominus in eternum, quia non cessabo flere ac lugere nec parcam mici sacco et cinere, que indui mici diebus ac noctibus, donec respiciat Dominus afflictionem meam et faciat me scire, quid est de filio meo'* etc. Ce déplacement est partagé par quelques autres textes (cf. Rösler 1905:53).

Revenons maintenant à ce qui se passe entre le départ d'Alexis et celui des messagers. Alors que dans les 'Vitae' rien n'est dit à cet endroit concernant les réactions des familiers, dans la version Md ceux-ci se livrent à des lamentations[53]; on précise à ce propos le rôle de chacun des familiers: *Lugebantque omnes inconfuse, parentes filium, sponsa sponsum, familia dominum, et erant omnes in merore atque infinita animi tribulatione*[54]. Ce passage correspond aux str. 21-22, dont la première débute par la célèbre formule de transition (v.101-2):

> Or revendrai al pedra ed a la medra
> Ed a la spuse qui sole [ert] remese

tandis que l'autre, façonnée comme une 'cobla tensonada', renferme trois phrases, dont chacune est prononcée à tour de rôle par un des trois familiers.

Ce qu'on vient d'illustrer, ce sont les avatars de deux unités diégétiques, l'une relative à la courte plainte collective (str. 21-22), l'autre au couple formé par les images du *saccum et cinerem* et de la tourtre (str. 28-30). Les conclusions de notre analyse peuvent se résumer de la façon suivante. La première unité se trouve dans Md au même endroit que dans le poème vernaculaire, tandis qu'elle manque dans les 'Vitae' plus récentes. La deuxième unité, par contre, se trouve dans les 'Vitae' au même endroit que dans StAl, c'est-à-dire après le retour des messagers[55]; elle se trouve également dans Md, où elle est toutefois incorporée à la description d'Alexis jeûnant dans sa cellule (un détail fait néanmoins allusion à la plainte collective de la str. 22).

3) La scène où la mort d'Alexis est suivie de l'agnition est, dans Md 18-19, on ne peut plus simple: pas de pontife ou d'empereurs; il n'y a que des *populi...congregati*[56] *in domum sancte*

---

[53] *Dum autem cognovissent parentes de peregrinatione filii sui, ceperunt lamentare et tribulati esse et induti cilicio lugebant nullam consolationem recipientes* (ce qui correspond aux versions du type dénommé III, cf. ci-dessus).
[54] L'auteur a puisé à la *Vita sanctae Eugeniae*, cf. Mölk 1976b:298-9.
[55] La rédaction la plus développée, en même temps que la plus proche du poème vernaculaire, appartient à Ct et à B.
[56] Ce mot-clé revient dans les 'Vitae', cf. § 50.

Marie: ceux-ci entendent une voix mystérieuse provenant de l'autel, qui leur annonce sans ambages: *Ite ad domum Fimiani, quia ibi est famulus Domini*. Tout le monde reproche alors à Euphemien d'avoir gardé le silence à ce sujet; celui-ci court à sa maison faire une brève enquête, et l'agnition est finalement assurée par le *prepositus* qui s'était chargé de prendre soin du pèlerin. Par rapport à StAl, les matériaux de Md correspondent aux str. 59, 65, 68.

Les élargissements présents dans StAl se trouvent déjà dans les 'Vitae', § 46-61, à savoir: trois voix tombent du ciel au lieu d'une seule; faisant tout aussi l'objet de reproches, Euphemien interroge en vain *priorem domus suae*; les empereurs et le pontife décidant de se rendre chez lui, il court apprêter sa maison, où l'on décrit l'étonnement de la mère et de l'épouse; finalement, lorsque tout le monde s'est réuni chez Euphemien, le *minister hominis Dei* fait sa révélation[57].

L'élément le moins stable dans ce montage, tout aussi nouveau que complexe, concerne l'entrée en scène des autorités[58]. Avant même qu'on entende la première voix, seul B 46 mentionne *pontifex et imperatores Romae*, auxquels allusion est à nouveau faite au § 55 (*piissimi imperatores*). Ct 46, par contre, se limite à préciser: *cum missarum solemnia celebraret beatissimus Martianus papa urbis Romae*[59]; cette version introduit donc

---

[57] Sauf dans Ct 61, où les serviteurs parlent directement. A remarquer encore qu'Alexis meurt dans les 'Vitae' aussitôt après la deuxième voix (§ 49), alors que dans StAl son trépas précède le discours du *boen sergant* (str. 68), en le motivant, et c'est là le seul décalage des événements par rapport au poème vernaculaire.

[58] C'est à l'œuvre d'un 'métaphraste' qu'Amiaud attribue la mention, à la fin de la légende, d'Arcadius et Honorius ainsi que du pape Innocent (402-417); un deuxième métaphraste aurait ensuite mentionné les deux empereurs au début, c'est-à-dire au temps de la naissance d'Alexis, occasionnant par là une incongruité chronologique. Déjà la seconde version syriaque mentionne «les pieux empereurs», quoique d'une façon anonyme. Dans les textes grecs connus d'Amiaud il n'est fait mention que d'Honorius, auquel on aurait ensuite ajouté Arcadius, plus connu en Orient (cf. Rösler 1905:13-15, 67).

[59] Pour la présence de Marcien, évêque à Constantinople (384-395), au lieu du pape Innocent (401-417), dans une partie de la tradition grecque, cf. Rösler 1905:15-16.

les empereurs d'une façon quelque peu abrupte, dans la mesure où ils ne sont mentionnés (*imperatores*) qu'après la troisième semonce, lorsqu'ils reprochent à Euphemien d'avoir gardé le silence (§ 52)[60].

Quant à l'autre branche C,A, ce n'est qu'après la troisième voix et la réponse négative d'Euphemien, que cette version intègre pour la première fois au récit[61] la présence des trois autorités: *Tunc imperatores Archadius et Honorius, qui eodem tempore Romanum regebant imperium una cum pontifice Innocentio, iusserunt ire in domum Euphemiani* (A 55, cf. C)[62].

Dans StAl, enfin, le pape et les empereurs sont introduits aux str. 61 et 62, soit après la deuxième voix; on les voit encore installés dans la maison d'Euphemien (str. 66), et lorsqu'ils supplient le corps saint de leur faire connaître la teneur du document qu'il garde dans sa main (str. 72). Dans la séquence de StAl convergent donc tant B que C,A: en effet, comme on l'a dit, dans B le pontife et les empereurs sont mentionnés dès le début, bien que de façon anonyme; dans C,A il n'interviennent qu'à hauteur de la str. 66[63].

Ce que nous avons dit au sujet de StAl ne s'applique guère au ms. A, où l'on ne fait mention au début que du pape (str. 61), alors que la str. 62, mentionnant les empereurs, est soudée à la str. 72 (qui compte sept lignes au total): dans ces conditions, la formule *Li apostoiles e li empereur,* au début de la str. 66, résonne de façon tout à fait inattendue. Cette distribution recoupe à peu près celle de la version Ct.

---

[60] Tout comme dans B, ils sont encore mentionnés d'une manière parfaitement anonyme (*imperatores*) dans Ct 55, lorsqu'après l'*escondit* d'Euphemien, ils décident de se rendre à la maison de celui-ci.
[61] On rappelle tout de même que les quatre 'Vitae' contiennent dès le début la précision *temporibus Archadii et Honorii*.
[62] D'autres allusions aux empereurs suivent aux § 56 (Ct et A,C qui mentionnent aussi le pontife) et 60 (C). A remarquer qu'après l'enterrement, Ct et B font encore une fois les noms d'Arcadius et d'Honorius, auxquels Ct 93 ajoute le pontife Marcianus, dont le nom a déjà été mentionné au § 46.
[63] Foerster 1915:145 est amené à supposer «dass das Triumvirat erst in der Lücke (einer Strophe 65a) vorgeführt sein könnte».

Le résultat de cette comparaison confirme, dans StAl, la relation étroite entre les str. 62 (dont le ms. A atteste le statut encore précaire), 66 et 72, ainsi que leur relative instabilité: en fait cette tripartition est l'aboutissement d'une situation bien plus confuse à l'origine, suite à la présence simultanée de deux versions différentes.

4) Dans Md 20, une fois le corps du pèlerin trouvé, Euphemien s'adresse *continuo ad universos principes vel maiores natu et ad papam sedis Romane et ad universos confessores atque Deo servientes.* On rappelle que dans cette version, où il n'est pas question d'empereurs, c'est le pape qui implore directement le corps saint, sans qu'Euphemien n'ait en aucune manière essayé auparavant d'arracher la lettre de la main du cadavre.

Dans les 'Vitae', au contraire (§ 63-70), l'organisation de l'épisode est la même que dans StAl, c'est-à-dire, encore une fois, beaucoup plus complexe: Euphemien voit le *vultum...fulgentem* du saint[64]; après avoir en vain essayé de s'emparer du parchemin, il s'adresse tout confus (*esmeriz*, dit le poète vernaculaire) aux empereurs et leur raconte ce qu'il vient de se passer. Les empereurs et le pape rejoignent aussitôt le corps saint et ce sont les empereurs qui l'implorent de confier la lettre au pontife; celui-ci la passe finalement à son *cartularius* Ethius. Pendant la lecture[65], le père commence sa plainte.

5) On ajoutera que dans Md 21, où les plaintes sont beaucoup plus courtes, l'invocation correspondant à la str. 93 (*Seinurs*

---

[64] Dans Md 20 on n'en parle qu'après l'arrivée des autorités.

[65] Dont C et Ct donnent un court résumé, axé sur la remise de l'anneau et de la ceinture. On rappelle que, dans les quatre 'Vitae' plus récentes, la teneur de la lettre est communiquée au moment même où le saint est en train de l'écrire; dans StAl, en revanche, elle figure comme discours rapporté par le *clerc*, sans qu'aucune mention soit faite des instruments de l'agnition. De ce point de vue, ceux-ci ne jouent en effet aucun rôle, ni dans Md 17 (où seul le *palleum* est mentionné, mais avec une fonction particulière, cf. la note de Mölk 1976b:314) ni dans les 'Vitae' plus récentes, desquelles s'inspire en l'occurrence l'auteur vernaculaire. On sait que le problème de l'agnition joue aussi un rôle dans la biographie de Johannes Calybita.

de Rome...) figure en réalité comme dernière phrase prononcée par l'épouse, alors que dans les autres 'Vitae' elle est désormais attribuée à la mère[66]. La version espagnole confirme donc pleinement les suspicions de Rajna 1929:76: la str. 93 faisait partie à l'origine de la plainte de l'épouse[67].

Nous avons examiné un certain nombre de traits que notre poème partage avec Md et les 'Vitae' plus récentes, quoique d'une manière différente tantôt par rapport à la Vie espagnole, tantôt par rapport à la tradition des Bollandistes. Il convient de remarquer que les passages en question se situent aux str. 20 et 51-52, liées par un rapport de similarité, outre qu'identifiables comme des anciennes soudures; 62, 66 et 72, soudées dans le ms. A; 93, faisant partie à l'origine de la plainte de l'épouse. A ces éléments il faut ajouter les str. 28-30, situées à des endroits différents dans Md et dans les 'Vitae' récentes, StAl s'accordant avec ces dernières.

Dans l'ensemble, ces données convergent, et tendent à indiquer dans la version Ct un maillon de la chaîne qui relie la plus ancienne Vie (=Md) au poème vernaculaire, se situant à hauteur du ms. A. C'est seulement dans Ct (la seule des quatre Vies plus récentes où la femme d'Euphemien est anonyme) qu'on trouve le détail du baptême d'Alexis ainsi que la deuxième semonce de la *vox invisibilis* tombant du ciel, avec le modèle verbal du mot *fundet*[68]. Rappelons en outre que seuls Ct+B s'accordent avec Md 17 dans l'allocution directe (Ct 44 *mi frater, affer cartam et*

---

[66] Dans Ct et B, ainsi que dans d'autres versions vernaculaires, elle conclut la plainte de la mère: cf. Rösler 1905:72-73, qui fait encore état d'autres échanges de rôle entre les deux femmes.

[67] Quant au récit des funérailles, il est dans Md tout aussi concis; en particulier, suite à l'absence des miracles, le rôle des patrices ne fait l'objet que d'un court paragraphe, cf. Md 22 *Maiores autem natu vel divites atque senatores dabant munera multa, ut adpropinquarent feretrum eius, et diviserunt aurum et argentum sine numero pro accipienda benedictione famuli Dei.*

[68] Par rapport aux autres versions, on peut déceler encore un écho verbal dans Ct 66 *Et tenet in manu cartam, quam ei tollere volui et non potui*, à comparer avec le v.355.

atramentum, cf. B) qu'Alexis adresse au serviteur. Par ailleurs, ainsi que Rösler l'avait bien vu, cette branche appuie *clos*, variante donnée par le ms. V au v.552[69].

La branche formée par Ct et B ne contient pas moins un certain nombre de détails qui soit contredisent le texte vernaculaire, soit y sont tout à fait absents[70]. Ct contient à lui seul des archaïsmes qui ne sont guère partagés par StAl[71]. Nécessaire mais non suffisante pour expliquer StAl, la version Ct n'est donc pas la seule à avoir part dans l'élaboration du poème vernaculaire.

D'abord, celui-ci recèle des archaïsmes qui remontent au-delà des Vies plus récentes. Par ailleurs, ainsi que Foerster l'avait bien vu, l'autre branche formée par C,A doit aussi entrer en ligne de compte. C'est dans cette version qu'Euphemien lui-même *praeivit cum pueris suis, ut sedes ordinaret*[72], alors que dans les autres, ce sont les serviteurs qui le précèdent. On reconnaît en outre des échos verbaux assez précis dans les syntagmes *Unde merentes erant et tristes* (§ 7, cf. v.22 *peiset lur en forment*); *Deo prosperante* (§ 16, cf. v.80); *quia non cognoverunt eum* (§ 20, cf. v.120-121; Ct et B ont *nescients [ignorantes] quis esset*). Rap-

---

[69] On pourrait sans doute encore ajouter § 62 (c'est Euphemien qui s'adresse en vain à son fils déjà mort) *Et non erat ei sensus neque vox* Ct(=C), *et non erat in ipso vox neque auditus* B, qui a pu suggérer à l'auteur du poème le v.290 *De tut an tut recesset del parler*.

[70] P.ex. le voyage de Laodicée (dont Ct ne mentionne même pas le nom) à Edesse se fait à l'aide de *homines minantes asellos* (Ct 16), voire *quibusdam ducentibus animalia* (B); 3000 hommes sont chargés de la recherche d'Alexis (§ 19): pour ces variantes, qui se rencontrent dans d'autres versions, cf. Rösler 1905:48, 50-51. Ajoutons que, se trouvant chez Euphemien, les deux empereurs *iusserunt lectum sternere* pour y allonger le corps saint (§ 66).

[71] En plus de mentionner la *domunculam* au lieu du *grabat(t)um* (§ 38), c'est l'unique version à ignorer la requête des empereurs et du pontife au corps d'Alexis (§ 67-68 *quamvis peccatores sumus, gubernacula tamen regni gerimus ...Iste autem pontifex pater universalis est*) ainsi que la mention de l'église de St.-Boniface (Ct 92 se bornant à répéter que le cortège funèbre parvient *ad limina beati Petri apostoli*); en revanche, le numéro 17 n'y est jamais mentionné (cf. § 43 et 81). Quant à B 39, l'épouse y emploie une deuxième fois l'image de la tourtre.

[72] § 56 = v.323 *Cil vait avant, les bans fist cunreer* A: *Il vat avant a la maisun aprester* LPS.

pelons enfin le détail du père *stupefactus atque timore perculsus* (§ 65 = v.352 *tuz esmeriz*) face au corps saint qui ne veut guère lui remettre le parchemin contenant ses derniers mots.

Le texte vernaculaire

3.5. L'analyse stratigraphique. – Il est deux manières d'envisager le texte de L. On peut le regarder comme un ensemble unitaire, en essayant d'expliquer ses contradictions à la lumière d'une rationalité plus ou moins immanente, ce qui a été fait à plusieurs reprises depuis Curtius. Mais on peut tout aussi bien y voir le résultat, du point de vue diachronique, d'un processus de stratification, dont témoignent les fêlures et les soudures correspondant aux différentes couches.

La nécessité d'une analyse stratigraphique ne découle pas seulement de l'attestation inégale dont les différentes parties du poème font l'objet, à commencer par le cas le plus voyant, à savoir la présence simultanée de deux conclusions. D'autres indices sont détectables à partir de l'agencement strophique, la tradition manuscrite faisant état d'un certain nombre de strophes consécutives bâties sur la même assonance ou sur des assonances mixtes, voire de strophes soudées. Les cas de doubles rédactions entrent aussi en ligne de compte.

Marquées au point de vue métrique, et en général stylistique, toutes ces strophes correspondent, on le verra, très exactement aux endroits où les sources latines plus récentes diffèrent par rapport aux modèles archaïques, dont en premier lieu l'ancienne Vie diffusée en Espagne. Il ne s'agit pas de réexhumer le procédé «chirurgical» de Foerster, dont les recherches ont finalement abouti, dans le cas de StAl, à l'identification d'un nombre plus ou moins élevé de strophes qui seraient à considérer comme apocryphes[73]: ce cas n'est en effet envisageable que pour les quelques rajouts dont témoignent (V)L au dernier stade d'élaboration

---

[73] Ceci dit, nous tenons à répéter que la réflexion développée par ce grand philologue demeure non moins admirable que riche en suggestions fort précieuses.

du texte. Il est plutôt question de retracer les étapes qui marquent le processus de remaniement et d'élargissement par rapport à la stratification qui caractérise les sources latines: c'est peut-être un aspect dont on n'a pas encore mis en évidence toutes les implications pour l'histoire du texte vernaculaire.

Sur la base des conclusions qui semblent découler de notre recherche, ni celui-ci ni le texte latin ne constituent des blocs solidaires, l'un et l'autre devant, au contraire, être envisagés comme des structures dynamiques; il est donc essentiel que l'analyse ne perde jamais de vue les exigences de la diachronie. Plusieurs intuitions formulées par la critique précédente s'en trouvent, comme on le verra, confirmées.

3.6. Dans l'analyse de la consécution des strophes dans le poème, trois critères internes sont surtout applicables:

1) Strophes consécutives bâties sur les mêmes assonances. Le cas le plus éclatant concerne les str. 109-110, finales dans la version A. Celui-ci mis à part, il y a encore quatre passages dans le ms. L où l'on remarque ce phénomène, à savoir trois couples de strophes assonant en *é* (str. 18-19, 38-39, 58-59) ainsi que les str. 113-114 assonant en *è-e*. Au point de vue stratigraphique, ces couples présentent à première vue un intérêt inégal.

Comme le montre la comparaison avec les sources, l'indice le plus évident correspond sans aucun doute aux str. 18-19, liées par la répétition de l'hémistiche *(an/par) Alsis la ci(p)tét*, v.86 et 92; la str. 18, où mention est faite de l'icône de la Sainte Vierge, présente encore la répétition de *Deu* à l'assonance. L'icône miraculeuse n'ayant aucune part ni dans le cod. Marcianus ni dans Md, le redoublement de l'assonance pourrait être interprété comme la trace d'une ancienne soudure.

Une présomption analogue doit être accordée aux str. 113-114, car c'est bien à cet endroit que le récit des miracles (dont la nature d'insertion sera démontrée au paragraphe suivant) enchaîne avec la mention de St.-Boniface.

En revanche, il est pour l'instant moins évident de reconnaître dans les str. 38-39 et 58-59 la présence de soudures. Elle est pourtant signalée par une double rédaction du ms. A dans le cas du premier couple, qui marque le retour d'Alsis à Rome[74]. Et l'on verra également que les str. 58-59 correspondent, dans le processus d'élaboration du poème, à une césure très importante[75].

De toute façon il s'agit de quatre passages-clé dans le récit. Le fait que chacun des trois couples repérés dans la première partie du poème soit séparé du suivant par une vingtaine de strophes, n'est peut-être pas l'effet du hasard[76].

Ajoutons que les mss A et V présentent encore d'autres exemples d'assonance répétée. Mis à part les deux dernières strophes du ms. A (=109-110 dans L), on relève, dans ce manuscrit, la séquence 83-81; dans V, la séquence 120-119: dans un cas

---

[74] Il se trouve donc en position symétrique par rapport à 18-19. Dans la liste, dressée par Hemming 1994:xxix, des strophes consécutives sur la même assonance dans le ms. A, ce cas est absent, car dans son édition les str. 18-19 sont séparées par deux vers: Hemming a beau classer ces derniers au même rang que n'importe quelle autre strophe, ils n'en constituent pas moins un exemple de double rédaction. C'est ici l'occasion de signaler que les six passages recensés par Hemming dans cette liste n'en font en fait que trois (correspondant, dans L, aux couples 18-19, 58-59, 109-110): quant au reste, deux sont occasionnés par la présence de doubles rédactions (correspondant, dans L, aux str. 56 et 97); enfin, les str. 81 et 83 ne se suivent que dans A.

[75] Faisant en partie double emploi avec la str. 56 (préliminaires de la mort d'Alexis: à remarquer la correspondance entre *angreget* et *agravét*), la str.58 annonce en même temps la suite des événements. Ce couple est encore soudé par deux hémistiches similaires (287 *usque il s'en seit alét* et 291 *qued il s'en dut aler*), en outre le v.293 *par cumandement Deu* fait écho au v.88 dans la paire de strophes déjà analysée.

[76] On pourrait encore signaler que 77 et 79 font elles aussi un couple de strophes en *é*, bien que séparées par une strophe similaire: c'est le début de la première plainte (qui coïncide, dans certains manuscrits, avec une démarcation très nette, cf. ci-dessous, note 105); d'ailleurs la str. 77 contient un résumé des unités narratives qui caractérisent les passages-clé précédents (*s'en fuït par mer:en Alsis la cités:...:en Rome la cités*). Vingt strophes après, c'est avec les str. 98-99 que la séquence des plaintes se termine, 98 étant similaire de 79, dont elle répète l'assonance. Marquée par des intervalles assez réguliers, la série se termine à cet endroit, le couple 113-114 appartenant désormais à la 'continuation' (notons tout de même, avec Foerster 1915:147, que les str. 100 et 119 sont aussi similaires, outre qu'anaphoriques et bâties sur une même assonance).

et dans l'autre, L semble y avoir remédié en adoptant un autre arrangement[77].

2) Strophes bâties sur des assonances mixtes. Deux passages sont concernés dans L[78]:

str. 51-52, où l'on a soupçonné de bonne heure un substrat idéologique d'origine clunisienne[79]. Ces deux strophes empiètent sur la catégorie précédente, dans la mesure où 51, pourvu qu'on régularise l'assonance en -í(e)-, assone avec la strophe suivante. Attesté aussi bien dans L que dans P et SM (dans ces derniers donnant lieu à une laisse unique), ce couple appartient à la rédaction 'bonifacienne'. L'analyse des sources latines a bien montré que ces strophes sont en partie originaires: elles sont donc à considérer comme des archaïsmes que le texte de A aurait laissé tomber par la suite;

str.21, caractérisée par la jonction de deux assonances fém. et trois masc.: la formule de transition *Or revendrai al pedra ed a la medra* précède une séquence de plaintes raccourcies attribuées au peuple ainsi qu'aux familiers d'Alexis, qui y sont mentionnés par ordre. Comme on l'a déjà vu, ces éléments ne trouvent de correspondance que dans la Vie la plus ancienne[80]: il est

---

[77] Selon Foerster 1915:161-3, les deux strophes seraient carrément interpolées.

[78] On fait abstraction des v.284 (*medisme*) et 534 (*bailide*), où il s'agit d'innovations isolées introduites par L à l'assonance.

[79] Curtius 1936:124. Sckommodau 1954:184-5, tout en considérant ces strophes comme originaires, se montre plutôt sceptique vis-à-vis d'une possible influence clunisienne, alors qu'il croit reconnaître (p.202-3) des indices de catharisme dans la version représentée par le ms. P (cf. pourtant les objections de Lausberg 1955:312; 1958:156-7). Selon Lausberg 1959:143, c'est plutôt la str. 117, avec son intérêt marqué pour les rituels, qui est imprégnée d'un esprit clunisien. Nous avons déjà fait allusion aux hypothèses formulées par Mölk 1976a et 1978 à propos d'un lien entre Cluny et la diffusion du culte de saint Alexis en France: quoique émises très prudemment, elles ne sont pas moins étayées par d'autres indices de nature tant philologique qu'hagiographique. Selon Schöning 1982, des échos de la réforme sont clairement perceptibles dans StAl, qui doit être considéré comme un manifeste de propagande de l'église à l'intention des mouvements hérétiques.

[80] Cette strophe est d'ailleurs liée par anaphore à la str. 48, elle aussi en coïncidence avec une soudure (cf. ci-dessus).

donc possible que L ait conservé un texte encore une fois provisoire, lequel aurait par la suite été retravaillé par APS[81].

3) Strophes résultant d'un processus de dédoublement.
Nous en avons déjà vu deux exemples dans les str. 21 et 51. Un autre spécimen se trouve dans le ms. A: la str. 62, contenant la mention des deux empereurs Arcadius et Honorius, n'a pas de correspondance apparente dans A, cependant les deux vers initiaux rajoutés à 72 (qui compte d'ailleurs sept vers au total) prouvent qu'elle a bel et bien existé dans son modèle, dans le cadre d'une séquence de strophes similaires comprenant 62, 66 et 72[82]. A l'exception du deuxième et du troisième vers, 66 répète 62. L et P ont manifestement cherché à pallier les effets d'écho résiduels en introduisant chacun une variation (à l'avant-dernier et au dernier vers respectivement).

Ainsi que nous l'avons déjà insinué, cette tripartion ne semble pas remonter à la couche primitive (c'est d'ailleurs ce que la synalèphe *li altre* dans 62b semble également suggérer). Il serait donc légitime de voir dans la str.62, ou mieux encore dans sa collocation, une initiative imputable à l'ancêtre de LP; dans ce cas le ms. A nous aurait conservé (comme il l'a fait ailleurs) les débuts de ce processus d'élargissement[83].

---

[81] Outre la séquence des deux verbes à la 3ᵉ pers. du parf., notons dans le texte 'définitif' la forme *ere,* qui revient encore deux fois à l'assonance dans tous les manuscrits à la str. 76: il s'agit là aussi d'un passage évoquant la vie du saint en forme abrégée; aux deux occurrences de *ere* s'ajoutent, à l'assonance, une 3ᵉ pers. pl. du parf. (*l'esculterent*) ainsi que la formule *del pedre e de la medre,* qui est donc commune aux str. 21, 48 et 76. Il convient de mentionner encore la str. 100, caractérisée aussi par la formule initiale *le pedra e la medra,* suivie à l'assonance par quatre exemples de 3ᵉ pers. pl. du parfait en *-erent.*

[82] Différente l'explication esquissée par Hemming 1994:38.

[83] Un premier indice de remaniement semble ressortir de la comparaison entre 61cd, tels qu'ils se trouvent dans A: *Si li requierent cunsel de ceste chose/Atut le pople* (comme nous interprétons le texte fixé par Hemming), et les str. 61-62 dans la rédaction définitive de L, où 61cd *Si li requerent conseil d'icele cose/Qu'il unt oït* est suivi par 62c *E tut le pople* (répétons que cette strophe est soudée dans A à la str.72).

3.7. Les 'miracula'. – La séquence des str. 107-110, qui précède la triade consacrée aux *miracula* (str. 111-113), représente au point de vue textuel la section peut-être la plus délicate du poème. En effet, les str. 107-113 ne se trouvent dans leur intégralité que dans L, 108 n'étant attestée que dans L et dans Mb. Par ailleurs, A se termine avec 110, alors que V et P omettent respectivement 108-110 et 110-113. Il faut enfin tenir compte que, dans P, la str. 109, réduite à quatre vers, se trouve avant la str. 125, cette dernière faisant office de conclusion.

Vis-à-vis du bloc 107-113 conservé par le seul manuscrit de St. Albans, les autres témoins offrent donc les alternatives suivantes:

        107,109,110 (A)
        107,111-125 (V)
        107,114-122ab,109a-d,125 (P)
        107,(108 Mb),111- (M)

A cet endroit du texte, la tradition manuscrite pose trois problèmes majeurs: 1) la str. 108 est-elle authentique? 2) le couple 109-110 est-il compatible avec le reste du poème, et notamment la deuxième conclusion? 3) les str. 111-113 (=*miracula*), bien qu'absentes dans A et P, appartiennent-elles à la rédaction originelle?

Le point 2) est de loin le plus débattu: tout à fait à sa place dans le ms. A, où il conclut le poème (quoique d'une manière assez abrupte)[84], le couple 109-110 dans L fait manifestement double emploi avec la véritable conclusion de ce texte qui, elle, n'a lieu qu'aux str. 122-125. Comme on l'a dit ci-dessus, les explications des spécialistes sont partagées. Il convient de résumer d'abord les principaux points de vue plus ou moins basés sur l'opposition entre L et A, donc sur un stemma en principe biparti:

– on a affaire à deux rédactions différentes du poème, l'une originelle et l'autre élargie moyennant une 'continuation' (Sckommodau, Hemming): selon Mölk, le texte de L résulterait d'une contamination entre les deux;

---

[84] Comme l'a bien vu Foerster 1915:151-2, il est surprenant que le texte s'achève sans aucune mention de la sépulture; cf. ibid., p.165, une analyse comparative des deux conclusions.

– les str. 109-110 constituent, d'une manière ou d'une autre, une interpolation selon Foerster, Curtius et Rajna: ce dernier pense à une conclusion adventice; l'idée d'une «Notschluss», destinée à pourvoir la version du ms. A d'une conclusion quelconque, a été reprise par Baehr[85];

– l'authenticité de ce couple de strophes a notamment été soutenue par Lausberg sur la base de son modèle structural (le «Fünferschema»): il s'agirait d'un discours direct (une parénèse ou, du point de vue rhétorique, une apostrophe) où le peuple lui-même s'exprime, s'adressant au spectateur qui contemple la scène; mais «in der Tat sind die Strophen 109-110 Lückenbüsser: sie müssen das Fünferschema füllen» (Lausberg 1955:208).

Comme on l'a vu, la polémique prolongée avec Sckommodau a amené Lausberg à revenir à plusieurs reprises sur ses propres arguments. Raisonnant sur la base d'un stemma où L représente à lui seul 50% de la tradition, Lausberg 1958:148 conclut que la séquence entière des str. 111-125 est garantie par l'accord de L avec tous les autres témoins moins A, qui aurait tout simplement écourté le texte. Quant à la double conclusion dans L, c'est l'auteur lui-même qui aurait rajouté les *miracula* à la *Vita*, suivant un modèle bien connu dans l'hagiographie: pour ce faire, il a été obligé de mentionner l'endroit où reposent les reliques du saint ainsi que de faire l'éloge de sa gloire céleste, ce qui l'aurait amené à fabriquer une conclusion quelconque («eine gewisse Abschluss [Str. 110] geben»)[86].

---

[85] Cette hypothèse étant symétrique à celle formulée par Uitti 1966-67:292: «Structurally, A looks artificially incomplete, as though the scribe might have compared the poem on hand with its source and decided, somewhat clumsily, to 'restore' the vernacular version to its pristine Latin form by lopping off the end. Little in the previous sections of A prepares one for the absence of the final episodes»; cf. pourtant les objections de Rychner 1977 à «l'hypothèse absurde que le copiste de A ait voulu ramener le poème en langue vulgaire à ses dimensions latines». Hemming ne fait pas moins état d'une tendance manifeste chez le copiste du ms. A à fournir à ses lecteurs des rédactions abrégées (cf. ci-dessus, p.46).

[86] C'est de Lausberg que se sont inspirés d'une manière ou d'autre les partisans de l'unité du poème, dont Avalle 1963:173-5 (critiqué par Contini 64-65), qui, se référant lui aussi à la distinction hagiographique entre *vita, passio* et

Dans sa leçon inaugurale de 1958, Contini a relancé le débat moyennant des arguments de critique textuelle, tirés à partir d'un stemma triphide. Ainsi que Foerster et Rajna l'ont vu, dans la dernière partie du poème on a affaire à deux versions qui s'excluent mutuellement. Seule la version 'longue' est originelle; l'autre provient vraisemblablement d'un exemplaire mutilé à la fin. Voyons les données disponibles dans la tradition: version 'longue' dans V, brève dans A (sans la str.108, qui sert de transition); P, bien qu'abrégé, propose la version 'longue', tout en contaminant les deux conclusions; enfin, version 'longue' dans S ainsi que dans M: bien que drastiquement abrégé, ce dernier n'en conserve pas moins la strophe de transition dans l'un des deux témoins. On en déduit que tant l'ancienne conclusion que la nouvelle coexistaient de quelque manière dans l'archétype. Il est probable qu'après avoir copié un exemplaire mutilé et rapiécé, on aura ensuite mis à contribution un exemplaire complet (Contini 1986:89).

C'est à partir de cette mise à point, extrêmement lucide, que nous nous permettons d'attirer l'attention sur la séquence tout à fait particulière offerte par P. Le Rythme latin s'accorde en général avec P[87], si ce n'est que, par rapport à ce dernier, il avance la mention de l'église de St.-Boniface, la correspondance entre strophes latines et vernaculaires pouvant être établie de la manière suivante:

Rythme 51   =   ms.P 114-116
       52-54   102-107
       55   116-125

Par rapport à ce découpage, la str. 51 du Rythme revêt une double fonction, dans la mesure où *Ferre beatam gemmulam/*

---

miracula, tient les deux conclusions pour des *clausulae* parfaitement compatibles. Et pourtant le renvoi à la pratique de l'hagiographie aurait dû nécessairement impliquer une dimension diachronique. L'idée de la présence simultanée de deux conclusions dans le poème a été reprise par Bürger 1996a.

[87] Cf. aussi Hemming 1994:xxvi. Sur la conclusion de P (122ab+109a-d+125) attire également l'attention Eusebi 1998:487-8, dans un article qui reprend l'argumentation de Contini. Eusebi rappelle entre autres que P n'offre que les deux premiers vers de la str.122, dont l'enchaînement après 109 impose l'omission du sujet (*Sainz Alexis out bone volentét → Mult servi Deu de bone volenté*).

disponunt ad ecclesiam,/qua martyr Bonifacius/colebatur ab omnibus désigne par avance l'endroit de la translation, alors que les deux derniers vers *Sed populo<rum> strepitus/iter vetabat penitus* annoncent le récit des obstacles auxquels se heurte le cortège funèbre, tels qu'ils seront repris dans la str. 55 (*nec sinunt in sarcophago/locari more solito*).

La suite des str. 51-54 est organisée sur la base d'une composition circulaire ('ring composition'), moyennant la reprise dans 54 de *Non curabant pecuniam/propter beatam gemmulam*[88]. Véritable mot-charnière, dont l'emploi est recommandé par Ekkehart IV[89], outre que largement pratiqué par hagiographes et artigraphes, *gemmula* apparaît aussi deux fois dans le texte vernaculaire, notamment 76c *D'icele gemme qued iloc unt truvede*, et 116a-b *Al sedme jurn fut faite la herberge/A cel saint cors, a la gemme celeste*[90].

Tant la mention de St.-Boniface que le récit des funérailles représentent deux éléments distinctifs de la rédaction transmise par les manuscrits autres que A. Un troisième trait marquant concerne les strophes consacrées aux *miracula*, que le modèle utilisé par les mss LV a manifestement fait glisser avant la translation, dans l'espace compris entre les vers similaires 105a *Cil an respondent ki l'ampirie bailissent* et 113a *Cil dui seniur ki l'empirie guvernent*[91]. Absent et dans P et dans le Rythme[92], mais

---

[88] Un autre décalage par rapport au poème vernaculaire, à savoir le déplacement à *Licca* de la plupart des événements qui dans les 'Vitae' et dans StAl se déroulent à *Alsis* (Eusebi 1998:486), est impliqué par le rapprochement des str.18 et 34. Axées sur l'*imagene*, les deux strophes sont bâties sur la même assonance. Occasionnelle une situation tout à fait typique dans le cadre de notre recherche, cette séquence témoigne une fois de plus des techniques de composition mises en œuvre par l'auteur du Rythme.

[89] Cf. ad v.378, où nous avons également illustré la tradition hagiographique évoquée par ce mot.

[90] Du point de vue de la stratification du texte, il est significatif que 76c manque dans A, alors que dans L et P il occupe deux places différentes à l'intérieur de la strophe.

[91] La 'varia lectio' de 113a *l'empirie* L: *lo seigle* V: *le regne* S correspond exactement à celle de 105a *l'ampirie* L+AP: *lo secle* V: *le regne* S.

[92] Il nous semble trop expéditif (outre que peu vraisemblable à la lumière de l'analyse stratigraphique) que de justifier l'absence dans P de plusieurs

aussi bien conservé dans LV que dans les 'Vitae' récentes, l'épisode des *miracula* nous permet de voir plus clair dans la complexe stratification qui caractérise la version 'intégrale' de StAl.

3.8. La 'translatio'. – Dans l'hagiographie en langue d'oïl, inaugurée par la Séquence d'Eulalie et la *Vie de saint Léger* (où la *passio* fait quand même une part à l'élément miraculeux), StAl constitue le spécimen le plus ancien de la jonction entre Vie et Miracles[93].

Les Bollandistes ont reconnu les premiers les composantes essentielles d'une légende hagiographique, à savoir *Vita et Passio, Translatio et Miracula*. La coutume de rajouter au récit de la Vie d'un saint homme une collection de miracles[94] est, à partir de Paulin de Périgueux[95], une pratique extrêmement répandue dans

---

strophes, par une limite que le copiste se serait fixée à partir de la str.104, et dont témoignerait, dans les sept dernières lignes du f.30v, la tendance à enfreindre la norme habituelle d'écrire un seul vers par ligne (Eusebi 1998:488).

[93] Il sera suivi par la *Vie de saint Grégoire le Grand*, traduite du latin par frère Angier, ainsi que par les Vies rédigées par Wace. Pour l'assemblage de Vie et Miracles dans la littérature en langue d'oïl, Ebel 1965:21 mentionne la *Vie de saint Richard de Chichester* et la *Vie de saint Edouard le Confesseur*. Néanmoins, ce sont surtout les recueils de miracles de la Vierge qui s'imposent de bonne heure dans la littérature vernaculaire.

[94] Dont la définition remonte à saint Augustin: *Miracula voco, quidquid arduum aut insolitum supra spem vel facultatem mirantis apparet* (De util. cred. 16,34). C'est au même auteur que nous devons le tout premier exemple d'une guérison miraculeuse, lors de l'exhumation à Milan en 386 des reliques des saints Gervase et Protase (Delehaye 1925:74; Assion 1969:16). «Il y a deux catégories de miracles des saints: ceux qu'ils ont opérés durant leur vie, et ceux qui sont dus à leur intercession après leur mort» (Delehaye 1925:5-6).

[95] Transposant en vers la Vie de saint Martin par Sulpice Sévère, il rajoute un sixième livre avec les miracles posthumes du protagoniste (*De vita S. Martini libri sex*, PL 61, col. 1009-1072). Les autres modèles du genre sont, au VIᵉ s., Fortunat, Grégoire le Grand, et surtout Grégoire de Tours, auteur de sept livres de *Miracula*: «Grégoire de Tours donne une telle ampleur à ses recueils qu'ils éclipsent tout ce qui avait pu être composé avant; tout ce que l'on trouvera par la suite dans les miracles médiévaux se rencontre déjà chez lui, à l'exception des Récits de translation de reliques» (Oury 1983:12).

l'hagiographie[96]. Depuis le VIIIe s., la pratique de versifier les anciennes Vies devient de plus en plus fréquente[97], ainsi que celle de rajouter à une Vie déjà existente un recueil de miracles en guise d'appendice. Les recueil des miracles se font plus abondants à partir du IXe s., avec le grand essor en Occident du culte des reliques (Heinzelmann 1979:94-99). L'occasion est souvent fournie par la notice d'une translation, d'habitude en rapport avec l'une des nombreuses fondations d'églises ou de monastères au cours des Xe et XIe s.[98]

Surtout depuis l'ère carolingienne, c'est donc aux *miracula post mortem* et à la *translatio* que revient en principe la fonction de (ré)actualiser la biographie du saint homme (Heinzelmann 1979:97). La deuxième partie de StAl peut être interprétée comme un récit de translation; les mêmes catégories y sont en tout cas employées, dans la mesure où la translation concerne en fait le culte du saint, importé d'Orient à Rome[99], et précisément à l'église de St.-Boniface. Ainsi qu'on le verra à la fin de notre recherche, l'analyse stratigraphique du poème fait état de deux soudures principales, dont la plus ancienne (str.59) correspond à

---

[96] Cf., pour une information général, Aigrain 1953:178-185; Ebel 1965:18-20; Assion 1969; Oury 1983.

[97] Il convient de rappeler que la période qui va du IXe au XIe s. est considérée, depuis Gaiffier, comme l'âge d'or de l'hagiographie métrique. Relativement rares au début de l'ère carolingienne, les Vies versifiées commencent à constituer un véritable genre littéraire dans la seconde moitié du IXe s., pour représenter la plus grande partie de la littérature hexamétrique au Xe et au début du XIe s. (Tilliette 1989:386-7). En plus du prestige propre au mètre et au style employés, nous retrouvons chez l'auteur (ou plutôt les auteurs) de StAl l'association, tout à fait caractéristique, entre l'anonymat et une maîtrise consommée de la rhétorique et de la topique traditionnelles.

[98] Aigrain 1953:186-192; Sigal 1976; Dubois-Lemaître 280-6.

[99] Alexis est l'un de ces saints anciens dont le culte refleurit autour de l'an mil, époque où l'on procède à une amplification du sanctoral, par lancement d'étoiles nouvelles. Il y a celles qu'on fait ressurgir du fond des âges, comme Madeleine de Vézelay, Alexis lui-même et Nicolas depuis sa fameuse translation d'Orient jusqu'à Bari, «les deux derniers bénéficiant et témoignant d'une plus grande curiosité ethnographique pour l'Orient, assumée bientôt par l'esprit de croisade» (Lobrichon 1991:153-4).

l'annonce de la mort, tandis que la plus récente porte sur le récit des miracles (str. 111-113).

Par ailleurs, il est possible d'établir une correspondance assez précise entre les str.101-114 (encadrées par deux vers similaires, 500 et 570) et l'ensemble des éléments constitutifs d'une translation de reliques, tels qu'ils ont été énumérés et illustrés par Heinzelmann 1979:72-74 [= Heinz.] moyennant des passages exemplaires:

1) PROFECTIO (la procession vers le nouveau lieu de sépulture): C 87 *sancti iusserunt levare feretrum et portantes ambulare praeceperunt* = 102ab, cf. *cum grandi psallentio vel clericorum officio ac populi inmensi obsequio* (Heinz.);

2) ADVENTUS (l'arrivée des reliques): C 87 *et duxerunt eum in mediam civitatem* = 103a-c, cf. *ad urbem perveniunt* (Heinz.);

3) OCCURSUS (l'accueil des autorités religieuses et profanes, ainsi que de la foule): C 88 *et omnes currebant obviam corpori sancto* = str. 102-104, avec la particularité que les clercs ne sont pas mentionnés, l'auteur soulignant plutôt l'opposition entre seigneurs et menu peuple; cf. *Ecce! mox omnis civitas cum...ingenti gaudio et admiracione obviam currit* (Heinz.);

4) SUSCEPTIO (prise en charge du saint corps): elle n'intervient en fait qu'à hauteur de Ct 90 *Imperatores autem tanta mirabilia videntes, coeperunt per se cum pontifice lectum portare* = v.563 *Il le receivent,* cf. *hoc sanctum corpus suscipiens* (Heinz.);

5) INGRESSUS (dans l'église): C 92 *ad templum sancti Bonifatii martyris illud tandem perduxerunt* = str.114; «beim ingressus offenbart sich der Heilige durch glanzvolle Wunder (*virtus*)» (Heinz.)[100].

Ces correspondances montrent une fois de plus que ce que nous avons appelé 'version bonifacienne' est surtout le résultat

---

[100] Depuis Grégoire de Tours, les *virtutes* constituent l'un des poncifs marquant l'arrivée des reliques. Les modèles de la jonction entre procession funéraire, à laquelle le concours de la foule donne une allure de triomphe, et manifestation d'un ou de plusieurs miracles, remontent également à Sulpice Sévère et à Grégoire de Tours (Heinzelmann 1979:71-74).

d'une translation fictive de Byzance à Rome, d'Orient en Occident, donc une opération essentiellement culturelle, visant à l'origine moins les reliques que le culte du saint lui-même, en tant que personnage hautement symbolique sur le plan de la propagande religieuse.

Tant dans les 'Vitae' que dans les mss LV, l'insertion des miracles s'effectue entre l'OCCURSUS et la SUSCEPTIO, ce qui constitue une variation par rapport au schéma esquissé par Heinzelmann. Dans le texte latin, les miracles sont une conséquence directe de l'empressement de la foule autour du corps saint[101]; par ailleurs, ils motivent tant la distribution des richesses que la SUSCEPTIO de la part des empereurs et du pontife. Dans le poème l'ordre est inverse, dans la mesure où la distribution précède les miracles.

Ce décalage peut être expliqué en supposant que tant les 'Vitae' que le modèle de LV reflètent deux résultats parallèles d'un même projet, visant à intégrer dans la rédaction 'bonifacienne' du type P un élément nouveau. Vis-à-vis de l'ordre, bien plus logique, attesté par les 'Vitae', il y a lieu de supposer que l'insertion des miracles se soit faite à un faux endroit dans le modèle commun à LV[102]. Il convient de relever par ailleurs un détail significatif: les str. 113, dernière de la triade des miracles, et 114, qui débute par le nom de St.-Boniface, sont rédigées sur la même assonance *è-e* (cf. ci-dessus).

---

[101] Dans Ct, le texte à plusieurs égards le plus proche de la version plus ancienne, la soudure avec l'OCCURSUS est évidente (cf. Sprissler, § 88-89): *Multitudo autem populi catervatim currebant, ut sancto appropinquaret corpori. O quae hominum natura in tam sancto ac venerabili funere non valebat cum ardentissimo amore currere. In cuius obsequio diversae curabantur infirmitates.* Le ms. B présente aussi une formule de transition qui lui est particulière: *Omnesque currebant obviam corpori sancto. Quicumque audiebant de ipso corpore qui aegroti erant venientes, curabantur ab omnibus infirmitatibus suis.* A la différence de l'autre branche, représentée par C,A, les mss Ct,B, de même que le poème vernaculaire, ne mentionnent aucunement le verbe *tangere*.

[102] C'est Sckommodau 1954:193-4 qui a notamment attiré l'attention sur cet aspect essentiel de la tradition; mais cf. déjà Foerster 1915:157 (StAl «hat also wohl selbständig die Stelle der Wunder geändert»).

Malgré ces quelques traces de soudure, la 'translatio' n'est pas moins caractérisée par un système fort cohérent de reprises anaphoriques marquant la succession des événements, dont l'épiphore formée par *boen adiutorie* (101d) et *bone aiude* (107e) ainsi que la fonction de charnière remplie par la str. 113: le début de celle-ci reprend – on l'a vu – le vers initial de 105, alors que l'hémistiche final *si derumpent la presse* annonce l'épisode de la sépulture, tel qu'il se déroule en 116c.

Tout ce réseau de relations intratextuelles est rehaussé dans V, dont la structure fait état de nombreux phénomènes d'écho: les coïncidences parfaites 101a=107a *Senhiour, ne faides* et 113d=116c *si derumpent la presse* ne trouvent guère de correspondance dans L, qui propose respectivement 107a *Ad une voiz* (d'accord avec AP) et 116c *si alascet la presse* (d'accord avec P). Il semble bien que V ait enchéri sur la grille des relations ana- et épiphoriques, dans le but d'accroître la cohésion de son texte.

Dans le modèle stratigraphique que nous essayons de mettre au point, les étapes identifiées jusqu'ici prévoyent donc une rédaction primitive, représentée par A, où aucune mention n'est faite de la translation à St.-Boniface (ni d'ailleurs à aucun autre endroit); une 'continuation' (plus d'une dizaine de strophes) caractérisant le texte 'bonifacien', tel qu'il se reflète dans P ainsi que dans le Rythme latin[103]; enfin un texte encore augmenté par l'insertion de trois strophes contenant le récit des miracles. De ce prolongement ultérieur font état aussi bien V que les 'Vitae' plus récentes.

3.9. La strophe 108. – Il reste à examiner quelques strophes qui ont vraisemblablement été insérées à des étapes différentes dans le processus d'élaboration du poème. Comme on l'a dit, la str. 108 est aussi bien attestée dans L que dans Mb:

---

[103] Au contraire, Sckommodau 1954:194-5 considère P comme une version à la fois plus tardive et abrégée, dans la mesure où son auteur aurait à nouveau supprimé le récit des miracles (y compris la str. 113), ainsi qu'une bonne partie de la 'continuation'.

L
Unches en Rome nen out si grant ledece
cun out le jurn as povres ed as riches
pur cel saint cors qu'il unt en lur bailie:
ço lur est vis que tengent Deu medisme,
trestut le pople lodet Deu e graciet.

Mb
Onques a Romme ne fu tel joie ouie
a icel jour a povre ni a riche
pour cel cors saint k'il ont en lor baillie:
che lor est vis que ce soit Dieus meïsme.

Prônée par Rajna 1929:15, l'authenticité de la str.108 a encore récemment été soutenue par Burger 1996a du fait que cette strophe est aussi présente dans Mb, donc – si l'on s'en tient au stemma triphide dressé par Contini, où cette conclusion est déjà formulée (cf. ci-dessus) – dans le modèle de PSM; autant dire que 108 bénéficierait, dans la tradition manuscrite, de deux voix sur trois.

Ainsi que nous allons le préciser tout à l'heure, la question n'est pas aussi simple, loin de là. D'abord, le stemma esquissé par Contini demande à être examiné d'une manière plus approfondie; en tout cas, la tradition manuscrite de StAl est telle, qu'elle échappe à tout raisonnement purement mécanique. Pour l'instant il suffit de rappeler dans ses traits essentiels la structure métrique du codex Carlisle. Il s'agit d'un texte rimé, sauf que la laisse 63 (=62 dans L), où les empereurs Arcadius et Honorius sont mentionnés, ainsi que les laisses 96 à 101, sont assonancées[104]: or ce dernier bloc de strophes correspond, dans L, à la 'continuation' comprise entre 108 et la fin; quant à 63, on a déjà insinué que, dans la stratification du poème, cette strophe appartient à une couche plus récente. En conclusion, il nous semble assez probable que, ni plus ni moins que les autres témoins, Mb reflète un texte composite[105], ce qui rend d'ores et

---

[104] D'autres assonances apparaissent encore ça et là.
[105] Il suffit par ailleurs d'un coup d'œil pour repérer dans Mb une ligne de démarcation très précise entre les laisses 77 et 78. Jusqu'à 77, et à l'exception de 63 ainsi que d'une ou deux lacunes, le texte est composé de laisses de longueur

déjà intrinsèquement faible toute déduction mécanique relative à sa place dans le stemma.

Rappelons maintenant les termes de la question par rapport aux autres témoins. Le couple des str. 109-110 soit manque, soit est manifestement tombé dans les rédactions autres que A, compte tenu qu'il n'est guère compatible avec l'insertion, après 107, d'un groupe de strophes nouvelles: il s'agit tout d'abord du récit de la translation, tel qu'il a été transmis dans le Rythme et dans P (ce manuscrit ayant néanmoins gardé le début de 109); à cette version élargie, qu'on a appelée 'bonifacienne', on a par la suite intégré les miracles dans la rédaction transmise par L+V+SM. Dans cette nouvelle séquence – représentée à son état brut par le ms. V – les notions typiquement hagiographiques de *munere* et de *aiüe* font l'objet d'une actualisation immédiate grâce à la manifestation des miracles.

Par rapport à cette séquence, les mss LM se démarquent par deux traits non moins distinctifs qu'interdépendants, à savoir l'escamotage de la leçon *mune(re)* et la présence d'une strophe supplémentaire, la str.108. Au premier vers de celle-ci, l'allomorphe *led[i]ce* suffit à réintégrer l'assonance, mais la proximité de *ledece* dans la strophe qui précède (107c)[106] impliquerait une alternance d'autant moins probable, que *ledece* est la seule forme attestée partout ailleurs dans L (v.142, 492, 610)[107]. Nous sommes donc d'accord avec ceux qui, à commencer par Foers-

> inégale, mais toujours supérieure à cinq vers. A partir de 78, la règle (à l'exclusion, encore une fois, d'un petit nombre de lacunes) prévoit des strophes de 5-6 vers chacune. Comme on le verra, le fait que 77 correspond dans Mb au début des plaintes n'est pas l'effet du hasard. Un profil analogue ressort de l'analyse de Ma (la démarcation se situant entre les laisses 94 et 95) ainsi que de S (à partir de 95, et en tenant compte de deux ou trois exemples de strophes soudées; la bipartition est d'ailleurs moins évidente, dans la mesure où des strophes courtes sont aussi présentes dans la première partie). «Nun ist bekannt, dass die Hss. SM in ihrem letzten Teile ihre Vorlage, die interpolierte Umreimung, nicht mehr besassen, und auf eine O-Hs. zurückgreifen mussten» (Foerster 1915:151).

[106] Cf. *ledece* L: *leece* P: *letice* V; ce dernier manuscrit offre encore la même forme au v.610.
[107] Faisant valoir la garantie assurée par la rime, G. Paris dans la 'maior' s'était résolu à étendre partout la forme *ledice*. Foerster 1915:150 a, pour sa part, signalé la présence de cet allomorphe dans Oxf. Ps. 4,7.

ter, ont vu dans cette strophe une interpolation effectuée par L. On pourra expliquer son origine à partir de matériaux tirés aussi bien de 107d *D'icest saint cors que avum am bailide*[108] que de 123e *ensor<e> tut e si veit Deu medisme*[109].

Fabriquée à partir de la strophe précédente, d'où provient notamment *baili(d)e,* placé ici et là à la fin de deux vers presque identiques, la str. 108 est donc à considérer comme une interpolation commune aux témoins qui la présentent. On pourrait même observer que l'assonance virtuelle *bailide:aï(u)de* à la fin de 107, dans la mesure où elle anticipe l'assonance de la strophe suivante, entraîne une distribution 3a+2b: 5b tout à fait comparable à celle qui caractérise, dans le même manuscrit, les str. 51-52, dont la jonction reflète à la fois une situation de conservation et de remaniement.

L'analyse de Ma confirme ce point de vue. Dans Ma la strophe correspondante à 107 (qui dans Mb manque tout à fait) présente une assonance parfaite, *mune* étant remplacée non pas par *bailide*, comme dans L, mais par *chose nule*. Par ailleurs, le vers initial de 108 a été rajouté à la fin après adaptation, en tant que vers surnuméraire, puis le rimeur semble avoir renoncé à la jonction, aussi ne reste-t-il de 108 qu'un seul autre vers en *-ie:*

A une vois crïent la gent menue:
De cest avoir, sachiés, n'avons nous cure.
Fors ce cors saint ne querons chose nule,
Car par cestui n'arons chose ki nuise.
Dex, quel joie nous est ore venue! (-1)
Onques a Rome nen eut tele veüe.
Tel joie mainent n'est nus ki le vous die[110].

---

[108] L'assonance de *bailide* avec *u-e* étant une innovation particulière à ce manuscrit; cf. par ailleurs v.209 *Or ne lairai nem mete an lur bailie.*

[109] Dont la transmission est limitée à LS. Au v.432=87b *medisme* assone dans une strophe qui n'est attestée que dans L+PS (cf. encore 87d *avoglie*); au v.284 il assone avec /i/ masculin. Alors que la str. 87 est probablement aussi adventice, il faut dans l'autre cas réintégrer la forme *medis. Les seuls endroits où cet adverbe ne pose aucun problème sont donc le v.118 (à l'intérieur du vers) et le prologue (*methime*).

[110] A la différence de L. Pannier (ap. Paris 1872:317), qui ramène aussi le vers

En conclusion dans la str.108, présente dans LM uniquement, il faut en quelque sorte voir une excroissance de 107, occasionnée en partie par l'exigence de recodifier *mune* (tant il est vrai que Ma a mis en place un processus de fusion de deux strophes, alors que dans Mb, la str.108 a carrément fini par remplacer la strophe précédente). Comme d'habitude, L conserve et la strophe originaire et sa variante à côté. Ce n'est pas tout: ce manuscrit pour son propre compte, et par un évident souci de complétude, a fait encore subsister les str. 109-110 figurant en conclusion de la version primitive. Dans le ms. L, la triade de strophes 108 à 110 est donc venue s'enchâsser dans la séquence 107,111-125, telle qu'elle est représentée dans V à son état originaire.

3.10. Les autres strophes rajoutées. – Par ailleurs, la version primitive ne contenait probablement pas les str.84 et 87 qui, comme il a été remarqué de bonne heure, ont pour résultat d'élargir, par rapport au texte de A, la section consacrée aux plaintes funèbres du père et de la mère. Sans ces couplets, présents dans L+PS (la str.87 manque aussi dans V)[111], les trois plaintes qui s'enchaînent à cet endroit du poème comptent six strophes chacune[112]. La présence des str. 84 et 87 (l'une et l'autre

---

Dex [*Dius* éd.]...*venue* à la str.108, nous préférons le considérer comme une variante de 107c.

[111] L'authenticité de la str.87 a été soutenue par Rajna 1929:13 avec des arguments que Contini 1986:82 tient pour conclusifs. Ainsi que nous le dirons par la suite, l'analyse stratigraphique et linguistique plaiderait plutôt pour le contraire. De toute façon, la question doit être posée en des termes moins rigides: lorsqu'on adopte une perspective diachronique, la notion d'authenticité est forcément susceptible d'une interprétation plurivoque (cf. ci-dessus).

[112] La proportion entre les trois plaintes a depuis Foerster 1915:146 fait l'objet d'analyses ponctuelles. La qualité adventice de la str. 84 pourrait d'ailleurs trouver une confirmation dans quelques points de détail, notamment le vers initial, calqué sur 248 et 262, ainsi que l'équivalence presque totale des seconds hémistiches aux v.418 et 420, dont celui du v.418 présente de surcroît une hypométrie qu'on a du mal à régulariser. Quant au vers initial de la str. 87, *Trait ses chevels e debat sa peitrine,* il fait manifestement écho tant à *eschevelede* à l'assonance de 85d, qu'à *Sum piz debatre* en début de 86b. En général, cette strophe fait double emploi avec l'exclamation initiale de la strophe suivante.

communes à S) fait donc la spécificité de la version de P par rapport à celle de A(V)[113]; une fois de plus, ces deux strophes ont été incorporées dans L.

Bien qu'également absente dans A, la str. 91 est étayée par LPV (quant à S, il n'a retenu que la première ligne): comme nous le verrons, certains indices suggèrent néanmoins qu'elle aussi a été rajoutée à une étape plus récente pour apporter un contrepoids à la str. 96 (V établit entre ces deux strophes un lien anaphorique)[114].

Moyennant l'insertion des miracles, V représente, on l'a vu, une étape décisive dans le processus d'élargissement de notre poème[115]. Attestée dans LVS (donc absente dans P), et similaire à la str. 100 (cf. ci-dessus la note 76), la str. 119 est en quelque sorte une reprise brachylogique des trois plaintes précédentes. Il faut encore observer que, par rapport à l'agencement strophique de L, la suite 118:120:119 proposée par V serait bien meilleure du point de vue de la narration[116], n'était-ce l'assonance commune aux str. 119 et 121, anaphoriques de surcroît (119a *Or n'estot dire del pedra e de la medra* = 121a *Vait s'en li popl<e>, e le pere e la medra*). Un aperçu général des strophes consécutives sur une même assonance confirme que l'on a probablement affaire dans ce cas à un phénomène de double rédaction.

---

[113] Nous rappelons cependant que V ne débute que par le dernier vers de la str.85.

[114] En tout cas, le premier vers est un écho du v.116 (cf. encore v.476, texte de AV); le deuxième reprend 248 et 262 (cf. aussi 416-7, qui ne se trouvent que dans LPS); le troisième concentre 131-2; finalement, le dernier vers est calqué sur 135. Loin de vouloir rééditer les excès de Foerster, nous insinuons par ces analyses que dans un certain nombre de cas, il paraît opportun de distinguer entre le principe rhétorique de l'*imitatio sui* et l'itération vicieuse de l'interpolateur, qui obéit apparemment aux mêmes principes.

[115] Bien que sur des bases précaires (les problèmes posés par les str. 51-52, 62, 72, 84, 87, 91 n'étant affrontés que d'une manière superficielle, cf. p.185), Sckommodau 1954:180 avait déjà suggéré que «vieles für eine Evolution des Textes spricht, die von A über V in der Richtung auf L verläuft».

[116] C'est aussi l'avis de Sckommodau 1954:194.

Conclusions

3.11. – Les hypothèses qui découlent de notre analyse peuvent se résumer de la façon suivante. La tradition manuscrite de StAl conserve, au XIIe siècle, les traces de trois versions, dont une correspondant au noyau originaire (ms. A), et deux considérablement élargies, d'abord grâce aux récits de la translation et de la sépulture dans l'église de St.-Boniface. Par rapport à cette rédaction 'bonifacienne', représentée par P et par le Rythme latin, les autres témoins montrent un rajout supplémentaire qui consiste en trois strophes consacrées aux miracles.

La réalité de ces trois versions est attestée moins par l'existence des mss A, P et V, que par la possibilité de mettre chacune d'elles en rapport avec une étape précise de l'élaboration des matériaux hagiographiques. Par ailleurs, on peut aisément constater que les autres soudures identifiées dans le texte vernaculaire trouvent dans les sources latines une confirmation ponctuelle.

Pour déterminer les différentes étapes de ce processus d'agrégation dans son intégralité, il est impératif de dénier au ms. L toute pertinence taxinomique, dans la mesure où ce manuscrit rassemble par ordre, dans un évident souci de complétude, <u>toutes</u> les versions disponibles. Conservatrice à outrance, cette attitude a parfois donné lieu à des disparates[117], dont la majeure et la plus connue est sans aucun doute la présence simultanée de deux conclusions à une quinzaine de strophes de distance.

Le manuscrit de Hildesheim, en tant que manuscrit-réceptacle, appartient donc à la typologie des grands recueils d'assemblage[118] dont le conservatisme, non moins précieux qu'outrancier, se double d'une identité stemmatique qu'on a du mal à définir, dans la mesure où l'activité de contamination, ou plutôt d'agrégation progressive, y est érigée en norme de comporte-

---

[117] «L, wie wir sehen werden, enthält stets alles, und zwar auch die offerbarsten Interpolationen» (Foerster 1915:145).

[118] Tel, dans la tradition de la lyrique occitane, le grand chansonnier C.

ment. En présence d'une tradition aussi stratifiée, c'est donc moins à un modèle généalogique que géo-linguistique qu'il faudra finalement avoir recours: les témoins 'périphériques' ont en effet conservé soit le noyau plus ancien, soit les différentes étapes d'un processus d'élargissement, chacune des rédactions ne faisant pas moins état d'un certain nombre d'innovations particulières; un scriptorium se charge enfin de centraliser le tout selon un ordre aussi cohérent que possible, en égalisant les diversités, sans pouvoir effacer pour autant les soudures et les indices qui résultent de l'assemblage d'éléments en partie hétéroclites.

Avant de procéder dans notre recherche, deux autres indications doivent être énoncées au préalable, dont l'une porte sur la notion d'authenticité, l'autre sur celle d'interpolation. On a déjà insinué qu'un certain nombre de strophes semblent avoir été rajoutées à des étapes postérieures à la rédaction du texte primitif: cela n'implique pas pour autant qu'elles soient forcément apocryphes (c'est Contini qui, comme d'habitude, a posé ce problème avec le plus de lucidité); il faudra, par contre, distinguer avec autant de précision que possible entre le statut d'auteur (un seul auteur pouvant rajouter à sa propre œuvre ou, comme il est assez normal dans l'hagiographie latine, le texte et la ou les 'continuations' relevant de la responsabilité d'auteurs différents) et celui de remanieur, d'interpolateur, finalement de copiste[119].

---

[119] Un point de vue semblable a depuis longtemps commencé à s'imposer dans l'hagiographie: «Qu'il suffise ici de rappeler une fois de plus que la distinction entre copiste, compilateur et auteur n'a pas la netteté qu'on lui prête implicitement» (Philippart 1992:28; cf. ibid., *Le travail de récriture,* p.33-36). «Quand l'écart entre une œuvre et une 'récriture' sera-t-il suffisant pour qu'on puisse dire de la seconde qu'elle constitue une œuvre nouvelle?»; «Dans l'attente de mieux, on pourra, dans les multiples cas incertains, recourir au terme 'texte' plutôt qu'à ceux trop précis d''œuvre' ou d''exemplaire'. De même et corrélativement au terme de 'lettré', plutôt qu'à ceux d''auteur' ou de 'copiste'» (Id. 1996:209-210). Pour la terminologie utilisée par les rédacteurs de Vies ou de Miracles cf. Dolbeau 1992:49-50. Dans un autre domaine, cf. la notion de «'changing' or 'fluid' text», élaborée par Lapidge 1994, et essentiellement référée aux passionnaires et aux légendiers anglo-normands, «as saints' *vitae* came more and more to be used in the liturgy, principally to supply lections for the Night Office» (p.245); ici encore la question se pose de plus en plus souvent, depuis le Xe s., «where would the

Concernant le même domaine, la notion de strophe rajoutée, insérée ou interpolée propose en plus un problème délicat par rapport à l'établissement du stemma. Il ne s'agit pas que des variantes de transmission ou d'auteur. On a déjà évoqué la possibilité qu'une branche de la tradition puisse, par souci de complétude, avoir récupéré des strophes provenant, de par leur texte ou leur collocation, d'une version différente ou en tout cas étrangère à la tradition dans son ensemble. Ce n'est pas quelque chose d'apocryphe, une fois que l'authenticité des matériaux en question est prouvée. Les témoins qui partagent ces matériaux n'en occuperont pas moins dans le stemma une position solidaire.

3.12. – Une fois procédé à une analyse stratigraphique des sources latines, nous avons repéré dans StAl des indices formels, c'est-à-dire relevant des domaines métrique et linguistique, qui semblent indiquer dans le texte vernaculaire l'existence de soudures entre couches différentes. Ces indices remettent en question la solidarité de StAl, ou plutôt de la version 'intégrale' transmise dans L. Par ailleurs, un travail de comparaison nous a permis de constater la correspondance ponctuelle entre les couches identifiées dans le texte vernaculaire, et les élargissements progressifs dont la biographie latine a fait l'objet. Le moment est venu de tirer nos conclusions.

1) La tradition de StAl dans son ensemble renferme des traces de soudures anciennes, notamment la séquence des str. 18-19, dont la première mentionne l'icône miraculeuse dans l'église de Ste-Marie, auxquelles il faut probablement ajouter 58-59 (la première de ces deux strophes remplissant une fonction soit de glose, soit de transition par rapport au motif des trois voix miraculeuses): on rappelle qu'il s'agit, dans un cas et dans l'autre, de couples de strophes bâties sur la même assonance.

2) Dans le ms. A, le cumul des str. 62+72 (d'où la mention abrupte des empereurs à la str. 66) reflète une situation compa-

line be drawn between stylistic alteration, interpolation and possible genuine variants» (p.253).

rable à celle de la version Ct, alors que le ms. P témoigne de la mise en ordre définitive[120], faite sur la base tant de B que de C,A.

La présence d'une ancienne soudure est confirmée par deux autres indices: la str. 73 ne compte, dans A, que les deux premiers vers (où les empereurs s'adressent au corps saint); dans la str. 76 il manque le vers central, contenant le mot-charnière *gemme*. Il convient enfin de noter qu'un certain nombre de strophes, entre 78 et 107, ne comptent dans A que quatre vers, la chute concernant surtout le vers final: il s'agit de 11 strophes sur 29, beaucoup d'entre elles faisant partie des plaintes[121].

On a déjà signalé que le ms. A présente au moins trois exemples de double rédaction, qui portent sur les str. 48-49 ainsi que sur les deux premiers vers de la str. 39, où *li sers Deu* anticipe la formule du v.348. On rappelle que, par rapport à *homo Dei,* c'est *famulus Dei* l'appellation qui caractérise la Vie espagnole[122].

Ces cas de double rédaction confirment que le ms. A reflète en partie une étape de transition entre un type Md et un type Ct: on pense surtout au redoublement des str. 48-49, placées dans le ms. A tant au début de l'épisode de l'escalier (comme dans les autres manuscrits) qu'à la fin de celui-ci, ce qui confirme la nature adventice d'un élément dont le rajout a fait l'objet d'hésitations.

---

[120] Confirmée par les efforts auxquels les copistes tant de P que de L ont dû s'atteler par la suite, en vue de différencier, ne serait-ce qu'en partie, les strophes 62 et 66, résultant d'un découplage.

[121] On aura une idée plus précise du phénomène, si l'on calcule que des 63 premières strophes, seulement 9 sont affectées par le manque d'une ou, plus rarement, de deux lignes.

[122] Dans ce contexte, la variante *ser Deu* du ms. V au v.530, en plus de confirmer les liens originaires des mss AV, représente probablement le texte primitif par rapport aux variantes *seint cors* AP: *saint hume* L. D'autres variantes de A semblent être en relation avec le modèle latin, à savoir 164 *pur or ne pur argent* (cf. v.530 dans le texte de V) et 323 *les bans fist cunreer*. Tout aussi notable le vers surnuméraire (str. 44) *Kar tut sui plein de mal e de dulur,* auquel répond la variante du v.289 *sis mals est agregez*: présent dans le Rythme ainsi que dans le texte de Massmann, le détail de la maladie remonte à la forme la plus ancienne de la légende, le reste de la tradition se limitant à faire état soit d'un pressentiment soit d'une révélation (cf. Rösler 1905:63-64).

Dans ce contexte il convient de rappeler que le statut de version abrégée, attribué au ms. A, est dû essentiellement à l'absence d'une mention quelconque du lieu d'enterrement. On sait qu'à ce sujet, la tradition est loin d'être univoque: dans Md 22 il s'agit de l'*aulam, <que> sancta vocatur*[123]; les versions plus récentes, § 92, s'accordent avec notre poème, sauf Ct qui porte *ad limina beati Petri apostoli*[124]. On peut supposer que le couple des str. 109-110, bâties sur la même assonance, signale justement ce que nous appelerions volontiers une double rédaction négative: en tout cas, l'absence de toute spécification au sujet de l'église laisse une fois de plus deviner un modèle à l'état encore fluide.

3) Cette fluidité propre au ms. A est enfin confirmée par l'analyse des trois plaintes consécutives:

dans la plainte du père, le ms. A présente en séquence les str. 83 et 81, bâties sur la même assonance: la str. 83, d'inspiration 'féodale', a vraisemblablement été décalée en dernière place dans LP, où l'on a rajouté à la suite la str. 84[125];

dans la plainte de la mère, la séquence des str. 88 et 90 est commune à AV; par ailleurs le texte de A, toujours aussi provisoire, se termine par 93 et 92: les autres témoins, où la str. 93 est opportunément déplacée à la fin, rajoutent la str. 91 pour atteindre la mesure de six strophes;

dans la plainte de l'épouse, il est probable que la str. 97 faisait à l'origine double emploi avec la str. 89 figurant dans la plainte de la mère (même assonance en *-ure*), ainsi que le confirment plusieurs indices, à savoir la double rédaction dans A; l'identité, dans A, de deux vers sur quatre (*Ma lunge atente a grant duel m'est revenue:/Mielz me venist, sire, que morte fusse*), dans V, de trois vers sur cinq (*Ma longe atende a gran dul m'est*

---

[123] Mais le texte résulte d'une intégration de l'éditeur, car trois manuscrits sur quatre lisent *ad aulam sanctus vocatus,* tandis que l'autre a modifié son texte, cf. Mölk 1976b:315.

[124] Cf. ci-dessus, la note 39.

[125] A remarquer entre autres que ces deux strophes présentent chacune un mot répété à l'assonance, respectivement *porter* et *estra*.

venue:/Ke porrai faire, chaitive, mal feüe?/Miels me venist contres ke morte fuse)[126]. Il n'est pas surprenant que, vis-à-vis des deux rédactions juxtaposées dans A, le responsable du texte de L ait choisi la plus apte à différencier les deux strophes entre elles.

Ces indices d'une situation pas encore tout à fait stabilisée sont confirmés par le fait que, sans le rajout des str. 87 et/ou 91, la plainte de la mère résulte mutilée d'une strophe par rapport aux autres plaintes.

4) Venons à la rédaction 'bonifacienne', telle qu'elle se reflète dans le ms. P. Répercutant les échos de la fondation du culte de St. Alexis à Rome, cette rédaction développe une conclusion élargie, dans laquelle un certain nombre de strophes (114 à 122) ont été enchâssées entre 107 et 109. Outre la str. 91, appuyée par le témoignage de V, cette rédaction contient quatre strophes apparemment en excès: il s'agit de 84 et 87 (l'une dans la plainte du père, l'autre dans celle de la mère), auxquelles il faut ajouter le couple des str. 51-52.

Absentes dans le ms. A, les str. 51-52 sont bâties sur la même assonance: en fait la str. 51 présente une assonance mixte dans L, que PSM ont cherché à régulariser sur -*ie*- commun aux deux strophes, le noyau originaire étant vraisemblablement limité aux trois premiers vers. Au point de vue de la localisation, 51-52 correspondent à C,A tandis que 20 correspond à Md: dans la présence des str.51-52 on reconnaît donc soit un archaïsme, soit le résultat d'un processus de dédoublement par rapport aux sources latines utilisées, ce qui explique l'équivalence entre les trois derniers vers de la str. 20 et les trois premiers de la str. 51.

Le même écartement par rapport aux sources latines concerne les str. 21-22 (plaintes anticipées), qui ne trouvent de correspondance que dans Md (et dans le texte de Massmann), ainsi que les str. 28-30 avec les images du *saccum et cinerem* et de la tourtre: celles-ci se situent, au contraire, au même endroit que dans les 'Vitae' plus récentes (alors que dans Md elles n'apparaissent que beaucoup plus tard). On rappelle que la str. 21, avec sa formule

---

[126] D'autres exemples de double rédaction dans V se trouvent aux v.530 et 622-4.

de transition *Or revendrai*, présente une assonance mixte, que les autres témoins (y compris A) se sont employés à régulariser.

5) Citons enfin la str. 93, à propos de laquelle Md témoigne d'un arrangement plus ancien, où elle était attribuée à l'épouse d'Alexis.

6) Tout à fait conformes aux élargissements dont témoignent les 'Vitae' récentes sont les épisodes contemporains ou postérieurs à la mort du protagoniste, à savoir la voix tombant trois fois du ciel, la séquence des trois plaintes, le rendez-vous des autorités à la maison d'Euphemien, les efforts répétés pour s'emparer du parchemin que le cadavre garde dans sa main, la lecture et l'agnition, le récit des miracles, les funérailles[127].

7) Agissant en véritable manuscrit-réceptacle, le ms. L rassemble par ordre tous ces éléments, en rajoutant la str. 108 en tant que variante 'facilior' de 107.

3.13. – Ce sont surtout Sckommodau et Hemming qui ont, en quelque sorte, saisi l'importance de voir dans StAl le résultat d'un accroissement progressif (ce que nous appelons 'stratification')[128], et ceci bien que Sckommodau ne soit jamais parvenu à expliquer l'insertion des miracles d'une manière satisfaisante: de son avis (cf. 1954:194), le poète primitif (= ms. A) les aurait supprimés; l'auteur de la 'continuation' (qu'il propose d'identifier au copiste de V)[129] les aurait en revanche intégrés; enfin, le copiste de P les aurait à nouveau laissés tomber. Le vice du raisonnement de Sckommodau réside dans ses prémisses: il considère les miracles comme partie intégrante du poème dans son état originaire, car le récit des miracles se trouve déjà dans la 'Vita'. Il aurait pourtant tout aussi bien fallu situer le texte latin dans la perspective diachronique, compte tenu que la plus ancienne version espagnole avait depuis longtemps été publiée.

---

[127] Rappelons que dans LV s'ajoutent encore les str. 91 et 119.
[128] «Con altra metafora glottologica, si può parlare di stratigrafia ecdotica (pensando alla 'stratigraphie linguistique' dell'Aebischer» (Contini 1986:145).
[129] Opinion à bon droit contestée par Lausberg 1955:311.

La conclusion majeure qui découle de notre analyse, est le décalage du ms. A par rapport au texte élargi, dans la mesure où ce manuscrit reflète par endroits une version intermédiaire de la 'Vita', correspondant à peu près à Ct[130]. Par ailleurs les autres manuscrits, tout en accueillant la plupart des innovations, n'en font pas moins état de quelques archaïsmes qui remontent au delà du ms. A, dont les str. 51-52, qui reflètent une version proche de Md, ainsi que la str. 21, que AP transmettent, par rapport à L, dans une version plus récente, où l'assonance à été régularisée[131].

Il faut donc envisager à l'origine de la tradition un texte à l'état en partie encore flou, voire caractérisé par des options présentes les unes à côté des autres[132], ce qui reflète une étape intermédiaire entre Md et les 'Vitae' plus récentes. Cet archétype contenait les alternatives suivantes, que nous allons résumer encore une fois:
– deux strophes en partie identiques, qui reflètent le même passage situé dans Md et dans C,A à des endroits différents: il s'agit des str. 20 et 51, celle-ci caractérisée par une assonance mixte, dont le deuxième élément s'étend à la strophe suivante;
– deux ou trois strophes identiques ou similaires (62, 66, 72) consacrées à des personnages absents, voire anonymes, dans la version la plus ancienne (le pape et l'empereur), et destinées à

---

[130] Ce qui confirme les intuitions de Foerster, Rösler, Rychner.
[131] Pour autant qu'elles soient correctes, nos conclusions confirment et corrigent en même temps les hypothèses formulées par Lausberg 1955:202-3, qui voyait dans les str. 21 et 57 des exemples de 'licences' métriques, à l'imitation de la *Passion* de Clermont (opinion reprise par Avalle 1963:126-7), faites par quelqu'un qui aurait inventé le décasyllabe en même temps que sa variante féminine. Pour nous, au contraire, la notion d'archaïsme, loin de se situer au niveau métrique, concerne plutôt la composition, dans la mesure où elle révèle des soudures encore imparfaites. Ceci ne vaut que pour les str. 21 et 51, où le mélange témoigne de la jonction provisoire de deux ensembles formulaires. Dans le cas de la str. 57, l'irrégularité découle au contraire d'une recodification plus récente: elle ne concerne en effet que le mot à l'assonance *medisme* < *medis*.
[132] Cela n'avait pas échappé à la réflexion de Contini (cf. ci-dessous, p.125). En revanche, Foerster 1915:167-8 avait supposé les interventions de plusieurs interpolateurs, se succédant les uns aux autres, et parfois corrigeant leur modèle à l'aide du texte latin.

une distribution inégale dans les 'Vitae' récentes: tandis que le ms. A (soudure de 62+72, absence de 66) partage avec Ct une solution encore provisoire, les autres manuscrits parviennent à une rationalisation qui dépasse les 'Vitae' récentes, dans la mesure où il y a eu dédoublement de 62 et 66, suivi de quelques efforts de différenciation;

– en ce qui concerne les plaintes, le ms. A présente une situation déjà modifiée par rapport à Md, où la str. 93 fait encore référence à l'épouse: il manque cependant la str. 91, rajoutée dans VP, ce qui atteste (contrairement à l'opinion courante) que c'était la séquence réservée à la mère qui demandait plus que les autres à être étoffée;

– d'autres indices révèlent l'existence de soudures ou de solutions demeurées à un état imparfait, telles les couples 18-19 et 58-59, bâtis sur la même assonance, et caractérisés l'un et l'autre par la présence simultanée d'autres traits distinctifs dans le processus d'élaboration; ou encore les str. 28-30, qui, de par leur emplacement, ne peuvent s'appuyer que sur la branche Ct,B des 'Vitae' récentes, où elles ont pourtant dû être déplacées par rapport à Md (il s'agit donc d'une situation analogue à celle des strophes 20 et 51-52). Les intervalles réguliers qui séparent ces trois passages montrent que dans l'archétype les rapports numériques entraient déjà en ligne de compte.

Ce 'brouillon' originaire, où les cas de double rédaction témoignent d'une situation encore provisoire, se reflète assez fidèlement dans le ms. A, qui présente par ailleurs quelques traits novateurs (dont la régularisation de la str. 20).

Le type 'bonifacien', dont les matériaux se retrouvent dans P à l'état pur[133], se base sur une version désormais mise à jour, ce que confirment la présence des str. 51-52; la parfaite distribution des str. 62, 66 et 72; enfin, le rajout de la str. 91. Ce texte va même parfois de l'avant dans le processus d'élargissement, intégrant aux plaintes deux strophes surnuméraires (84 et 87).

---

[133] Par contre, en ce qui concerne la 'varia lectio', il faut tenir compte en général du grand conservatisme de L, et en particulier, des arrangements opérés dans P à des endroits que L a conservés sans intervenir.

A ces deux étapes s'ajoute enfin un troisième type contenant les trois strophes des miracles ainsi qu'un autre exemple de double rédaction (à savoir, la présence contemporaine des str. 119 et 121).

3.14. – Que toutes ces soudures soient en général marquées au point de vue métrique et, souvent, linguistique, ce n'est pas la seule constatation qui découle de notre analyse. Il faut encore signaler la concentration, dans les strophes marquées, de la plupart des formules épiques, dont l'importance n'est plus à démontrer dans l'histoire de la formation d'une langue littéraire dans les textes les plus anciens en langue d'oïl[134].

Ainsi la str. 21 s'ouvre par la célèbre formule de transition *Or revendrai al pedra ed a la medra*; la réaction d'Euphemien à la requête de son fils s'exprime par 45b *Plurent si oil, ne s'en puet astenir*; une formule similaire est employée au v.49b *E de lur ollz mult tendrement plurer*, dans une strophe qui fait l'objet d'une double rédaction[135]. Dans un autre couple bâti sur la même assonance (58-59), la strophe à considérer comme la plus récente renferme la formule 58c *Parfitement se ad ad Deu cumandét*. Enfin, au début de la plainte du père, l'amplification *coepitque canos capitis sui evellere, barbam trahere atque semetipsum discerpere* témoignée par A,C dégage le dédoublement épique entre *Ad ambes mains derumpet sa blance barbe* (78b) et *Blanc ai le chef e le barbe ai canuthe* (82a).

Les exemples cités jusqu'ici sont communs à A et à L, sauf 58c, qui manque dans A. Cette lacune est peut-être significative, compte tenu que d'autres occurrences dans ce domaine sont vraisemblablement des innovations imputables à L. Etablie sur la base des 'Vitae' plus récentes, la relation entre le *fulgentem vultum* du corps saint et l'invocation solitaire du père, donne lieu à

---

[134] Le relevé exhaustif dressé par Rychner 1985 a été récemment repris par Burger 1996b, dans une approche où les poèmes de Clermont, Sainte Foy, Boeci sont aussi pris en compte. Très soigneusement menée, cette étude garde néanmoins une vision plutôt rigide tant de StAl que de ses sources latines, l'un et les autres considérés une fois de plus comme des blocs solidaires.

[135] Cf. aussi la répercussion, dans 49d, du v.156 *Ne poet estra altra, turnent el consirrer*.

l'hémistiche 70b *le vis e cler e bel* (par rapport à *le vis en apert* de A, d'ailleurs hypométrique). Ce processus d'épicisation progressive est confirmé par les trois strophes rajoutées 84, 87 et 91. Enfin, ce n'est sans doute pas l'effet du hasard que la formule *juvente bela* dans la str. 96, au cœur de la plainte prononcée par l'épouse, ne soit attestée que dans L[136].

L'auteur a donc consciemment puisé à son patrimoine de formules épiques pour marquer les passages le plus distinctifs dans son œuvre d'élargissement[137]. Certes, la notion d'auteur doit en l'occurrence être précisée, car il est évident que le responsable de la version transmise dans L s'est donné la peine de renchérir sur les quelques éléments épiques déjà présents dans son modèle[138]. Ainsi qu'on l'a anticipé, dans l'histoire de notre texte ni la notion d'archétype ni celle d'auteur ne sauraient être univoques.

Par ailleurs, ce n'est là qu'un élément parmi d'autres dont on pourra se prévaloir en vue de définir la marge d'originalité mise à profit par chacun de ceux qui ont contribué à faire progresser ce texte jusqu'à sa rédaction 'définitive'[139].

---

[136] Au vers final de la même strophe c'est S qui renchérit, changeant *si graimes (dures) e si pesmes* en *dolerouses et pe<s>mes*.

[137] «Nous retenons ce fait important: l'auteur du *Saint Alexis*, en transposant tout à fait consciemment sa source, a donné aux plaintes des parents du saint la teneur et la tonalité de ce qui était peut-être déjà, de ce qui sera, en tout cas, un motif épique» (Rychner 1985:52). «Si cette chanson hagiographique annonce dans son allure, dans sa forme et dans quelques spécificités la *Chanson de Roland*, ce n'est peut-être pas un hasard, vu le public particulièrement intéressé: les nobles» (Werner 1990:538).

[138] Il s'agit par ailleurs des prémices d'une tendance destinée à s'imposer dans les remaniements postérieurs (la présence de la ChRol dans la composition de S est largement acquise, cf. Segre 1974:90, note 1).

[139] On en a déjà vu quelques indices en analysant les déplacements et les contaminations effectués par rapport aux matériaux disponibles dans les sources latines. A part les quelques détails qui pourraient remonter à des sources encore à préciser, d'autres seront à mettre sur le compte de l'auteur, dont le prologue sur le vieillissement du monde; l'apostrophe que la mère adresse à la chambre nuptiale (vv.141-142); la réponse de la mère à l'épouse (str. 31, avec la diffraction de Tobler-Contini); la citation tirée de l'Evangile aux v.269-270 *quet il le lur parduinst/Par sa mercit, quer ne sevent que funt.*

Diffraction et facteurs dynamiques

4.1. Diffraction. – Elaborée par G. Contini au cours d'une trentaine d'années, la diffraction, en tant qu'application particulière de la notion de 'lectio difficilior', a marqué un tournant dans l'histoire de la philologie, et notamment dans l'établissement du texte de StAl. Longtemps méconnue par les spécialistes[1], la diffraction n'en demeure pas moins un outil fort efficace pour rationaliser une tradition où les instruments habituels du lachmannisme se révèlent souvent impuissants.

Très proche de celle de diffraction est la notion de facteur dynamique, l'une et l'autre se situant dans un courant de la recherche qui s'est développé depuis les années 70, et dont l'un des résultats majeurs a été de renforcer la présence de la linguistique dans le domaine de la critique de textes[2]. C'est surtout à partir de ce point de vue que nous allons exposer brièvement la méthode suivie dans la présente édition.

Notre approche vise non seulement à éclaircir les variantes en elles-mêmes, mais plus encore les relations existant entre plusieurs variantes, dont la plus simple est ce qu'on appelle le 'rapport glossématique' : ainsi, au v.305 où les témoins se partagent

---

[1] Aucune mention des travaux de Contini n'est faite ni dans les éditions (y compris celle de Rohlfs dans sa dernière mise à jour) ni dans la bibl. de Storey 1987.

[2] En dehors des philologies occitane et italienne, où ces méthodes sont bien connues, qu'on pense à la critique de textes appliquée à l'œuvre de Camões, dont les fondements ont été posés par Emmanuel Pereira Filho (c'est lui qui a établi une relation directe entre la notion de variante de fond et la définition du signe linguistique), ainsi qu'aux études de Celso Cunha sur l'incidence de la prosodie, et notamment de l'hiatus, dans la transmission manuscrite de l'ancienne lyrique portugaise. Dans la critique de textes en moyen anglais, George Kane a défini la relation primordiale entre synonyme et homographe, l'un et l'autre remontant à une unique leçon perdue.

entre *anglutet* L(=S), *encloe* A, *asorbe* P, il est fort probable que la leçon originaire corresponde à un verbe trisyllabique assonancé en *ò-e*, dont le noyau sémantique inclue les notions de 'engloutir', 'absorber'. Comme G. Paris l'avait déjà vu, ces conditions sont réunies dans la variante *encloe* < INCLAUDIT, dans la mesure où il s'agit d'une forme non banale, voire d'une 'lectio difficilior': dans ce cas, suivant la terminologie de Contini, on peut parler de diffraction 'in praesentia'.

Les relations entre deux variantes ou plus portent tantôt sur le sens, tantôt sur la forme. Dans le cas précédent, la glose *anglutet* et la variante supposée originaire non seulement sont à peu près synonymes, mais leurs deux premières syllabes coïncident plus ou moins exactement (sauf que le *ó* tonique fermé contrevient à l'assonance). D'une manière analogue, les synonymes *despeiret, destruist, despoille* employés au v.137 ont le préverbe en commun.

Une relation encore plus typique se trouve au v.176, où *costre* L (diffraction 'in praesentia') est le point de départ d'une scission exemplaire entre le synonyme *clers* SMa, entraînant la disparition de tout lien formel avec sa matrice, et l'homographe *tost* P, qui garde au contraire une portion considérable de l'icône graphique originaire, mais au prix d'une perte totale du noyau sémantique: il s'agit en effet d'un mot 'vide', qui n'ajoute ni n'enlève grand-chose au message et à l'information véhiculés[3].

Il n'est pas rare que synonyme et homographe coïncident, p.ex. au v.267 où la diffraction en présence est à peu près assurée par *licun* P, *licon* S (ou plutôt *liton,* comme Elliot lit dans son éd.): en plus de rétablir une assonance correcte, **liçon* est assurément 'difficilior' par rapport à *linçol* L, *plic(h)on* M, pourtant très proches de la leçon originaire aussi bien du point de vue graphique que sémantique. En revanche, il ne se trouve dans cette diffraction qu'un synonyme pur, à savoir *grabatun* A, dont le signifiant ne conserve aucune trace du facteur dynamique originaire.

---

[3] Cf. à ce propos la distribution des synonymes au v.40: par rapport à *aplaide* et *porchace*, liés à *acatet* uniquement par l'assonance, *a quise* présente en plus une marge plus ample d'homographie.

Ce dernier exemple sert aussi à rappeler la distinction entre établissement du texte et lexicographie: si l'éditeur du texte ne pourra garder que l'une de ces variantes, pour autant qu'il puisse en justifier la primauté sur des bases rationnelles[4], le lexicographe, lui, est censé accorder aux quatres variantes une valeur paritaire[5].

Tout facteur dynamique libère en principe un ensemble de variantes, qu'on appelle commutateurs. D'un point de vue empirique, il n'est légitime d'employer le terme de 'diffraction' qu'en présence d'une dispersion suffisante, disons à partir de trois commutateurs en sus. Ces ensembles représentent des classes fermées, qui peuvent se dire homologues pour autant qu'elles se recoupent ou coïncident dans une portion assez importante: établie d'une façon correcte, l'homologie est souvent en mesure d'éclaircir des passages qui, considérés en eux-mêmes, ne sauraient être rationalisés dans une mesure satisfaisante. Ainsi, au premier hémistiche du v.113 *Jusque an Alsis* L, la présence de *Dreit* A(=M) et *tout droit* S en tant que commutateurs, légitime une extrapolation par rapport à des cas de dispersion homologues[6], dont le résultat permet de circonscrire l'étendue du dégât, ainsi que d'accroître la probabilité statistique du redressement proposé (en l'occurrence, *<An>dreit*).

Les diffractions servent moins à constituer le 'stemma codicum' qu'à identifier des leçons originaires: c'est en effet une question assez délicate que d'établir dans quelle mesure elles sont susceptibles d'être utilisées à des fins généalogiques. Cela dépend surtout du nombre théorique des commutateurs à la disposition du scribe. Considérons p.ex. le v.112 *multes terres* L, d'où *plusurs terres* A, *maint païs* P, *mout de terres* S, *pluisors t.*

---

[4] Il faudra toujours faire une part, bien entendu, aux cas éventuels de variantes d'auteur. Quant à notre texte, il prévoit un certain nombre de variantes qui relèvent de différentes rédactions, échelonnées sur l'axe de la diachronie.

[5] La lexicographie ecdotique (le terme est emprunté à Helmut Stimm) joue un rôle intermédiaire, pourvu qu'elle inclue dans ses tâches la détermination aussi précise que possible des rapports glossématiques.

[6] Y compris en dehors du texte examiné (en l'occurrence, il s'agit de deux passages tirés du GirRouss: cf. ad v.).

Ma, *maintes teres* Mb: bien que la dispersion y soit considérable, les synonymes disponibles ne sont pas nombreux.

Un autre point délicat dans ce type d'approche est la tendance à une généralisation trop poussée, ce qui peut se vérifier à deux niveaux: 1) il y a le risque de grouper ensemble des systèmes qui ne sont pas vraiment, ou pas assez homogènes; 2) la diffraction 'in absentia' demande à être maniée avec beaucoup de précaution, c'est-à-dire qu'elle ne devrait pas être appliquée au-delà de certaines limites[7]. C'est dans ce sens que nous nous sommes permis de modifier un certain nombre de conclusions suggérées par Contini, telle l'hypothèse bien connue d'un **mereveille* en quatre syllabes, proposé comme dénominateur commun d'un groupement qu'il faut, à notre avis, considérer comme hétéroclite: c'est pourquoi nous nous sommes finalement rallié aux partisans d'une solution différentielle, basée tantôt sur un hiatus *ço est,* tantôt sur la négation *nen est*. Qui plus importe, l'une et l'autre correspondent à des occurrences réelles (alors que le quadrisyllabe n'est pas attesté dans notre texte), outre qu'elles se basent sur une documentation assez nourrie pour en justifier la nature de 'difficiliores'.

L'exemple le plus illustre de diffraction 'in absentia' est sans aucun doute celui du v.155, ne serait-ce que par son importance historique, dans la mesure où la réflexion théorique de Contini a eu comme point de départ la conjecture que Tobler dans son c.r. de Paris 1872 a proposée pour ce vers[8]. Rappelons les termes de cette diffraction:

Tu de tun seinur, jol frai pur mun filz	L
Tu pur tun sire e je pur mun chier filz	A
Tu por tun seignor, jel ferai por mun fiz	P
L'une son fil et l'autre son ami	S

---

[7] Il est des diffractions non moins évidentes (cf. p.ex. v.573) qu'irrésolubles, faute pour l'instant de termes de comparaison appropriés.

[8] Par sa conjecture, Tobler 1912:336 répond à la question: existe-t-il un synonyme de *seignor* qui, au cas-régime, soit monosyllabique ou bisyllabique paroxytone? (Contini 1986:61). Paris, qui dans la 'maior' s'était résolu pour *Tu del seinor, jol ferai por mon fil,* accepte dans la 'minor' la suggestion de Tobler *Tu por ton per,* «giustamente rinunciando anche alla 'lectio singularis' *de*» (Contini 1986:100).

La réfection de S mise à part, dans LP le premier hémistiche a une syllabe de trop, ce qui a évidemment amené A à enfreindre les règles de la flexion[9].

Ainsi que Contini 99-101 le précise, la rareté de *per* concerne son emploi au masc. (quant au fém., il est «banalissimo e formulare» à partir de la ChRol)[10]. Les objections soulevées par Avalle 1972:57, d'après lequel *per* ne serait suffisamment 'difficilior', finissent au contraire par appuyer l'hypothèse de Tobler-Contini. En effet, l'exemple cité par Avalle concerne la célèbre similitude de la tourtre, qui jamais ne se sépare de son *per*[11]. Or on sait bien que cette image constitue un motif majeur dans l'économie du poème: outre qu'au v.149, elle recourt à plusieurs reprises non seulement dans les 'Vitae' plus récentes, mais aussi dans la Vie espagnole, où le terme correspondant à *per* doit également être réintégré suite à une lacune[12]. Le propre du passage alexien consiste justement en ce que la mère reprend la similitude tout à l'heure avancée par l'épouse[13]: et la reprise est d'autant plus

[9] A remarquer que L lui-même propose au v.201 un *sire* avec une syllabe de trop, ensuite corrigé en *reis*; quant à *chier filz* A, cf. au v.109 l'opposition entre *E! chers amis* L et *Amis, bel sire* AP; au v.135 *kers filz* est d'ailleurs modifié dans les manuscrits autres que L (cf. ad v.109).

[10] Il n'empêche que la ChGuill contient un ou deux exemples à l'assonance où *moiller* cache vraisemblablement un *per originaire (cf. l'éd. J. Wathelet-Willem, Paris 1975, II, v.1330; peut-être aussi v.1624, supposant <ainc>ui).

[11] Avalle cite T.-L. s.v., «où l'on trouve passablement d'exemples de *per* au masc., dont un concerne notamment la tourtre, Serm. poit. 95 *puis qu'ele pert son premer par..., ne s'ajostera puis ob autre*». Le cas de la tourtre mis à part, il s'agit en général d'un emploi très répandu, en oc et en oïl, dans le langage de l'ornithologie.

[12] Cf. Md 15 *inquirens <socium> suum* et la note de Mölk: «Ergänzung der Lücke des Archetyps nach Z [= Paris BN lat. 2444]. Statt *socium* wäre auch *parem* denkbar...oder auch *virum*». Mölk cite à l'appui Grégoire le Grand, PL 79,492 *Turtur postquam parem suum perdiderit*, cf. Hyer. PL 23,263; *Physiologus lat.*, Versio B, éd. F.J. Carmody 1939, p.49 *Physiologus de turture dicit valde virum suum diligere*. Bien qu'à un niveau purement théorique, il s'agit donc d'une diffraction tout à fait homologue à la nôtre. De la chasteté de la tourtre après la mort de son compagnon parlent encore la version Y du *Physiologus* ainsi que les pères de l'Eglise, depuis Ambrose jusqu'à Isidore.

[13] Le rapport a été signalé par Beggiato 1993, qui par ailleurs ignore la contribution de Mölk.

subtile, que l'allusion au bestiaire, avec ses implications liées à une culture 'populaire', finit par se compliquer et s'enrichir en récupérant l'ancienne notion juridique.

Le point faible (s'il en est un) de la solution proposée par Tobler, réside plutôt dans l'absence de tout lien formel (au niveau de l'icône graphique) entre le terme reconstitué et ses commutateurs. Quoi qu'il en soit[14], la diffraction de Tobler-Contini garde intacte sa valeur heuristique.

4.2. Facteurs dynamiques. – Dans le cadre d'une taxinomie largement pragmatique, les facteurs dynamiques présents dans notre texte peuvent être répartis dans les groupes suivants[15].

1. On sait que les facteurs prosodiques tels que hiatus et diérèse jouent un rôle essentiel dans certaines traditions manuscrites, dont l'occitan et le portugais anciens. Dans le domaine d'oïl, la tendance à l'hiatus en tant qu'archaïsme est p.ex. assez prononcée chez Chrétien de Troyes pour donner lieu à une phénoménologie tout aussi riche que complexe. L'hiatus est tout aussi bien représenté dans StAl, ce dont suffisent à faire état les nombreuses graphies *qued, set* etc., typiques du ms. L, et parfois même employées en guise d'hypercorrections.

Il est peut-être superflu de rappeler que la recodification de ces structures prosodiques entraîne la production de syllabes 'vides', voire de chevilles censées rétablir le décompte syllabique dans le vers concerné. Ces éléments superfétatoires, en général mono- ou bisyllabiques, ne sont pas toujours autonomes: il n'est pas rare que la mesure du vers soit rétablie moyennant

[14] La suggestion de Tobler n'a guère eu de succès auprès des autres éditeurs, tous d'accord pour accepter *Tu tun seinur*: figure syntaxique de goût médiolatin (zeugma compliqué ou syllèpse, *tun seinur* précédant le *por* duquel il dépend), cette leçon ne constitue pas moins une conjecture, dans la mesure où elle est tout aussi étrangère à la tradition manuscrite.

[15] Un relevé des facteurs dynamiques dans StBrendan, avec beaucoup de points en commun avec celui de StAl, se trouve dans Waters 1928:lxv (tradition manuscrite), lxxii-lxxiii (manuscrit de base). Des phénomènes systoliques sont signalés ibid., p.lxxvii-lxxviii.

une rallonge (préfix, préverbe etc.) ou une autre modification, même plus radicale, d'un mot dans la chaîne, remplacé en principe par un synonyme contextuel ayant l'avantage de compter une syllabe de plus par rapport au mot originaire[16].

Les exemples d'hiatus en fonction de facteur dynamique concernent les v.31 *si out* (LAP), 128 *Set il* (L)[17], 148 *jo i ai* (L) ou *je ai fait* (A=S), 239 *ne il* (A), 259 *rove esforcier* (P), 269 *quet il* (L)[18], 350 *quet espelt* (L), 373 *Rome ert* (AP)[19], 450 *si est* P; d'autres hiatus ont été conservés aux v.389 *Jo atendi* (L, cf. *Jou aesmoie* S), 479 *Jo atendeie* (LAPV), vraisemblablement aussi 402 *jo aveie* (LAPS). Unanimement attesté 88 *Qued angeles*.

Un phénomène tout autant répandu est l'hiatus qu'on pourrait appeler secondaire, dans la mesure où il est le résultat collatéral d'un processus de recodification: cf. à titre d'exemples 22 *Que enfant n'o(u)rent* AP par rapport à *N'ourent amfant* L, que l'on suppose originaire, ce hiatus enclenchant à son tour d'autres réactions tout à fait typiques; cf. encore v.125, 178, 202, 237, 255, 534, peut-être aussi 38 et 334.

Les exemples de recodification suite à diérèse sont limités à 282 *tüe*, 311 *süe*, auxquels il faut ajouter les cas de réduction *-eü-* > *-u-* (à signaler v.533, où la diffraction en présence est assurée grâce à *appareüe* du ms. V).

---

[16] Dans les manuscrits anglo-normands tels que L et surtout A, ce mécanisme est souvent brouillé à cause des phénomènes propres à la métrique insulaire. Par ailleurs, le ms. P présente lui aussi de nombreux cas d'hypométrie plus ou moins apparente, cf. notamment *kil/quil* aux v.37, 269, 291, 295, 343, 602, en outre 321 et 440 *cum*, 374 *n[e] esgarde*, 401 *heritez*, 495 *jel*, 501 *l[i] apostoile*. Dans la résolution d'autres facteurs dynamiques, P en reste souvent au stade de l'hypométrie, cf. 408 *por* (< *enpor*), 176 *tost* (< *li costre*), 400 *tuee* (cf. *acurede* L), 460 *dure* (cf. *domoret* L).

[17] Qui entraîne la dilatation *graim* → *dolent* dans les autres manuscrits; *graim*, par ailleurs, semble également agir comme facteur dynamique aux v.110 (LAP) et 480 (AV).

[18] 331 *que il* ne s'appuie que sur S (cf. *que iluec* A en régime d'hypométrie), alors que LP portent *cum il*.

[19] Cf. *sole ert*, ainsi que nous proposons de le rétablir au v.102. L'hiatus après *-e* est bien attesté chez PhThaon, cf. Walberg 1900:xxxvi-xxxix.

2. Dans les phénomènes de systole occasionnés par la réduction de la masse syllabique, le cas le plus exemplaire (ainsi que Contini 123 l'a signalé) concerne la chute de *i-* initial dans les pronoms et adverbes; comme d'habitude, on indique entre parenthèses les témoins en présence: 68 *ices* (L), 197 *icel* (L), 202 *ici* (AP), 268 *icil* (APS), 301 *idunc* (L), 303 *icele* (L), 310 *icel* (L), 318 *iceste* (LPS), 325 *icil* (L), 330 *icel* (L), 499 *Icil* (A), 509 *icels* (L), 528 *iço* (L), 532=534 *icest* (A), 606 *icil* (V), 623 *icest* (LV)[20]. A l'intérieur de ce relevé, on signale 509 *icels* comme exemplaire d'un mécanisme systolique qui prévoit, d'une part, un synonyme contextuel partiellement homographe (*les clers* A), et d'autre part, une dilatation portant sur le verbe (*unt* → *orent* SM).

Relèvent encore du domaine de la dégradation syllabique 75=189 *Ensur* (L, lui-même hypométrique); 149 *ore* (L, contre l'avis de Contini 129); 321 *cume* (L); 596 *Desur* L par rapport à *Cum sore* V; 615 *Ensore tot* (V)[21]; en outre 150 *Nen ai* (A), 532 *nen avum* (A)[22]. Il faut également mentionner l'instabilité du préverbe *re-* (non itératif), cf. 188 *revoil* (L), 255 *redonne* (S), 285 *s'en rafuï* (S). La réduction du mot concerne enfin 401 *ereditez,* trisyllabique dans les manuscrits autres que L.

C'est à mi-chemin entre dégradation syllabique et substitution qu'on peut situer le cas de l'adv. *andreit,* toujours conservé dans L (v.193, 195, 211, 231), alors que les autres manuscrits ont recours à des locutions équivalentes où *dreit* demeure l'élément stable, cf. *dreit en* A, *et dreit* P, *droit a* S, *Droit vers* M, *tut (tot) dreit* A=PS[23] (à remarquer, parmi les commutateurs, 231 *dreit* A avec une syllabe en moins, ainsi que 211 *er(r)ant* AP, lui-même facteur dynamique au v.76).

[20] 381 <*I*>*ço* a été rétabli dans ce que l'on a considéré comme un cas de diffraction 'in absentia'. Déjà Lausberg 1955:299 a signalé la tendance de A à laisser tomber cet *i-,* ce qui entraîne une production de 'césures lyriques' apparentes.

[21] Sckommodau 1954:173 et Lausberg 1955:318 avaient déjà remarqué la présence de ces facteurs dynamiques.

[22] En 465 *N'est merveille* (L, hypométrique), la négation syllabique dans l'original paraît assurée par *N'est pas* A, *Il n'est* PS.

[23] On a rétabli cet adv. par extrapolation au v.113 sur la base de *Dreit a* A, *Droit en* M, *Dedens...tout droit* S. Moins assurée l'homologie dans le cas du v.55, où seul P offre *dreit a.*

Dans le domaine de la syntaxe, il faut ajouter la double coordination *e...e* (le relevé ad v.236), facteur dynamique bien connu à partir de la ChRol.

Des phénomènes de systole peuvent être occasionnés par la graphie, dans la mesure où celle-ci évite de signaler l'enclise[24]: ainsi, au v.131, la graphie surnuméraire *Pur quei te* remonte probablement à l'archétype (L laisse carrément tomber le pronom).

3. Dans la morphologie des pronoms on signale d'abord l'emploi du pron. pers. tonique au lieu de la forme atone dans 32 *Ki lui portat,* 43 *lui volt mult honurer,* 495 *que jo lui serve.* La recodification de ces formes est susceptible d'entraîner des transformations de la forme verbale même assez importantes, p. ex. 43 *si l'ot mult en chierté* (A)[25].

Le pron.-suj. postposé suite à inversion fait difficulté dans les manuscrits autres que L, cf. ad v.84 et 249[26]. Un autre exemple de facteur dynamique est l'antéposition du pron.-suj. dans l'impératif, cf. 335 *tu nus i fai venir* (L). Le pron. *cui* en fonction d'obj. est en général recodifié en *qui* ou *que* (cf. ad v.7): il s'agit là d'un comportement scribal bien connu.

Au v.486 les variantes des manuscrits nous amènent à supposer dans l'original *Se jo<s> soüsse,* avec une enclise de *vos* typique aussi bien du Midi que de l'ouest[27].

L'archaïsme *neül(s)* est attesté dans L 138 (AP rallongent *aürnement,* S y remplace *cier garniment*) et 325; au v.552 *neul(s)* dans le même manuscrit donne une syllabe de trop, alors que *nuls* au vers suivant demande à être rallongé[28]. A ajouter 606 *n<e>üle* si l'on accepte le texte de V[29].

---

[24] Cf. déjà Lausberg 1955:319.
[25] Ce facteur dynamique est aussi présent dans la tradition de StBrendan, cf. Waters 1928:cxcv.
[26] C'est l'un des sujets où notre analyse diffère notamment de celle de Contini.
[27] Pope 1973:504, § x, cite des exemples du RomTroie et de Béroul.
[28] Nous proposons de rétablir la forme trisyllabique partout (y compris au v.554); plus complexe le cas de 272-3 *nuls...nuls,* où le second vers a encore une fois une syllabe de moins.
[29] *neüle* doit être rétabli au v.411 de StBrendan, cf. Waters 1928:lx, 107.

Il est enfin possible que les deux diffractions aux v.488 et 493 doivent être résolues sur la base de la locution *tute terre* en fonction de pron. négatif: de toute façon, les synonymes employés au v.488 dans les manuscrits autres que V sont *tute gent, N'est home qui vive, Nus hom qui vive.*

4. On propose d'extrapoler *ert* au v.102[30]. La base latine ERAT donne à l'assonance soit *ere(t)* (v.17, 103, 240, 376, 380) soit *ert* (v.233); dans l'hémistiche on trouve constamment *ert,* qui est souvent glosé à l'aide de *est* (v.196, 237, 258).

Le subj. prés. *aiet* est attesté dans L 508 en régime de diffraction, et c'est sur la base d'une parfaite identité formulaire qu'on a pu introduire *ai<e>t* au v.185[31].

Le plus-que-parf. *firet* < FECERAT est attesté dans L 125 (tous les autres manuscrits le remplacent par *fist*, ce qui entraîne la nécessité de récuperer une syllabe)[32]. Attestés dans V aux v.488-490, les plus-que-parf. à valeur irréelle *sore, oure* sont abondamment confirmés par la dispersion des autres témoins[33].

5. Parmi les prépositions et adverbes signalons *pur hoc* (L aux v.15, 206; LA au v.542), *jus* (P 146), *quer* (L 419, 438; cf. aussi v.270, où l'on a pourtant décidé de préférer *mais* S), *sor* (L 464, LV 572), et surtout *dunc* (L 47, 231; AP 72; A 86, peut-être aussi 423). S'y ajoutent *as me* (L 229) et *encui* (AP 400, V 525).

Une mention particulière mérite l'interjection *E,* qui, au lieu d'entraîner des phénomènes de systole, fait souvent l'objet de

---

[30] Dans la tradition de ChTroyes, les commutateurs usuels de *ert* impf. sont *est* ou *fu*, dont la présence simultanée assure la diffraction 'in absentia'.

[31] Que la voyelle n'existe plus dans la langue du copiste de L est confirmé par *ait* au v.599, où il manque une syllabe, cf. ad v.

[32] Parmi les autres exemples que Contini a proposé de reconstruire dans notre texte, le plus probable nous semble **pouret* au v.515, où nous avons néanmoins choisi de respecter la leçon de L.

[33] Déjà reconnues par Lausberg comme authentiques, ces formes constituent un trait frpr., cf. Stimm 1963:335; Burger 1998b:374-6 (l'avis de Moignet 1959:42, 44 est pourtant plus nuancé). Pour les anciens continuateurs du plus-que-parf. ind. latin cf. Moignet 1958-9 et 1988:258-9, Pfister 1970:66-68. Pour d'autres détails, cf. ci-dessous, note 108.

recodifications visant à accentuer son autonomie, telles *O, Oi, Ha, Elas,* une fois même *Oiés*: cf. v.23-24, 59, 109, 201, 335, 401, 476, 478, 481, 599. La diffraction en présence est normalement assurée par L ou par LP (VP au v.599); seul ce dernier, avec son habituelle note tyronienne, garde la leçon originaire aux v.401 et 476. A ajouter *pec(h)ables* (LAP 394, P 434), employé en fonction interjective (cf. anc. pr. *pecaire*).

6. Plusieurs facteurs dynamiques relevant de la syntaxe ont déjà été abordés ci-dessus; il ne reste donc qu'à mentionner quelques cas où L semble avoir conservé l'ordre authentique des mots, auquel les autres témoins ont diversement réagi.

Aux v.410 et 443, où un complément est inséré entre sujet et verbe, les manuscrits autres que L ont partiellement réintégré l'ordre direct: au v.443, où *a grant duel est venude* LV → *m'est a grant duel v.* (A)P, le ms. S garde notamment la collocation originelle de *est* moyennant la transformation de *grant* dans l'adj. interr. *quel*.

D'une manière analogue, au v.33 *Puis ad escole li bon pedre le mist* (L), les autres manuscrits préfèrent avancer le sujet (*E li bon pere a escole le mist*).

Au v.383 *E que l'imagine Deus fist pur lui parler* (L), soit l'ordre O-S-V, les mss AP reconstituent *Deus fist l'ymage,* soit S-V-O, alors que S (*fist Dius*) s'écarte encore une fois des autres.

Au v.588 le seul V respecte la loi de Tobler (*Meten l'en terre*), cette structure dégageant ailleurs aussi un certain dynamisme (cf. ad v.181).

D'autres structures syntaxiques, telles l'hyperbate ou le zeugma, seront abordées dans le paragraphe consacré aux facteurs rhétoriques.

7. La catégorie de facteurs dynamiques de loin la plus copieuse concerne le domaine lexical.

Subst.: 140 *cel di* (LP), 176 *costre* (L), 251 *herberc* (L) = 322 *helberc* (L), 521 *ampirie* (LAP) = 561 *empirie* (L)[34].

---

[34] La même tripartion *l'empirie* L: *le regne* S: *lo seigle* V caractérise ces deux vers (au v.521, L est rejoint par AP).

Adj.: 444 *malfeüde* (LV). Les v.500=570 ont en commun l'opposition *felix* LP: *riches* V[35]. Signalons encore *süef* employé comme adv. (L 32, LPS 338); *mult* adv. (L 60) et *multes* adj. (L 112).

Formes verbales: 40 *acatet* (L) et 623 *acat* (L), 137 *despeiret* (L), 233 *amanvet* (L), 259 *rove* (P), 387 *derumpet* (L)[36], auxquelles il faut ajouter les formes plus ou moins latinisantes dont il est question au paragraphe suivant. Citons encore des locutions telles que 250 *Mielz aime* (A=S) et 483 *Mielz vus amai* (A), 233 *bosuinz li ert* (L), 503 *a nostr'os est* (L=V).

4.3. Tmèse et hyperbates. – Deux lignes dans le manuscrit de base présentent un élément en commun:
    116   Des at li emfes sa tendra carn mudede
    143   Si l'at destruite cum dis l'ait host depredethe
Il s'agit d'une syllabe, *Des* ou *dis,* apparemment dépourvue de sens, et dans le second cas surnuméraire de surcroît: tant les autres manuscrits que les éditeurs ont cherché à assainir les vers de manières différentes (seul Rohlfs laisse *Des* à sa place au v.116, en y voyant une exclamation: 'Dieu!'). En fait la syllabe en question peut rester dans un cas et dans l'autre, à condition d'y voir le premier élément d'une tmèse[37]. Les verbes concernés, respectivement *desmuder* et *despreder*, sont eux-mêmes deux latinismes évidents.

Une fois identifiée, cette figure rhétorique est en mesure de résoudre au moins un autre cas où le ms. L porte une leçon qu'on a du mal à expliquer, à savoir:
    172   Quar il ad Deu bien servit et a gret
qui contrevient à l'assonance en -*i*-: dans tous les autres témoins, le vers se termine en effet par *deservi*; quant aux éditeurs, il se contentent de déplacer *bien servit* à l'assonance. Vu néanmoins

---

[35] Au v.500 s'ajoute *boneurez* AMb.
[36] Bien que leur statut de facteurs dynamiques soit tout à fait assuré, ces verbes peuvent néanmoins être attestés, parfois sous la même forme, à l'intérieur d'autres contextes dans les manuscrits plus récents (voy. les exemples répertoriés dans les notes).
[37] Au v.143 *dis* fait évidemment double emploi avec le préverbe de *de-predethe*.

que *Deu* est particulier au ms. L, une hypothèse plus rationnelle consiste à rétablir le premier élément d'une tmèse affectant le verbe commun à toute la tradition (*des-...-servit*).

Cette figure rhétorique assure enfin le choix de la bonne leçon aux v.448 et 400. Dans le premier cas, et nonobstant les hésitations de Contini 130, la tmèse attestée dans le seul ms. L (*Set a mei sole vels une feiz parlasses*) a bien des chances de représenter l'original. Au v.400, au contraire, il faudra choisir le texte de A, *Cist dols encui la par- averad -acuree,* le seul où soit attesté sous forme de tmèse le part. *paracure(d)e,* dont les deux éléments apparaissent soudés partout ailleurs[38].

Dans la poésie latine c'est Virgile qui fournit l'exemple canonique de ce type de coupure, cf. Quint. 8,6,62 *Poetae quidem etiam verborum divisione faciunt transgressionem: 'Hyperboreo septem subiecta trioni'* [Georg. III 381], *quod oratio nequaquam recipiet.* L'exemple est répété par Consentius, alors que Beda, qui voit dans la tmèse un cas d'hyperbaton, propose *Hiero- quem genuit -Solymis, Davidica proles.* Il faut dire que les poètes médiolatins ne se contentent souvent pas de découper les mots sur la base de leurs éléments constitutifs, les coupures pouvant être tout à fait arbitraires, comme dans ces quelques vers d'Eugène de Tolède cités par Curtius: *O Jo- versiculos nexos quia despicis -annes,/Excipe di- sollers si nosti iungere -visis;/Cerne ca- pascentes dumoso in litore -melos*[39].

Dans le cadre de ce que Curtius appelle maniérisme médiolatin, il faut encore rappeler que la tmèse était habituellement pratiquée dans la composition des tropes liturgiques. C'est assurément dans ce contexte qu'on explique la structure du premier vers de la Chanson de Roland: *Carles li reis, nostre emperere Magnes*[40].

---

[38] Un autre exemple de tmèse pourrait être reconnu au v.164 (*en-...-tramise<s>*).

[39] Références chez H. Lausberg, *Handbuch der literarischen Rhetorik*, München, Max Hueber, 1960, I, § 718 (avec, entre autres, la coupure *ce-...-rebrum* dans Ennius, Ann. 609, attesté par Serv. Aen. I,412); Curtius 1948:286, note 6 (le poème d'Eugène de Tolède dans MGH *Auct. Ant.* 14,262 n°70). D'autres exemples de tmèse dans MGH *Poet.* 2,721; 3,818; 4,1164; 5,778.

[40] Le modèle général pour cette 'Tropierungstmesis' étant *Alle-...-luia,* cf. Lausberg 1955:113; Id. 1956:50: «Nun gab es aber zum Glück einen

Ainsi qu'on l'a rappelé tout à l'heure, la tmèse relève de la plus vaste catégorie des hyperbates, dont nous avons deux bons exemples aux v.458 (*lié en fui e joiouse* V=A, que les autres manuscrits ont essayé de modifier d'une manière ou d'une autre)[41] et surtout 475, où seul L a conservé la leçon originaire *Pur felunie nïent ne pur lastét*; cette ligne est pourtant destinée à rester incompréhensible, à moins de réintégrer 473 *E tantes lermes pur le tuen cors plurez* (absent dans L) dans l'ordre prévu par AV: liés au point de vue syntaxique, ces deux vers ne sont pas moins séparés par un vers intermédiaire, qui a fini par empêcher la compréhension de la phrase toute entière. Voilà un cas très évident où l'interprétation correcte du texte doit passer à travers l'analyse rhétorique.

Parmi les figures typiques de ce maniérisme, on citera encore le zeugma aux v.496-7, où *plurat* L se réfère aux trois sujets qui suivent (les autres manuscrits portent le pl.).

Toutes ces figures s'inscrivent dans une dimension plus vaste, magistralement illustrée par Curtius 1936, qui montre combien profondément ce poème est imprégné d'éducation latine et rhétorique. Outre la stratégie verbale dont le mot *gem(m)e* fait l'objet, en tant que métaphore codifiée (cf. ci-dessus), il suffira de rappeler ici un certain nombre de mots qui n'ont pu être éclaircis qu'au prix de se voir ramenés à leur statut de latinismes, souvent assez brutaux, sinon franchement inouïs, tel 590 *akeser* (V) < ADQUIESCERE (adaptation moins par métaplasme que par calque direct, sans palatalisation de la voyelle tonique), auquel s'ajoutent 278 *angreget* (L) < INGRAV(I)ARE, 305 *encloe* (A) < INCLAUDERE ('engloutir'; 'enfermer' dans un tombeau); 511 *s'en commourent* employé au sens étymologique (COMMOVERE); 490 *costumé* (V) et 499 *acustumerent* (L), influés par le sémantisme juridique de CONSUETUDO; 299 *fregundent* et

---

innerliturgischen Freiplatz: die Tropierung, und hier besonders die Sequenz... Die Tropierungspraxis ist die Mutter der volkssprachlichen Poesie».

[41] Cf. encore les cas beaucoup plus simples de 375 *ad un boen clerc e savie,* où AP rapprochent les deux épithètes *(a un clerc bon e sage);* 459 *tute en sui doleruse,* où *si(n) sui* AP.

620 *ralumer* employés intransitivement. Dans la plupart des cas, une partie de la tradition se charge de modifier ces facteurs dynamiques, souvent à l'aide de synonymes.

Enfin, dans les strophes consacrées à la description des miracles, le ms. V nous a conservé deux mots clairement 'difficiliores', à savoir 552 *clos* et 559 *espece* (ce dernier étayé par les autres témoins, sauf L), et deux latinismes qui ne sont propres qu'à ce manuscrit, à savoir 555 *repous* et 557 *vochié*. Si le sémantisme de ce dernier ne pose aucun problème, *repous* ne saurait être justifié que dans le cadre d'un texte truffé de latinismes parfois même abrupts, ce qui semble bien être le cas chez l'auteur de cette insertion.

Etablissement du stemma

5.1. Editions précédentes. – Première édition critique d'un texte en langue néolatine selon la méthode lachmannienne, la *Vie de saint Alexis* de G. Paris demeure l'une des grandes entreprises de notre discipline[42]. Ainsi que Contini 1986:102-5 le rappelle, le 'stemma codicum' de G. Paris prévoyait une bipartition LA-PSM: dans le domaine de la philologie romane, il s'agit du premier exemple de stemma bifide[43]. Dans le relevé de diffractions qu'il propose, Contini dresse en même temps une comparaison entre les deux éditions principales de Paris, la 'maior' (1872) et la 'minor' (1903): par rapport à la première, celle-ci présente en effet un nombre assez important de modifications[44].

Publiant le ms. V nouvellement découvert (1929), Rajna a cherché à évacuer le problème du stemma au nom de ce qu'il appelle une tradition surtout orale[45]. On a déjà fait allusion au débat entre Sckommodau, partisan du ms. A, et Lausberg, d'après qui le ms. L représenterait à lui seul 50% de la tradition manuscrite[46].

---

[42] Tout à fait comparable à celle d'autres grands esprits de la philologie entre les deux siècles, dont notamment W. Foerster ou E. Langlois, l'un éditeur de Chrétien de Troyes, l'autre du Roman de la Rose: leurs éditions critiques n'ont en fait jamais été remplacées.

[43] C'est pourquoi il figure en première ligne, sans aucune mention du texte ni de l'éditeur, chez Bédier 1928.

[44] «È doloroso che la morte abbia impedito al Paris di giustificare le proprie correzioni, come prometteva, nella *Romania*» (Contini 1986:73). Les autres réimpressions du texte de G. Paris (1908, 1911, 1925) vont dans le sens d'une 'francisation' croissante de la langue du texte.

[45] Comme si ce type de tradition, assurément présent dans les manuscrits de StAl, ne devait obtempérer pour autant aux mêmes critères de logique formelle qui président à la critique de textes (Contini 1986:104; cf. ibid., p.64, 95).

[46] Lausberg 1955:320 discute brièvement les rapports entre les manuscrits, associant A et P, dans la mesure où l'un et l'autre «présupposent» les fautes

Les éditions préparées par Dedeck-Héry 1931, Meunier 1933, Storey 1934 «sind für die Kritik des Textes wertlos» (Curtius 1936:115)[47]. Basée sur les matériaux de Foerster, l'édition de Rösler 1928 est très proche de celle de Paris 1872 aussi bien en ce qui concerne l'établissement du texte (on lui a notamment reproché son «eklektische Verfahren») que le toilettage formel, celui-ci se rapprochant du standard linguistique idéal qui était si cher aux fondateurs de notre discipline[48]. Les éditions postérieures sont toutes plus ou moins fondées sur le respect de L, dont on se propose de corriger les fautes les plus évidentes. Le texte de Rösler 1941, qui garde pourtant un certain intérêt, a été complètement refondu par Rohlfs 1950, qui bénéficie d'un apparat plus riche et surtout d'un toilettage du texte visant à éliminer les graphies les plus 'choquantes' du manuscrit de base. D'autres changements ont été introduits dans les rééditions suivantes, notamment la quatrième (1963)[49] et surtout la cinquième (1968), où l'on constate des progrès importants[50], bien que l'absence de tout commentaire ne permette guère d'évaluer le poids qui revient à chacune des modifications introduites.

5.2. Le stemma de Contini. – Dans une partie très importante de ses études, Contini s'attache à démontrer que la bipartition du stemma proposée par G. Paris ne repose guère sur des

---

présentes en L. Dans ce cadre, SM représentent une tradition éclectique, renouant en général avec P, mais en rapport également avec L (Lausberg 1958:145, note 5).

[47] Cf. Contini 1986:104: «Di nessun conto vanno stimate le edizioni che, si rifacciano o no al gran nome del Bédier..., si attengono al cosiddetto miglior manoscritto, cioè a L»; «esplicita conformità palesa il particolarmente sprovveduto Chr. Storey». Id., p.74: «Solo lo Storey, nella *maior* del '34 (cui seguirà una *minor* nel '46) invocherà nominativamente l'autorità di Bédier».

[48] C'est dans ce contexte que la flexion bicasuelle y est introduite d'une manière tout à fait mécanique.

[49] De notre point de vue, le seul progrès de cette édition est au v.588, désormais conforme au texte de V, alors que particulièrement brutal s'avère la modification opérée sur le v.245 (*issi 'st turnet a Deu*).

[50] Cf. notamment v.41 (texte de L), 146 (texte de P), 493 (*charnel*), 529 (*Mais els que valt*).

bases solides[51]. Si l'existence d'une famille PSM ne saurait être mise en question, bien plus discutable s'avère la convergence entre L et A. D'abord une bonne moitié des prétendues fautes communes ne correspondent pas à la réalité, Paris s'étant fondé sur une collation du ms. A que P. Meyer lui avait fournie sur des bases en partie insuffisantes (Contini 1986:83, 104). Ensuite, des fautes communes censées relier L et A sont en fait, de l'avis de Contini, des variantes pour le moins indifférentes. Voici la liste dressée par Contini lui-même (ibid., p.104; nous ajoutons aux numéros les variantes tour à tour concernées):

102 *qued il out espusethe* L(=A): *qui sole fu remese* P, *ki seule en est remese* S
156 *turnent el consirrer* L(=A): *metent al consirer* P (=S 504)
246 *sur sa nate* L: *sur la nate* A: *suz (sour* S) *une nate* PS
297 *ki est an Rome* L(=A): *qui gist en Rume* P(=S)

Sauf le v.102 (cf. la solution que nous avons proposée), relevant d'ailleurs du répertoire formulaire le plus typique, le bilan dressé par Contini ne paraît guère contestable.

Dans la 'pars construens' de son raisonnement, Contini affirme la proximité de A et V, d'abord sur la base des lacunes relatives à la str.87 ainsi qu'au v.450; ensuite parce que la str.97 précède la 96 dans les deux manuscrits; enfin parce que l'un et l'autre coïncident en plusieurs points avec des leçons que l'on croyait particulières à A avant la découverte de V[52].

---

[51] Le problème des rapports entre les manuscrits de StAl est abordée dans la leçon inaugurale de 1958 [=Contini 1986:67-97], où la notion de diffraction est déjà utilisée à plusieurs reprises. Les détails relatifs au stemma ont été résumés par la suite dans *Scavi alessiani* de 1968 [=Contini 1986:99-134]: la diffraction y fait par ailleurs l'objet d'un développement d'autant plus exhaustif, que l'auteur s'attache à montrer les possibilités d'application de cette catégorie d'un bout à l'autre du texte alexien (cf. Perugi 1990). Dans les mêmes années, la diffraction fait encore l'objet d'autres articles [=Contini 1986:135-173], dont l'intérêt porte essentiellement sur la théorie.

[52] En l'occurrence, les conclusions de Contini avaient été anticipées par Wilmotte 1940, d'abord dans le domaine phonétique, sur la base d'«une série de formes familières à l'ancien wallon» présentes dans le ms. A, auxquelles il

Il faut d'abord observer que la str.87 est vraisemblablement apocryphe, donc cette lacune ne saurait être significative. La séquence des str.97-96 s'inscrit, elle, dans un problème bien plus vaste qui porte et sur le nombre et sur la succession originaire des strophes qui constituent les trois plaintes (en l'occurrence, le ms. A offre la str.97 dans une double rédaction, alors que dans le ms. V les str. 96 et 99, bâties sur la même assonance, sont consécutives). Vu enfin les considérables oscillations du ms. A en ce qui concerne le nombre des vers dans la strophe, la lacune du v.450 ne saurait être considérée non plus comme un argument tranchant[53].

Examinons enfin la liste censée illustrer «la coincidenza in molte lezioni» communes à A et à V; nous nous permettons d'assortir chaque variante d'un bref commentaire visant à rappeler les résultats de nos analyses:

436 A (*En halte voiz*) et V (*Ad altes voiz*) introduisent une anaphore par rapport à la str.79;
441 *cum oi fort aventure* L: *mult oi fort a.* AV: *cum ai forte a.* P: *comme fort a.* S: *cum pesant a.* Ma (*mult* pourrait bien être considéré comme 'difficilior');
448 *od mei* A = *ot moi* V n'est pas significatif, vu la présence de la tmèse *set...vels* qui agit comme facteur dynamique;
465 *kar* AV, encore une fois une cheville presque inévitable pour remplacer *mais*;
479 *si graimes* AV est probablement la bonne leçon;
484 (*Si grant dolur or m'est aparude* L) *Ma lunge atente a grant duel m'est revenue* A: *Ma longe atende a grant dul m'est venue* V; il s'agit bien d'une faute commune par anticipation du v.443, par surcroît en régime de double rédaction, cf. ci-dessus;

ajoute quelques remarques fort pénétrantes: «Mais le plus significatif est ce mystérieux *mune* de 107d, qu'il faut accoupler au *munere* de V. J'aurais d'autres remarques à faire, notamment sur des particularités verbales isolant A et V, sur la faute commune du vers 97c, etc.».

[53] Il s'agit en plus de la dernière occurrence d'une séquence ternaire de -*asses* à l'assonance.

499 (*e bel* L) *mult bien* A: *mult bin* V (pour le moins indifférent);
501 *ne faites* A: *ne faides* V: la formule est répétée dans V au v.531.

En guise de conclusion, on constate que les seuls indices valables paraissent les v.436, 484 et 501, qui relèvent sans aucun doute d'un projet commun, visant à renforcer la cohésion du texte à l'intérieur de la seconde partie du poème.

5.3. Les relations entre les témoins. – De la discussion menée par Contini il faut surtout retenir deux arguments: 1) «l'albero è dunque a tre rami: L, A, PSM»; 2) par rapport au point de vue de Lausberg, «la consistenza di errori comuni ad AVPSM non appare sufficientemente provata»[54].

Il convient d'observer que la tripartition du stemma est surtout affirmée par voie de négation, dans la mesure où elle repose sur une apparente absence de fautes communes à LA, ainsi que sur le manque d'indices suffisants pour relier AV à PSM[55].

Nous croyons avoir démontré que L doit être considéré comme un manuscrit-réceptacle, ce qui, du point de vue de la constitution d'un stemma, implique qu'il a puisé à plusieurs sources différentes. Nous en revenons donc à une situation tout à fait habituelle dans la tradition des textes vernaculaires.

Ceci dit, nous croyons qu'il existe un certain nombre de recodifications communes à A et PSM[56]; il s'agit, en général, de

---

[54] Contini 1986:104; cf. Id., p.92: «rimane un albero a tre rami...e che V non s'accordi mai con A e PS insieme, mostra abbastanza che questi testimoni non vanno...riuniti».

[55] Contini lui-même admet d'ailleurs la possibilité, ne serait-ce que sur un plan purement pratique, d'«una sincera incertezza fra albero in definitiva bipartito e in definitiva tripartito» (Contini 1986:85).

[56] C'est aussi l'opinion de Lausberg 1958:144 ss., bien qu'exprimée sur la base de preuves qui ne sont qu'en partie valables (le point de vue de Lausberg est partagé par Rohlfs 1968:xvi, note 1). Dans le relevé qui suit, on n'indique que la leçon de A, lorsque les autres manuscrits la partagent ou en tout cas remontent à elle. En présence d'un facteur dynamique, le commutateur est le même sauf indication contraire.

réactions non-polygénétiques à des phénomènes sériels, où la présence de la bonne leçon est normalement assurée par L: cf. 22 *Que enfant n'orent*; 23, refus de *E* exclamatif (avec *apelent* → *en apelent*) en début de vers; 30 *sur la* → *selunc* ('praesentia' de L+Mb); 84 *Mais ce (jeo* PS*) ne sai*[57]. Si l'on accepte l'ordre de L comme 'difficilior', il faut encore ajouter les inversions des v.404-5 et 414-5.

Parmi les variantes indifférentes («adiafore») qui séparent L et APSM, il convient de signaler les oppositions dans le domaine des temps verbaux: 30 *metent:mirent,* 48 *l'espuset:l'espusa,* 94 *dunet:dunad,* 227 *guardrat:g(u)ardast*[58].

Réactions communes à A et PS en l'absence de M: 73 *dunt il l'ot espusee* (la formule n'est pas à sa place, cf. ad v.); 83 refus de *a certes*; 128 *graim* → *dolent*; 148 *i ai* → *ai fait*; 166 *aturné*; 172 *en cest (enz el* P) *mustier*; 195 *Andreit* → *Tut dreit*[59]. Mais, si notre analyse est correcte, l'innovation sans doute la plus importante partagée par APS est la réfection de la str. 21.

Enfin, A présente un nombre non négligeable de recodifications qu'il partage avec P, cf. 59 *si grant,* 89 *El num de la virge(ne),* 156 *altre estre,* 211 *vai errant,* en outre 170 *fai venir* (qui crée avec la strophe suivante une relation de 'coblas capfinidas'). S'y ajoutent les commutateurs 231 *Cil* et 374 *ne dedenz ne esguarde* (pourvu que L, avec *Dunc* et *ne il* respectivement, garde la bonne leçon). Aux v.375, 443, 459 les deux manuscrits résolvent de la même manière les problèmes entraînés par des facteurs syntaxiques[60].

---

[57] La coïncidence n'est guère significative aux v.46 (*adaisement* → *asemblement*) et 68 (réduction de *ices*), pas plus qu'aux v.112 et 322 (recodification de *multes* et de *helberc*).

[58] La tendance, dans les manuscrits autres que L, à proposer le parf. au lieu du prés. est considérée comme une dégradation du point de vue de la langue et du style par Lausberg 1955:308, 319. En tout cas Contini regarde ces oppositions comme «un prolongement de la critique des formes» (Contini 1986:80, 82, 86).

[59] La coïncidence des commutateurs n'est guère significative aux v.41 (*de mult halt*) et 43 (*mais* → *plus*); cf. aussi 65 *fust*.

[60] Par contre, 64 *mustra* et 80 *duner* sont à considérer pour l'instant comme des variantes indifférentes (mais pour *duner* cf. ci-dessous, note 71).

Deux recodifications d'un certain poids sont communes à A et S, à savoir 240 *de quele cuntree* et 498 *Endementiers*[61]. S'y ajoutent 78 *entrei* et 193 *cuiderent* communes à ASM, alors que P rejoint L[62].

Quant au ms. P, il convient de préciser d'abord que le nombre de banalisations communes à L paraît bien exigu: ni 61 *tut sul* (pourvu que *amdui* AS soit la bonne leçon), ni 62 *a(d)apeler* ne sauraient être considérées comme significatives; plus important, par contre, 250 *Plus aimet,* d'autant que le vers présente la même hypométrie dans les deux manuscrits.

Un petit nombre d'hypermétries suite au cumul des variantes de L d'une part, et d'A(S) d'autre part, peuvent être considérées comme autant d'indices de contamination[63], cf. 83 *Dunc en issi fors* P (cf. 74 *ist fors* AP); 247 *Iloc le paist l'um* P (cf. *La le p.* AS); 426 *Ki dunt lui veïst* (cf. *Ki la veïst* A).

D'autres indices sont indépendants du décompte des syllabes. Au v.99 *Tant en reçut dunt sun cors pot garir* P, le verbe *reçut* rejoint A alors que l'inf. *garir* n'est partagé que par L. Au v.472 *en loins esgardé* P est intermédiaire entre L et AV[64].

Il est encore possible que les hypermétries de P aux v.81 (*ceo fu une cité mult bele*) et 142 (*Ne jamés leëce,* AS ayant respectivement omis *ceo fu* et *Ne*) reflètent la situation du sub-archétype. Celui-ci (sinon l'archétype lui-même) serait encore identifiable au v.131 *pur quei te* (graphie hypermètre; L omet le pron.).

Recodifications communes à PS en l'absence de M: 31 *Baptisiés fu*; 32 refus de *lui* proclitique ainsi que de *süef*; 102 *qui sole fu (en est) remese*; 246 *une nate*; 444 *creature*. La proximité de PS est encore tout à fait évidente aux v. 156, 159, 192, 206, 224, auxquels s'ajoutent les cas de convergence 152 *Garderai*

---

[61] Plus ardu, par contre, de se prononcer sur 115 *Nel recunerent.*
[62] Selon Contini 1986:90, «les accords AS sont de loin plus nombreux que les accords AP. On en conclut que S avait deux modèles sous ses yeux, dont le principal était du type P, l'autre du type A».
[63] C'était déjà le sentiment de Sckommodau 1954:178.
[64] Aux v.456-7 PV ont en commun la scission *vedisse* → *eüsse...veïsse.*

tei: Servirai toi, 182 *la novele: la noise.* Lorsque P participe de la bonne leçon, S est proche de M, cf. v.70 (*Ma*), 226, 228; cf. aussi 108, dans MS référé soit au père (S), soit à la mère (M).

Le groupement PSM est confirmé par 10 *vait remanant* → *va(it) morant* PSMb (ce dernier présente aussi *remanant*)[65]. On rappelle cependant que les strophes 111-2 signalent un changement de modèle, dans la mesure où l'insertion des miracles caractérise les mss SM par rapport à P.

Dans la str. 21 à double assonance dans L, celui-ci semble avoir puisé les deux premiers vers en *è-e* à une source proche de A (avec lequel il partage le refus de l'hémistiche *sole [ert] remese*), mais antérieure à la régularisation de l'assonance, telle qu'elle est témoignée par APS(M).

Plusieurs indices attestent que le ms. A est contaminé, ce que Lausberg avait vu avec lucidité sur la base des doubles rédactions des str. 48-49 et 97[66]. Voici à ce propos l'analyse de Contini 1986:89-90: «le v.244 s'accorde d'abord avec L (*Danz Alexis*), ensuite avec PS (*Il les esguarde sil...*). De même pour les deux variantes de la str. 97: le v.483 s'accorde d'abord avec L (*amai*), ensuite avec P (*ai chier*), tandis que le v.484 s'accorde d'abord avec LP, ensuite avec V. Enfin, A présente deux variantes du v.488, l'une à sa place et l'autre à la place du v.490: or la première s'accorde avec L (*gent*), la deuxième avec V (*terre*)».

L'analyse de Contini inclut la str.98, dans laquelle A présente deux variantes du v.488, l'une à sa place (*Ja tute gent ne me seussent esgarder*) et l'autre à la place du v.490 (*Ja tute terre ne m'en fesist turner*: on rappelle que le vers remplacé porte *costumé* à l'assonance, soit un mot 'difficilior'): la première de ces deux variantes est proche de L (*Ja tute gent ne m'en sousent turner,* pourtant *guardét* est à l'assonance dans LP au v.490), alors que la deuxième correspond à V (*Trestote terre ne m'en sore turneir*).

---

[65] Cf. encore 186 *que hum* P, *c'om/c'on* M.
[66] Cf. Lausberg 1958:142, note 4, qui cite encore la double variante du v.488 ainsi qu'un certain nombre de corrections dans le manuscrit.

Ajoutons que dans un petit nombre de cas le ms. A présente, par rapport à L, une glose à proximité de la variante partagée par ce dernier (l'un des deux termes remplaçant une leçon 'vide'): 47-48 *isnelement: gentement* (=L), 138 *guarniment:...:aürnement* (=L), 448-9 *ensemble od mei...seveals* (=L). Cf. aussi 465, où ce manuscrit cumule *mais* (=L) à *car*, variante qu'il partage avec V; 480, avec *Mais* commun à LAP (pourvu que *Ore* V soit originel)[67].

Quant au ms. V, on a déjà précisé qu'il partage avec A des indices (v.436, 501) attestant un projet commun de révision du texte dans la seconde partie. Dans ce cadre, la proximité de A et V est encore assurée aux v.476-7. En effet, ces deux manuscrits accentuent les liens entre 476 et 501, cf. 476 *Sire Alexis* AV (commun à S), la triade AVS étant confirmée au v.477 par le commutateur *dolente*[68].

La source commune à AV est encore manifeste dans *li sers Deu* avant le début de la str.39 ainsi que dans 164 *pur or ne pur argent,* l'une et l'autre variantes de A, à rapprocher respectivement de *ser Deu* et *l'or ne l'argent,* variantes de V situées avant le v.530 (en particulier *famulus Dei* caractérise la Vie espagnole).

L'allocution à la 2e pers. à la str. 125, qui ne saurait être expliquée par des raisons purement mécaniques (cf. ad v.599), suffirait à elle seule à démontrer l'autonomie de la rédaction transmise par le ms. V. Reste à ajouter qu'aux v.444, 448, 456-8, dans des passages faisant tous l'objet d'une diffraction, le ms. V rejoint tous les témoins autres que L[69]. En régime de variantes plus ou moins indifférentes, V tantôt rejoint LS (426 *Chi dunt li vit*), tantôt, et plus souvent, tous les témoins autres que L (429, 430, 447, 459).

---

[67] Le rajout en interligne *Mais ce ne sai <jo>* au v.84 est peut-être aussi significatif.

[68] Au v.469 *Tantai atendu* V est intermédiaire entre *Tant t'atendi* A et *T'ai atendu* PM, *Atendu t'ai* S.

[69] Il confirme toutefois son conservatisme, en gardant avec L les mots 444 *malfeüe* et 503 *a nostre us*.

Pour autant qu'elle soit correcte, notre reconstitution prévoit aux v.552-3 une interversion des mots en assonance qu'il faut considérer comme une faute commune à LV, du moins en ce qui concerne le modèle auquel ils ont puisé le récit des miracles. L'origine commune de la faute est d'ailleurs confirmée par la cheville *ne* avant *nuls*, attestée au v.553 tant dans L que dans V. Ce changement de modèle, de A à L, dans le récit des miracles, est l'une des preuves du processus de stratification qui caractérise la composition de StAl; on rappelle que dans la même partie du poème, une scission parallèle se produit entre P et SM.

5.4. L'archétype. – Contini 1986:88 s'attache à démontrer l'existence de l'archétype sur la base d'un certain nombre d'indices: 1) v.475, absent dans A ainsi que dans PSM, alors que le second hémistiche diverge dans L et dans V, sans donner un sens satisfaisant ni dans un cas ni dans l'autre; 2) v.469 avec une hypermétrie originaire; 3) plusieurs exemples d'hypométrie, pour lesquels «il n'y a plus que l'embarras du choix», cf. p.ex. 249.

En fait, au v.475 la leçon de L est la bonne (cf. ad v.), alors qu'au v.469 la situation ne permet pas, à notre avis, de remonter avec certitude à une hypermétrie originaire; quant aux exemples d'hypométrie, ils portent essentiellement sur des diffractions dont il est difficile d'évaluer la portée dans une perspective lachmannienne. Ceci dit, nous sommes d'accord que l'archétype peut être atteint, quoique sur des bases différentes.

Au v.465 il faut rétablir *mais* 'puisque' en début de second hémistiche; par ailleurs c'est la str. 93 tout entière qui, déplacée par rapport aux sources, témoigne à elle seule de l'existence d'une rédaction antérieure à celle transmise par la tradition manuscrite.

Quant à la présence de doubles rédactions, Contini lui-même, après avoir fourni les preuves de l'existence d'un archétype, s'empresse de préciser que «tale archetipo non era tuttavia univoco dal rispetto redazionale», c'est-à-dire, qu'il contenait des exemples de variantes en concurrence. Au seuil même de l'édition de notre texte, essayons de regrouper encore une fois les indices repérés au cours de notre analyse:

1) les deux assonances mixtes conservées dans L aux str.21 et 51 remontent, en tant qu'archaïsmes, à une version proche de Md, donc externe aux témoins disponibles. Les assonances ont été régularisées par la suite respectivement dans APS (str.21) et dans LPS (str.51);

2) le ms. A renferme un certain nombre de doubles rédactions faisant état d'un texte encore fluide, où l'on reconnaît des traces de versions plus anciennes, proches tantôt de Ct, tantôt de Md (cf. str.39, 48-49, 62-72);

3) le ms.V présente également des exemples de doubles rédactions, dont deux remontent à la même source que A (97d et 106d), alors que deux autres relèvent d'une tradition proche à L (str.91 par rapport à la str.96 dans la plainte de la mère; str.119 par rapport à la str.121 dans la conclusion);

4) des troubles affectant aussi bien la transmission que la position de 73c-e et 76c dans LPS, en coïncidence avec des lacunes dans A, témoignent une fois de plus d'un projet de remise en ordre du texte.

5.5. Recodifications et innovations. – Tandis que la plupart des variantes communes aux mss A-PSM sont envisageables comme des réactions à des facteurs dynamiques, dont la présence est normalement assurée par L, un autre groupe d'innovations communes, cette fois, à L-PSM[70] apparaît comme le résultat d'une révision, voire d'un véritable toilettage, en fonction d'un changement de goût qui porte aussi bien sur le style que sur la manière de concevoir certains aspects de l'œuvre hagiographique.

Dans la plupart des cas la supériorité de A ne fait pas de doute, alors que dans quelques passages[71] le choix s'avère plus difficile;

---

[70] C'est le problème qui n'a pas encore été abordé dans le chapitre précédent, et auquel nous avons à dessin réservé un traitement particulier.

[71] Dont 80 *duner* A=P: *mener* L (MS change; A, comme c'est le cas pour 144 *cinces*, est appuyé par P); 84 *cumbien il i volst estre* A: *cum longes i converset* L (=cett.); 101 *Or vus dirai* A → *Or revendrai* LP(=S). Cf. encore le texte de A aux v.187-8 *Certes, dist il, mei volez deporter;/Ci entre vus n'ai cure a*

certaines catégories semblent néanmoins se dégager avec une netteté suffisante pour permettre de dresser les grandes lignes de cette opération :

1) modifications concernant la syntaxe, et notamment l'emploi des pronoms et de quelques formes verbales. Impliquant une réorganisation d'ordre syntaxique qui dépasse le simple refus des pronoms en *i-*, la censure de 271 *<i>cist* rejoint les interventions analogues aux v.499 et 606. Une portée aussi bien morphologique que syntaxique revient au refus de *nen* aux v.150, 532. Les adaptations témoignées aux v.44-45 et 232 portent respectivement sur les temps verbaux et les formes modales ;

2) modifications dans le choix de certains mots aux v.144 (*curtines*), 197 (*arivet*), 250 (*Plus aimet*), 289 (*agravét*), 294 (*amuiét*) ;

3) modifications qui expriment un point de vue différent par rapport au traitement des motifs hagiographiques ainsi qu'à l'emploi du patrimoine formulaire (cf. v.296, 315, 323, 333, 476, 480, 534). Dans quelques-uns parmi ces exemples, que nous allons évoquer plus en détail, la bonne leçon de A est étayée par le témoignage de V.

Ainsi, au v.476 *de ta charn tendre e bele,* les manuscrits autres que AV remplacent le mot *charn* par *juvente,* proposant une formule épique de style typiquement 'rolandien'. Qu'il s'agisse d'un exemple patent de censure, c'est ce qui ressort de la comparaison avec le v.493 *Ne charnel (h)ume* A(=VPS), où l'innovation *Ne jamais hume* est limitée à L.

Un côté idéologique semble aussi présent dans le refus que LPS opposent à deux autres variantes de A, à savoir 315 *Kar veirement iluec le truverez* et 333 *Angeles l'enportent el ciel en pareys*. Dans un cas comme dans l'autre, où la variante employée en substitution peut être considérée comme 'facilior', on a le sentiment que la conservation de ces vers aurait entraîné des résistances chez les témoins qui représentent le reste de la tradition.

ester./De cel hunur ne volt estre encumbrét ainsi qu'au v.287 *Tresque al jur qu'il s'en deie aler.*

Au fur et à mesure que l'on s'approche de la partie finale du poème, où le témoignage de A fait défaut, la censure concerne notamment les nombreux latinismes, voire les locutions en tout cas 'difficiliores', gardées par V (490 *costumé*, 589 *seigles*, 606 *Sainz est icil*, auxquels il faut ajouter, dans le récit des miracles, 552 *clos*, 555 *repous,* 557 *vochié*). Quant à la réaction mise en place à chaque fois par les autres manuscrits, leur accord y est en général moins visible, dû au nombre réduit des témoignages ainsi qu'à leur dispersion[72]. Face à la 'couleur locale' de V, nourrie de latinismes assez lourds[73], cet idéal de révision non moins cohérent qu'élégant est d'autant mieux mis en valeur, que le témoignage des autres manuscrits se raréfie ou n'est souvent guère utilisable.

Par rapport à tous ces exemples, où la bonne leçon présente dans A(V) est recodifiée par le autres témoins d'une manière en général unanime (sauf, comme nous l'avons dit, dans la deuxième partie, où la consistance de la tradition s'atténue), il est par ailleurs significatif que, surtout dans la partie finale du poème (plaintes et funérailles), c'est L qui porte souvent à lui seul la responsabilité de ce toilettage, dont les grandes lignes ne coïncident pas moins avec celles que nous avons définies tout à l'heure.

Nous avons déjà vu qu'au v.476 le refus du subst. *charn* est partagé par tous les mss autres que AV, alors qu'au v.493 l'adj. *charnel* n'est corrigé que par L. Citons encore la répugnance que le ms.L manifeste au v.609 pour l'adj. *privee*. A d'autres endroits où la qualité de 'lectio singularis' ne saurait être mise en question, on reconnaît le responsable de L à certains choix non moins 'faciliores' que stylistiquement irréprochables, tels 502 *Que valt cist crit* (qui dégage une énumération ternaire), 503 *Chi chi se doilet* L (face à **Cui que seit duels* AV), 430 *Mult fust il dur,* ainsi qu'au recours toujours aussi adroit aux ressources du style

---

[72] De toute façon, les groupes LP (v.490, 606), LS (v.555), LPS (v.589) demeurent assez stables.

[73] Très conservateur, le ms. V (qui ne commence, répétons-le, qu'a la fin de la plainte prononcée par le père d'Alexis) est aussi le témoin fidèle, dans ce cadre d'ensemble, des outrances linguistiques et stylistiques qui caractérisent l'insertion des miracles.

formulaire, p.ex. 510 *li grant e li petit*, 529 *Mais ne puet estra* (qui témoigne à merveille de son effort de s'adapter au texte préexistant), peut-être aussi 429 *Sun mort amfant*. Sa sensibilité linguistique est encore visible dans la correction d'*adosas* en *avilas* (v.447), d'*espesse* (*espece*) en *miracles* (v.559).

Que L soit seul ou appuyé par PSM, il s'agit donc du même projet de réactualisation qui relève d'une perspective tantôt stylistique, tantôt idéologique: le responsable de L uniformise le style, élimine les archaïsmes trop voyants ainsi que les quelques termes qu'il estime trop crus, enchérissant au contraire sur l'emploi des formules épiques. S'y ajoute une tendance à transformer les allocutions directes en discours rapportés (cf. notamment v.599-600). Si notre analyse est correcte, nous sommes en présence d'un véritable remanieur professionnel, dont le style et le goût méritent bien notre appréciation[74].

Le paradoxe apparent est que dans le ms.L, où ce processus de révision est représenté d'un bout à l'autre, le goût pour l'amélioration du style s'accorde pleinement avec un véritable esprit d'antiquaire, voire un respect scrupuleux qui nous a valu, d'une part, la conservation de matériaux qui rémontent parfois au-delà de la version représentée par A, et d'autre part, la présence d'un grand nombre de facteurs dynamiques. C'est surtout grâce à L, si la plupart des diffractions de StAl peuvent être définies 'in praesentia'.

Une apparence doublement contradictoire se dégage donc de l'ensemble des données que nous avons réunies lors de la constitution du stemma: d'une part, c'est la coexistence des deux regroupements A-PSM et L-PSM, et d'autre part, le fait que les innovations propres de ce dernier, tout en relevant d'un projet de révision indéniablement unitaire, ne sont partagées qu'en partie par PSM: en effet, au-delà d'une frontière qui se situe à peu près à hauteur de la str.59 (l'une des soudures majeures dont l'analyse stratigraphique fait état), ces innovations sont de plus en plus limitées au seul témoignage de L.

---

[74] En l'occurrence, l'insertion de deux ou trois formules épiques semblerait même préfigurer un savoir faire destiné à faire ses preuves sur une plus grande échelle chez les responsables de S ou de M.

Au prix d'une généralisation qui ne saurait évidemment prendre en charge tous les détails, on peut d'abord affirmer qu'on a affaire à deux typologies bien différentes, voire opposées. Si l'accord de A avec PSM porte sur des réactions à des facteurs surtout métriques, prosodiques, morphologiques, l'accord de L avec PSM concerne en revanche des innovations qui ont trait au style, au choix des mots, aux figures syntaxiques et rhétoriques.

Cette différence n'est pas exempte d'implications méthodologiques. C'est finalement la diachronie de la langue, voire la résolution des facteurs dynamiques en tant que phénomène au niveau du 'code', qui s'oppose à la dimension du style (quand bien même ce terme ne serait à prendre que dans un sens tout à fait médiéval): les innovations qui relèvent d'un processus de récriture, dans la mesure où leur ensemble est interprétable comme un système, représentent en effet une sous-catégorie des variantes dites d'auteur.

Quant au problème de la distribution inégale des innovations dans le groupe L-PSM, nous croyons que son explication relève de l'histoire du texte, telle que nous l'avons esquissée dans ses phases principales, identifiables avec une Vie (= α) et une 'continuation' (= β). A l'intérieur de α = A(V)-PSM, les témoins 'périphériques' A et V sont tout naturellement titulaires d'un grand nombre d'archaïsmes et de leçons alternatives qui renvoient à une rédaction plus ancienne. La version attestée par le ms.P utilise également α dans sa rédaction 'courte' (la présence, ne serait-ce que partielle, de la str.109 est extrêmement significative à cet égard), sauf que P rejette la conclusion en quelque sorte provisoire de α, pour intégrer à son texte un exemplaire de β à son état 'pur', dans la mesure où il est dépourvu des trois strophes consacrées aux miracles.

La 'version bonifacienne' représentée par le ms.P témoigne on ne peut plus clairement d'un souci, typiquement hagiographique, de compléter le texte à sa disposition moyennant le rajout d'une 'translatio'. Mais il y a plus. Point satisfait non plus de la qualité stylistique et de l'esprit idéologique d'une biographie désormais vieillie, le remanieur s'est encore préoccupé de la mettre à jour d'après la version rajeunie concoctée par L. Autrement dit, la jonction constituée par α + β a, de surcroît, été renouvelée en ce qui concerne le texte de α[75], ne serait-ce que pour lui assurer une meilleure homogénéité par rapport à sa 'continuation'.

Tout en renfermant des traces évidentes de contamination, P (rappelons-le) est à ranger avec α, sauf qu'il s'est donné la peine de mettre à jour son texte du point de vue du style et du traitement hagiographique, en tirant profit de la révision menée à bout par le responsable de L. Ce modèle permet de résoudre la difficulté entraînée par la coexistence de deux regroupements apparemment contradictoires[76].

Par ailleurs, tous les indices semblent suggérer que β, c'est-à-dire la 'continuation', a dû circuler indépendamment de α sous forme de deux rédactions au moins, dont l'une utilisée par (A)V et P[77], l'autre par L[78]. Nous allons mieux expliquer, dans le paragraphe suivant, le haut degré d'autonomie qu'on est obligé de reconnaître à la 'continuation' aussi bien du point de vue géo-linguistique que sur la base de considérations relevant, en général, de ce qu'on appelle 'usus scribendi'. Le prestige qu'on devait attribuer à ce texte originaire du sud-est, aire clunisienne par excellence[79], explique suffisamment sa diffusion.

---

[75] C'est dans ce contexte qu'on pourra expliquer la présence des str. 51-52, 62, 84, 87, dont les deux dernières manifestement liées au processus d'épicisation progressive.

[76] Nous parlons évidemment de P comme du représentant le plus autorisé d'une famille qui comprend aussi SM.

[77] Cf. notamment les alternatives représentées par les str. 91 et 119; PM ont manifestement laissé tomber cette dernière, de même que les str. 123-4 (le début de 123 étant toutefois présent dans Ma).

[78] En dépit de la plus grande proximité graphique et formelle de L et P, la discussion des variantes ne fait pas moins état d'un accord entre V et PSM sur le fond. Le problème est compliqué, rappelons-le, par la présence des miracles, où une faute commune à V et L est un indice on ne peut plus manifeste de contamination.

[79] Il ne faut d'ailleurs pas oublier que, tout en renfermant des traits linguistiques dont l'authenticité est unanimement reconnue, le texte de V ne coïncide pas avec β, c'est-à-dire l'original de la 'continuation'.

5.6. Conclusions. – Nos conclusions confirment donc l'histoire du texte vernaculaire dans ses trois phases, telles que nous les avons esquissées à l'issue de notre analyse stratigraphique, compte tenu que α désigne la rédaction 'courte', la plus ancienne, constituée de la seule Vie (ce qui correspond grosso modo à ce qu'offre le ms. A)[80]; β désigne la 'continuation' qui ajoute au récit originel celui de la translation des reliques à l'église de saint-Boniface à Rome, cette 'version bonifacienne' étant représentée par le ms. P; on trouve enfin, dans les mss V, L, MS, un texte encore augmenté par l'insertion des miracles (str. 111-113).

La cohérence de ce processus d'élaboration, qu'on a pu retracer sur la base des différentes sources latines, trouve une confirmation exemplaire dans le cadre de l'hagiographie médiolatine, où la bipartition entre *vita* et *translatio*, ainsi que le rajout d'un récit consacré aux *miracula*, sont des pratiques bien connues.

Dans notre cas, c'est la 'version bonifacienne' qui offre la répartition définitive des matériaux tirés tantôt de la Vie latine plus ancienne, tantôt des Vies récentes, en vue d'adapter le texte primitif à une réalité nouvelle, voire l'implantation du culte de saint Alexis à Rome, dans l'église de saint-Boniface. Autrement dit, cette mouture correspond au remaniement de la plus ancienne version du texte, dont certains indices, sous forme d'alternatives pas encore résolues, restent surtout dans A mais parfois aussi dans les autres témoins.

Tant la réorganisation des plaintes (y compris le rajout de quelques strophes) que le développement du processus d'épicisation caractérisent cette version, dont la mise en place (signalée entre autres par la répercussion du mot-clé *gemme*) est surtout visible à partir de la str.59.

Certains indices dans le domaine formulaire (cf. ci-dessous, la note 112) montrent que, s'attelant à sa tâche, le responsable de

---

[80] La correspondance porte notamment sur l'étendue du texte, qui s'interrompt à la str.110; quant à la qualité de la 'varia lectio', elle est très inégale, la conservation d'archaïsmes n'allant pas sans la présence de nombreuses fautes et innovations. Autant dire que pour la reconstitution de ce texte primitif le concours des autres témoins, et notamment de L, est absolument indispensable.

la 'continuation' s'est efforcé de se situer dans le sillage de son prédecesseur, dont il a quelque peu caricaturé le goût pour les latinismes, quitte par ailleurs à l'imiter d'une façon parfois servile, découlant d'une interprétation mécanique du principe de l''imitatio sui'.

A la fin de ce processus, tous les matériaux ont vraisemblablement été recueillis quelque part dans la Basse-Normandie. Animé par un profond souci de complétude, celui que nous appellons le responsable de la version transmise dans L s'est donné la peine non seulement de remettre de l'ordre dans ses matériaux, tout en respectant les nombreux archaïsmes, mais aussi d'uniformiser, dans une certaine mesure, la rédaction du texte dans son ensemble. Ce processus de révision, dont la cohérence nous paraît identifiable avec une netteté suffisante, est présent dans son intégralité dans le seul ms.L; cependant, ainsi qu'on l'a vu, de nombreuses traces – concentrées pour la plupart avant la soudure de la str.59 – attestent que les témoins de l'autre famille en ont aussi tiré profit.

Au moment d'éditer le poème, nous nous proposons de situer juste avant le seuil de cette révision la ligne de démarcation entre le texte ciblé, et ce qui relève de la responsabilité de celui qu'on pourrait bien appeler le premier éditeur de StAl, avec le professionnalisme qui le caractérise[81]. En termes concrets, nous visons à rétablir notre texte dans l'état où il était juste avant de recevoir son toilettage, tel qu'il se reflète soit dans quelques farcitures plus récentes, imprimées en caractères plus petits, soit dans les variantes réunies dans l'apparat critique en bas de page. Entièrement basé sur L, cet apparat renferme essentiellement deux catégories d'innovations, les unes partagées par L et par les manuscrits autres que A(V)[82], les autres transmises par le seul ms. L.

---

[81] Donc quelques crans au-dessus du simple 'scriba doctus': Guiot, l'ancien éditeur de Chrétien, ou les responsables des chansonniers occitans A et C, ne se comportent guère d'une manière différente.

[82] Certaines d'entre elles auraient pu intégrer le texte en petits caractères, soit au même niveau que la str.62, soit en tant que possibles adaptations aux Vies plus récentes (cf. notamment v.289, 296, 323). Cela a été en effet le problème le plus délicat à résoudre. Si nous avons finalement décidé de les reléguer en

Le texte que nous éditons doit par ailleurs faire état des nombreux indices qui, présents dans l'archétype, remontent à une version plus ancienne. Egalement marqués par des caractères plus petits, ils reflètent une situation antérieure à celle du texte édité.

apparat, c'est pour les raisons suivantes: il est souvent ardu, voire impossible, de faire le tri entre ce qui relève du processus général de réactualisation et ce qui témoigne, au contraire, d'une réaction individuelle à une 'lectio difficilior'; pratiquement toutes ces variantes sont d'ailleurs à considérer comme 'faciliores'. Il s'agit finalement de tirer le meilleur parti possible du 'primitivisme' de A(V), le seul instrument qui nous permet de distinguer entre le scrupule antiquaire de L et sa tendance manifeste à l'uniformisation stylistique.

La langue de l'original

6.1. Compte tenu de la stratification de notre texte, il est recommandable de procéder à une analyse différentielle visant à mettre en évidence, d'une part, les traits distinctifs qui en assurent l'unité linguistique, et d'autre part, les éléments qui ne semblent propres qu'à certaines sections.

Nous faisons précéder notre analyse, basée sur les facteurs dynamiques et en général sur les isoglosses, par un relevé des informations linguistiques tirées des assonances ainsi que de la mesure du vers, d'après les descriptions qui ont été notamment fournies par Paris 1872 (qui en conclut, entre autres, à l'antériorité de StAl par rapport à la ChRol) et par Avalle 1963.

eret (v.17, 240, 376, 380) et *Deu* (v.88=90 etc.) assonent avec *e* < A.

A en syll. libre précédé de pal. assone avec -ARIUS, cf. str. 52 etc.[83]

Comme dans StLéger, A en syll. entravée et A+nasale appuyée forment deux séries distinctes, cf. str. 50, 75, 78, 90, 117 d'une part, et d'autre part, str. 2, 8, 23, 46, 55, 122[84].

La distinction entre *ai* et *ei* est maintenue à l'assonance. Il en est de même pour *-ent* (str. 5, 10, 28, 106 masc.; 91 fém.) et *-ant* etc. (str. 2, 8, 23, 46, 55 masc.; 122 fém.).

E bref en syll. libre (même suivi de nasale) assone avec lui-même ainsi qu'avec A en syll. libre précédé de palatale, cf. str. 11, 25, 36.

---

[83] 550 *regner* dans une strophe en *e* < A ne comporte aucune infraction à la loi de Bartsch, cf. Avalle 1963:96-7.

[84] C'est l'un des arguments sur lesquels Avalle 1963:103 s'appuie pour affirmer que StAl proviendrait d'une région voisinante avec le nord-est.

E bref en syll. entravée assone avec lui-même, cf. str. 70 (masc.) et 12, 17, 30, 41, 53, 84, 96, 99, 113-114, 116 (fém.).

O bref + nasale de HOMO assone avec O fermé (à la différence de StLéger et Pass., où le timbre reste ouvert), cf. *hom* aux v.216, 268, 359; *home* au v.197[85]. Cf. aussi 270 *funt* (< -AU-).

O fermé en syll. tant libre qu'entravée assone avec O fermé + nasale, cf. str. 44, 62, 66, 72 (syll. libre); 40, 60, 103 (syll. entravée)[86].

I+nasale n'est évidemment pas nasalisé (cf. str. 20, 45, 57, 71); U+nasale non plus (cf. v.534).

L'article masc. sing. *li* n'est jamais élidé sauf au v.307 (ce qui serait un indice de plus du fait que la str. 62 ne remonte guère à la couche primitive)[87]. Absence d'élision également dans le pron. *jo* (cf. ad v.148). Pour les nombreux phénomènes d'enclise concernant pronoms, articles et la copule *est*, cf. la liste dressée par Storey 1968:44-45.

La terminaison fém. analogique est garantie à l'assonance dans 454 *dolente*, cf. aussi 610 *grande*, voy. ad v. (mais 14=533 *grant* est assuré par le décompte des syllabes)[88].

La flexion des imparisyllabiques (*cons:conpta, hom:home, emfes:amfant, emperere:empereor, sire:seignor* etc.) est soigneusement observée tant au sing. qu'au pl.[89].

Pour l'alternance *ere(t)/ert* à l'impf. cf. ci-dessus, p.110[90]. A remarquer 495 *serve*, 1ʳᵉ pers. du prés. ind. à l'assonance.

---

[85] Chez PhThaon *om* ne rime qu'avec lui-même, sauf un ou deux cas, dont *Comput* 727 *achaisun:l'um* (Walberg 1900:xlvii).

[86] Par contre, O fermé en syll. libre (p.ex. 2 *amur*) n'assone jamais avec O fermé en syll. entravée, cf. Avalle 1963:134-6.

[87] Au v.566 *l'um*, l'authenticité de l'article n'est pas garantie. L'alternance *li om/l'om* est la règle chez PhThaon (Walberg 1900:xxxvi).

[88] L'alternance entre fém. analogiques et étymologiques est la norme dans StBrendan, cf. Waters 1928:clxv-clxvi.

[89] Cf. le relevé complet dans Avalle 1963:109-110 (343 *l'ume* est à corriger; 262=416 *poverte* et 204=564 *poeste* [par rapport à 572 *podestét*] remontent à des formes latines analogiques).

[90] Même alternance dans StBrendan, cf. Waters 1928:clxxiii s.

6.2. En ce qui concerne la totalité du poème, l'analyse des facteurs dynamiques a déjà permis de recueillir un certain nombre d'archaïsmes que StAl, et notamment le ms. L, partage avec les textes les plus anciens en langue d'oïl, dont *neül* (Serments, Eulalie [*niule*], Jonas [*niuls*], Pass. 176)[91], *pur hoc* (Eulalie; StLéger 64, 147; Pass. 337; Jonas)[92], les subj. prés. *eret* et *aiet*[93], le plus-que-parf. *firet*[94]. S'y ajoutent les exemples de pronom employé à la place de la variante atone ainsi que la dégradation (typique de L, mais attestée aussi dans A et V) de *i-* dans pronoms et adverbes.

Pour la cohésion de notre texte plaident enfin quelques cas exemplaires, dont 75=189 *Ensur<e>* L par rapport à 596 *Desur<e>* L, *Cum sore* V; 40 *acatet* et 623 *acat*, l'un et l'autre dans L; enfin le refus de l'interjection *E,* constant d'un bout à l'autre du texte et répandu dans toute la tradition.

Dans le domaine plus général de la 'lectio difficilior', on signale d'abord IPSE à valeur aussi bien d'article, 17 *de·s melz* (sing., auquel il faudrait sans doute ajouter 179 *de·s regne*), que de pronom, 437 *Sempre·s regret<e>*[95]: cf. StLéger et Pass. *eps, epsa*[96];

---

[91] A propos de la forme *neüls* < NEC-ULLUS, déjà adoptée par G. Paris au v.553, Contini 1986:124 rappelle que, même dans L, ce type est minoritaire par rapport à *nul(s)*: en effet, *neül(s)* n'est attesté dans ce manuscrit qu'aux v.138 et 325; au reste, mis à part les v.552-4 (voy. notre commentaire), notre texte ne prévoit *n<e>üle* qu'au v.606 (sur la base du ms. V), probablement aussi *n<e>üls* au v.273, alors que *nul(s)* (v.3, 95, 272-3, 520) et *nule* (180, 235, 238, 260, 342, 483, 556) prédominent partout ailleurs.

[92] Attestée par le seul ms. L aux v.15 et 206, cette locution est conservée au v. 542 dans L et A, ce qui constitue un indice en faveur de l'authenticité de la str. 109.

[93] Cf. Pass. 66 *eren*, 430 *era* (:*fidel)*, 455 *erent* (cf. 456 *seran*); 200 *aiet*.

[94] Parmi les exemples offerts dans les textes les plus anciens, on signale Pass. 372 *fisdret* (:*aucise)*, sur la base duquel les éditeurs ont uniformisé, peut-être à tort, 188 *fedre* (étayé par 420 *forsmedre)*.

[95] Moins sûr 265 *is* (tiré de *neïs* S; cf. par ailleurs 510 *nes/nis* en une seule syllabe), pour lequel FEW cite GirRouss 121.

[96] StLéger 56 *Ciel eps*, 80 *in eps cel di* (peut-être aussi 86 *a lui·s tramist*, où l'on pourrait également voir IPSOS); Pass. 10 *per eps los nostres*, 35 *eps lo morz*, 116 *per epsa mort*, 417=423 *en eps cel di*, 502 *Contra nos eps*, en outre 453 *per es mund* (cf. 485 *per tot ces mund)*, 500 *Per tot es mund.*

es (XIIe-XIIIe s. et GirRouss, cf. ad v.17)[97]. S'y ajoute **medis* exigé par l'assonance au v.284, cf. *medips* dans l'*Alexandre* d'Alberic, v.103.

Pour la préposition *a* < APUD, attestée dans L 151 *a mei,* 341 *a lui,* 489 *Qu'a tei ansemble* (les autres manuscrits la remplacent par *o, od*), cf. *ab* dans StLéger 22, 74, 238 (alterne avec *ob*); Pass. 260, 300, 427-8, 504[98].

A remarquer encore les types *empur* (219, 405, 408); 16, 245 *(is)si* 'ainsi' et 38=565 *(a) en avant* (l'un et l'autre dans StLéger); 50=290 *de tut an tut* (GuillBrit, PhThaon, mais aussi Erec 6033, Graal 2275); 65 *mais* 'puisque', qu'il faut encore réintégrer, selon toute probabilité, au v.465, où il constitue une preuve d'archétype, témoignant en tout cas d'une rédaction plus ancienne par rapport à celles qui nous sont parvenues[99].

Un certain nombre de facteurs dynamiques ont été conservés par le seul ms. L dans la section initiale du poème: 41 *(h)alt,* 46 *adaisement,* 60 *mult* et 112 *multes,* 125 *firet,* 136 *despeiret,* 140 *cel di* (StLéger 15, 80), 176 *costre,* 229 *as me,* 278 *angreget*; s'y ajoute *andreit* (v. 193, 195, 211, 231) en tant qu'isoglosse commune à des textes aussi éloignés que StBrendan (v.1135) et GirRouss[100].

Au v.203, enfin, il faut rétablir *este* d'accord avec le ms. P: pour *ist* (Serments et Gormont), *este* (RomTroie) cf. F.-K., p.326; GirRouss O 247 *est*; StCath *est, esta* (Naudeau 1982:80).

6.3. La plupart des archaïsmes mentionnés ci-dessus ont été recodifiés dans le ms. A, dont la censure s'exerce notamment sur les catégories suivantes:

---

[97] Connu (à partir de Boeci 498) en anc. pr., où il agit également comme facteur dynamique.

[98] Par contre *avoc* est employé comme adv. (v.208).

[99] Peut-être que *mais* doit aussi être interprété de la même manière au v.157. Parmi ces exemples d'archaïsmes il faudra encore ranger 419=438 *quer* (cf. ad v.).

[100] Cf. O 856 et 956, où il agit comme facteur dynamique. Dans ce cadre, il convient de noter encore les types 250, 483 *mielz amer* (A) ainsi que 352 *esmeriz* (L).

IPSE, *neül* (v.138 et 325), le pron.-suj. dans l'impér. (335 *tu nus i fai* → *kar nus fai*)[101], l'emploi du pron. tonique au lieu de l'atone[102] (souvent au prix de changements assez radicaux, cf. v.32, 373 et 495); s'y ajoute le refus du pron-suj. postposé au verbe[103] et, en général, la régularisation de la syntaxe de la phrase;

prépositions et adverbes: 15 et 206 *pur hoc (huec)*; 30 *sur la cristïentét*; 33 *puis* 'depuis que' et 404 id. 'depuis'; 37 *mais que,* 65 *mais* 'puisque', 43 et 187 id. 'davantage; plus longtemps'; 74 et 76 *dunc;* 75 *ensur nuit;* 146 et 486 *jus;* 210 et 471 *tanz jurz;* 208 *avoc;* cf. encore *a(d)* < APUD[104], *andreit, empur*. S'y ajoute le refus concernant *E* exclamatif et le *i-* des pronoms et des adverbes[105], ainsi que la fréquente censure de *dunc* au sens temporel;

quelques formules très caractéristiques: 24 *E! reis celeste* (cf. pourtant v.335), 81 *ço fut cité* (cf. ad v.), 140 *puis cel di* → *puis icel jur,* 213 *N'altra pur altre mais* → *Que vus dirrai el,* 244 *le met el consirrer* → *les veit suvent pasmer.*

Dans les catégories citées ci-dessus le ms. A se montre donc plutôt innovateur, et ceci malgré les exemples de conservation qu'on a signalés, auxquels il faut encore ajouter la tendance à maintenir certains traits morphologiques, dont *(i)ert* (cf. v.17, 65, 196, 373). Ce manuscrit conserve encore des hiatus aux v.334, 445, peut-être aussi 91.

6.4. On a déjà vu que la version du type A révèle des soudures manifestes à hauteur des str.68-70, dont la jonction dans le manuscrit entraîne des assonances *ié:é* et *é:è*; s'y ajoute le cumul des str. 62+72, ce qui donne lieu à une strophe qui s'étend sur neuf vers. C'est l'endroit où le récit du serviteur enchaîne,

---

[101] On ajoutera, bien que dans la partie finale du poème, certaines formes verbales, dont 382 *il fut* → *s'en alad,* 525 *ermes* → *serrum.*

[102] A l'exception de 60 *que tei en perde,* recodifié dans cett.

[103] A l'exception de 49 (APSM) et 535 (AV).

[104] A corrige toujours *a* → *od* (cf. 151, 387, 448, en outre 489, où V porte également *o tei*).

[105] Pourtant conservé de façon exclusive aux v.381 et 499, et avec d'autres témoins aux v.202 (AP), 268 (APS, alors que L sacrifie *i-* au bénéfice de *giens*).

dans la Vie espagnole, avec la mention des autorités; celles-ci sont précisées dans Ct d'une manière assez abrupte, ce qui correspond justement à la façon dont les choses se passent dans le ms. A. Il faut rappeler par ailleurs que les variantes de A les plus importantes et les plus nombreuses par rapport à L commencent déjà aux alentours de la str. 59 (les trois voix tombant du ciel, la mention des empereurs, etc.).

En tant que représentant d'une mouture plus ancienne de StAl, le ms. A conserve un certain nombre d'archaïsmes qui ont été recodifiés dans L, et nommément 62 *aparler*, 197 *avint* (cf. 506), 294 *aünez* (dont la conservation a sans doute été assurée par le biais d'une interprétion 'facilior'), 305 *encloe*, 534 *mune*, 547 *saner* (cf. 82 *sainement* L)[106]; cf. aussi la fonction modale remplie par *deveir* (v.232, 287: voy. ad v.77) et *voleir* (v.84)[107].

En d'autres cas, la tendance à recodifier une 'lectio difficilior' ne suffit pas à expliquer l'intervention de L, qui semble plutôt motivée par des considérations de style (cf. ci-dessus, p.128 ss.).

6.5. La stratigraphie de notre poème fait état de deux soudures majeures, dont la première porte sur l'épisode des empereurs, alors que l'autre correspond au récit de la translation. Les données stratigraphiques et linguistiques se recoupent avec d'autant plus de précision, qu'à partir de la str. 59 trois catégories de traits distinctifs se profilent avec netteté dans la tradition manuscrite:

1) isoglosses méridionales: 370 *grarir*, 398 *consireres*, 468 *demurere* ainsi que 464 *s'en sazit* dans L; 488-490 *sore* et *oure* dans V[108], sans doute aussi 534 *mune(re)* dans AV (mais cf. ad

---

[106] Auxquels il faudra sans doute ajouter 16 *issi*, 58 *que tute rien terreste,* 368 *Lai*.

[107] Au v.295, il est difficile de décider entre *deit* A et *volt* L(=P).

[108] Ces formes à valeur d'irréel sont incluses par Moignet 1959:58-9 dans une liste comprenant encore Pass. 151 *fura*, Gormont 631 *dev(e)ret*, RomThèbes 8557 *dure* 'j'aurais dû' (éd. Constant, ms. S; les autres manuscrits ont *deüsse* = éd. Raynaud de Lage, v.8121). Burger 1998b:375, note 12, cite *fura* et deux occurrences dans RomThèbes, dont la deuxième se trouve au v.1730 *dure* 'il aurait dû' (ms. C, éd. Raynaud de Lage).

v.); s'y ajoute 486 *jo·soüsse* qu'on est amené à rétablir en régime de diffraction;

2) latinismes et écarts lexicaux plus ou moins sensibles, dont 364 *jugedor* (-1)[109], 500=570 *felix*, 524 *la main menude*, 554 *malendus* dans L; 294 *aünez* et 305 *encloe* dans A; 490 *costumé* (cf. 499 *custumerent* L) et 569 *aaptement* dans V[110];

3) latinismes brutaux propres de V, que L (comme on l'a vu) se fait un devoir de recodifier: 555 *repous*, 590 *akeser*, sans doute aussi 485 *contres*. Il est aisé de constater que ces derniers se concentrent dans ce qu'on appelle la véritable 'continuation', qui débute par les strophes consacrées aux miracles[111].

On rappelle que du point de vue textuel et rhétorique, la soudure avec la 'continuation' est marquée par le retour circulaire de *gemme* aux v.378 et 577 (la lacune de 378 dans A étant sans doute significative) ainsi que par l'opposition établie dans LV entre 568 *danz Alexis* et 598 *saint Alexis*. D'autres liens sont assurés moyennant les anaphores 521=561 *ampirie*, 500=570 *Felix* (qui dans V correspondent à *secle/seigle* et *Riches* respectivement).

Dans le domaine formulaire, la 'continuation' est caractérisée par un taux de répétition très élevé, ainsi que les nombreux exemples d'écho le démontrent[112]. On a vu par ailleurs que les mss (A)V témoignent d'un effort visant à rehausser la cohésion du texte, en particulier moyennant des anaphores qui n'ont pas de correspondance dans L[113].

---

[109] Le latinisme *judigedor*, pour autant qu'il faille le rétablir au v.364, ne pourrait être comparé qu'avec *judicar* (Pass. 471).

[110] On ajoutera deux-trois exemples de *ne<ü>l(e)* dans LV, ainsi que deux ocurrences dans V de *tute terre* en fonction pronominale.

[111] Dans une intervention en appendice à l'article d'Hermann, Wilmotte 1940 a valorisé le premier ces hapax du ms. V.

[112] Dont 558 *Alquant...aquant*, 564 *Alques...e le plus*, 584 *Alquant...li pluisur* (cf. 317 *Alquanz;* le modèle dans Pass.); 579=597 *Voillent o nun* (alors que *En sus se trahent* dans V, écho du v.578, défait la liaison formulaire); 591 *Or n'estot dire*, 610 *Ne vus sai dirre*. L'hémistiche 580 *mais altre ne puet estra* se rattache aux v. 156, 492, 529.

[113] Particulière au ms. A, l'anaphore 304=319 *A tut le pople* semble renvoyer à la même technique.

6.6. Les sondages menés dans le domaine de la langue permettent de distinguer avec davantage de précision entre les différentes couches stratifiées.

Le noyau originaire, dont l'étendue correspond pour l'essentiel au texte de A, présente une langue archaïque, très caractérisée au point de vue formulaire, ainsi que le démontrent les nombreuses correspondances avec la langue littéraire propre aux textes les plus anciens rédigés tant en oïl qu'en oc. En général, on a affaire à des catégories moins linguistiques que culturelles, dont beaucoup sont communes tantôt aux poèmes de Clermont (cf. notamment les types *ert/eret, es* < IPSE, *mais* 'puisque'; 50=290 *De tut an tut,* 125 *firet,* 203 *este,* 284 **medis,* 294 *aünez*), tantôt au GirRouss (les types *andreit* et 213 *n'altra pur altre mais,* ainsi que nombre de lexèmes)[114]. Conservé par L uniquement[115], 41 *(h)alt*[116] se trouve dans GirRouss et Joufrois, mais il est également attesté dans les Serm. poit[117]. Bien des éléments compris dans ces deux catégories se retrouvent par ailleurs dans des textes contemporains ou postérieurs du Nord de la France. Quant à 144 *cinces* (rejeté par L), cette isoglosse présente sans aucun doute une distribution typiquement septentrionale.

Le diagnostic est beaucoup plus sûr pour la 'continuation', dans la mesure où la localisation sud-orientale de *sore* et *oure,* conservés dans V aux v.488-490, fait l'unanimité auprès des spécialistes. En effet, alors qu'un plus-que-parfait comme 125 *firet* est bien attesté à l'époque la plus ancienne de la langue d'oïl, les mêmes formes à valeur d'irréel sont presque exclusivement

---

[114] Dont p.ex. *aigrevar, alienes terres, puis aquel dis, pauberin.*

[115] Le cas de 391 *A halte* ou *En halte* n'est guère comparable, dû à la présence d'une consonne (ne serait-ce que virtuelle).

[116] Cf. Pope 1973:§ 28 et 54. Ce trait a été dûment relevé par Lausberg 1955:317; 1958:145, qui le considère comme un provençalisme ayant affaire au proto-Roland, de même que 599 *aiet* (cf. ad v., ainsi que Lausberg 1956:58; 1958:179); il parle expressément de «französisch-provenzalischen Interferenzsphäre der frühfranzösischen Dichtersprache».

[117] La forme archaïque *alter* (v.169), à la rime dans StBrendan 1083, a une distribution tout à fait comparable, outre qu'assez caractéristique pour notre texte, dans la mesure où elle est attestée dans 1) ChRol; 2) PhThaon (cf. Walberg 1900:lv), StThom; 3) Joufrois, Serm. poit.

localisables au sud-est et au sud de la France[118]. Ce dossier peut être étoffé par d'autres variantes en quelque sorte méconnues ou négligées jusqu'à présent, dont l'enclise 486 *Se jo·soüsse* garantie par la diffraction, ainsi que deux facteurs dynamiques restés dans L, à savoir 463 *s'en sazit* et 370 *grarir*; à ce dernier il faut encore ajouter, dans le même manuscrit, deux occurrences purement graphiques, mais tout de même importantes, de -T- > -r-, à savoir 398 *consireres*, 468 *demurere*.

Ces données relatives à L soulèvent un problème très délicat concernant le rapport entre la langue de ce manuscrit et la langue de l'original. Aucun doute que le poème, tel qu'il se présente dans la rédaction 'complète' transmise par L, a été parachevé dans un milieu anglo-normand, ou du moins septentrional (cf. ci-dessous). C'est au responsable de cette rédaction que remontent les farcitures les plus récentes[119].

Par ailleurs, la fidélité et la tolérance linguistique dont L fait preuve s'expliquent en partie, croyons-nous, par des faits bien connus de convergence entre le sud-est et l'ouest de la France. C'est le cas notamment de l'enclise de *vos*, qui agit comme facteur dynamique dans la tradition de GirRouss, mais qui se retrouve aussi p.ex. dans Béroul[120]. Il en résulte que la distinction entre L et l'original est, comme nous le disions, d'autant plus délicate. Ainsi, le monosyllabe négatif *g(i)ens* employé deux

---

[118] Quant à 534 *mune(re),* dont la localisation franco-provençale ne fait pas de doute chez Stimm et Burger, on ne saurait exclure pour autant la possibilité d'un latinisme, vu que ce terme recouvre dans l'hagiographie une véritable fonction technique (cf. ad v.). Le fait qu'il soit aussi conservé dans A, conjugué à la fréquence des latinismes dans la partie finale du StAl, ne rend cette hypothèse que plus probable.

[119] S'y ajoute un certain degré de parenté entre la langue de L d'une part, et d'autre part, celle de Benedeit et de Philippe de Thaon (ainsi que d'autres auteurs de la même aire, dont l'*Estoire des Engleis* de Gaimar): déjà entrevue par G. Paris, cette affinité a notamment été soulignée (quoique avec une approximation excessive) par Legge 1967.

[120] Cf. v.230, 4252. D'intéressants parallèles sont possibles entre le vocabulaire de StAl et celui de Béroul, cf. 3578 *a* 'avec', 1786 *aaisement*, 490 *abiter* 'approcher', 4321 *belement* 'doucement', 1197 *convers* 'commerce amoureux', 3520 *de bone main* 'de condition noble, de haute naissance'.

fois par L doit être attribué au copiste[121], alors qu'au v.370, *grarir* L prime vraisemblablement sur *goïr* A, qui en représente la 'traduction' septentrionale.

De toute façon, les quelques données linguistiques disponibles semblent corroborer l'hypothèse, qui a été formulée à plusieurs reprises à partir de M.D. Legge, que l'assemblage de StAl est à situer dans la Basse-Normandie[122]. Valable pour le texte de L dans son intégrité (à l'exception, bien sûr, des innovations et des rajouts qui ont été effectués dans un milieu anglo-normand), cette conclusion doit en tout cas tenir compte de la complexe stratification du poème. Ainsi, la 'continuation' garde sans aucun doute d'évidentes traces sud-orientales, mais la str. 93, déplacée par rapport aux sources et présentant une erreur d'archétype au vers final, témoigne à elle seule de l'existence d'une rédaction antérieure[123].

---

[121] Malgré l'avis de Contini, *que gens* au v.92 est bien une innovation, de même que *giens* au v.268, qui détruit l'hiatus originaire.

[122] Par contre, on ne peut pas accepter dans son intégralité le parallèle qu'elle propose (Legge 1967:48) avec la langue de StBrendan, s'appuyant sur une interprétation forcée du diagnostic émis par l'éditeur de ce texte; celui-ci dit précisément: «The fact that the rares words *enenz, cisler,* ans *loreür* tally with Prov. *enins, cisclar,* and *laurador* respectively does not prove that the author of the *Brendan* had any direct connexion with the South of France» (Waters 1928:clxxxiv). Il est tout de même curieux que Waters ait pu signaler dans le vocabulaire de StBrendan un mot pour lequel il ne trouvait d'autre correspondance que dans les dialectes suisses modernes (Id. ad v.1278 *debarder*: cf. pourtant FEW I,263-6 s.v. *barrum*; DEC s.v. *esbardellar-se*). La nouvelle édition de Ian Short & Brian Merrilees, *Benedeit, The Anglo-Norman Voyage of St Brendan,* Manchester University Press, 1979 n'apporte aucun élément nouveau à la connaissance de la langue du poème.

[123] Les résultats de notre sondage ne permettent guère, pour l'instant, davantage de précisions. On rappelle que, sur la base de quelques formes de subj. imparf. présentes dans V ou proposées à titre de reconstruction, Contini 1986:112 reprend dubitativement l'hypothèse d'«un eventuale archetipo in largo senso 'vallone'» (cette localisation étant également attribuée à V). D'un point de vue plus général, Avalle 1963:136 situe StLéger et StAl au nord-est (Austrasie), Pass. et ChRol au sud-ouest (Neustrie). En ce qui nous concerne, les résultats de notre analyse sembleraient plutôt appuyer l'hypothèse d'un original situé dans l'ouest (donc à peu près dans la même région où la version transmise dans L a été rassemblée).

6.7. A l'exception de 534 *mune*, les traits linguistiques utilisés pour la localisation du noyau originaire du poème se trouvent tous avant le début de la 'continuation' (v.551); par ailleurs, aucun d'entre eux ne se trouve dans l'une ou l'autre des strophes ou des lignes susceptibles d'avoir été rajoutées après (vv.254-5 ainsi que les str. 84, 87, 108).

En particulier, 254 *musgode* (cf. *mugot* SMa, *estui* P) est une isoglosse dont l'origine se situe à l'extrême Nord de la France[124]. La présence de *musgode* confirme donc la conclusion, déjà tirée à la suite de l'analyse formelle, que la str. 51 a été complétée quelque part entre Haute-Normandie et Picardie. Cette isoglosse fournit par ailleurs un précieux point de repère pour d'autres données qui renvoient à la même aire, en premier lieu l'allomorphe 536 **ledice,* forme particulière à L, garantie par l'assonance dans la str. 108, et attestée encore dans le Psautier d'Oxford. Sur la base de la documentation disponible (PhMousket et GuillBrit) on peut ajouter 434 *avoglie*, à l'assonance dans l'une des strophes absentes dans A (str. 87), sans qu'on puisse compter par ailleurs sur le témoignage de V[125].

6.8. La langue de L. – Par l'analyse de la str.51 nous avons déjà dépassé la ligne de démarcation entre ce qui est originel (tout en tenant compte du sens plurivoque qu'il faut donner à ce terme) et ce qui doit être rangé parmi les interpolations. Voyons d'abord les autres informations qu'on peut tirer de l'assonance et

---

[124] Pour la diffusion de ce mot, FEW s.v. **musgauda* (germ.) distingue nettement quatre régions de la France: 1) en plus du ms. L de StAl, le type *musgode* n'est attesté qu'en Haute-Normandie et dans un petit coin voisin de la Picardie («Die dem ursprünglichen Typus in normaler lautlicher Entw. entsprechende Form ist nur noch in der nördlichsten Normandie und in einem kleinen, daran anschliessenden Teil des Pik. erhalten»); 2) seul le deuxième élément de ce mot-composé (type *gô*) vit en Wallonie orientale ainsi qu'en Lorraine; 3) le mot fait défaut en Bourgogne, Champagne méridionale, Franche-Comté; 4) partout ailleurs il est représenté comme *migoe, migot* etc. (d'où, p.ex., le verbe *mijoter*).

[125] Cf. encore, dans la str. 84, v.419 *herberge* (calqué sur v.251 *herberc*, l'un et l'autre faisant l'objet d'une recodification dans les manuscrits autres que L) et surtout l'hypométrie du v.418.

du décompte des syllabes, dans la mesure où ceux-ci s'écartent de l'original. L'identité insulaire du ms. L n'étant plus à démontrer[126], nous faisons suivre un rappel des autres traits graphiques et linguistiques de ce manuscrit, qui sont pour la plupart propres à l'aire anglo-normande.

a) Dans le domaine de la métrique, 155 *Tu de tun seinur, jol frai pur mun filz* est un parfait exemple de scansion 5+5, comme il y en a beaucoup dans le ms. A; quant à *frai*, cf. 523 *largas* qui suppose également une réduction de *feruns* qui précède[127]. Un exemple de scansion 5'+5 est fourni par 368 *Dune li la cartre, par tüe mercit*; cf. aussi v.456[128].

Au v.185, la dégradation *ai<e>t* → *ait* est compensée par la graphie *de els*. Les autres cas d'hypométrie apparente conséquents à la chute d'un *e* relèvent presque tous de phénomènes sériels[129], le seul cas difficile à expliquer étant 418 *ki toen doüst estra* dans une strophe rajoutée[130].

Dans 488 *sousent* et 490 *ousse* (qui remplacent des formes en *-re*) on a réduction de la diphtongue, comme c'est la règle dans StBrendan (parf. et subj. imparf. des verbes forts)[131]; cf. aussi

---

[126] Cf. la description de Storey 1968 (non exempte de quelques naïvetés) ainsi que les études de Waters 1928, Avalle 1963 et Mölk 1977.

[127] Dans StBrendan, la présence du type *fras* etc. dans l'original est garantie par le décompte des syllabes (Waters 1928:xlvii, clxxiv). Fréquentes dans le *Tristan* de Thomas, *St. Laurent* et d'autres textes anglo-normands, les formes *frai, frat, frunt* se trouvent aussi dans le *Bestiaire* de PhThaon à plusieurs endroits, «mais n'appartiennent pas à l'original» (Walberg 1900:lxxix).

[128] Abstraction faite du ms. A, il faut signaler que le ms. P présente aussi quelques cas de scansion 5'+5, à savoir 182 *Et[e]vous la novele par tot le païs*, 467 *Es vos la pucele k'il out esposee*, peut-être aussi 486 *Se jeo vos seüsse <la> sos le degré*.

[129] Cf. ci-dessus, p.253, et notamment les trois occurrences du p.p. *aparude* (v.409, 484, 533); s'y ajoutent 250 *tut* (apparemment au lieu de *trestut* AS). Dans 298 *Si depreient* l'omission concerne *lui*.

[130] L'atone finale entrerait-elle dans le décompte syllabique? Paris 1872:190 avait d'abord supposé dans *toen* l'effet d'une distraction, changeant d'avis par la suite.

[131] Cf. Waters 1928:xlviii, clii, clxxvii. Quelques synérèses sont également à signaler dans P, cf. 404 *fussiez* (contre la norme observée par le copiste), 415 *enpereor*, 426 *veist*, 481 *Ohi*.

420 *servit* [< *sire*] *en dousses estra*. Au v.217, *tue* ne compte que pour une syllabe.

A remarquer l'élision de *si* (adv.) devant voyelle aux v.450 et 608.

Au v.201, un *sire* hypermétrique a été remplacé par *reis* au-dessus de la ligne[132]. Dans la tmèse du v.143, si nous avons bien vu, on a un exemple de redoublement graphique (*dis-...de-*), ce qui confirmerait le savoir faire du responsable de cette version.

b) Dans le domaine des assonances on relèvera les faits suivants:

590 *atarger* suppose une infraction à la loi de Bartsch;

314-5: la terminaison étymologique *-eiz* dans une laisse en *é* < A;

584 *lermes* dans une laisse en *-a-*[133];

534 *bailide*, qui remplace *mune(re)*, entraîne une assonance *u:i*, cf. Pope 1973:§ 1142. Ce type de rime est connu de PhThaon, cf. *Cumpoz* 191-2 *lune:embolisme*; il est au contraire absent chez Benedeit, dont la langue ignore la palatalisation de *u*[134];

L'assonance *-i-: -ie-* à la str. 51 a été interprétée soit comme /íe/[135] soit comme /i/ (à condition d'introduire *-ir* dans *engraisser:mainger*, ce qui correspondrait à un trait picard ou wallon, cf. Pope 1973:488, § vii, ainsi qu'Avalle 1963:99). De toute façon, notre manuscrit propose encore deux cas de mélange *e:i,* à savoir 172 *gret* et 536 *ledece* dans des strophes assonant en *-i*[136].

L'assonance mixte masc. et fém. à la str.21 est à considérer plutôt comme un exemple de soudure mécanique (cf. aussi 284 *medisme* < **medis*).

---

[132] Cf. Pope 1973:§ 1135. Les autres cas d'hypermétrie s'expliquent tous par des raisons mécaniques, cf. 392 *a-presentét*; 525 *uncore* (à la place d'un adv. 'difficilior'); 546 *Ki fait ad pechét*, où *fait* change le p.p. en subst.

[133] La forme *lermes* se trouve déjà dans StBrendan, v.895-6 *termes:lermes*.

[134] Bibl. chez Walberg 1900:xlvi-xlvii (avec la remarque que *u:i* ne se trouve pas dans le *Bestiaire* du même auteur); Waters 1928:cl-cli.

[135] Rohlfs arrive jusqu'à rétablir la diphtongue dans *vint:sustint*, après quoi il remplace *pourins* par la 'facilior' *provendiers* (S).

[136] Des troubles tout à fait comparables ont été signalés dans P[2] par Fawtier-Jones 1930:84.

Enfin, 267 *linçol* (avec graphie anglo-normande, cf. Pope 1973:§ 1156) ne fait qu'une assonance pour l'œil avec /ón/; de même 305 *anglutet* avec -*ò*-[137].

---

[137] Un nivellement analogue se trouve déjà dans StLéger 115-6 *morz:toit* (< TUCTI, que les éditeurs changent en *tost*), cf. Perugi 1994:87, note 61.

Critères d'édition

7.1. Choix du manuscrit de base. – La qualité de manuscrit-réceptacle qu'il faut reconnaître à L; les contaminations qui caractérisent P et A; les nombreux facteurs dynamiques dont la présence est assurée non seulement grâce au témoignage de L, mais encore à celui de A et de V; la coexistence, dans A et dans V, de rédactions en concurrence; le nombre de variantes témoignant d'un état du texte plus ancien, à côté d'autres qui relèvent de la rédaction 'définitive', ce qui implique moins une alternance qu'une succession diachronique; la présence de rajouts tardifs, sinon franchement apocryphes: voilà un résumé des traits marquants qui définissent la tradition manuscrite de StAl.

Sur le fond, on se propose donc de mettre en évidence, avec autant de précision que possible, le parcours accompli par le texte à partir de la rédaction plus ancienne jusqu'à la mise en ordre définitive. On rappelle que le processus d'élaboration concerne aussi bien la distribution des strophes que l'intégration de certaines parties, en particulier le remaniement et l'élargissement de la conclusion, axée désormais sur l'enterrement dans l'église de St.-Boniface ainsi que sur les miracles accomplis par le corps saint.

La nature éminemment stratifiée du texte rend obligatoire le choix de L comme manuscrit de base, dans la mesure où celui-ci reflète la dernière étape du processus d'élaboration. Par ailleurs, L doit être considéré comme 'le meilleur manuscrit' non pas dans le sens bédiérien du terme, mais parce qu'il est assurément le dépositaire du plus grand nombre de facteurs dynamiques. Ajoutons que la proximité linguistique entre L et A facilite la plupart des opérations de greffe qui se rendent nécessaires à l'établissement du texte critique.

C'est donc l'ensemble des matériaux réunis dans L que nous visons à reproduire, sur la base d'un manuscrit non seulement dépuré des quelques fautes serviles, mais aussi rétabli, pour autant qu'il soit possible, dans son état antérieur à l'uniformisation qui lui a été imposée. En plus, nous nous proposons de mettre en évidence les différentes étapes du processus d'agrégation, telles qu'elles ressortent des soudures qui ont pu être détectées.

Le mot 'uniformisation' ne se réfère bien entendu qu'aux variantes de fond, le système graphique et linguistique de L constituant par ailleurs un excellent compromis entre homogénéité formelle et attitude conservatrice, voire homéopatique, vis-à-vis de l'original. Ces paramètres ne sont, il est vrai, tout aussi valables pour la 'continuation', où les innovations de L, et donc les greffes, deviennent plus nombreuses. On aurait pu, à la rigueur, adopter une solution mixte, en utilisant V comme base pour la partie finale. Or cette solution nous a paru peu opportune pour plusieurs raisons: d'abord, l'excentricité qui caractérise ce manuscrit dans la forme; ensuite, le fait qu'il ne coïncide pas non plus avec l'original (même à ne s'en tenir qu'à la 'continuation'); enfin, la nécessité de garder l'équilibre par rapport à A, tout aussi caractérisé par un mélange d'archaïsmes et d'innovations, et reflétant en tout cas une structure par trop fluide et provisoire pour pouvoir fonctionner comme base.

On a finalement voulu respecter l'esprit d'une édition remarquable, celle que le responsable de L a menée à bien, sans arriver à le suivre pour autant à chaque fois qu'il nous semble avoir introduit des innovations par rapport aux modèles tour à tour utilisés. Tout en impliquant une volonté de respect vis-à-vis d'un monument historique, ce procédé (comme c'est toujours le cas dans une édition critique) est bien entendu le résultat d'une représentation ou hypothèse, visant à rendre compte des éléments d'un processus ainsi que des relations que ceux-ci entretiennent réciproquement.

Voyons les conséquences qui en découlent au niveau pratique. Pour les variantes diachroniques, il n'est évidemment pas question de choix; une fois identifiées, elles ont été marquées en ayant recours soit aux retraits de ligne, soit à un format plus petit, selon les critères spécifiés au début du texte critique. Quant aux innovations de L qu'on a cru pouvoir identifier, elles ont été remplacées par les variantes (en général, de A et/ou de V; plus rarement de P) censées conserver le texte originel. A l'exception des quelques fautes purement mécaniques, et des variantes en tout cas irrecevables (qui ont dûment été enregistrées dans l'apparat critique en appendice), toutes les lignes de L qui ont été modifiées ne serait-ce qu'en partie, peuvent se lire en entier dans un apparat spécialement conçu en bas de page. Cette procédure permet de saisir au cas par cas les interventions que nous avons cru pouvoir identifier par rapport à l'original, ou plutôt aux originaux, réunis dans L. Comme nous avons respecté la spécificité graphique et formelle du manuscrit de base, il suffit de réintégrer au texte ces variantes en bas de page pour obtenir une édition, autant que se peut critique, du texte de L.

7.2. Transcription. – Après le relevé exhaustif de F.-K. dans l'apparat de leur édition diplomatique, les traits distinctifs qui définissent le comportement du copiste de L ont été dernièrement résumés par Storey 1968:26-28[138].

A l'exemple de Rohlfs 1968, on évite de noter les cas où le copiste a eu recours à un double ou simple accent superposé (le cas le plus fréquent concerne *c* initial)[139]. La ponctuation et l'emploi de l'apostrophe correspondent évidemment aux critères modernes.

---

[138] Les remarques faites par Mölk 1977:301 à l'édition diplomatique de F.-K. ainsi qu'à la description codicologique de Storey portent sur des détails qui n'entrent pas en ligne de compte dans la présente édition critique (cf. la note suiv.).

[139] Le graphème est surtout employé pour les formes *co, ico*, mais cf. aussi 228 *í out, ico, io* (passim), ainsi que les subst. *lincol* et *cartre*; l'alternance *u/ú* < UBI auquel s'ajoute 493 *húme* (Storey 1968:39-40; Rohlfs 1968:xix, qui rappelle la présence de quelques cas de double accent dans le ms. V; ceux-ci ont été étudiés par Rajna 1929:53-58). Ces 'apices', dont l'emploi est attesté dès les IXe/Xe s., ne concernent que les voyelles dans les manuscrits occitans (Boeci, Evangile de Jean, documents), alors que dans les manuscrits anglo-normands ils sont utilisés aussi bien pour les voyelles que pour les consonnes (pour l'emploi qui en est fait dans le ms. A, avec des modalités sensiblement analogues à celles qu'on trouve dans L, cf. Waters 1928:xi). «Oft ist jedoch

Toutes les variantes de forme ont été scrupuleusement respectées, y compris celles que les éditeurs précédents (à l'exception bien entendu de Storey) ont considérées comme choquantes ou peu convenables du point de vue pédagogique[140]. On attire notamment l'attention sur les critères suivants:

Graphies qui ont une incidence sur le décompte des syllabes:

a) On a gardé les -*e* surnuméraires par rapport à la mesure du vers, tout en les signalant par un point au-dessous de la voyelle, dans les cas suivants: 3 *ore* (cf. *or* APS); 140 *Unches* et *ne se contint*; 360 *Ne te*; 387 *derumpet*; 393 *faite* (cf. *fait* APSMa); 453 *Ja te*; 491 *Ore* (cf. *Or* S); cf. aussi 456 *que tei*. Quant à 131 *pur quei <te>* (=AP), il semble bien remonter à l'archétype[141].

D'une manière analogue, le point au-dessous de la consonne est utilisé pour signaler les célèbres liaisons hypercorrectes aux v.107 *qued est* (cf. *que est* AP, *qu'est mes fiex* S) et 360 *net uncore* (cf. *ne uncore* A, *n'encor* P). A remarquer encore la synalèphe 145 *ad aturnede* (cf. v.400), qui contredit la pratique observée au v.50.

Aucun signe diacritique n'a été utilisé pour les proparoxytones graphiques 87 *imagine*, 88=607 *angeles*, 89 *virgine*, 609 *anames*.

unklar, ob die Akzente auf einem oder auf benachbarten Buchstaben stehen» (bibl. chez Mölk 1977:300-1, qui signale la présence d'un certain nombre d'imprécisions chez F.-K. et Storey 1968:46-47, proposant par ailleurs une rapide comparaison, à l'intérieur du ms. L, entre StAl et la traduction du passage de saint Grégoire, où les 'apices' sont également employés).

[140] En particulier, Rohlfs pratique dans son édition un «Mittelweg» basé sur un certain nombre d'adaptations graphiques: il rétablit notamment les diphtongues *ie* et *oe* (à partir de *e* et de *o*); ramène *ai* et *e* à *ei* (E fermé) ainsi que l'art. *le* à *la*; change *c* en *ch*, *co* en *ço*, *chi* en *qui*.

[141] Cf. encore v.400, 535. P présente aussi de nombreux cas de -*e* asyllabique, cf. *ore* (v.110, 150, 279, 477, 491), *n'iere* (v.135, 455), *le* (v.227, 247, 336), *ne te* (v. 360, 395), *ne se* (v.384), *cumme* (v.468, 478, 482); cf. encore 273 *sace*, 368 *Done*, 488 *home* (cas-suj.), 491 *sire*, 517 *mie*. A remarquer aussi 141 *serez* (au lieu d'*estras*) et 576 *setime* (proparoxytone graphique).

b) On n'a pas marqué l'élision dans 60 *Se or,* 357 *sei an* (cf. *sei a* A, *s'a* S), 462 *Aidiez mei a plaindra*; on l'a par contre introduite dans 185 *de els* (rétablissement purement graphique de la mesure du vers).

c) Les seules lacunes dans le manuscrit sont aux v.255 (intégré à l'aide de PS), 274-5 (intégrés à l'aide de AP), 349 (intégré à l'aide de APS), 473 (intégré à l'aide de AP)[142].

D'autres intégrations concernent la chute de *e* atone: 68 *parfit<e> amor*; 155 *f<e>rai* (=P); 185 *ai<e>t*; 253 *pov<e>rins*; 369 *trov<e>rat* (=P); 437 *regret<e>* (=APS); 533 *apar<e>üde* (=V), cf. 409 et 484; 553 *Ensur<e>* (=cett.); 556 *nul<e> amfermetét*; 567 *un<e> eglise*[143]; 596 *Desur<e>* et 615 *Ensor<e> tut* (cf. V); 601 *popl<e> e* (= cett.).

368 *par <la> tue* (=APS) s'explique par une compensation justifiée dans le cadre de la métrique insulaire. 559 *deus <de>mustrét* est un cas typique d'haplographie. Dans 570 *le le* il s'agit du phénomène opposé; cf. aussi la séquence 321 *cil kil nel.* Tout à fait isolé le cas de 397 *andurede* (= *-es* A), cf. ad v. Notons enfin 449 *<re>confortasses* (=APS).

d) Pour la distinction entre *e* + cons., *ed* + voc., soigneusement pratiquée par le copiste, cf. Lausberg 1955:211, 289-290, 318. Pour les distinctions équivalentes *ou/u* < UBI, *ne/net* cf. Id. 1955:290-1.

e) Nous avons corrigé les cas de *-n* au lieu de *-m,* à savoir *nen* aux v.188 (cf. *ne me* P), 209 (cf. *ne me* A), 210 (cf. *ne me* AP); de même 390 *tun* (cf. *tu me* P, *si me* S), 470 *tun* (cf. *tum* V).

Nous avons encore noté des possibles phénomènes phono-syntaxiques dans 151 *di·la* (=*dit la,* cf. Avalle 1963:131), 111 *se·meilurs,* 287 *Ne·reconuissent,* 444 *Por quei·portai* (mais cf. 131), 458 *Quant jo·vid ned,* et – qui plus importe du point de vue linguistique – 486 *Se jo·soüsse.*

---

[142] La lettre initiale du v.16 a été omise par le rubricateur.
[143] Cf. StBrendan 1463 *un aigue.*

Graphies propres du ms. L (nous ne signalons que les principales déviations par rapport à la norme standard):

1. Graphies 'parasites': 119 *receut* (cf. ad v.), 522 *querreuns* (cf. cett.), 542 *oneurét*; *-p-* dans 42 *conpta* et *ciptét* (v.42, 86, 189 par rapport au type majoritaire *citét*).

A > *e* en syll. libre, même précédé de yod (sauf 462 *aidiez*, 476 *kiers*; cf. aussi les graphies 121 *anterciét*, 318 *nuncier*); à remarquer 105=167 *citiét* (*-d*) par hypercorrection, en outre quelques occurrences de *ei*, cf. 137 *despeiret*, 243 *eil*, auxquelles il faudrait sans doute ajouter 26 *prieirent* (cf. ad v.).

A + pal.: à remarquer les réductions: 47 *fare* (cf. 45 *faire*) et, d'autre part, 584 *lermes* (qui défait l'assonance, cf. par ailleurs 595 *lairmes*), 267 *egua*. Typiques les échanges, en position tonique ou atone, *ai* > *ei* (291 *sameine*, 393 *malveise*, 403 *paleis*, 494 *servirei*; 357 *ureisuns*) et, inversement, *ei* > *ai* (136 *plaine*, 10 *ampairét*): on rappelle que la distinction entre les deux diphtongues est maintenue à l'assonance.

E bref en syll. libre est représenté soit par *e* (*-quer-*, *melz*, 9 *velz*, 355=371 *tent*, 266=572 *tenent*, 357=513 *venent*) soit par *ie* (*bien*, *ciel*, 548 *briés*, 132=417 *ies*, 60 *criem*, 66 *tien*); cf. encore *g(i)ens*, *s(i)ecle*, *(i)ert*, *(i)erc*. A remarquer l'opposition *liez:lede*. Devant y: *muster*, *volent(i)ers*; *pri*, *priet*, *prient/preient*, *deprient/depreient*. En syll. fermée on notera 161=572 *seat* < SEPTEM, qui est un graphème anglo-normand bien connu (Pope 1973:§ 1212; Mölk 1977:293).

E fermé en syll. libre est représenté en général par *ei*, mais on trouve aussi *e* et *ai*, p.ex. *me*, *te* (outre le métaplasme *aver*, cf. ci-dessous) vs. 463=477 *mai*. Probable réduction 160 *poet* (-1) < *poeit[144]. En syll. entravée on notera 182 *esample* < -EM-, hap. dans notre manuscrit[145].

---

[144] Cf. StBrendan 55 *voldret* dans le manuscrit de base, *voldreit* dans cett. (il s'agit d'un plus-que-parf. selon Waters 1928:lxxi, clxxvii).

[145] Cf. Waters 1928:cxxxix.

O bref en syll. libre (absent à l'assonance, sauf devant nasale et dans 267 *linçol*) est représenté par *o* et par *oe/ue*, cf. *estot, dol~duel, bon~boen, iloc~iloec, pot~poet~puet*; occurrences isolées: 154 *doel*, 247 *iluec*, 418 *toen*, 573 *estuet*[146].

Devant pal., la graphie normale est *ui*, mais cf. 72 *pois* < POSTEIS, 312=550 *poiss*-. A remarquer par ailleurs 570 *liu* (cf. 133 *leu*).

O fermé en syll. libre est représenté soit par *o* soit surtout par *u* (*amor* trois fois et *amur* cinq fois, *onor* deux fois et *(h)onur* six fois, etc.); hap. 361 *pechethuor*. Dans la conjugaison de *duner* et *plurer* on remarquera, en tant qu'exceptions, 25 *done*, 518 *donét*, 563 *plorent*. Parmi les monosyllabes, on signale les alternances *ton/tun, son/sun, sor/sur, ou~o~u/ú* (< UBI); *tut* l'emporte sur *tot*; 448 *sole*, 505=622 *nos*, 483 *vos*, 593 *lor*, 223=444 *por*, 246 *soz* sont des formes isolées par rapport à *sul, nus, vus, lur, pur, suz*. Devant nasale+y, cf. *duinst* et 233 *bosuinz*, 269 *parduinst*, 348 *puing*.

2. Les graphies *en/an* oscillent en protonie (*en* préposition 27 fois, *an* 24 fois; 219 *empur*/408 *anpur*, etc.)[147]. Il en est de même pour *o/u* (94 *trover*/127 *truver*, *(h)onur*- vs. *enor-/honor-*). Dans la représentation des prétoniques, à remarquer encore 291 *sameine*, 460 *domoret*.

Ainsi que dans Serm., Eul., StLéger, -*a* est fréquemment employé comme terminaison tantôt féminine tantôt (par hypercorrection) masculine, p.ex. *pedra* < PATER sept fois et *pedre* 21 fois, *pulcela* six fois et *pulcele* trois fois (cf. la table dressée par Storey 1968:42; en outre Avalle 1963:108, qui considère la graphie -*a* comme originaire du modèle de L)[148]. La même oscillation

---

[146] Pour les problèmes d'interprétation posés par les formes verbales du type *vol/volt* cf. Lausberg 1955:297-8; Dembowski 1966 signale notamment les occurrences aux v.95, 234, 277.

[147] Cet échange est bien attesté dans StBrendan, cf. Waters 1928:149.

[148] Cette graphie est attestée en Angleterre (psautiers de Canterbury et d'Oxford) ainsi que sur le continent jusqu'à une date assez récente, cf. Mölk 1977:293 (avec bibl.).

à l'intérieur du mot, cf. 47 *gentement*/48 *belament*, etc. A remarquer le fut. 152 *guardarai* (*-er-* AP) en syllabe intertonique.

Isolées les graphies 135 *nu l'ert* [de même que 355 *na li*], 612 *homo*.

3. L'occlusive gutturale est représentée par *k, ch, q(u)*, cf. les alternances entre *ki, qui* et *chi* (on rappelle que la graphie *qui = cui* agit comme facteur dynamique).

Devant voyelle palatale alternent *c/ch* (*pecét* et *pechét*, *unces* et *unches*; cf. 14 *rices*, 425 *cet* < CADIT corrigé ensuite en *chet* par le copiste), parfois *k/ch* (*cher* cinq fois, *k(i)er* trois fois); à la sonore, alternent *i/g* (*ietent* et *getent*), *g* étant la règle devant A (*goi, goius, sergant*).

L'occlusive dentale latine entre voyelles est représentée dans toutes les étapes de son évolution, cf. p.ex. *vide* et *vithe, pe(d)re, me(d)re, lodet* et *lothet*[149]. Très significatifs les trois cas de *-r-*, à savoir 370 *grarir*, 398 *consireres*, 468 *demurere*. Final de mot: *ad/at, fud/fut* (cf. *od/ot* < APUD).

Dans *-nt* la dentale a tendance à tomber, cf. 29 *sain batesma*, 66 *tien*, 300 *Ki l'un oïd*, 347 *sain home*, 346 *dum* (=*dunt*)[150]; 28 *bont* par hypercorrection.

La fricative dentale est indifféremment représentée par *(s)s*, cf. *laisas* et *laissent, ei(s)sit, dous(s)es*; on signale cependant trois cas de *z*, à savoir 31 *baptizét*, 464 *sazit*, 552 *palazinus*. Devant consonne on signale 470 *eguarede*, isolé face à 134 *esguarethe* etc.

Exemples de consonnes géminées: *desirr-, consirr-* et 610 *dirre* (mais *dire* partout ailleurs).

Pour les liquides la règle est représentée par *vailant, muiler* (cf. pourtant 39 *moyler*) ainsi que par *seinor/seignor* (mais 522=561 *seniur*). On signale l'alternance entre *am-, em-* et *an-, en-*, cf. p.ex. 278 *anfermetét* et 487=556 *am-*.

---

[149] Pour la diffusion de ces graphies dans les manuscrits anglo-normands cf. Waters 1928:clviii. Formes isolées: 249 *mere*, 601 *pere*.

[150] Un ex. dans A: v.292 *vin*. Lausberg 1955:293 cite StLéger 82 *mul ben*.

4. Les principaux phénomènes morphologiques sont signalés dans le commentaire. Ici on se borne à rappeler les quelques occurrences de l'art. masc. *lu* (ad v.345) et fém. *le* (ad v.221). L'art. masc. *le* remplit souvent la fonction de suj. sing.

Le cas-suj. sing. n'est pas marqué dans les thèmes fém. en consonne (seule exception: 460 *fins*). Par ailleurs, nous n'allons pas insister sur les infractions plus ou moins apparentes à la flexion bicasuelle, dont 2 *feit*, 5 *tel*, 10 *tut bien*, 128 *graim*, 343 *l'ume*, 348 *serf* (# 123 *sers*), 502 *cist crit*. Pour la flexion du déterminatif devant le subst. cf. 13 *un sire*/33 *li bons pedre*, 135 *tun pedre* (postposé), 206 *mun pedre* (cf. *mis pere* A). En principe, le part. n'est pas accordé, cf. 8 *ert...vailant*, 10 *(e)st ampairét*, 34 *fut guarnit*.

Notable le pron-suj. 239 *els* ainsi que le poss. 414 *tis pedre*; 43 *lui* est employé au fém. (Pope 1973:§ 1250).

Dans la morphologie verbale[151], outre la terminaison archaïque *-eiz* dans l'ind. prés. et fut. (v.314-5, 548)[152], on relèvera les subj. prés. 39 *prenget,* 134 *alge,* 554 *alget,* 505=622 *tolget,* 297 *quergent,* 539 *tengent* (cf. Moignet 1959:15, qui cite encore StLéger 120 *ralgent*). Pour 312 *anseinet* cf. ad v. A remarquer encore 135=455 *(i)erc*, dans la mesure où *-c* est affixé à un futur (cf. ad v.), en outre 220 *soi*, 616 *esmes*, 9=323 *vat*, 143 *ahust* (par rapport à *sui, sumes, vait, oüs-,* formes employées d'habitude). Pour 66 *oz* cf. Pope 1973:476, § 1302. Typique le métaplasme 91=95 *aver.*

Dans le domaine de la négation, outre 93=268 *g(i)ens*, on notera l'emploi assez fréquent de *nen*; cf. aussi 597 *non*, 579 *nun*, 135 *nu*.

---

[151] En plus des cas signalés au §1, l'apophonie verbale est encore observée dans *aimet, remaint, remainent*; *gist/geüd*; *deseivret, deit, deivent, espeiret*; par contre, elle n'est pas marquée dans *rove(nt), vols, volt, volent, pluret, plurent/plorent*.

[152] A la 4ᵉ pers. (ind. et subj.), *-um* (v.360, 370=550, 504, 532=534, 620) et *–ums* (v.154, 353, 549) alternent avec *–uns* (v.505=622, 517, 523, 617, 621, auxquels on a conformé *–u(n)s* au v.522).

Texte critique

Liste des manuscrits utilisés
dans la présente édition[1]:

1) Rédaction en strophes

L = Psautier de St Albans, Hildesheim (Hannover), propriété de l'église de St. Godeshard, f.29r-34r; anglo-normand, exécuté à St. Albans (Hertfordshire) après 1115 et avant 1123. Description: Pächt 1960. Reproduction fac-similée: Mölk 1997. Lacunes: v.255, 274-5, 349, 473.

A = Paris, BN nouv. acq. fr. 4503, f.11v-19v; anglo-normand, fin du XIIe s. Descriptions: Paris 1872:3-5; Delisle 1888:116; Waters 1928:xi-xiv. Le texte se termine à la str.110; manquent, par rapport à L, les str. 51-52, 62, 84, 87, 91, 108; plusieurs strophes sont imcomplètes, d'autres ont été transmises en double rédaction. Ed. Hemming 1994.

V = Biblioteca Vaticana, Vat. lat. 5334, f.125v-126r; 129r-131r; sud-est, XIIe s. Le texte débute au v.425; manquent, par rapport à L, les str. 87 et 108-110. Description et éd.: Rajna 1929.

---

[1] On fait abstraction de P² (=R chez Lausberg et Avalle), Manchester, John Rylands Library, French 6, texte jusqu'aux deux premiers vers de la str.35 en «écriture anglo-normande de la seconde moitié du XIIIe s.», leçon «fort proche» de celle de P «mais non identique», éd. Fawtier 1923, cf. aussi Fawtier-Jones 1930:83-85 (une nouvelle édition est annoncée par M. Burger, à paraître dans *Mélanges Ricarda Liver*). Nous avons, à plus forte raison, négligé Q = Paris, BN fr. 1555, XIVe s., f.108v-119v, remaniement de type M en quatrains d'alexandrins monorimes (éd. L. Pannier dans Paris 1972:346-388; cf. ibid., p.137: «il est trop loin de l'original», ainsi que Contini 1986:103).

P = Paris, BN fr. 19525, f.26v-30r; XIIIe s., une légère teinte septentrionale[2]. Manquent, par rapport à L, les str. 108, 110-113, 119, 123-4; très peu de lacunes (les str. 21 et 95 n'ont que quatre vers; de la str.122 il n'en reste que deux; en revanche, le dernier vers du poème est remplacé par deux alexandrins sur la même assonance)[3].

[2] Identifiable à l'aide de ces quelques éléments: graphies isolées 167 *wel*, 45 *welent*; 58 *cier*, 320 *chelé*; 48=62 *Alexiz*, 347 *viz* (mais 428 *vis*), 353 *quiz* (cf. Pope 1973:§ 1231); *ai>ei, é* (393 *t'ei*, 436 *portei*, 492-3 *n'arei*; 453 *porté*; hypercorr.: 491 *vaive*, 588 *maitent*); 606 *sains* < SINE; 350 *espialt*, cf. 216 *beau sires*/281 *bel frere*; 268 *huem*, graphie typique de ce manuscrit, assone avec *-un-* (< O fermé), cf. 235 *un* < *hum*, 566 *l'un*; insertion de *-e-* dans 324 *menesterez*; *s*+cons. instable (222 *atenir* mais 360 *coneusmes*); chute de *-e* dans 87 *un ymage*, 183 *cel ymage*, 135 *lié* ainsi que dans 116 *mué* (:*é-e*); pron. poss. *mis, ti(s), sis* (v.135, 249, 339, 464); *li* à la place de *lui* tonique masc. (v.243); subj. prés. en *-ge* (v.39, 297). Notable 361 *estent* < STANT.

[3] P est le seul manuscrit qui n'a jamais fait l'objet d'une édition; il faut donc s'en tenir au texte imprimé par F.-K. qui, comme d'habitude, est très fiable. Voici (entre parenthèses) les seules mélectures que nous avons pu repérer: 35 *emfes* (au lieu de *enfes*); 192 *lor* (*lur*); 240 *qiels* (*quiels*); 331 *dementres* (*tementres*); 342 *f es* au-dessus de *nel*; 370 q̄ (q̃), cf. 624 *poisū*; 394 *sui* (*fui*); 400 *cist* (*cest*); 438-9 *con* dans l'interligne (prob. variànte de 438 *nen*); 470 *lessas* (*leisas*). La seule inconséquence d'un certain poids concerne l'emploi du point en fonction rhétorique, que l'éd. de F.-K. ne reproduit qu'à partir du v.406: en effet, ce type de ponctuation est beaucoup plus fréquent dans la seconde partie du poème (pour les quelques exemples dans L, cf. ad v.135). Voici la liste des occurrences négligées par F.-K. (la démarcation en 'kola' est plus évidente dans le premier groupe, mais elle existe aussi dans le deuxième, où la bipartition à la cesure semble surtout concerner le rapport entre les deux hémistiches):

2-3 *car feiz ert. 7 iustise. 7 amor/si ert creance.*; 9 *viex est. 7 frailes*; 19 *vaillant. 7 honoree*; 101-2 *al pere. 7 a la mere/7 a lespose.*; 133 *ne sei le lieu. ne sei la cuntree*; 138 *ni laissa paile. ne nul aornement*; 144 *tendre. 7*; 145 *honor. a*; 163 *dami. ne damie*; 179 *de deu. 7 del regne*; 225 *lit. 7 hostel. 7 pain. 7 char. 7 vin*; 236 *le pere. 7 la mere*; 261 *gist. 7 converse*; 281-2 *7 parchemin./7 une pane.*; 283 *aporte. 7*; 302 *a lui vienent. 7 li riche. 7 li poure*; 306=326 *apostoiles. 7*; 315 *iloc est. 7 la*; 327 *pensis. 7 corocous*; 347 *7 cler. 7 bel.*; 356 *apostolie. 7*; 360 *coneusmes. nencor*; 374 *ne la list. ne*; 375 *bon. 7 sage*; 379 *del pere. 7 de la mere*; 431 *cheveus. 7*; 436 *oilz. 7*; 496 *Le pere. 7 la mere*; 526 *lor. 7 largent*; 604 *bele. 7 honoree* (par contre, nous ne voyons aucun point au v.581). Pour 7=*et*, cf. v.7, 78, 200, 431;

10 *enperiez*; 14 *fu*; 31 *fu*; 40 *porchace*; 51 *pase*; 69 *fraile*; 78 *pris*; 132 *fuiz*; 289 *aproce*; 300 *oi*; 304 *oi*; 307 *akaries*; 328 *esgardent*; 492 *narei*.

La relative négligence du copiste nous a valu un nombre assez important de vers hypométriques[4].

2) Rédaction en laisses:

S = Paris, BN fr. 12471, f. 51v-74r, XIIIe s., en laisses assonancées sur un total de 1356 vers; copiste français, avec quelques trait du nord-est. Ed. Elliot 1983.

M = Ma et Mb (version rimée).

Ma = Paris BN fr. 1553, f. 390v-400v, XIIIe/XIVe s., picardo-wallon, publié par Maréchal dans Paris 1872:261-325, ensuite par Danièle Gatto-Pyko en 1973 (Diss., Florida State Univ.), qui emploie les sigles M1 et M2[5].

Mb = ms. Carlisle (Cumberland), The Cathedral Library, f. 112r-133v, XIIIe s., picard: les variantes dans Paris 1888, ainsi que dans Gatto-Pyko; décrit par Fawtier 1924[6], il a été publié en

---

Quant à l'emploi du point pour marquer la fin de la ligne, il est tout à fait sporadique: nous ne l'avons remarqué qu'à la fin des v.31, 33, 60, 88, 115, 135, 136, 154, 155, 156, 258, 273, 284, 348, 387.

[4] Ce qui est dû notamment à sa tendance prononcée à omettre des monosyllabes: en plus des élisions et des autres phénomènes systoliques, qui ont été enregistrés ci-dessus, cf. *i* (v.2, 17, 213), *par* (v.7, 37), *il* (v.73, 103, 174, 285), *le* (v.92, 269, 473, 585), *vit* (v.198), *ki* (v.228), *se(n)* (v.234), *en* (v.205, 265, 302, 456, 543), *tut* (v.333), *tant* (v.334), *jo* (v.442), *tost* (v.512), *boens* (v.600). La chute du préverbe *re-* est assez fréquente, cf. 57 *menbre*, 272 *conurent*, 283 *coilli*, 290 *cesse* (au contraire: 241 *de-mener*). Aux v. 245 et 250 le modèle de P lisait sans doute <*tres*>*tot*. Cf. encore 515 *pout* (-1), 542 *el ciel* (-1). S'ajoutent les cas d'haplographie *ne* (v.133, 163), *garunt* (v.310), *desir* (v.439). Plus rare la chute de deux syllabes (cf. v.23, 139, 317, 485, 514, 580, 596, 623) ou même plus (cf. p.ex. v.194). Certaines hypométries paraissent associées à des anomalies dans la versification (cf. ci-dessus).

[5] Faute d'avoir pu utiliser l'éd. Gatto-Pyko, nous citons le texte de Ma directement du manuscrit, tout en conservant la numérotation de l'éd. Paris.

[6] «Je désigne par *a* le manuscrit de Paris, par *b* le manuscrit de Carlisle»; «Le manuscrit *b* passe un certain nombre de vers d'*a* et en ajoute un certain nombre d'autres».

entier pour la première fois par Elliott 1983[7]. Par rapport aux 1278 vers de Ma (numérotation de Paris 1872), il ne contient que 1084 vers, dont nombreux alexandrins.

Liste des éditions critiques utilisées

Paris (éd. 'maior' et éd. 'minor')
   On désigne respectivement les éditions de 1872 et de 1903.

Rohlfs
   Edition 1968: les éditions précédentes datent de 1950, 1953, 1957, 1963.

Rösler
   Edition 1941: révision de l'édition de 1928 (*Sankt Alexius, Altfranzösische Legendendichtung des 11. Jahrhunderts, mit Benützung der handschriftlichen Aufzeichnungen von Wendelin Foerster*).

Storey
   Edition 1968: révision de l'édition de 1934, publiée sous la direction d'E. Hoepffner (= *Saint Alexis, Etude de la langue du manuscrit de Hildesheim, suivie d'une édition critique du texte d'après le manuscrit L avec commentaire et glossaire,* Paris, Droz, 1934). Le même auteur a publié une édition 'minor' dans la collection Blackwell's French Texts d'Oxford, dirigée par A. Ewert, 1946, 1958 (réimpr.), 1968 (rév.).

Critères d'emploi des différentes ressources typographiques

L'opposition de base est entre retraits de lignes et caractères plus petits.

---

[7] Mb est formé par trois manuscrits reliés dans un volume unique, qui contient une collection de légendes hagiographiques et de textes édifiants. Fawtier date à la deuxième moitié du XIIIe s. la section qui commence par le *Vers d'Alexis*.

a) Dans le texte de base représenté par L, les retraits marquent soit les strophes ou vers récupérés en puisant à des versions plus anciennes (str.51-52 et 109-110), soit les jonctions de vers appartenant à l'origine à des strophes différentes (str.21), soit les vers dont la position semble avoir été instable dans l'archétype (au moins, 76c; peut-être aussi 55de);

b) les petits caractères sont réservés à la str.62, qui reflète, par rapport à A (cf. str. 72), un arrangement correspondant aux 'Vitae' récentes[8];

c) Le cumul de retrait et petits caractères marque des matériaux soit antérieurs soit postérieurs au niveau du texte choisi comme cible de la présente édition. Les premiers conservent des reflets d'une version plus ancienne, et peuvent abriter des variantes d'auteur[9]; les autres représentent au contraire des ajustements postérieurs: c'est pourquoi on les a imprimés en italique.

Matériaux se référant à un état plus ancien du texte: 1) un fragment d'une rédaction conservé par A, qu'il soit alternatif ou non à la strophe à laquelle il se rapporte (deux vers avant la str.39); 2) des doubles rédactions également conservées par A (deux strophes alternatives à 48-49, mais placées entre 55 et 56; lignes 72a-c, correspondant à 62a-c dans l'arrangement transmis dans L; deux variantes de la str.97, avec la précison que 97d est aussi dans V); 3) des doubles rédactions situables à hauteur de V (str.91 et 119, ainsi que deux vers à la place de 106e).

---

[8] Bien que probablement adventice, cette strophe est néanmoins indispensable à l'organisation 'définitive' de l'épisode tout entier: c'est pourquoi elle ne figure pas parmi celles marquées par un retrait.

[9] N'hésitant pas à admettre la présence dans l'archétype de variantes rédactionnelles ainsi que de quelques cas de contamination, Contini 1986:89 est en revanche plutôt réservé vis-à-vis de la possibilité de variantes d'auteur. De notre point de vue, la présence simultanée de leçons dues à des auteurs différents ne fait pas de doute. Certes, les écarts qui les séparent ne sont pas seulement d'ordre chronologique. Nous avons déjà insinué que, dans ce contexte, la notion même d'auteur n'est pas aussi univoque – ce qui ne saurait évidemment nous surprendre (et ceci sans aucune nécessité de confondre – plus ou moins sans retenue – auteur et copiste, leçon authentique et variante, tradition écrite et oralité fabuleuse).

Matériaux relevant d'interventions plus récentes (en italique): 1) remaniements effectués par une partie de la tradition en vue de régulariser une situation provisoire dans l'archétype (21c-e, uniformisation des assonances); 2) farcitures attribuables au responsable de la version transmise dans L (vers 51de; str. 84, 87, 108).

<> marquent les intégrations par rapport au texte de L. Quant aux substitution internes à la tradition, elles sont identifiables à partir de l'apparat critique en bas de page, les quelques corrections d'archétype étant signalées par [] (v.102, 155, 267, 284).

Apparats critiques

En bas de page: comme nous l'avons anticipé, un petit apparat en bas de page renferme, en édition interprétative, toutes les variantes de L qui, bien que considérées comme 'faciliores', ne sont pas manifestement erronées[10], ou qui deviennent acceptables au prix d'une intervention apparemment peu coûteuse, soit par intégration (55 *er<e>t*, 599 *ai<e>*) ou suppression d'une syllabe (155 *tu de tun seinur*) soit par simple interversion des mots (172 [*ed a gret servit*]). Pour la rédaction de cet apparat, nous avons choisi l'hémistiche comme unité syntaxique minimale, afin que l'identification du texte de L soit la plus aisée et immédiate possible.

Dans le commentaire: l'édition synoptique de F.-K., intégrée par l'édition de V préparée par Rajna (sans compter les éditions relatives à la plupart des autres témoins), a depuis longtemps dispensé, ou plutôt déconseillé, les éditeurs de mettre sur pied un apparat critique complet. Ceci dit, notre commentaire renferme, sous forme d'apparat critique relatif à chaque vers, toutes les variantes qui ont été jugées dignes de considération en vue de l'établissement du texte. En dehors de ce critère, un grand

---

[10] Telle la synérèse de *-ou-* (v.420, 488, 490) admise par le copiste, auquel il faut encore attribuer, aux v.534-5, soit une assonance *u:i* soit une anticipation (*bailide*:[*aïe*]) par rapport à la strophe suivante, cfr. str.51.

nombre de variantes ont également été enregistrées en raison de leur intérêt linguistique ou philologique.

En appendice: deux apparats critiques se trouvent encore à la fin du texte, dont le premier renferme les variantes erronées de L[11], tandis que le deuxième signale, pour chaque strophe, les vers de S et de M interprétables comme variantes par rapport à LAPV, et donc effectivement utilisables pour l'établissement du texte.

Il est bien connu que, dans le cas de S, «les vers qu'il a conservés de l'original sont beaucoup moins altérés qu'on ne le croirait. Dans la leçon première de cette rédaction interpolée, tous les vers du poème ancien avaient sans doute été respectés» (Paris 1872:6); quant à Mb (mais la définition est aussi valable pour Ma), il témoigne d'«une nouvelle opération, qui consista à transformer en rimes régulières les assonances qui, dans le texte [de S], se rencontrent aussi bien dans les parties interpolées que dans les parties anciennes» (ibid.). Compte tenu des interpolations et des lacunes, la marge d'utilisation de S et de M est donc extrêmement variable; elle devient nulle à chaque fois que le texte manque, ou que l'auteur «s'est écarté sensiblement du texte, au point qu'il ne peut plus lui être comparé vers par vers», comme le dit Paris 1872:138, en adoptant le premier un ensemble de critères pragmatiques pour enregistrer les variantes de ces manuscrits.

Ce type d'approche n'a pas subi de modifications substantielles chez les autres éditions, y compris la présente, où l'absence de toute mention de S ou de M dans le commentaire signifie soit que le texte n'existe pas, soit qu'il n'est pas utilisable. Cependant, il nous a paru opportun de consacrer à SM un apparat spécialement conçu.

---

[11] Y compris les hypermétries aux v.368, 523 ainsi que les fausses assonances aux v.267, 305, 590. Dans la plupart des cas, le texte corrigé coïncide avec le texte critique, selon una tendance qui a fini par s'imposer chez les éditeurs, malgré leur bédierisme plus ou moins affiché; on a cependant hésité aux v.143 et 590, où les corrections respectivement introduites par Rösler (suppression de *dis*) et par Storey (*atarder*) peuvent sans doute apparaître plus conformes à une pratique qui se voulait (et se veut), en principe, aussi non-interventionniste que possible.

L'établissement d'équivalences autant précises que possible, ou même d'approximations plus lâches (signalées en italique), est loin d'être facile, plusieurs facteurs faisant souvent obstacle, dont les interventions des vers, l'éclatement d'une strophe en vers parfois très éloignés, les abrègements, les dédoublements formulaires, les changements d'assonance. Nous avons tout de même essayé de détailler tous les vers qu'on peut raisonnablement considérer comme utilisables, en signalant em même temps les lacunes par rapport à L. La numérotation de référence est celle de l'édition Elliot tant pour S que pour M: ainsi, p.ex., M 732 signifie que le v.732 de Mb (éd. Elliot) se trouve aussi dans Ma, quoique normalement à une place différente, compte tenu du décalage entre les deux textes; à défaut, on a utilisé les sigles spécifiques Ma ou Mb. Le numéro précédé de l'abréviation v. [=vers] se réfère toujours au texte critique. L'abréviation comm. [=commutavit] signifie, elle, que l'écartement du texte est de telle ampleur à empêcher une comparaison suffisamment ponctuelle.

Compte tenu et de la qualité des éditions existantes, et des résultats auxquels on peut encore s'attendre d'une comparaison approfondie avec les sources, des nouvelles études de S et de M ne seraient pas à considérer comme superflus.

1   Bons fut li secles al tens ancïenur,
     Quer feit i ert e justise ed amur,
     S'i ert creance, dunt ore n'i at nul prut:
     Tut est müez, perdut ad sa colur,
     ja mais n'iert tel cum fut as anceisurs.   5

2   Al tens Noë ed al tens Abraham
     Ed al David, qui Deus par amat tant,
     Bons fut li secles, ja mais n'ert si vailant:
     Velz est e frailes, tut s'en vat declinant,
     Si 'st ampairét, tut bien vait remanant.   10

3   Puis icel tens que Deus nus vint salver,
     Nostra anceisur ourent cristïentét,
     Si fut un sire de Rome la citét,
     Rices hom fud, de grant nobilitét:
     Pur hoc vus di, d'un son filz voil parler.   15

4   <E>ufemïen, si out a·nnum li pedre,
     Cons fut de Rome de·s melz ki dunc i eret:
     Sur tuz ses pers l'amat li emperere;
     Dunc prist muiler vailante ed honurede,
     Des melz gentils de tuta la cuntretha.   20

5   Puis converserent ansemble longament,
     N'ourent amfant, peiset lur en forment,
     – E Deu, – apelent andui parfitement,
     – E! reis celeste, par ton cumandement
     Amfant nus done ki seit a tun talent! –   25

6   Tant li prierent par grant humilitét
     Que la muiler dunat fecunditét:
     Un filz lur dunet, si l'en sourent bon gret;
     De sain batesma l'unt fait regenerer,
     Bel num li metent sur la cristïentét.   30

7   Fud baptizét, si out num Alexis:
     Ki lui portat, suëf le fist nurrir;

168 TEXTE CRITIQUE

```
        Puis ad escole li bons pedre le mist,
        Tant aprist letres que bien en fut guarnit,
        Puis vait li emfes l'emperethur servir.                    35

8       Quant veit li pedre que mais n'avrat amfant
        Mais que cel sul que il par amat tant,
        Dunc se purpenset del secle an avant:
        Or volt que prenget moyler a sun vivant,
        Dunc li acatet filie d'un noble franc.                     40

9       Fud la pulcela nethe de halt parentét,
        Fille ad un conpta de Rome la ciptét:
        N'at mais amfant, lui volt mult honurer,
        Ansemble an unt li dui pedre parlé
        Pur lur amfanz cum volent asembler.                        45

10      Noment le terme de lur adaisement;
        Quant vint al fare, dunc le funt gentement:
        Danz Alexis l'espuset belament,
        Mais de cel plait ne volsist il nïent:
        De tut an tut ad a Deu sun talent.                         50

11      Quant li jurz passet ed il fut anuitét,
        Ço dist li pedres: – Filz, quar t'en vas colcer
        Avoc ta spuse, al cumand Deu del ciel. –
        Ne volt li emfes sum pedre corocier,
        Vint en la cambra <an>dreit a sa muiler.                   55

12      Cum veit le lit, esguardat la pulcela,
        Dunc li remembret de sun seinor celeste,
        Que plus ad cher que tut aveir terrestre:
```

44-45   Ansemble an vunt li dui pedre parler,/Lur dous amfanz volent faire asembler

49   Mais ço est tel plait dunt ne volsist nïent

55   Vint en la cambra ou er\<e\>t sa muiler

TEXTE CRITIQUE 169

    – E! Deus, – dist il, – cum fort pecét m'apresset!
    Se or ne m'en fui, mult criem que tei <n>en perde. –   60

13   Quant an la cambra furent tut sul remés,
    Danz Alexis la prist ad aparler,
    La mortel vithe li prist mult a blasmer,
    De la celeste li mostret veritét,
    Mais lui est tart quet il s'en seit turnét: 65

14   – Oz mei, pulcele, celui tien ad espus
    Ki nus raens de sun sanc precïus:
    An ices secle nen at parfit<e> amor,
    La vithe est fraisle, n'i ad durable honur,
    Cesta lethece revert a grant tristur. –   70

15   Quant sa raisun li ad tute mustrethe,
    Dunc li cumandet les renges de s'espethe
    Ed un anel, a Deu li ad comandethe;
    Puis en eissit de la cambre sum pedre,
    Ensur<e> nuit s'en fuit de la contrethe.   75

16   Dunc vint errant dreitement a la mer:
    La nef est prest ou il dut enz entrer,
    Dunet sum pris ed enz est aloët,
    Drecent lur sigle, laisent curre par mer,
    La pristrent terre o Deus lur volt duner.   80

17   Dreit a Lalice, ço fut citét mult bele,
    Iloec arivet sainement la nacele,

---

60   mult criem que ne t'em perde
62   la prist ad apeler
72   Pois li cumandet
74   Dunc en eissit
77   La nef est preste ou il deveit entrer
80   o Deus les volt mener

Dunc en eisit danz Alexis a certes.
Ço ne sai jo cum longes i converset:
Ou que il seit, de Deu servir ne cesset. 85

18 D'iloc alat an Alsis la ciptét
Pur une imagine dunt il oït parler
Qued angeles firent par cumandement Deu
El num la virgine ki portat salvetét,
Sainta Marie ki portat Damnedeu. 90

19 Tut sun aver qu'od sei en ad portét,
Tut le depart, nïent ne l'en remest:
Larges almosnes par Alsis la citét
Dunet as povres u qu'il les pout trover:
Pur nul aver ne volt estra ancumbrét. 95

20 Quant sun aver lur ad tot departit,
Entra les povres se sist danz Alexis,
Reçut l'almosne quant Deus la li tramist:
Tant an retint dunt ses cors puet guarir,
Se lui 'n remaint, sil rent as poverins. 100

21 Or revendrai al pedra ed a la medra
Ed a la spuse qui sole [ert] remese.
    Quant il ço sourent qued il fud si alét,
    Ço fut granz dols quet il unt demenét
    E granz deplainz par tuta la citiét. 105

APS
Quant il ce sorent que il fuï s'en ere,
Ce fu grant duel que il en demenerent
E grant deplainte par tute la cuntree.

92-93 Tut le depart par Alsis la citét:/Larges almosnes, que gens ne l'en remest
102 Ed a la spuse qued il out espusethe

TEXTE CRITIQUE

22 Ço dist li pedres: – Cher filz, cum t'ai perdut? –
    Respont la medre: – Lasse, qued est devenut? –
    Ço dist la spuse: – Pechét le m'a tolut.
    E! chers amis, si pou vus ai oüt!
    Or sui si graime que ne puis estra plus. –   110

23 Dunc prent li pedre de se·meilurs serganz,
    Par multes terres fait querre sun amfant;
    Jusque an Alsis en vindrent dui errant,
    Iloc truverent danz Alexis sedant,
    Mais n'an conurent sum vis ne sum semblant.   115

24 Des- at li emfes sa tendra carn -mudede,
    Nel reconurent li dui sergant sum pedre,
    A lui medisme unt l'almosne dunethe:
    Il la receut cume li altre frere;
    Nel reconurent, sempres s'en returnerent.   120

25 Nel reconurent ne ne l'unt anterciét:
    Danz Alexis an lothet Deu del ciel
    D'icez sons sers qui il est almosners:
    Il fut lur sire, or est lur provenders,
    Ne vus sai dire cum il s'en firet liez.   125

26 Cil s'en repairent a Rome la cité,
    Nuncent al pedre que nel pourent truver:
    Set il fut graim, ne l'estot demander;
    La bone medre s'em prist a dementer
    E sun ker filz suvent a regreter: 130

27 – Filz Aleïs, pur quei <te> portat ta medre?
    Tu m'ies fuït, dolente an sui remese,
    Ne sai le leu ne nen sai la contrede
    U t'alge querre, tute en sui esguarethe:
    Ja mais n'ierc lede, kers filz, nu l'ert tun pedre. – 135

123-4 provenders: almosners

172   TEXTE CRITIQUE

28 Vint en la cambre plaine de marrement,
    Si la despeiret que n'i remest nïent,
    N'i remest palie ne neül ornement:
    A tel tristur aturnat sun talent,
    Unches puis cel di ne se contint ledement.   140

29 – Cambra, dist ela, ja mais n'estras parede,
    Ne ja ledece n'ert an tei demenede: –
    Si l'at destruite cum dis- l'ahust -predethe,
    Sas i fait pendre e cinces deramedes,
    Sa grant honur a grant dol ad aturnede.   145

30 Del duel s'asist la medre jus a terre,
    Si fist la spuse danz Alexis a certes:
    – Dama, dist ele, jo i ai si grant perte,
    Ore vivrai an guise de turtrele:
    Nen ai tun filz, ansembl'ot tei voil estra. –   150

31 Ço di·la medre: – Se a mei te vols tenir,
    Sit guardarai pur amur Alexis,
    Ja n'avras mal dunt te puisse guarir.
    Plainums ansemble le doel de nostre ami,
    tu pur tun [per], jol f<e>rai pur mun filz.   155

32 Ne poet estra altra, turnent el consirrer,
    Mais la dolur ne pothent ublïer.
    Danz Alexis en Alsis la citét
    Sert sun seinur par bone volentét:
    Ses enemis nel poët anganer.   160

33 Dis e seat anz, n'en fut nïent a dire,
    Penat sun cors el Damnedeu servise:

---

144 Sas i fait pendre, curtines deramedes
146 la medre jusque a terre
150 Quant n'ai tun filz
155 [Tu tun] seinur

Pur amistét ne d'ami ne d'amie
Ne pur honurs ki l'en- fussent -tramise\<s\>
n'en volt turner tant cum il ad a vivre. 165

34 Quant tut sun quor en ad si afermét
Que ja sum voil n'istrat de la citied,
Deus fist l'imagine pur sue amur parler
Al servitor ki serveit al alter,
Ço li cumandet: – Apele l'ume Deu. – 170

35 Ço dist l'imagena: – Fai l'ume Deu venir,
Quar i\<l\> l'a des- bien ed a gret -servit,
Ed il est dignes d'entrer en paradis. –
Cil vait, sil quert, mais il nel set coisir,
Icel saint home de cui l'imagene dist. 175

36 Revint li costre a l'imagine el muster:
– Certes, dist il, ne sai cui antercier. –
Respont l'imagine: – Ço est cil qui tres l'us set:
Pres est de Deu e des regnes del ciel,
Par nule guise ne s'en volt esluiner. – 180

37 Cil vait, sil quert, fait l'el muster venir:
Est vus l'esample par trestut le païs
Que cele imagine parlat pur Alexis;
Trestuit l'onurent, li grant e li petit,
E tuit le prient que d'els ai\<e\>t mercit. 185

38 Quant il ço veit quil volent onurer,
– Certes, dist il, n'i ai mais ad ester,
D'icest honur nem revoil ancumbrer. –
Ensur\<e\> nuit s'en fuit de la ciptét,
Dreit a Lalice revint li sons edrers. 190

A
Dreit a la rive li sers Deu vint errant:
Dunz Alexis encuntra un chalant.

---

172 Quar il ad Deu bien [ed a gret servit]

39
Danz Alexis entrat en une nef,
Ourent lur vent, laisent curre par mer,
Andreit Tarson espeiret ariver
Mais ne puet estra, ailurs l'estot aler:
Andreit a Rome les portet li orez.   195

40
A un des porz ki plus iert pres de Rome,
Iloec avint la nef a icel saint home.
Quant vit sun regne, durement s'en redutet
De ses parenz qued il nel recunuissent,
E del honur del secle ne l'encumbrent.   200

41
– E! Deus, dist il, bels reis qui tut guvernes,
Se tei ploüst, ici ne volisse estra:
S'or me conuissent mi parent d'este terre,
Il me prendrunt par pri ou par poeste;
Se jos an creid, il me trairunt a perdra.   205

42
Mais nepurhuec mun pedre me desirret,
Si fait ma medra plus que femme qui vivet,
Avoc ma spuse que jo lur ai guerpide;
Or ne lairai nem mete an lur bailie:
Nem conuistrunt, tanz jurz ad que nem virent.   210

43
Eist de la nef e vint andreit a Rome,
Vait par les rues dunt il ja bien fut cointe,
N'altra pur altre mais sun pedre i ancuntret,
Ansembl'ot lui grant masse de ses humes:
Sil reconut, par sun dreit num le numet: 215

44
– Eufemïen, bel sire, riches hom,
Quar me herberges pur Deu an tue maison,

---

196   ki plus est pres de Rome
197   Iloec arivet
202   ci ne volisse estra

TEXTE CRITIQUE   175

   Suz tun degrét me fai un grabatum
   Empur tun filz dunt tu as tel dolur:
   Tut soi amferm, sim pais pur sue amor. –   220

45 Quant ot li pedre le clamor de sun filz,
   Plurent si oil, ne s'en puet astenir:
   – Por amor Deu e pur mun cher ami,
   Tut te durai, boens hom, quanque m'as quis,
   Lit ed ostel e pain e carn e vin. –   225

46 – E! Deus, dist il, quer oüsse un sergant
   Kil me guardast, jo l'en fereie franc. –
   Un en i out ki sempres vint avant:
   – As me, dist il, kil guard pur ton cumand:
   Pur tue amur an soferai l'ahan. –   230

47 Dunc le menat andreit suz le degrét,
   Fait li sun lit o il deit reposer,
   Tut li amanvet quanque bosuinz li ert:
   Contra seinur ne s'en volt mesaler,
   Par nule guise ne l'em puet hom blasmer.   235

48 Sovent le virent e le pedre e le medra
   E la pulcele quet li ert espusede:
   Par nule guise unces ne l'aviserent,
   N'il ne lur dist n<e> els nel demanderent
   Quels hom esteit ne de quel terre il eret.   240

49 Soventes feiz lur veit grant duel mener
   E de lur oilz mult tendrement plurer
   E tut pur lui, unces nïent pur eil.
   Danz Alexis le met el consirrer:
   Ne l'en est rien, issi est aturnét.   245

---
227 Kil me guardrat
232 o il pot reposer

50 Soz le degrét ou il gist sur sa nate,
    Iluec paist·l'um del relef de la tabla:
    A grant poverte deduit sun grant parage,
    Ço ne volt il que sa mere le sacet,
    Mielz aimet Deu que <tres>tut sun linage.   250

                        L,PSM
51   De la viande ki del herberc li vint,
            Tant an retint dunt sun cors an sustint;
            Se lui en remaint, sil rent as pov<e>rins:
            N'en fait musgode pur sun cors engraisser,
            <Mais as plus povres le redone a mainger.>   255

52   En sainte eglise converset volenters,
            Cascune feste se fait acomunier,
            Sainte escriture ço ert ses conseilers:
            Del Deu servise le rove esforcer,
            Par nule guise ne s'en volt esluiner.   260

53 Suz le degrét ou il gist e converset,
    Iloc deduit ledement sa poverte;
    Li serf sum pedre, ki la maisnede servent,
    Lur lavadures li getent sur la teste:
    Ne s'en corucet net il nes en apelet.   265

54 Tuz l'escarnissent, sil tenent pur bricun,
    L'egua li getent, si moilent sun li[ç]un:
    Ne s'en corucet icil saintismes hom,
    Ainz priet Deu quet il le lur parduinst
    Par sa mercit, quer ne sevent que funt.   270

55 Iloc converset <i>cist dis e set anz:
    Nel reconut nuls sons apartenanz

---

250 Plus aimet Deu
259 se volt mult esforcer
268 Ne s'en corucet giens cil saintismes hom
271 Iloc converset eisi dis et set anz

Ne nuls hom ne sout les sons ahanz, (-1)
  <Mais que le lit u il ad jeü tant:
  Ne puet müer ne seit aparissant.> 275

A

  Assez le virent e le pere e la mere
  E la pulcele, unques ne l'aviserent,
  Ne cil dum ere unc ne li demanderent,
  Cume fait hum, ne de quele cuntree:
  Suvent le plurent e mult le duluserent.

  Suventes feiz lur vit dol demener
  E de dulur mult tendrement plurer,
  Trestut pur lui, unques neent pur el:
  Il les esguarde, sil met al cunsirrer,
  N'a suing qu'il facent, tut est a Deu turné.

56 Trente quatre anz ad si sun cors penét,
   Deus sun servise li volt guereduner,
   Mult li angreget la sue anfermetét:
   Or set il bien qued il s'en deit aler,
   Cel son servant ad a sei apelét: 280

57 – Quer mei, bel frere, ed enca e parcamin
   Ed une penne, ço pri, tüe mercit. –
   Cil li aportet, receit le Aleïs,
   Escrit la cartra tute de sei med[is]
   Cum s'en alat e cum il s'en revint. 285

58 Tres sei la tint, ne la volt demustrer,
   Ne·reconuissent usque il s'en seit alét;
   Parfitement se ad ad Deu cumandét.
   Sa fin aproismet, ses mals est agravét,
   De tut an tut recesset del parler. 290

59 An la sameine qued il s'en dut aler
   Vint une voiz treis feiz en la cité

---

289 ses cors est agravét

Hors del sacrarie, par cumandement Deu
Ki ses fedeilz tuz i ad aünez:
Prest est la glorie qued il li volt duner. 295

60 A l'altra feiz lur dist altra summunse,
Que l'ume Deu quergent ki est an Rome,
Si <lui> depreient que la citét ne fundet
Ne ne perissent la gent ki enz fregundent:
Ki l'un oïd, remainent en grant dute. 300

61 Sainz Innocenz ert idunc apostolie,
A lui repairent e li rice e li povre,
Si li requerent conseil d'icele cose
Qu'il unt oït, ki mult les desconfortet:
Ne guardent l'ure que terre nes encloe. 305

62 Li apostolie e li empereor,
Li uns Acharies, li altre Anories out num,
E tut le pople par commune oraisun
Depreient Deu que conseil lur an duins<t>
D'icel saint hume par qui il guarirunt. 310

63 Ço li deprient, la süe pïetét,
Que lur anseinet ol poissent recovrer;
Vint une voiz ki lur ad anditét:
– An la maisun Eufemïen quereiz,
Quer veirement iloec le trovereiz. – 315

64 Tuz s'en returnent sur dam Eufemïen,
Alquanz li prennent forment a blastenger:
– Iceste cose nus doüses nuncier,
A tut le pople ki ert desconseilét:
Tant l'as celét, mult i as grant pechét. – 320

---

294 li ad tuz amuiét
296 En l'altra voiz
315 Quer iloec est ed iloc le trovereiz

65 Il l'escondit cume cil ki nel set,
    Mais ne l'en creient, al helberc sunt alét;
    Il vat avant, les bans fist cunreer,
    Forment l'enquer a tuz ses menestrels:
    Icil respondent que neüls d'els nel set.   325

66 Li apostolie e li empereür
    Sedent es bans ‹e› pensif e plurs,
    Iloc esguardent tuit cil altre seinors,
    Deprient Deu que conseil lur an duinst
    d'icel saint hume par qui il guarirunt.   330

67 An tant dementres cum il iloec unt sis,
    Deseivret l'aneme del cors sainz Alexis,
    Angeles l'enportent en ciel en paradis
    A sun seinor que il ot tant servit:
    E! reis celeste, tu nus i fai venir!   335

68 Li boens serganz kil serveit volentiers,
    Il le nunçat sum pedre Eufemïen;
    Süef l'apelet, si li ad conseilét:
    – Sire, dist il, morz est tes provenders,
    E ço sai dire qu'il fut bons cristïens: 340

69 Mult lungament ai a lui conversét,
    De nule cose certes nel sai blasmer,
    E mei est vis que il est l'ume Deu. –
    Tut sul s'en est Eufemïen turnét,
    Vint a sun filz ou il gist suz lu degrét.   345

---

323 Il vat avant la maisun aprester
329 Si preient Deu
333 Tut dreitement en vait en paradis
334 qu'il aveit tant servit
343 E ço m'est vis que ço est l'ume Deu

70 Les dras suzlevet dum il esteit cuvert,
    Vit del sain home le vis e cler e bel,
    En sum puing tint le cartre le Deu serf
    <U a escrit trestut le suen convers:>
    Eufemïen volt saveir quet espelt.   350

71 Il la volt prendra, cil ne li volt guerpir,
    A l'apostolie revint tuz esmeriz:
    – Ore ai trovét ço que tant avums quis,
    Suz mun degrét gist uns morz pelerins,
    Tent une cartre mais na li puis tolir. –   355

72   A
                Li apostolies e li empereür,
                Li uns Achaires, li altre Oneries out nun,
                E tut le pople par comune reisun

    Li apostolie e li empereor
    Venent devant, jetent sei an ureisuns,
    Metent lur cors en granz afflictïuns:
    – Mercit mercit mercit, saintismes hom:
    Ne te coneümes net uncore nen conuissum.   360

73 Ci devant tei estunt dui pechethuor,
    Par la Deu grace vocét amperedor:
    Ço est sa merci qu'il nus consent l'onor,
    De tut cest mund sumes jugedor,   (-1)
    Del ton conseil sumes tut busuinus.   365

74 Cist apostolies deit les anames baillir,
    Ço est ses mesters dunt il ad a servir:
    Lai li la cartre par <la> tüe mercit,
    Ço nus dirrat qu'enz trov<e>rat escrit,
    E ço duinst Deus qu'or en puisum grarir. –   370

75 Li apostolie tent sa main a la cartre,
    Sainz Alexis la süe li alascet,

Lui le consent ki de Rome ert pape:
Il ne la list ne il dedenz ne guardet,
Avant la tent ad un boen clerc e savie. 375

76 Li cancelers cui li mesters an eret,
Cil list la cartre, li altra l'esculterent:
D'icele gemme qued iloc unt truvede
Le num lur dist del pedre e de la medre,
E ço lur dist de quels parenz il eret; 380

77 Içó lur dist cum s'en fuït par mer
E cum il fut en Alsis la cité̇t
E que l'imagine Deus fist pur lui parler,
E pur l'onor dunt nes volt ancumbrer
S'en refuït en Rome la cité̇t. 385

78 Quant ot li pedre ço que dit ad la cartre,
Ad ambes mains derumpęt sa blance barbe:
– E! filz, dist il, cum dolerus message!
Jo atendi quet a mei reparaisses,
Par Deu merci que tum reconfortasses. – 390

79 A halte voiz prist li pedra a crïer:
– Filz Alexis, quels dols m'est presentét,
Malveise guarde t'ai faitę suz mun degrét:
Alas pecables, cum par fui avoglét,
Tant l'ai vedud, si nel poi aviser. 395

80 Filz Alexis, de ta dolenta medra,
Tantes dolurs ad pur tei andurede,
E tantes fains e tantes consireres

---

373 ki de Rome esteit pape
378-380 *Ordre:* 379, 380, 378
381 E ço lur dist

E tantes lermes pur le ton cors pluredes:
Cist dols encui la par- averad -acurede. 400

81 O filz, cui erent mes granz ereditez,
Mes larges terres dunt jo aveie asez,
Mes granz paleis de Rome la citét:
Puis mun decés en fusses enorét,
Ed enpur tei m'en esteie penét. 405

82 Blanc ai le chef e le barbe ai canuthe,
Ma grant honur t'aveie retenude
Ed anpur tei, mais n'en aveies cure:
Si grant dolur m'est ui apar<e>üde!
Filz, la tue aname el ciel seit absoluthe. 410

83 Tei cuvenist helme e brunie a porter,
Espede ceindra cume tui altre per
E grant maisnede doüses guverner,
Cum fist tis pedre e li tons parentez
Le gunfanun l'emperedur porter. – 415

84   LPS
         A tel dolur ed a si grant poverte,
         Filz, t'ies deduit par alïenes terres,
         E d'icel bien ki toen doüst estra   (-1)
         Quer am perneies en ta povre herberge?
         Se Deu ploüst, sire en doüsses estra. 420

85 De la dolur qu'en demenat li pedra
Grant fut la noise, si l'antendit la medre,
La vint curante cum femme forsenede
Batant ses palmes, criant eschevelede:
Vit mort sum filz, a terre chet pasmede. 425

---

400 Cist dols l'avrat enquor par acurede
409 or m'est apar<e>üde
420 servit en dousses estra
422 Grant fut li dols

86 Chi dunt li vit sun grant dol demener,
    Sum piz debatre e sun cors dejeter,
    Ses crins derumpre e sen vis maiseler,
    Sun mort amfant detraire ed acoler,
    N'i out si dur ki n'estoüst plurer.   430

87   LPS
              Trait ses chevels e debat sa peitrine,
              A grant duel met la süe carn medisme:
              – E! filz, dist ele, cum m'oüs enhadithe,
              E jo pechable, cum par fui avoglie:
              Nel cunuisseie plus que unches nel vedisse. – 435

88 Plurent si oil e si <j>etet granz criz,
    Sempre·s regret<e>: – Mar te portai, bels filz!
    E de ta medra quer aveies mercit,
    Pur quem vedeies desirrer a murir:
    Ço est merveile que pietét ne t'en prist.   440

89 E! lasse, mezre, cum oi fort aventure,
    Or vei jo morte tute ma porteüre,
    Ma lunga atente a grant duel est venude:
    Por quei·portai, dolente malfeüde?
    Ço est merveile que li mens quors tant duret.   445

90 Filz Alexis, mult oüs dur curage,
    Cum adosas tut tun gentil linage:
    Set a mei sole vels une feiz parlasses,
    Ta lasse medre si la <re>confortasses
    Ki si est graime, cher fiz, bor i alasses.   450

---

430 Mult fust il dur
434 E jo dolente
440 Ço est grant merveile
441 A! lasse, mezre
445 Ço est granz merveile
447 Cum avilas
450 Ki si 'st dolente

184　　　　　　　　　　TEXTE CRITIQUE

91　　　　　　　　　　　LVP
　　　　　　　　Filz Alexis, de la tüe carn tendra!
　　　　　　　　A quel dolor deduit as ta juventa!
　　　　　　　　Pur quem fuïs? Ja tę portai en men ventre,
　　　　　　　　Or te vei mort, sin sui tute dolente,
　　　　　　　　Ja mais n'erc lede pur home ne pur femme.　　　455

92　Ainz que tẹi vedisse <en> fui mult desirruse,
　　Ainz que ned fusses sin fui mult angussuse,
　　Quant jo·vid ned, lede en fui e goiuse:
　　Or te vei mort, tute en sui curruçuse,
　　Ço peiset mei que ma fins tant domoret.　　　460

93　Seinurs de Rome, pur amur Deu, mercit,
　　Aidiez mei a plaindra le duel de mun ami:
　　Granz est li dols ki sor mai est vertiz,
　　Ne puis tant faire que mes quors s'en sazi<s>t:
　　N<en> est merveile, n'ai mais filie ne filz.　　　465

94　Entre le dol del pedra e de la medre
　　Vint la pulcele que il out espusede:
　　– Sire, dist ela, cum longa demurere
　　Ai atendude an la maisun tun pedra,
　　Ou tum laisas dolente ed eguarede.　　　470

95　Sire Alexis, tanz jurz t'ai desirrét,
　　E tantes feiz pur tei an luinz guardét,
　　<E tantes lermes pur le tuen cors plurez>
　　Si revenisses ta spuse conforter,
　　Pur felunie nïent ne pur lastét.　　　475

454　E Deus le set que tute sui dolente
458　sin fui lede e goiuse
459　tute en sui doleruse
463-4　*Intervertis.*

96   E! kiers amis, de ta tendre char bela,
     Ço peiset mai que si purirat terre!
     E! gentils hom, cum marie puis estra:
     Jo atendeie de te bones noveles,
     Ore les vei si graimes e si pesmes.   480

                                        A
                 Sire Alexis, bel vis, bele faiture,
                 Mielz vus amai que tute creature:
                 Ma lunge atente a grant duel m'est revenue,
                 Mielz me venist, sire, que morte fusse.

                 O bele buche, bel vis, bele faiture,
                 Cume vei müed vostre clere visure!
                 Plus vus ai chier que nule criature:
                 Merveillus duel m'est ui avenue,
                 Mult me venist mielz que desuz terre fusse.

97   E! bele buce, bel vis, bele faiture,
     Cum est mudede vostra bela figure:
     Mielz vos amai que nule creature,

                                        V
                 Ma longe atende a grant dul m'est venue

     Si grant dolur or m'est apar<e>üde,
     Melz me venist contres que morte fusse.   485

98   Se jo·soüsse la jus suz lu degrét
     Ou as geüd de lung'amfermetét,
     Ja tute terre ne m'en sore turner

---

476   O kiers amis, de ta juvente bela
478   cum dolente puis estra
480   Mais ore les vei si dures e si pesmes
481   O bele buce
483   Plus vos amai
485   amis, que morte fusse
488   Ja tute gent ne m'en sousent turner

Qu'a tei ansemble n'oüsse conversét:
Si me leüst, si t'oure costumé.   490

99 Ore sui jo vedve, sire, dist la pulcela,
Ja mais ledece n'avrai, quar ne pot estra,
Ne charnel hume n'avrai an tute terre:
Deu servirei, le rei ki tot guvernet,
Il nem faldrat s'il veit que jo lui serve. –   495

100 Tant i plurat e le pedra e la medra
E la pulcela, que tuz s'en alasserent:
En tant dementres le saint cors conreierent
Icil seinur e bel l'acustumerent:
Com felix cels ki par feit l'enorerent!   500

101 – Seignors, que faites? ço dist li apostolie,
Que vos aiüe cist dols ne cesta noise?
Qui que seit duels, a nostr'os est il goie,
Quar par cestui avrum boen adiutorie,
Mais preiuns li per Deu que nos asoille. –   505

102 Trestuz li prenent ki pourent avenir,
Cantant enportent le cors saint Alexis
E ço li preient que d'els aiet mercit;

---

490 si t'ousse bien guardét
493 Ne jamais hume
495 Il nel faldrat
499 Tuit cil seinur
502 Que valt cist crit
503 Chi chi se doilet
505 Si li preiuns que de tuz mals nos tolget
506 Trestuz li preient
508 E tuit li preient

N'estot somondre icels ki l'unt oït,
Tuit i acorent, nes li enfant petit. 510

103 Si s'en commourent tota la gent de Rome,
Plus tost i vint ki plus tost i pout curre,
Par mi les rues an venent si granz turbes,
Ne reis ne quons n'i poet faire entrarote
Ne le saint cors ne pourent passer ultra. 515

104 Entr'els an prennent cil seinor a parler:
– Granz est la presse, nus n'i poduns passer,
<Pur> cest saint cors que Deus nus ad donét
Liez est li poples ki tant l'a desirrét,
Tuit i acorent, nuls ne s'en volt turner. – 520

105 Cil an respondent ki l'ampirie bailissent:
– Mercit seniurs, nus an querreuns mecine,
De noz aveirs feruns granz departies,
La main menude ki l'almosne desiret,
S'il nus funt presse, ui an ermes delivres. – 525

106 De lur tresors prenent l'or e l'argent,
Sil funt jeter devant la povre gent,
Par iço quident aver discumbrement:
Ed els que valt? cil n'en rovent nïent,

V
A cel ser Deu unt trestuit lor talent,
Mais aime<nt> lui ke l'or ne l'argent.

A cel saint hume trestut est lur talent. 530

107 Ad une voiz crïent la gent menude:
– De cest aveir certes nen avum cure,

---

510 li grant e li petit
529 Mais ne puet estra
532 certes nus n'avum cure

188   TEXTE CRITIQUE

       Si grant ledece nus est apar<e>üde
       D'icest saint cors, n'avum soin d'altre mune,
       Car par cestui averum nus bone aiude. –   535

108   LMB
       Unches en Rome nen out si grant ledece
       Cun out le jurn as povres ed as riches
       Pur cel saint cors qu'il unt en lur bailie:
       Ço lur est vis que tengent Deu medisme,
       Trestut le pople lodet Deu e graciet.   540

109   A,LP
       Sainz Alexis out bone volentét,
       Pur oec en est oi cest jurn oneurét:
       Le cors an est an Rome la citét
       E l'anema en est enz el paradis Deu,
       Bien poet liez estra chi si est alüéz.   545

110   A,L
       Ki ad pechét bien s'en pot recorder,
       Par penitence mult bien s'en pot saner:
       Briés est cist secles, plus durable atendeiz,
       Ço depreums la sainte Trinitét
       Que Deu ansemble poissum el ciel regner. 550

111 Surz ne avogles ne contraiz ne leprus
     Ne muz ne clos ne n<e>üls languerus,
     Ensur<e> tut neüls palazinus,

534-5 D'icest saint cors que avum am bailide:/Par lui avrum, se Deu
      plaist, bone aiude
547   s'en pot tres bien salver
549   Ço preiums Deu
552   Ne muz ne orbs ne neuls palazinus
553   Ensur<e> tut ne n<e>üls languerus

TEXTE CRITIQUE

    N<e>üls n'i at ki n'alget malendus,
    Ne cil n'i vint ki n'en alget repous.   555

112 N'i vint amferm de nul<e> amfermetét,
    Quant l'at vochié, sempres n'en ait sanctét:
    Alquant i vunt, aquant se funt porter;
    Si veir'espece lur ad Deus <de>mustrét,
    Ki vint plurant, cantant l'en fait raler.   560

113 Cil dui seniur ki l'empirie guvernent,
    Quant il i veient les vertuz si apertes,
    Il le receivent, sil portent e sil servent:
    Alques par pri, e le plus par podeste,
    Vunt en avant, si derumpent la presse.   565

114 Sainz Boneface, cui l'um martir apelet,
    Aveit an Rome un<e> eglise mult bele,
    Iloec an portent danz Alexis a certes,
    Aaptement le posent a la terre:
    Felix le liu u sun saint cors herberget.   570

115 La gent de Rome ki tant l'unt desirrét
    Seat jurz le tenent sor terre a podestét;
    Grant est la presse, ne l'estuet demander:
    De tutes parz l'unt si avirunét,
    C'est avis unches hom n'i poet habiter.   575

---

554 Nuls n'en i at
555 Cel n'enn·i at kin report sa dolur
557 Quant il l'apelet
559 Si veirs miracles
563 sil plorent e sil servent
566 que l'um martir apelet
569 Ed attement

190   TEXTE CRITIQUE

116 Al sedme jurn fu faite la herberge
    A cel saint cors, a la gemme celeste;
    En sus s'en traient, si alascet la presse,
    Voillent o nun sil laissent metra an terre:
    Ço peiset els, mais altre ne puet estra.   580

117 Ad ancensers, ad oriés candelabres
    Clers revestuz an albes ed an capes
    Metent le cors enz un sarqueu de marbre:
    Alquant i cantent, li pluisur jetent lairmes,
    Ja le lur voil de lui ne desevrassent.   585

118 D'or e de gemmes fut li sarqueus parez
    Pur cel saint cors qu'il i deivent poser:
    Metent l'en terre par vive poestét,
    Pluret li seigles de Rome la cité,
    Ne fu nuls om kis puisset akeser.   590

                        LSV
119   Or n'estot dire del pedra e de la medra
                    E de la spuse, cum il s'en doloserent,
                    Quer tuit en unt lor voiz si atempredes
                    Que tuit le plainstrent e tuit le regreteirent:
                    Cel jurn i out cent mil lairmes pluredes.   595

120 Desur<e> terre nel pourent mais tenir,
    Voilent o non, sil laissent enfodir,
    Prenent congét al cors saint Alexis:
    – E! sire, pere, de nos aies mercit,
    Al tun seignor nos seies boens plaidiz.–   600

---

588 En terre el metent
589 Pluret li poples
590 Suz ciel n'at home kis puisset [akeser]
594 e tuit le doloserent
599 E si li preient que d'els ai<e>t mercit
600 Al son seignor il lur seit boens plaidiz

TEXTE CRITIQUE 191

121 Vait s'en li popl\<e\>, e le pere e la medra
    E la pulcela unches ne desevrerent,
    Ansemble furent, jusqu'a Deu s'en ralerent:
    Lur cumpainie fut bone ed honorethe,
    Par cel saint cors sunt lur anames salvedes.   605

122 Sainz est icil senz n\<e\>üle dutance,
    Ensembl'ot Deu e la compaignie as angeles,
    Od la pulcela dunt il se fist estranges:
    Or l'at privee, ansemble sunt lur anames,
    Ne vus sai dirre cum lur ledece est grande.   610

123 Cum bone peine, Deus, e si boen servise
    Fist cel saint homo en cesta mortel vide,
    Quer or est s'aname de glorie reemplie:
    Ço ad ques volt, nïent n'\<end\> est a dire,
    Ensor\<e\> tut e si veit Deu medisme.   615

124 Las, malfeüz, cum esmes avoglez,
    Quer ço veduns que tuit sumes desvez:
    De nos pechez sumes si ancumbrez,
    La dreite vide nus funt tresoblïer,
    Par cest saint home doüssum ralumer.   620

125 Aiuns, seignors, cel saint home en memorie,
    Si li preiuns que de toz mals nos tolget,
    En icest siecle nus acat pais e goie
    Ed en cel altra la plus durable glorie.
    En ipse verbe sin dimes Pater nostre.   625
                             Amen.

---

606   Sainz Alexis est el ciel senz dutance
608   dunt il se fist si estranges
609   Or l'at od sei
613   de glorie replenithe

Apparat critique

1) Leçons fautives de L

9 tut s'en vat remanant | 28 bont | 46 Doment lur terme | 143 cum dis l'ait host depredethe | 155 Tu de tun seinur jol frai pur mun filz | 172 bien servit et agret | 185 que de els ait mercit | 188 nen revoil | 203 mi parent d'icesta terre | 209 nen mete | 210 Nen conuistrunt tanz jurz ad que nen virent | 239 nelf [< neil] nel demanderent | 250 que tut sun linage | 267 si moilent sun linçol | 284 medisme | 305 que terre nes anglutet | 321 cil kil | 360 Nen coneumes | 368 Dune li la cartre par tue mercit | 390 que tun r. | 392 m'est apresentet | 470 Ou tun l. | 523 feruns largas d. | 525 presse uncore an | 546 Ki fait ad | 559 Deus mustret | 570 F. le le liu | 583 enz en sarqueu | 584 lermes | 590 kis puisset atarger | 623 pais e glorie

2) Vers de S et de M effectivement utilisables pour l'établissement du texte

1	S 10-13 (om. v.5); M 1-5
2	S 19-21, *29-30*; M 10-3, 19 (+23 dans Mb seul)
3	S 47-51
4	S 52-54; M 28-9, 34 (SM om. v.18, 20)
5	S 58-61, 63; M 35, 41-5
6	S 63-68; M 46, 52-5
7	S 69-74; comm. M 56, 59-66, 68
8	S 83-87; M 73-7
9	S 88-89, 91-93; M 78 (om. v.41, 43-5)
10	S 94-95, 98-100; M 81-2, 85-7
11	S 111-4, 116; M 95, 99-101, 103
12	S 123, 126-9; comm. M 107-8, 112, 116-7
13	S 138-142; comm. M 131, 133-4
14	S 148-150, 152 (om. v.69)

15	S 153, *156-7* [cf. M 141-2], 315, *319*-320
16	S 337-340, *341*; comm. M 197-201
17	S 356-361 (om. v.82); comm. M 221-5
18	S 362-5, 367; comm. M 227-233
19	S 383-7; comm. M 238-240
20	S 389-393; comm. M 241-7
21	S 394-8; comm. M 253-4
22	S *453-4,* 455-7; M 273-6 (om. v.107)
23	S 460-5; M 302-4 (om. v.114; v.115 dans Ma seul)
24	S 466, 469-470 (om. v.119-120); comm. M 305-9
25	S 471-5; comm. M 310-4 (+ M 347 = v.125)
26	S 501-3; M 353-5 (SM om. v.129-130)
27	S 399-403; comm. M 255-9
28	S 406-9, 411; comm. M 260-3
29	S 417, 419, 413-5; comm. Mb 264-6 (l'apostrophe de la mère manque dans Ma)
30	S 422, 424-5, 427, 429; comm. M 267=271, 281-2 (l'image de la tourtre manque dans M)
31	S 436-8, 451-2 (om. v.151)
32	S 504-8
33	S 509-512, 514; comm. M 356-377
34	S 515-7, 526-7; comm. M 378-381
35	S 533-7; comm. M 382-395
36	S 539, 541, 544-6; comm. M 399-405
37	S *548,* 569-571 (om. v.185); comm. M 418-423
38	S 573, *575-6,* 578, 581; comm. M 424-430
39	S *582,* 583, 585-7; comm. M 431-6
40	S 589-591, 594-5; comm. M 437-446
41-42	comm. M 447-456
41	S 602-6
42	S 617-9, *624* (om. v.209)
43	S *655,* 656-9
44	S 666-7, 669 + 717, 720 (=v.216, 218); comm. M 507-513, 556-560
45	S 672-6; comm. M 514-520
46	S 749-753; comm. M 587-595
47	S 754 (om. v.231-4); comm. M 599-612

48	S 755-9 (cf. S 601); comm. M 615-620
49	S 760-4; comm. M 621-4 + M 688 = v.242 (Ma a le texte plus complet)
50	S 765-9; comm. M 625-630
51	S 770-4; comm. M 635-7 (seul Ma garde la ligne avec *mugot*)
52	S 775-7 (om. v.257-8); comm. M 638-642
53	S 778, 781-2, 784-5; comm. M 643-652
54	S 786-790; comm. M 655-660
55	S 872-6; M 729-730 n'est, à la rigueur, utilisable que pour le v.271
56	S 890-1, 895-6, 898; comm. M 732-5 (Ma garde le texte plus complet)
57	S 902-3 + 907, 909, 911+914; comm. M 742-752
58	S 917-8, 920-1 (om. v.288); comm. M 754-6
59-60	comm. M 757-781
59	S 925-9
60	S 931-3 (om. v.298-9)
61	S 934-8; M 782, 786-7 (om. v.304-5)
62-63	comm. M 788-804
62	S 939-943
63	S 944-8
64	S 948-53; comm. M 805-820
65-66	comm. M 824-839
65	S 954-6, 959-960
66	S 961-5
67	S 966-8, 986 (om. v.335); comm. M 866-870
68-70	comm. M 880-896
68	S 1023-7
69	S 1028-31
70	S 1032-7
71	S 1038-9, 1041-3; comm. M 897-906
72	S 1054-9; comm. M 912-920
73-74	comm. M 921-7 (Ma a le texte plus complet)
73	S 1060-4
74	S 1065-9
75	S 1070-3 (om. v.375); comm. M 928-934

76-77 comm. M 957-969 (Ma a le texte plus complet)
- 76   1115-7, 1119 (om. v.378, que seul Ma 1134 a conservé)
- 77   S 1130-4
- 78   S 1137-41; M 991 (= v.388), par ailleurs comm. M 974-9
- 79   S 1142-6; M 986-990
- 80   S 1147-51
- 81   S 1153-7; M 997-1001
- 82   S 1158-62
- 83   S 1168-72
- 84   S 1163-7
- 85   S 1173-7; M 1002 = v.422 (par ailleurs Ma comm., Mb a une lacune)
- 86   S 1178-82
- 87   S 1183-7
- 88   S 1188-92
- 89   S 1198-1201 (om. v.445); comm. M 1003-6
- 90   S 1194-7 (om. v.446)
- 91   S 1193 (om. v.452-5); Ma comm., Mb manque
- 92   S 1202-4 (om. v.456-7)
- 93   S 1205-9
- 94   S 1210-1, 1213-5; M 1007, 1011-4
- 95   S 1216-8 (om. v.472, 474); M 1015-6 n'a que 471-2
- 96   S 1219-23
- 97   om. S
- 98   S 1224-7; M 1017-20 (SM om. v.490)
- 99   S 1228-31 (om. v.494); comm. M 1026-30
- 100 S 1232-4 (om. v.499-500); M 1036-9 (Ma a le texte plus complet)
- 101 S 1235-7 (om. v.503, 505); comm. M 1040-4
- 102 S 1238-42; M 1045-9
- 103 S 1243-7; comm. Mb 1050-4 (Ma ne retient qu'une ligne, correspondant au v.514)
- 104 S 1248-52; comm. M 1055-9
- 105 S 1253-7
- 106 S 1258-62; M 1061-5
- 107 S 1263-6; Ma (SMa om. v.533)

108-110 om. S

108	Mb 1066-70; Ma ne retient que la première ligne et la dernière
111	S 1268-71; M 1071-4 (Ma om. v.554-5, que Mb fusionne dans un seul vers)
112	S 1272-6; M 1075-9 (Ma omet le v.559)
113	S 1277-81
114	S 1282-4 (om. v.569-570); Mb 1081-4 (om. v.567), tandis que Ma omet le dernier vers
115	S 1285-9
116	S 1290-3 (om. v.580)
117	S 1294-6 (om. v.584-5)
118	S 1297-1301
119	S 1302-4 (om. v.593-4)
120	S 1305-9
121	S 1310-4
122	S 1320-4
123	S 1315-9
124	S 1325-9
125	S 1330-1 (om. v.623-5); M 1085-8 (om. v.625)

Commentaire

1-10. Lié à la doctrine des âges du monde, traditionnelle dans l'histoire de l'Eglise (cf. ci-dessous et v.6-7 ainsi que p.ex. R. Schmidt, *Aetates mundi: Die Weltalter als Gliederungsprinzip der Geschichte*, «Zeitschrift für Kirchengeschichte», 67 [1955-6], 288-317; A. Luneau, *L'histoire du salut chez les Pères de l'Eglise, La doctrine des âges du monde*, Paris 1964), le thème du vieillissement du monde, qui se trouve également au début du Rythme, a vraisemblablement été puisé à Grégoire le Grand ainsi qu'à Cyprien, dont le texte (*Ad Demetrianum*) a été versifié au XIe s. par Théodulfe (*Quod multis indiciis finis proximus esse monstretur*). Que le monde soit dans sa vieillesse est encore affirmé au VIIe s. par le pseudo-Frédégaire (Scheludko 1935; Curtius 1936:117). Par ailleurs, ce motif est répandu dans l'hagiographie: ainsi, dans la *Vita Alcuini* (BHL, n°242), la rareté de la sainteté s'explique par la sénescence et la décadence de la chrétienté: *quoniam, mundo fluide cum suis senescente, vix admodum pauci repperiri queant, priscorum in omnibus ardua sequi vestigia qui possint...modo abundante iniquitate, apostoli iuxta prophetiam, et refrigescente karitate multorum* (MGH, *SS*, 15, 184). Cf. aussi Richter (et H.Adolf) 1933:88-92.

1. Eul. 1 *Buona pulcella fut Eulalia*: cf. Lausberg 1956:50-51, d'après qui l'auteur du poème aurait encore trouvé chez Sir. 44,1 les liens entre Noé et *iustitia*, Abraham et *fides*, David et *caritas*.

4. *perdut*: manque de concordance, cf. Foulet 1977:§ 113 (*perdue* PS); ChRol 2895 *Cors ad gaillard, perdue ad sa culur*; Lam. 4,1 *Quomodo obscuratum est aurum, mutatus est color optimus*. Il s'agit en fait d'une plainte sur les cinq âges de l'humanité, dont la dernière correspond à l'exil en Babylone (cf. la note suiv.); mais l'allusion implicite à l'or renoue avec un motif classique bien connu, cf. Ov. Met. I, 89 ss., déjà signalé par Scheludko 1935 (cf. Lausberg 1956:39, 55).

6-7. Cf. Aug. Civ. 22,30; le parallèle entre les six âges du monde et les six âges de l'homme se trouve également chez Isid. Orig. 5,38,5 *secunda [aetas] a Noe, usque ad Abraham, tertia ab Abraham usque ad David, quarta a David usque ad transmigrationem Iuda in Babyloniam.*

La *sexta aetas* commence par la naissance du Christ et correspond à la *senectus* (Lausberg 1956:40, 51, 54-56).

7. *qui* L = *cui* M, d'où *que* APS, cf. 123, 175, 237, 310, 330, 376, 430, 566 (cf. ChRol 3187 *Li .XII. per, qui Carles amat tant*; Foulet 1977:§ 254-5; Avalle 1963:104). En interprétant *Deus* comme suj., nous suivons Tobler 1912:335 et Foerster (cf. aussi *que* chez G. Paris); Lausberg (1955:312-3, 1956:40, 1958:169-177 [!]) accepte *qui* sur la base de Sir. 47,2-10 *David...dilexit Deum* (Storey, Rösler, Rohlfs également *qui*).

9-10. *remanant* L deux fois à l'assonance, par faute d'anticipation; PS, au contraire, le remplacent au v.10 par *va(it) morant* (cf. l'analyse de Lausberg 1956:42); Mb emploie à la rime tant les deux mots originaires que l'innovation (*Vieus est et frailes, tous se va declinant...Joie et leëche va toute remanant...Car tous li biens del siecle va morant*; Ma, où ce dernier vers manque, présente deux fois le synonyme *defalant...defaillant* [cf. aussi S 30 *La fois del siecle se va toute falant*]). *Si'st* L = *Si est* AP. – Le motif est repris dans le *Sermon* de Guischart de Beauliu ainsi que dans le *Poème moral* wallon (Gnädinger 1972:84).

12. Alexis appartient lui-même aux *anceisurs*, dont la génération commence avec l'âge de Noé (Lausberg 1956:56): cf. ad v.15.

13. *un sire*, graphie commune à LAP (Storey 1968:55). Dans la version syrienne du IXe s., traduite par Amiaud, la ville s'appelle également Rome. Tant dans le cod. Marcianus que dans le texte carschouni (qui dit expressément *Roma senior*) il s'agit de Rome en Italie. Les hymnographes grecs comprennent tantôt Rome, tantôt Byzance (qui est aussi, rappelons-le, la ville natale de Johannes Calybita). Toutes les Vies latines mentionnent Rome, cf. cependant ad v.76.

15. *Pur hoc* L, d'où *Pur cel* A, *Por ceo* P, *Pour çou* S; cf. Lausberg 1956:42, Contini 1986:120 (cf. également ad v. 206, 542); Rythme 11-12 *De quibus unum eligo,/de quo cantare gestio*. «Es gibt somit fünf Proömialpersonen: Noe, Abraham, David, Christus, Alexius», ce dernier n'étant désigné pour l'instant qu'à l'aide d'une périphrase (Lausberg 1956:44).

16. *si out a·nnum* L (= *si out a nun* P): *issi ot num* A, *ensi ot non* S (cf. *ot non* M). Pour *si* 'ainsi' cf. v.147 et StLéger 37, tandis qu'au v.31 (*si out num*) *si* 'et'. Paris *ensi out nom* dans la 'maior', *si out a nom* dans la 'minor'. Contini 1986:105 préfère A sur la base de L 245 *issi*, 271 *eisi*. Le redoublement phonosyntaxique est hap. dans le ms. (Avalle 1963:111; cf. pourtant v.555).

17. Dans le premier hémistiche, nous considérons *iert* A comme un écho de la même forme à l'assonance. Dans L il y a contradiction apparente entre *des melz* [cf. T.-L. s.v. *mieus*, col.37] et *eret* (=*ere* AP): en effet AP portent *del mels* (*miex*), alors que S opte pour le pl. (*Des belisors qui a cel jour i erent;/Quens fu de Roume, de toute la contree*), le régime de diffraction étant confirmé par la déviation de M (*et mout bo(i)ns crestïens*). Paris choisit AP; Rösler, Rohlfs et Hemming («construction 'ad sensum'?») s'en tiennent à L; Storey corrige en *ere\<n\>t*. Nous croyons qu'il n'est pas besoin d'intervenir sur le ms. de base: plutôt que d'une anticipation du v.20 (*des melz gentils*), il s'agit de l'article *(e)s* < IPSE, cf. au v. 179 l'opposition entre *des regnes* L et *del regne* PS. Deux exemples sûrs de *es* dans GirRouss O 2136 *Entres mur e·l palaz*, O 9547 *d'es ciel*, où l'autre ms. P corrige respectivement *Entre·l mur* et *del ciel* (cf. aussi Lex. Unt. s.v. *eis*). L'article IPSE va bientôt disparaître, à l'exception de quelques locutions figées, cf. Pope 1973:§ 850 *en es le pas, en es l'oure*, PhThaon *en esse la chariere*.

20. *Des melz gentils* (=A), glosé *Des plus gentis* P; cf. Contini 1986:118, note 6.

22. *N'ourent amfant* L: *Que enfant n'o(u)rent* AP, *Qu'enfant nen orent* S (cf. *K'il n'ont enfant(s)* M). Paris et Contini 1986:120 tiennent l'hiatus de AP pour originaire (dans SM, il agit en effet comme facteur dynamique). D'accord avec les autres éds, et sur la base de 43 *N'at mais amfant*, nous considérons L comme préférable; cf. aussi 192 *Ourent lur vent* et surtout 31 *Fud baptizét*, où PS corrigent *Baptizié (-siés) fu*; 120 *Nel reconurent* (où A porte *Li messagier*).

23-24. Deux exemples de l'interjection *E* en tant que facteur dynamique (Contini 1986:108); s'y ajoute au v.24 l'adj. *celeste*, cf. respectivement 23 *Deu en apelent* APSM (= Rösler, Rohlfs) et 24 *O reis del ciel* A, *(H)e rois de glore* SMa, *Oiés, roys de glore* Mb (avec *O → *Oiés surnuméraire); cf. aussi v.59 *E Deus*, d'où *O Deus* A, *Elas* S (ainsi que Ma 111 *He: Dex*, Mb 118 *Ha Diex*).

25. 1 Rg. 13,14 *Quaesivit Dominus sibi virum iuxta cor suum* (Lausberg 1958:169). La prière est attribuée à la femme aussi bien dans Md 2 (*Recordare, Domine, ancillam tuam, et respice affictionem meam et da mici semen de viro meo, qui placeat ante conspectum tuum et conlaudet tuum sanctum nomen post obitum nostrum*) que dans Ct 6-9, B 8 (ce dernier reprend *indignae ancillae tuae*, puisée à la prière d'Anna, 1 Rg. 1,11). Par contre C,A ne donnent qu'un court discours indirect, référé aux deux parents.

26. «*prieirent* (nicht *rr*, da dem 1. Balken der Haken fehlt)» F.-K., qui imprime néanmoins *prierent* (s'agit-il d'un autre exemple de A > *ei*?).

27. *Que la muiler* L(=S), dat. abs. explicité dans les autres mss.

30. Cf. *mirent* A, *mistrent* P, *misent* S, le prés. ind. étant partagé par *don(n)ent* M; *sur la* dans LMb, cf. les gloses *selunc* AP, *selonc* S, *en le* Ma.

31. *Fud baptizét* L(=A), *Baptizié (-siés* S*) fu* PS avec inversion (cf. 77 *Preste est la nes* S); Ct 9 *Qui baptizaverunt eum et vocatum est nomen eius Alexis*. L'hiatus *si o(u)t num* (LA) explique la variante *s'ot a non* S (cf. v.16), alors que P présente une inversion (*si out Alix a nun*) qui défait l'assonance. Pour l'emploi des 'coblas capfinidas' chez l'auteur de StAl cf. Mulertt 1918:72 (qui ne relève dans StAl que trois exemples de «Strophenbindungen», à savoir str. 6-7, 24-25, 34-35); Sckommodau 1954:175-6, 184 (avec des conclusions en partie fausses); Avalle 1963:115-6.

32. *Ki lui portat*: aisément escamoté par S (*le porta*), l'emploi du pron. tonique (cf. v.43) entraîne dans AP une recodification plus complexe *Ki l'o(u)t porté* AP; dans le second hémistiche, c'est l'adv. qui agit comme facteur dynamique, *cf. volentiers le nurri* A(=PS).

33. *puis* 'depuis que' (cf. v.21), banalisé dans P (*Et li bons peres a escole le mist*) et dans M; pour l'ordre compl.-suj.-verbe cf. v.383.

34. «Mb *Quant a le foy font l'e<n>fant apeler* here fails to give the saint's name, and as a result the saint is not named in until 107. Ma 54 reads *Dant Alexins ont le fil apielé*» (Elliot 1983 ad v.). Evidemment *a le foy* < **Alesi*.

35. *li enfes* F.-K. dans le ms. A, «mais sous les rayons UV nous croyons lire *a curt*» (Hemming 1994 ad v.).

36. C,A font état d'un vœu de chasteté prononcé par les deux parents. Pour la diffusion de ce motif dans les autres versions cf. Rösler 1905:39; la notion de chasteté conjugale à l'époque est illustrée par Corbet 1986:187-8, 204.

36-38. *ne mais...que* + subst. 'excepté' (à partir de ChRol.). Le second *Mais* (v.37) est changé en *Fors* AM. Pour la corrélation *Quant...Dunc* cf. v.47, 71-72; StLéger 13.

38. Seul Ma propose *a en avant* (cf. StLéger 192 *ad en avant*), tandis que l'absence de *a* entraîne selon Contini 1986:114 «un'orrenda dialefe» chez LPS, confirmée en tout cas par la substitution *que fera* dans A (cf.

par ailleurs, dans la laisse correspondant à la st. 2, Ma 18 *Ne se redoute del tems a en avant* = Mb 21 *Qu'il ne si crieme del tans en avant*).

39. *Ja li volt femme duner a sun vivant* A, cf. ibid. 19 *Mullier li dunad vaillant e hunuree* (Hemming 1994 ad v.: «A accentue la faveur de l'Empereur»; cf. Sckommodau 1954:184). Contini 1986:120-1 propose *rove en lieu de *volt* (cf. ad v.259), mais la dispersion (cf. encore *Sil* [Paris *Si*] *velt* S, *Or ve(u)lt* M) ne paraît guère suffisante pour justifier un régime de diffraction.

40. Diffraction typique *acatet* L, d'où *aplaide* A, *porchace* P, *a quise* SM, terme juridique illustré par Contini 1986:106 à l'aide de Du Cange et LR; à remarquer encore *filie d'un* L, d'où *fille a un* APM, *f. un* S (Contini 1986:111; cf. pourtant v.42). L'épouse est appelée dans les Vies latines *filiam de genimine regis* Md: *puellam ex genere imperiali* A,C: *puellam ex genere et consanguinitate regali* Ct: *puellam de sangue imperiali* B; Rösler ad v. cite deux versions grecques (Paris, BN 1631 et 390) où l'épouse est dite originaire ἀπὸ τὴν φραγγίαν. Les noces sont célébrées *in ecclesia, que vocatur sancta* (Md 5), ensuite, d'après les autres versions, dans l'église de St.-Boniface (cf. ci-dessus).

41. L suppose une liaison avant *halt*, à laquelle la plupart des éds ont préféré l'hémistiche *de mult halt parenté* attesté unanimement par cett.; cependant Rösler note: «*nethe de h. p.* macht den Vers zu lang, A, P *mult halt* scheint aber nicht ursprünglich»; Rohlfs accepte *(h)alt*. Le problème est évidemment linguistique. T.-L. s.v. *haut* offre un certain nombre d'exemples dispersés, où ce *h*- est muet, à savoir Joufrois [sud-est, p.-ê. frpr.] 812 (deux fois); Serm. poit. 41 et 192; GirRouss 2 et 17; Watr. 175,401. Cf. par ailleurs la graphie *ad altes voiz* attestée dans le ms. V au v.436 (Stimm 1963:330; Burger 1998:377).

43. *mais amfant* L, cf. Contini 1986:111-2 et les gloses *plus enfant* A (= Paris), *plus d'enfans* PS; au second hémistiche *lui* tonique fém. (Pope 1973:§ 1250) agit comme facteur dynamique, cf. *mult la vout honorer* P, *si l'ot mult en chierté* A, *bien le puet marier* S (Paris: *lei* dans la 'maior', *li* dans la 'minor').

44. *an vunt...parler* L(=S): *en unt...parlé* AP, à notre avis préférable, par rapport aussi au v. suiv. (pour l'intervention du remanieur dans A cf. dernièrement Burger 1998:268).

45. *cum* à valeur temporelle est fréquent dans StBrendan, où il agit souvent comme facteur dynamique, cf. 288, 241, 309 où les mss DE glosent *Quant*; 451, 1039, 1469, 1499, 1661 où la glose est limitée à E.

46. *adaisement* L devient *a(s)semblement*, *assam-* dans les autres mss.

47. Par rapport à L(=Ma), les autres mss changent soit le verbe principal (*Quanque unt a faire* A) soit l'inf. (*al jor* P=S, *au terme* Mb). Dans le second hémistiche, *dunc* L est unanimement rejeté (*funt mult* A, *mult le funt* P, *se fisent* S, *sel font molt* Ma, *se le font* Mb); l'adv. fait aussi l'objet d'une dispersion considérable: *gentement* LP, *belement* S (cf. pourtant S 103 *De ses alués mout gentement douee*), *l'iement* Ma, *richement* Mb, *isnelement* A, ce dernier avec *gentement* au v. suiv.; cf. ChRol 2099 et la note de Segre (Contini 1986:128 ne voit pourtant guère de 'lectio difficilior'; peut-être la diffraction pourrait-elle s'expliquer à partir du v.569).

48. Une fois de plus l'adv. fait l'objet d'une dispersion: *belament* L [cf. Pass. 130 *benlement*], *gentement* A, *vairement* P, *hounerablement* S, *voirement* Ma, *vraiement* [à corr.: *v<e>raiement*] Mb.

49. Sauf *Mais ço est tel plait dunt ne volsist nient* L, la tradition remonte à A, avec le pron.-suj. postposé (Paris préfère L dans la 'maior', A dans la 'minor').

50. Rythme 35-36 *ad cognoscendum dominum/totum convertit animum*; Dt. 6,5 (Mt. 22,37) *Diliges Dominum Deum tuum ex toto corde tuo* (Lausberg 1958:154, 175). L est étayé par SMb, tandis que APMa portent *a Deu (Diu) a* (pour éviter l'hiatus [Rösler ad v.]); *de tot en tot* 'prorsus' (GuillBrit), cf. v.290: revient chez PhThaon (Comp. 2006) et ChTroyes.

51. L'emploi de *il* est hapax tout comme dans StBrendan 1491, cf. Waters 1928:cxcvi, note 1.

55. Diffraction *ou ert sa muiler* L, *o(d) sa gentil (gente) m.* AS, *dreit a sa m.* P, *si se fait (fist) descauc(h)ier* M (Paris comme A). Au lieu de *er<e>t* (Rösler et Rohlfs, ainsi que Lausberg 1958:177-8), qui n'est jamais attesté hors d'assonance, on propose *<an>dreit* sur la base de P (cf. ad v.193). En début de vers on a *Vint* LM, *Vait* (*Va* S) APS.

56. Cf. *vit...esg(u)arda* AP (SM modifient).

57-58. Rythme 59-60 *Tunc sponsus non humanitus/ita fatur, sed caelitus.*

58. La plupart des éds acceptent *tut aveir* L, cependant la dispersion est considérable: *tute rien* A (= Paris dans la 'minor'), *tote honor* P, *nule riens* S. Cf. 91 *Tut sun aver*, 95 *Pur nul aver*, en outre Mb 130 *Il l'aime plus que nul sien tenement*. Ou faudrait-il accepter A sur la base de *(tres)tute terre* (cf. ad v.488)?

59. *E! Deus*: cf. ad v.23-24.

60. *mult* est partiellement rejeté (*or* A, *jou* S); dans le même hémistiche, *que tei en perde* A (*en* à corriger en *nen*, cf. v.199) paraît 'difficilior' par rapport à *que ne t'em perde* L (d'où *que ne me perde* P, *que ne te p.* S), pourtant accepté par tous les éds.

62. *la prist a(d) apeler* LP, *la prent ad aparler* A, *prist a li a parler* S: d'accord avec Rösler et Contini 1986:111, il faut donner la préférence à *aparler,* synonyme de *araisnier.*

65. *Mais lui est tart* L, *Kar lui iert tart* A, *Que lui ert tart* S (cf. S 280 *Ains li est tart que il soit enfouis*), *Tart lui esteit* P: Contini 1986:121 propose **Lui eret tart* (cf. ad v.55), cependant la dispersion des variantes appuie *mais* 'puisque'; quant au prés. *est,* il est étayé par *mostret* au v. précédent, où A(=P) portent justement *mustra*: c'est pourquoi nous évitons la correction *(i)ert* (malgré la présence de *moustre* et *ert* dans S).

68. *ices* L (cf. P 208 *ices*; pour *icis, cis* cf. F.-K., p.326) perd sa syllabe initiale dans le reste de la tradition (cf. Contini 1986:123): à côté de *cest* AP (-1), cf. les chevilles employées par S (*car en cest s.*) et par Ma 157 (*Il n'a en cest siecle nule parfite amour*). Le syntagme *parfit<e> amor* (pour l'absence de *-e* dans l'adj. cf. 567 *un<e> eglise*) est repris dans le *Sermon* de Guischart de Beauliu (Gnädinger 1972:86).

69-70. Md 5 *Est igitur, sponsa mea, dilecta mea, seculum istum in ruina positum, et tamquam nihilum reputati sunt dies licentie nostre.*

72-73. C(=A) 15 *Deinde tradidit ei anulum suum aureum et rendam, id est caput baltei quo cingebatur involuto in prandeo et purpureo sudario*: cf. Rösler 1905:27-28, 46; Id. 1933:521-3; Legge 1956; Fotitch 1958; Avalle 1963:66-68; Legge 1972; Schmolke 1977; Rohlfs gloss. s.v. *renda* («In syrischen Texten der Alexiuslegende wird das Hochzeitsgewand, das Alexius zurückgibt, *rĕdīda (rḏīda)* genannt»). SM ne mentionnent que l'*anel,* qu'Alexis coupe en deux en vue d'une éventuelle agnition; par la suite, le deux époux se livrent à un colloque qui s'étend sur plusieurs lasses.

72. *Pois* L, *Dunc* AP: on accepte AP sur la base des v.46-47; *dunc* 'alors, à ce moment-là', cf. StLéger 129, 185 (en outre 15 *donc...a ciel di,* 32 *donc a ciels tiemps*) et surtout Pass. (nombreux exemples).

73. *dunt il l'ot espusee* A(=PS), pourtant la formule (acceptée par G. Paris) est employée d'habitude dans une énumération incluant les deux parents (cf. v.102, 237). S 174 *a Diu te tien* étaye en quelque sorte la leçon de L (cf. pourtant S 156 *Prist un anel dont il <l'>ot espousee*).

74. *Dunc en eissit* L, *Puis ist fors* A (-1), *Dunc s'en ist fors* P: cf. ad v.72. On peut supposer dans LP une faute d'anticipation par rapport à 83 *Dunc an eisit* L: *Dunc s'en issi* A: *Dunc en issi fors* P (+1): *Illuec s'en va* S. Cf. encore 211 *(E)ist de la nef* LA, *Dunt issi de la nef* P (+1).

75. *Ensur nuit* L (-1), d'où *En cele nuit* P, *A mienuit* S, *Ja s'en fuit fors* A: cf. Contini 1986:133-4 (*sore* agit en facteur dynamique dans la tradition de ChTroyes, cf. Perugi 1993:850). Pour la notion de *peregrinatio* (*xeniteia* en grec), cf. la bibl. recueillie par Gnädinger 1972:55-6, notes 145 et 150.

76. *er(r)ant* LP, d'où *curant* A, *fuiant* M (par contre, au v.113 la tradition est stable). Seuls Ct,B 16 donnent quelques détails sur le départ, cf. *Deinde venit ad Capitolium et inventa navicula ingressus est in eam sicque Romam reliquit* Ct; le toponyme est *Capolim* dans B, *Cpolis* ou *Kpolis* étant l'abréviation coutumière pour *Konstantinopolis*. En marge de *Capolim*, les Bollandistes ont glosé: «forte voluit Neapolim dicere»; quelques copistes anciens ont même écrit Nicopolis (Rösler 1905:47, à intégrer par Id. 1941:viii; Stebbins 1973:507).

77. *La nes est preste ou il deveit entrer* L, *La nef fu prest u il dut enz entrer* A, *La nef est preste ou il pora entrer* P, *Preste est la nes u il porra entrer* S, Ma 571 *Pres est li barge qui outre doit aler* = Mb 431 *Prete est li barje qu'il doit outre passer*: cf. 291 *An la sameine qued il s'en dut (deit* P) *aler*. Pour le choix de *prest* cf. ad v.295. Contini 1986:121-2 propose **deure* (cf. Gormont 633 *deuret*); par ailleurs, l'opposition entre *est* et *fu* pourrait s'expliquer à partir de **ert*. L'emploi de *deveir* «to express impending action, virtually a circumlocution for the future» (Waters 1928 ad v.932) a été illustré par Tobler 1908:7-12. A remarquer le refus de LP au v.232 (*deit* → *pot*), alors que 295 *volt* L est probablement originaire; aux v.279 et 291 les mss LAP concordent sur *deit* et *dut*.

78. *aloët (-ez)* LP n'est pas gardé par les autres témoins, cf. *si est enz entré* A (-1), *si est tous tens* [*seus* éds] *entrés* S, *si entra ens corant* Ma, *au tref si tres courant* Mb (peut-être **errant* dans l'ancêtre de AM, cf. ad v.76).

80. *les volt mener* L, mais *lur volst duner* A, *lor vout doner* P. Dans les mss SM, Alexis passe par Jérusalem avant d'arriver à Lalice.

81. Pass. 17-18 *Cum el perveing a Betfage/-vil'es desoz mont Olivet-;* 117-8 *Christus Jesus den s'en leved,/Gehsemani vile·s n'anet* (en corrigeant la ponctuation adoptée par Avalle 1962:103). Par rapport à *une cité mult bele* AS, *ceo fu une cité mult bele* P (+2) est probablement conta-

miné, cf. aux v.74, 142; Paris suit A dans la 'maior', L dans la 'minor'. Dans les 'Vitae', la ville s'appelle *Laudocia* (C), *Laodicia* (A), *Magnia Laodicensis* (B; manque tout à fait dans Ct). Paris 1872 ad v. explique le passage *Laodicea* > *Lalice* d'après le modèle *Vadisus* > *Valois*, *Aegidius* > *Giles*. Sckommodau 1963 signale *Aliquia* et *Licca/Licia* chez les premiers historiens des croisades, cf. Beckmann 1964:206. Par rapport à *Licca*, qui est la forme la plus répandue (d'où la confusion avec *Lucca* dans certains mss), Sprissler 1966:99 attire l'attention sur la variante *Liceam* dans le ms. P au v.71 du Rythme, d'où à son avis *(Il)la Licea > Lalice*. – On lit souvent que *Lalice* est encore attesté dans le *Pèlerinage de Charlemagne*, v.103 (ms. *La grant ewe del flum passerent a la liee*) ou 106, selon la numérotation adoptée par les éds, cependant le ms. unique porte *la liee*, corrigée par Aebischer 1965 en *Lalie* «qui paraît bien devoir être une faute de copiste pour *Lalice*, soit Laodicée», rejoignant l'avis de Koschwitz, Voretzsch, Horrent, Favati (ainsi que Nicholls 1979, mais avec une interprétation différente: «Province of Lycia in South Turkey?»): «Charlemagne traverse une partie de l'Asie Mineure, franchit un bras de mer [Au fond duquel se trouve le golfe d'Alexandrette?] pour atteindre Laodicée (Syrie), port bien connu des pèlerins et des croisés de Jérusalem [cf. ChAnt, GodBouill]» (Horrent 1961:30, qui rejette la suggestion *Atalie* émise par Bates). D'ailleurs, outre la ville sur mer en Syrie, également mentionnée dans StAl, il existait encore au moins deux Laodicées, l'une près du Lykos (et du gué du Méandre), l'autre (dans ChAnt) près de l'Oronque (Favati 1965 ad v.).

83. *a certes* L, d'où *a terre* AP, *par terre* S (pour *en eisit* cf. ad v.74).

84. *Ço ne sai jo* L, *Mais ce ne sai* A, *Mes jeo ne sei* P, *Mais jou ne sai* SM. Tout en observant que, dans l'ensemble des passages similaires, «la 'singularis' costante di L è proprio...l'esplicitazione del pronome soggetto», Contini 1986:122-3 évite de le considérer comme facteur dynamique, proposant à sa place **Iço ne sai*.

86 ss. L'icône miraculeuse n'a aucune part dans le codex Marcianus (cf. Rösler ad v.): tant celui-ci que Md 6 se bornent à mentionner l'église de Ste-Marie, qui n'a été fondée à Edesse qu'après 489, donc après le règne d'Honorius. C,A 16 informent que *sine humano opere imago domini nostri Iesu Christi in sindone habebatur*; B précise: *ibi sine manu factam imaginem dominatoris videlicet vultum domini nostri Iesu Christi vidit, quam Abgaro regi in sua civitate dedit* (quant au texte de Ct, il s'en tient à la légende plus ancienne: *In qua erat ipsa epistula, quam dominus noster Iesus Christus propria manu sua scripsit dirigens illam Abgaro*

regi). L'église de Ste-Marie est par ailleurs mentionnée dans les 'Vitae' récentes au § 17 (*coepit sedere cum ceteris pauperibus ad atrium sanctae Dei genitricis Mariae*).

86. *D'iloc alat* L, *Dunc s'en alad* A, *Puis s'en ala* P, *Apres en va* S (*d'i(l)luec* reste dans M); *Iloc* est tout à fait stable au v.114 (cf. StLéger 100 *ille* [= *iluec*], 178 *Illo*). Contini 1986:126 propose **D'iloc s'en fut* sur la base de 382, mais son raisonnement repose sur un stemma qui ne saurait être utilisé d'un point de vue purement statistique. – Rösler 1933:526 propose de ramener le mystérieux toponyme *Alsis* (*Arsis* A, *Axis* ou *Auxis* P, *Ausi(s)* ou *Aussis* S, *Alis* Ma; dans Mb, Elliot 1983 a recensé *Alsix, Assix, Ausi(s), Auxis*) à Ἔδεσσα, à travers deux formes intermédiaires (d'ailleurs guère attestées) **Adesis,* *Alesis. Un postscriptum à Rohlfs (éd. 1963, développé dans les réimpr. suiv.) relate l'avis de Franz Babinger, orientaliste à Munich, d'après lequel Alsis (qu'on identifie d'habitude à Edesse) correspond en réalité à l'ancienne ville de Sis en Cilicie, sise au nord de la ville moderne d'Adana (*Assis* ou *Oussis* dans les sources françaises médiévales); aux IXe et Xe s. elle était la capitale du royaume arménien. Cf. aussi Pächt 1960:130.

88. Rythme 111 *anglorum* [var.: *angelorum*] *facta manibus*. Gardé ou reconstitué par S (*par le commant de Dé*), l'hiatus après *Que(d)* n'est resté intact ni dans A (graphie *angeles*) ni dans P (*par le cumandement Deu*).

91 ss. Ayant en commun la formule *(an/par) Alsis la ci(p)tét*, les str. 18-19 sont bâties sur la même assonance, ce qui pourrait être l'indice d'une ancienne soudure (cf. ci-dessus, p.72).

91. *qu'od sei en ad portét* L, *que il ad aporté* A, *k'il out o sei porté* P, *que il en ot porté* S. L'hiatus serait-il originaire?

92-93. Par rapport à APS (qui présentent le parf. au lieu du prés. au v.94) L inverse les seconds hémistiches de 92-93.

92. *nïent* A, d'où *que gens* L, *que rien* P, *ains rien* S. Tant le v.137 que le v.268 (où *giens* L est adventice) montrent qu'il s'agit d'une innovation, que seul Storey accepte parmi les éds. «It may fairly be concluded that *giens* was obsolete in French by about 1200...it remains true that *giens* has so far only been met with in works written in England or in the western provinces of France» (Reid 1933). Ainsi, T.-L. s.v. cite bien des passages, notamment dans la tradition d'*Eneas*, où *rien, plus, point, pas, mie* servent à remplacer *giens*: cf. Contini 1986:106, note 2, qui, de même que les autres éds, le tient également pour originaire dans ce vers,

tout en reconnaissant qu'il y a contradiction par rapport au v.268. Plutôt qu'à l'original, nous estimons que *gens* doit être attribué au copiste.

94. *Dunet* L est 'difficilior' par rapport à *Dunad* A(=PS), cf. Contini 1986:79. Comme *u que* demande le subj. (cf. v.85), Sckommodau 1954:177 préfère *u il* du ms. A; Lausberg 1955:316 (note 31) justifie l'ind. en tant que latinisme.

95. A remarquer dans A (*De nul aveir volt <estre> encumbrez*: «*estre* illisible, changé par R2 en: *ne se vout encumbrer*» [Hemming 1994]) l'emploi de *nul* sans autre négation (comme il arrive dans StBrendan, cf. Waters 1928 ad v.788).

98-100. C,A 18 *Sancta quoque Dei mysteria singulis diebus dominicis accipiebat* [cf. v.256-7] *et de elemosinis quae ei dabantur quantum sibi sufficeret reservabat, cetera vero pauperibus erogabat*; Rythme 77-78 *corpusculum vix sustinens,/superflua distribuens* (cf. Md 14, à l'endroit correspondant aux v. 251-3; dans le cod. Marcianus ce détail se trouve dans le récit d'Alexis au sacristain: καὶ τὰ περισσὰ δίδομι τοῖς πτωχοῖς). B(=Ct) a une version différente: *Facies autem sua inter brachia eius, cor vero eius erat in Deo, et quod accipiebat donabat pauperibus.*

99. *ses cors* L, *sun (son) cors* cett.

100. Texte de L(=S): la ligne est en partie illisible dans A, alors que P contrevient à l'assonance (*as plus povres le rent*).

101 ss. Rythme 79-80 *Nunc praetermisso filio/de patre loquar denuo*; Pass. 278 *Lai dei venir o eu laisei*. Ce deuil anticipé (str. 21-22) ne se trouve que dans Md; d'ailleurs la str. 21 est liée par anaphore à la str. 48, elle aussi en coïncidence avec une soudure (cf. notamment 48e *Quels hom esteit ne de quel terre il eret,* dont le second hémistiche correspond dans AS à *de quele cuntree*). Il est bien possible que L ait conservé ici un texte provisoire, résultant de la jonction de deux assonances fém. et trois masc. C'est ce même texte, remontant donc à l'archétype, qui aurait été retravaillé par APS. La forme *ere* apparaît encore deux fois à l'assonance dans tous les mss à la str. 76, v.376 et 380: il s'agit là aussi d'un passage évoquant la vie du saint sous une forme abrégée; aux deux occurrences de *ere* s'ajoutent une 3e pers. pl. du parf. (*l'esculterent*) ainsi que la formule *del pedre e de la medre,* qui est donc commune aux str. 21, 48 et 76.

102. *qued il out espusethe* L, cf. *E de la pulcele que il ot espusee* A, tiré de A 233 = L 237 (il est significatif que le second des deux correcteurs

[d'après la récognition de Hemming 1994] change en *qui il espus here*), *qui sole fu remese* P, *ki seule en est remese* S. Outre le v.73, cf. 132 *dolente an sui remese* et 135, après quoi A rajoute *Ne t'espuse qui dolente est remese* en guise de vers surnuméraire. Il est probable que le modèle auquel L et A ont puisé anticipe sur les v.237 et 467, ce qui a pour résultat de dégager une figure etymologique assez improbable; sur la base de PS (leçon accueillie par les éds) on est d'ailleurs amené à reconstituer *qui sole [ert] remese* (cf. ad v.373).

105. *deplainz* L (cf. *deplainte* A, *complaintes* S) est hap. dans FEW s.v. PLANGERE; Gdf ajoute une occurrence dans une charte du XIVe s.

106 ss. S 394-405 a fait la jonction entre les str. 21+27, dont l'assonance est la même, à partir des éléments communs qu'il a soigneusement gardés, et qui dégagent des effets d'écho, cf. 21c *que il fuï s'en ere* et 27b *Tu m'ies fuït*; 21e *par tute la cuntree* et 27c *Ne sai le leu ne nen sai la contrede*; quant à la formule 21a *Or revendrai al pedra ed a la medra,* elle est en quelque sorte dédoublée dans 27a *ta medre* + 27e *tun pedre*, dont l'un ouvre et l'autre clôt la série des assonances. Enfin, dans le but manifeste d'enchérir le réseau des correspondances internes, S dédouble 21d *Ce fu grant duel que il en demenere*, soulignant la bipartition originaire de la laisse. Cette laisse double est suivie dans S des matériaux correspondant aux str. 28-31; ce n'est qu'après le vers-clé *L'une son fil et l'autre son ami* (=L 155) qu'on insère les str. 22-26, la soudure étant assurée par le remaniement du vers initial (qui devient en S: *Pleurent ensamble lor ami c'ont perdu*). Enfin la str.26 enchaîne avec 32, ce qui marque le retour à la séquence propre des mss plus anciens. M présente des traits communs avec l'arrangement de S, mais il est allé beaucoup plus loin dans son remaniement.

107. Cf. Md 15 (après le retour d'Alexis à Rome): *noñ cessabimus flere, usquequo demonstret nobis Deus, quo devenit filius noster*; selon Contini 1986:117, l'adv. *u* dans P[2] serait à considérer comme 'difficilior' par rapport au *que(d)* «surnuméraire» de L, pour lequel cf. v.360, 387, sans doute aussi 237 (il s'agit des célèbres graphies trompe-l'œil du ms. L signalées par Sckommodau 1954:166; 1956:189-190; cf. Lausberg 1955:286; 1958:168).

108. Ce vers a toujours donné aux commentateurs du fil à retordre. Les différentes interprétations ont été résumées par Avalle 1963:127-8; cf. aussi Mölk 1981:168-9. Dans Ma 415 = Mb 274 la phrase est prononcée par la mère, ce qui pourrait être l'indice d'un échange analogue à celui qui a eu lieu au v.465 (cf. par ailleurs S 1192 *Çou fu mervelle que*

peciés ne l'em prist: c'est toujours la mère, cette fois en train de plaindre son fils).

109. *E chers amis* L, *Amis, bel sire* AP, *Dius, dist l'espouse* S, *L'espeuse (es)crie* M. Au v.135 *kers filz* est modifié dans les mss autres que L, cf. *bel fiz* P (=S; plus radicale la modification de A). Par contre, au v.155 (diffraction de Tobler-Contini) A est le seul qui présente *mun chier filz* à l'assonance.

110. *graime* LAP, *dolante* Ma, *irie* Mb 276; S manque. Répartition analogue au v.128 *Set il fut graim* L, *S'il en fu dolent* (+1) A, *Se il fu dolenz* P, *S'il fu dolans* S (M manque), où la variante de L est un encore appuyée par l'hiatus (Contini 1986:110-1 propose de résoudre un ensemble de passages similaires, y compris les deux cités, sur la base de 352 *esmeriz* L, escamoté dans les autres mss de façon unanime [mais cf. p.ex. Ma 418=Mb 277 *dolante et esmarie*; S 539 *Li clers revint esmaris al moustier*]). Dans Lex. Unt. s.v. *graim*, on signale le rapport avec anc. pr. *gram* 'triste, affligé' ainsi que GirRouss (hapax) *se gramar* 'se fâcher' et *gramor*. En anc. fr. *grains* forme souvent des paires synonymiques avec *iriés, dolans, marris* (T.-L. s.v.). Cf. par ailleurs ad v.441.

112. *Par multes terres* L, d'où *Par plusurs terres* A, *Par maint païs* P, *Par mout de terres* S, *pluisors t.* Ma, *maintes t.* Mb (cf. Contini 1986:106; Rythme 87 *per multa regna quaerere*).

113. *Jusque an Alsis* L, *Dreit a Tarsis* [= *at Arsis*] A, *Desque en Axis* P, *Dedens Ausis...tout droit* S, *Droit en Alis (Ausis)* M. Contini 1986:128-9 se borne à signaler le régime de diffraction. Faudrait-il rétablir *Andreit*, comme au v.55 (cf. de toute façon ad v.193)?

116-7. Rythme 95-96 *Sed non cognoscunt faciem/macilentam et tenuem*; cf. 151-4 *Sed dat mihi solatium/cutis mutata postmodum;/caro confecta macie/vetabit me cognoscere.*

116. Texte de L, cf. *Si out (Dont ot* S) *li enfes sa tendre char mué* PS (les deux premiers vers de la strophe manquent dans A). Le désarroi des éds vis-à-vis de cette ligne est bien justifié. La plupart se tiennent à la leçon de P, à l'exception de Rohlfs, qui lit *Des!* 'Dieu!'. Falk 1940-1 propose de corriger en *Tres*, marque du superlatif. Nous proposons d'y reconnaître le p.p. *desmudede* en tmèse, forme hyperlatinisée de *demüer* 'changer', conservé en judfr. (alors que *desmuer* n'apparaît qu'en moyen fr. en tant que latinisme). Ainsi que le rappelle FEW, *demutare* est déjà attesté dans l'*Itala*. Mais on pourra mieux illustrer notre vers à l'aide d'un passage d'Abbon de Fleury (m. 1004), *Vita S. Edmundi* 16

(cf. Lath. s.v.): «concupiscit ut per resurrectionem circumdetur stola demutatae carnis». Pour *tendra carn* cf. Aldhelm, *De Virginitate* [=MGH *Auct. Ant.* 15, 350-471] 2278 *purpureusque cruor tenera de carne cucurrit.*

119. *cume* est abrégé dans A *(cum un dels altres)*, cf. ad v.321; pour la graphie *receut* cf. Waters 1928:clxxvii; Avalle 1963:128-9.

120-1. Ce verbe, qui fait l'objet d'une anaphore reliant trois strophes, n'a de correspondant précis que dans C,A 20 *et dantes ei elemosinam discesserunt, quia non cognoverunt eum* (cf. Ct *nescientes quis esset,* B *ignorantes quis esset*).

123-5. *qui* = *cui* dans les mss autres que LS. La séquence *provenders: almosners* est limitée à L; nous acceptons la consécution de A (qui, par ailleurs, intervertit 124-125) et de PMb sur la base du v.339; Ma utilise les allomorphes *aumosnans* et *aumosniers,* S 473-4 redouble *aumo(u)-n(i)ers*.

123. «sons (o *in* e *gebessert*) L» (F.-K.).

125. *firet* L («tempo di valore ancora aspettivo, come ha ben dimostrato, in uno scritto non noto quanto merita, il mio collega di Ginevra, André Burger»: Contini 1986:87, se référant à A. Burger, *Sur le passage du système des temps et des aspects de l'indicatif, du latin au roman commun,* «Cahiers Ferdinand de Saussure», 8 [1949], 21-36) donne lieu à une diffraction exemplaire (cf. Lausberg 1955:296; Contini 1986:106-7). La plupart des autres mss le remplacent par *fist,* chacun d'entre eux s'employant à pallier l'hypométrie qui en découle: P utilise *cumme* suivi d'un possible hiatus; A propose une typique césure 5'+5 *(Ne vus sai a dire cum il s'en fist liez)*; les autres intègrent au second hémistiche des particules 'vides', à savoir *par* (S 475 *comme il par s'en fist liés), forment* (Ma 489 *cum forment il fu liés), tres* (Mb 347 *com il en est tres liés*).

126. *s'en retornent* P: cf. ad v.302.

128. «Formel für bildlich nicht Dargestelltes», cf. v.573 (Lausberg 1955:205). Pour *graim* cf. ad v.110 et 441.

131. Partagée par A et par P (S et M modifient), la graphie surnuméraire *Pur quei te* remonte probablement à l'archétype.

135. Notable *ierc,* dans la mesure où *-c* est affixé à un futur (Waters 1928: clxix-clxx; Avalle 1963:130). Après *lede,* le copiste de L a fait suivre un point en fonction rhétorique: la même chose aux v.450 (après *dolente*) et 594 (après *plainstrent*).

136 ss. Le modèle le plus proche est B (=Ct) 24 *Mater autem eius ab ipsa die nuptiarum illius, quando querebant eum in sua domo, aperiens fenestram in sua tutatione, cecidit in ipsam fenestram posuitque se in terram sacco et cinere induta et ibi erat proiecta in faciem suam faciens orationem et dicens: non surgam de pavimento hoc donec sciam, ubi sit filius meus unogenitus* (la mère se comporte d'une façon similaire dans quelques versions en anc. angl., cf. Rösler 1905:53). La scène correspondante dans Md, avec la locution *de sacco et cinere* ainsi que la similitude de la tourtre, ne se trouve qu'au § 15, après le retour d'Alexis à Rome.

137. *Si la despeiret* L (cf. Contini 1986:107), d'où *Si la destruist* A, *Si l'a destruite* S, *Si la despoille* P (en outre S 412 *toute l'a desparee* S, Ma 405 *toute s'est deskiree,* Mb 260 *si l'a descourtinee*).

138. *neül ornement* L, d'où *nus aürnement* A, *nul aornement* P, *nul cier garniment* S (cf. 136 *guarniment* A, en lieu et place de la leçon originaire); cf. Contini 1986:124.

140. *unc(hes) puis cel di* LP, d'où *Puis icel jur* A, *Ains puis cel jour* S, cf. Contini 1986:124. L'adv. *pos* au sens de POST dans Pass. 446. Le successeur de DIE trois fois dans StLéger, plusieurs dans Pass. (cf. notamment 89 *cel di* par rapport à 208 *a ciel jorn*). Il y a également diffraction dans le second hémistiche, cf. *ne se contint ledement* L, d'où *mult suvent se dement* A, *ne vesqui liement* P, *nen fu lie granment* (?) S 411 (différente la solution proposée par Contini 1986:123-4).

141 ss. Pour de possibles modèles cf. Curtius 1936:129, note 1; quant au fut. *estras,* cf. Waters 1928:clxxiv.

143. *cum dis l'ait host depredethe* L, *cum hum l'aüst preee* A, *cum sel l'eüst preee* P, *comme ele ert la vespree* S. Paris adopte *com s'hom l'oüst predede* dans la 'maior', *com s'ost l'oüst pr.* dans la 'minor', alors que Rösler se borne à rayer *dis* (qui «gibt keinen Sinn»), en justifiant l'absence de *se* après *cum* sur la base de Eul. str.10 (cf. Tobler 1912:336). Rohlfs propose *cum se l'ait (h)ost (de)predethe.* Nous supposons dans l'original une tmèse entre *des-* et *predethe* (cf. v.116); dans ce cas, *host* serait un mot fantôme, ainsi que Sckommodau 1954:170 l'avait déjà supposé (Contini 1986:113 et 127 propose **com l'aüst ost*). Pour l'image stéréotypée qui a pu suggérer *host* au copiste de L cf. Alcuin, Ep. 16 «ecclesia S. Cudhberthi...omnibus spoliata ornamentis, locus cunctis in Brittannia venerabilior, paganis gentibus datur ad depraedandum» (Lath. s.v. signale encore des couples de synonymes tels que «depraedavit ac destruxit»).

144. *pendre curtines* L (=Rösler, Rohlfs et Storey, ce dernier observant néanmoins que la leçon de AP «est probablement celle de l'original»), *pendre cinces* A (=Paris), *tendre et cinces* P; cf. *courtine(s)* SM, outre Mb 173 *Tondre mes crins et chinces* [= S 310 *.i. capel*] *affubler*. A l'appui de AP, G. Paris cite PhMousket 5435, 29169, et bien que le mot soit encore attesté ailleurs, ce renvoi garde toute sa valeur (cf. aussi S.-R. s.v. *cince, cinche, cinse* 'strip of material, bandage'; Lath. s.v. *cincia*). Il est d'ailleurs vraisemblable que *cinces* soit une façon de rendre la locution biblique (Dn. 9,3; Ion. 3,6) *sacco et cinere*, cf. Mt. 11,21 et L. 10,13 *in cilicio et cinere* (Sckommodau 1956:193 fait aussi référence aux deux passages de la 'Vita' espagnole publiée par Vázquez de Parga en 1941). Le sac et le manteau de bure étaient les pièces d'habillement propres aux Pénitents (Gilles G. Meersseman, *Dossier de l'Ordre de la Pénitence au XIIIe siècle,* Fribourg 1961, p.2).

145. Exemplaire la 'traduction' de S 415 *Sa grant ricoise a a grant duel tornée,* alors que dans AP le verbe est au passif (*est turnee*).

146. *jus a terre* P est préférable à *jusque a terre* L, tandis que AS *a ter(r)e* supposent un modèle hypométrique consécutif à la chute de l'adv. (qui agit aussi comme facteur dynamique au v.486), d'où *la süe mere* A, *De la dolour* S.

148. Tous les mss autres que L supposent *je ai fait si grant perte* A (d'où *mult par ai fait grant perte* P, *jou ai fait moult g. p.* S). L'autonomie syllabique de *i* est bien entendu la règle dans notre texte (cf. v.2, 17, 510, 520, 554, 595, et notamment 228 *Un en i out,* 320 *mult i as*); quant à *jo,* on compte trois autres exemples d'hiatus (v.389, 479, vraisemblablement aussi 402).

149. *Ore* L, *Des ore* A (+1), *Des or* P, *Or mais* S; selon Contini 1986:129 le responsable de la dispersion serait *des or(e)* (= AP, Paris dans la 'minor', Rösler), abrégé dans L en *ore* (= Paris dans la 'maior', Rohlfs, Storey), qui dans notre texte ne vaudrait jamais pour deux syllabes (cf. pourtant 353 en diasynalèphe, outre les exemples de *ensure, sure*; parmi les facteurs dynamiques recensés en anc. fr., la dégradation de *ore, sore* est d'ailleurs l'un des plus caractéristiques, cf. Perugi 1993:849-850). – Attestée dans toutes les 'Vitae' récentes (sauf B), cf. C 25 *non egrediar de domo tua, sed similabo me turturi, quae omnino alteri non copulatur, dum eius socius captus fuerit,* la comparaison avec la tourtre n'est employée dans Md 15 qu'après le retour d'Alexis à Rome; ce déplacement caractérise également B, qui au § 25 ne fait aucune mention de l'épouse (on n'y parle, en effet, que d'un vœu de chasteté

prononcé par les deux parents), alors qu'au § 39, après le retour d'Alexis à Rome, il a recours à l'image de la tourtre, non sans avoir fait une brève allusion à la douleur de la mère (ce qui, par rapport au *sacco et cinere induta* du § 24, représente une sorte de dédoublement: cf. d'ailleurs Md 14). Présente dans le *Physiologus* et très répandue dans la prédication vernaculaire (cf. Bambeck 1974:310), l'image de la tourtre (qui, en plus de symboliser la fidélité conjugale, véhicule les notions de chasteté et de solitude, cf. Gnädinger 1972:73-81; Wagner 1973:161) se trouve encore dans la *Vie de Ste Euphrosine*, transmise dans le ms. Canonici Misc. 74 (début du XIIIe s.), le même qui contient la rédaction de la Vie alexienne publiée par Stebbins 1974; elle y apparaît dans la plainte du fiancé, v.765: *Or serai comme turtre qui se per at perdue* (McCulloch 1977:183).

150. Tant du point de vue syntaxique (cf. ad v.22) que lexical (cf. ad v.532) *Nen ai* A est préférable à *Quant n'ai* LS (= éds), *Ore n'ei* P.

151. *di·la* (=dit la), cf. Avalle 1963:131; *a mei* L, *od mei* A, *o mei* P, *ensamble o moi* S: cf. 341 *a lui* L, *o(d) lui* cett., 489 *Qu'a tei ensamble*. Il est probable que la soudure phonosyntaxique en L ait occasionné dans AP la variante formulaire *Respunt la mere* (cf. aussi *S'ensamble o moi te voloies tenir* S). Dans le second hémistiche on peut hésiter entre l'enclise de *te* et l'élision de *se* (cf. 128=448 *Set*, mais 60 *Se or*).

155. Diffraction de Tobler-Contini, cf. ci-dessus, p.104-6. L. Lazzerini, *Appunti e riflessioni in margine all'ecdotica di Gianfranco Contini*, «Antico Moderno», 3 [1997], 7-25, explique la diffraction à partir de *per e → *pere. Malgré son apparence triviale, cette hypothèse est en realité fort coûteuse. Loin de remonter à l'archétype, l'intrusion de la conjonction *e* dans quelques mss est conséquente soit à la suppression de la forme verbale *ferai* (A et S), soit à sa réduction (dans P[2] *Tu tun seignur, et jol frai pur mun fiz*). L'asyndète est tout à fait à sa place en régime de zeugma; comme facteur dynamique, il n'est en revanche attesté nulle part dans StAl.

156. Cf. v.244 e T.-L. *metre (torner) el consirer* 'se résigner, renoncer à' [ou plutôt 'pousser des soupirs, des sanglots', avec *Mais* 'puisque' au v. suiv.]: la locution est encore signalée dans *Histoire de Joseph* (éd. Steuer, Erlangen 1903) A 469, p.296 *Mis l'a a consirrer./Quant fu las de plorer.*

160. *nel pot (puet) onc e*. Paris, *nel poët* (=*poeit*) L, la réduction *e>ei* étant bien attestée dans le ms., alors que Contini 1986:122 propose

pouret, «come nell'Eulalia». Par rapport à *pueent* P (A manque), S 508 *Que anemis ne l'em puet encombrer* confirme qu'on a bien affaire à un sujet sing. (cf. Mb 365 *du diable*). Les sources latines n'en parlent que dans l'épisode d'Alexis sous l'escalier, cf. Md 16 *Ipse autem intellegens temtationes diaboli*; C,A 42 *sciebat enim, quod antiquus humani generis inimicus has ei parabat insidias* (cf. aussi Ct,B).

161. «A seul divise la vie ascétique d'Alexis en deux parties inégales de quinze et dix-huit ans, ce qui donne le même total – 33 ans – que les autres versions»: Hemming 1994 ad v., qui, compte tenu du total *Trente treis anz* précisé dans A 276, adopte ici l'intégration *De .x<v.> anz*. A remarquer que toutes les Vies latines (y compris Md 9) portent *decem et septem*, à l'exception de A et de la Vie métrique publiée par Wagner 1965, qui s'accordent sur le numéro 10 (cf. ad v.271). Il pourrait donc s'agir, en principe, d'un parmi les nombreux indices de stratification conservés par le ms. A. Pour un résumé des valeurs symboliques attribuées au 17 cf. Meyer 1975:151.

163. Cf. *De Deu ne voldra* [< *voluerat*, Sckommodau 1954:167; futur employé dans un discours indirect libre, Lausberg 1955:298] *turner ne de sainte iglise* A.

164. Bien qu'acceptée par les éds, la leçon de L n'a aucun sens selon Contini 1986:129-130 («un invio d'onori è sprovvisto di senso»), qui s'interroge sur la validité du texte de P (*Ne por honor que nul lui ait pramise*, cf. *Ne pour hounor qui li en fust a dire* S). Nous proposons de ramener à *en(t)* < INDE le *t-* initial de *tramise<s>* (tmèse, cf. ad v.614; pour le sens, cf. p.ex. Brut Arn. 6503-04 *Constanz, dist il, morz est tis peres,/Remise est l'enor a tes freres*: il devrait s'agir encore une fois d'une nuance juridique).

166. *i ad si aturné* AP, cf. *ot a çou atourné* S: c'est à tort que Sckommodau 1954:184, note 1, préfère la leçon de A se réclamant du critère des 'coblas capfinidas' (cf. ad v.170).

167. Le futur marque le discours indirect libre, dont il existe des exemples dans la Passion: cette remarque de Lausberg 1955:208 (note 31, où il renvoie à M. Lips, *Le discours indirect libre,* Paris 1926) a été confirmée par les recherches postérieures (cf. p.ex. Manuel Bruña Cuevas, *Le style indirect libre chez Marie de France,* «Revue de linguistique romane», 52 [1988], 421-445).

168. A la différence de StAl, les 'Vitae' des Bollandistes présentent deux images sacrées en succession, d'abord l'image du Christ (cf. v.87),

ensuite l'*imago* (*ycona* Ct) de la sainte Vierge (absente dans Md), qui parle une (Ct) ou deux fois (il en est de même dans la version en anc. all., alors que le texte de Massmann propose deux fois Christ, cf. Rösler 1933:520).

169. *servot* A, avec la terminaison analogique -ABAT (ex. unique, cf. Burger 1998a:265); *alter* (pour *autel*) a une distribution assez typique: outre que ChRol 3732, cf. PhThaon *Bestiaire* 2267 (et StBrendan 1083, cf. Waters 1928:xlvi), Adam 634, StThom 1938 et 3772, Serm. poit. 28, Joufrois 336.

170. *fai venir l'ume Deu (l'umme Dei)* AP, pour renforcer le lien de 'coblas capfinidas' (alors que S confirme le ms. de base): cf. Sckommodau 1954:175-6 (qui maintient le texte de A). L'appellation *ume Deu* est commune dans l'hagiographie (cf. ci-dessus, p.16).

171-3. Les 'Vitae' portent *fac introire hominem Dei, quia dignus est regno caelorum,* sauf Ct 27 *introduc meam in domum hunc servum Dei, quia aptus est in regno Dei et filii mei,* ce qui correspond à la version du ms. A, cf. ad v.172 ainsi que Rythme 117-8 *Hominem dei satage/huic templo inducere;* Md (où l'ordre est répété deux fois) *Introduc servum meum dilectum ad te* (§ 9) et *Introduc eum in domum Domini* (§ 10).

172. *Quar il ad Deu bien servit ed a gret* L, *En cest mustier, kar il l'a deservi* A, *Enz el mostier car il a deservi* P, *En cest moustier, car bien l'a deservi* S. Les éds se bornent à déplacer *servit* à la fin du vers, et pourtant le seul moyen d'expliquer la variante de L, qui contrevient à l'assonance, est de supposer une tmèse entre préverbe (*des-,* cf. v.116 et 143) et verbe. Un échange semblable *deu/de* dans V 494 *deservirai* (cf. Rajna 1929:25). Dans cette optique, la variante de APS (cf. v.176) serait à ranger parmi les preuves de sub-archétype, si elle n'était étayée par Ct 27 (cf. ci-dessus).

174. *E il le vait querre* A, qui au v.181 porte également *Cil le vait querre.*

175. *de cui (de qui* P) est rejeté par A (*dunt l'imagene li dist*); cf. 177 *ne sai cui (qui* PS) *antercier* LPS (*en-* PS), mais *je nel sai entercier* A.

176. *costre* L agit comme facteur dynamique (Contini 1986:107), d'où *tost* P (-1), *Li clers* S et Ma 540 = Mb 399 (cf. pourtant Ma 522 *le costre,* Mb 381 *le coutre*), alors que A présente *lime* «suivi d'une rature d'env. 4 lettres», c'est-à-dire *li mestre,* «forme mal comprise ou désapprouvée à son tour par R2», qui l'a remplacée par *li message* (Hemming 1994).

Originaire du Nord de la France, le mot représente CUSTOR (latin tardif pour CUSTOS) éventuellement croisé avec *cuistre* < COQUISTRO (dans les gloses isidoriennes), lui aussi localisé dans le Nord: cf. FEW s.v. *custos* et *coquistro*, EWFS s.v. *cuistre*. Il est remarquable que le terme grec correspondant soit aussi à l'origine d'une diffraction qui affecte l'ensemble de la tradition alexienne, cf. *prepositus domus sancte ecclesie* dans Md 9; *paramonarius, custos, hostiarius* dans les 'Vitae' latines; *aedituus* et *custos* dans le Rythme; παραμονάριος, προσμονάριος, νεωκόρος dans les textes grecs (*Pirmunara* étant considéré dans la version carschouni comme un prénom, de même que *Paramonarius* dans la version norroise et *Ermener* dans S 525, cf. Rösler 1905:55). Depuis Grégoire le Grand, les gardiens de la basilique jouent traditionnellement le rôle de témoins officiels lorsque se produit un miracle (Heinzelmann 1981:251, note 51); «Le sacristain, chargé à la fois de garder les reliques et d'accueillir les visiteurs, pouvait ainsi diffuser la tradition acquise; [il est] le rédacteur naturel d'un recueil *de miraculo*» (Richard 1975:184).

178. *tres l'us* [< USTIUM, réduction isolée] L, *qu'iloc* A (compensé par un hiatus *ce est*), *les l'uz* P, *les lui* S.

179. PS (*del regne*) signalent sans doute la trace d'un articloïde, cf. ad v.17.

181. *fait l'el (le al* A, *lei al* P) *muster venir,* cf. 247 *Iluec paist'l'um,* 357 *jetent sei an ureisuns* (Contini 1986:125), 588 *Metent l'en terre* (ibid.).

182. *Est vus*: cf. Contini 1986:107; *esample*: mot-clé de la littérature hagiographique, cf. Ebel 1965:52-53, 56.

185. *que de els ait mercit* L, *que d'els aüst merci* A, *k'il ait de els merci* P; cette ligne revient au v.508 *E tuit li preient que d'els aiet mercit* L, où les autres mss portent *que d'els tuz ait merciz* A, *E! sire peres, de nos aies m.* V, *k'il ait de els merci* P, *que d'aus tous ait merci* S, *qu'il ait d'iaus tous m.* M. L'éventail des chevilles utilisées suppose un problème dans *ait*. Paris et Contini (1986:117-8) postulent une diffraction, mais leurs solutions diffèrent, dans la mesure où l'un adopte *aiet* (suivi par Rohlfs) et l'autre *aüst*; cf. par ailleurs 65 *seit* L: *fust* A.

186. Cf. *Quant veit que cil le voldrent honurer* A ('lectio difficilior' selon Sckommodau 1954:167, dont l'avis pourrait s'appuyer sur le v.346), *Quant il ceo vit que hum le vout h.* P, *Quant il voit çou que<l> veulent h.* S(=Ma), *Or voit il bien c'om le veut h.* Mb; *quil* = *quel* dans L, cf. Lausberg 1955:296-7.

187. *n'i ai mais a(d) ester* LP, forme périphrastique que les autres mss ont en quelque sorte retraduite, cf. *n'ai cure a ester* A, *ci ne voel mais e.* S, *chi ne quier (veul) mais e.* M.

188. Le *re-* de *revoil* est un facteur dynamique bien connu, auquel les mss autres que L réagissent: *mei volez deporter* A, *ne me voil enc.* P, *E del grant fais dou siecle rembouer (recombrer* Mb) M, cf. v.200; S 574 propose une image plus concrète: *Envesque faire en Ausi la cité,* cf. aussi Ma 562, Mb 422).

189. *ensur<e> nuit* L agit comme facteur dynamique (cf. v.75 et Contini 1986:133), d'où les recodifications *La nuit* A, *En une nuit* P, *A mienuit* SM.

190. Au lieu de *revint li sons edrers* (cf. Contini 1986:123-4), les autres témoins portent *rejoint li suens orez* P (cf. v.195), *en aquelt son esrer* S; A est illisible, M modifie le vers tout entier (*Et vi(e)nt fuiant droitement a le mer*). Les deux vers insérés par A séparent deux strophes bâties sur la même assonance (pour *sers Deu* cf. v.348); un début similaire caractérise en tout cas, dans Ma 335 ss. et Mb 197 ss., une laisse en *-ant* correspondant à la str.16 du texte de L.

191. A remarquer *Saint Alexis* P.

192. *Drescent lur sigle* P(=S) fait écho au v.79, où la formule est commune à tous les témoins.

193. *Andreit* L, *Dreit en* A, *Et dreit* P, *Droit a* S, *Droit vers* M; cf. 195 *Andreit* L, *Tut dreit* A=PS; 211 *andreit* L, *er(r)ant* AP; 231 *andreit* L, *dreit* A (-1), *tot dreit* P. Lex. Unt. enregistre *endreit* adv. 'directement' dans O 856 et 956, l'un et l'autre remplacés dans P par *tot dreh*: «*Endreit*, als Adverbium vor einer Ortsbestimmung, ist nur im Alexiuslied belegt» (Pfister 1970:401). Pour *Tarson* et ses variantes cf. Rösler 1905:57. Seules les 'Vitae' plus récentes font allusion au culte de St-Paul (cf. § 31); *espeiret* L est mis ailleurs au pl. (*cuid(i)erent* ASM, *espeirent* P) par analogie au v. précédent, ce qui entraîne à la ligne suiv. soit une syllabe de trop (*les estuet* A), soit des modifications plus radicales: *c'autre part sont tourné* S, *Mais aillors lor estuet torner* P, *Mais nostre Sires nes i laissa sigler (ne l'i laissa aler* Mb) M.

194. Cf. RomTroie 5930-2 *Dreit a Troie voustrent sigler,/Mais ne pot estre, qu'uns orages/Lor a defendu les passages* (le renvoi dejà chez G. Paris ad v.).

195. Md 11 *suscitavit Dominus ventum validissimum* (ce détail est repris par les autres 'Vitae').

196. *est* LP, mais *iert* A, *ert* S.

197. *avint* A, *arive(t)* cett., cf. v.506; *a cel* dans les mss autres que L.

198. *durement* L (cf. Pass. 322 *tan duramant*) est remplacé dans les autres mss par *(mult) forment*. Supprimé par G. Paris en tant que 'singularis' de L, la prolepse *(s')en* est justifiée par Contini 1986:91 sur la base d'exemples analogues (v.174, 261, 337); pour la supériorité de *vit* L par rapport au prés. dans cett., cf. ibid., 79-80.

201. Ecrite au-dessus de *sire* dans L (où par ailleurs *bels* < *ber*; quant à *sire*, cf. A 155), la variante *reis* s'appuie sur l'accord de P (*bon reis*) et S (*glorious rois celestres*), cf. par ailleurs *bel sire* au v.216 (la même formule au v. 494, où s'accordent tous les témoins); A donne *Oi Deus, dist il, ki tut le mund guvernes*.

202. *ici ne volsisse estre* A(=P), cf. Contini 123, alors que S garde le même hiatus que L (*ci ne vausise estre*).

203. Leçon de P (= éds) par rapport à *d'icesta terre* L (+1), *de ceste t.* A (Hemming 1994 à partir d'une lacune), *la gens de ceste tere* S. Absente dans Md et dans B, la crainte d'être reconnu est exprimée dans les autres versions au § 33.

205. *tot me torrunt a perte* P, *tut me ferunt <a perte>* A (*a perte* aussi dans S): cf. v.227 *tot le feroie franc* P.

206. *Mais ne pur huec* L, d'où *Ne sai, dist il* A, *Et nepo(u)rquant* PS (= ChRol 1743), cf. Contini 1986:120 (*mais* 'immo' selon Richter 1933:84, 92s.).

208. *Avoc ma spuse* L: *Avoc ices l'espose* P: *E cele pucele* A (+1, cf. v.102 *Et a la spuse*] *E de la pucele* A, également surnuméraire). Cf. v.53 *Avoc ta spuse*, 108 *Ço dist la spuse*, 147 *Si fist la spuse*. Ainsi que P le montre, la diffraction est occasionnée par l'emploi *d'avoc* comme adv. ('avec eux'), cf. Richter 1933:84, note 8.

210. *tanz jurz* L, *mult* A, *lunc tens* P (Contini 1986:124 propose **tanz dis,* cf. ad v.140).

211. Cf. ad v.74 (*Eist*) et 193 (*andreit*).

212. Cf. *dunt jadis fu bien cointes* P; lacune de A, où Hemming 1994 croit pouvoir reconstituer *dunt <jadis fu si cuinte>* (cf. v.219 *dunt tu as tel dolur* LP, *dunt as si grant tristur* A).

213. Cf. *Que vus dirrai el?* A, *Ne un ne altre* P, *Autre puis autre* S: Paris accepte la variante de S; cf. par ailleurs Rechnitz 1910; Richter 1933:92

('eine um die andere' = Rösler ad v.); Contini 1986:107 («certo per 'non incontra nessun altro che suo padre'»). Nous pensons que cette locution puisse être expliquée à l'aide de Lex. Unt. s.v. *mais...pur* 'seulement', où O 1244 *E ne furent mais cent pur a chevau* (première occurrence) correspond, dans l'autre ms. P 667, à *E ne foro que .C. tuh a chaval* (Pfister: «Auszugehen ist von apr. *mas* adv. 'seulement'...und apr. *pur* adv. 'uniquement, seulement'»). Dans ce vers de StAl, il y a cumul de *pur* avec la locution plus banale *ne mais* 'excepté', le tout étant encadré par une hyperbate: **n'i ancuntret altra, pur altre mais sun pedre* 'n'y rencontre personne d'autre, nul autre que son père'.

215. *Sil reconut* L, *Il le conut* A, *Sil apela* P, *Bien le counut* S. Cf. 272-3.

217. P modernise l'impératif (*Herberge mei*); cf. au contraire 281 *Quer mei*, où M propose *Or me quier*. Par rapport aux autres occurrences du pron. poss. tonique (v.168, 220, 230, 282), *tue* donne ici une syllabe de trop: il s'agit probablement d'une forme plus tardive, cf. Pope 1973:§ 1261.

218. Rythme 165-6 *fac mihi vel vilissimum/sub gradu tuo lectulum* (cf. 185-6 *sub domus ascensorio/locans eum in grabatto*); C,A (=B) 38 *iussit...facere grabattum in atrio domus suae, ut intrans et exiens videret eum.* Le poème vernaculaire anticipe ce détail, qui s'y trouve intégré à la requête d'Alexis. Par contre Ct 38 *Quapropter in uno loco domumculam facite ei, ut semper ingressu et egressu meo illum aspiciam* remonte à Md 13 *pone habitationem eius in exitu et in introitu meo, ut videam eum cotidie* (plus loin il est question d'une *cellula,* suivant le récit de Johannes Calybita).

219. *Em pur* modifié en *E pur* dans les mss autres que L, cf. ad v.405 (Tobler 1912:336: «*empur* ist Philippe de Thaon sehr geläufig»). C'est dans Md 12 qu'Alexis rappelle à Euphemien le destin de son fils: *Sed obsecro, domine mi, ut introducas me ad domum tuam, si in hac presenti vita demonstret tibi Dominus filium tuum, per quem tantas tribulationes sustines.* B 35 y fait aussi allusion: *et filium, quem habes in peregrinatione, Deus custodiat et repleat de sua misericordia,* tandis que les autres se bornent à une mention générique et indirecte: *et si habes aliquem in peregrinatione, quem diligit anima tua, misereatur* (C=Ct); *et ei, quem habes in peregre, misereatur* (A).

221. Art. *le* pour *la,* cf. 377 ainsi que 236 et 406 au cas-suj. (cf. Pope 1973:§ 1252; Mölk 1977:293).

222. Pour la formule au premier hémistiche cf. ad v.436. Seul Md 13 précise: *flevit diutissime*; cf. cett., § 36: *commota sunt quippe omnia*

viscera eius (C=Ct); *compunctus* (A); *pro peregrinis calidus factus est* (B).

227. *guardrat* L: *g(u)ardast* cett. A l'exception de Storey (cf. pourtant Id. 1968:73: «forme, d'ailleurs, qui doit être attribuée au copiste»; en outre 152 *guardarai*), les éds choisissent le subj. imparf.

229. *As me* L agit comme facteur dynamique (Contini 1986:107, cf. Waters 1928:cxcii): seul S en conserve l'essentiel (*Ves me ci*), cf. par ailleurs *Prest sui* P; *Jel guarderai, dist il, a tun cumant* A; *Jel garderai, sire, par ton talant* (*commant* Mb) M.

231. Cf. ad v.193; par ailleurs, *Dunc* L est remplacé par *Cil* AP.

232. *pot* L, *pout* P, *deit* A (cf. ad v.77).

233. *amanvet* L (cf. Tobler 1912:336), d'où *aporte* A, *apreste* P (Contini 1986:107); *bosuinz li ert* L, d'où *mestier li ert* A, *ess* [=*oés*] *li fu asez* P (ibid.).

234. *Contra seinur* L, glosé *Vers sun segnur* A(=P).

235. *Par nule guise* L, *Que pur nule chose* A (+1), *En nule guise* P; cf. 180 *Par nule guise* L, *Por nul aveir* P; 238 *Par nule guise* LA, *En nule guise* P; 260 *Par nule guise* L, *Danz Alexis* P.

236. Facteur dynamique (bien connu, à partir de la ChRol) *e...e*, auquel AP opposent un hiatus après *pere*. Cf. v.281, 327, 347, 496. Polysyndète au v.601.

237. *quet* [< *qui*, cf. F.-K.] *li ert espusede* L, tandis que les autres mss supposent *que* (APS) ou *qui* (=*cui* S 601, ce qui appuie la première scription de L) *il ot espusee*; cf. ad v.73 et 102. La surcharge dans L est peut-être l'indice d'une double variante dans le modèle; mais on peut aussi y voir *que = qui*, écrit (comme c'est souvent le cas) en graphie hypercorrecte.

239. *n'els* L (en fait, *nelf* à partir de *neil*, cf. F.-K. et Storey ad v.) avec une syllabe en moins, cf. *ne il* A: *ne cist* P (avec *Ne il nel dist* en début de vers): *n'il...lor* S.

240. *ne de quel regne il ere* P, *ne (et* S) *de quele cuntree* AS (ces derniers coïncidant en 'lectio facilior').

242. *tant tendrement* A (originaire? de toute façon, cf. Ma 853 = Mb 688).

243. *E tut* L=S (=Paris dans la 'maior'), *Trestut, -ot* cett. (=Paris dans la 'minor'): cf. ad v.250, en outre T.-L. s.v. *et* 'und zwar' (Contini 1986:109).

244-5. Rythme 203-4 *Ipse nil motus animo,/totum duxit pro nihilo.*

244. *Danz Alexis* est commun à LA (cf. aussi P 260), tandis que S porte *Il les esgarde.* Pour le sens du second hémistiche cf. Sckommodau 1954:190-1.

245. Cf. *Kar en Deu est tot le suen penser* P; *N'ad sun de quanque il veit, tut est a Deu turnez* A; *N'a soig que voie, si est a Diu tornés* S, ce dernier privilégié par Paris et Contini 1986:114 ('non cura quanto possa vedere'); les autres éds s'en tiennent à L, dont la leçon est à comparer avec A 502 *Ne nus valt rien.* Rien ne peut être tiré ni des autres textes fr. ni des versions en anc. angl. ou anc. all. (Rösler 1933:524). Cf. Richter 1933:92-4.

246. *sa nate* L, *la nate* A, alors que PS omettent le pron.-suj.: *ou gist suz (sour* S) *une nate.*

247. *Iluec paist·l'um* L, d'où *La le paist l'um (p. on)* AS, *Iloc le paist l'um* P (+1): cf. ad v.181 et 283 (outre l'analyse de Lausberg 1958:145). Le modèle dans *Vita Joh. Calybitae,* § 11 *Per singulos vero dies pater eius de mensa sua mittebat escam. Qui ea quae sibi mittebantur, pauperibus erogabat.*

249. *Ço ne volt il* L, *Mais ce ne volt* A, *Et si ne veut* P, *Il ne veult mie* S. Contini 1986:122-3 propose **Iço ne volt,* cf. cependant: 279 *Or(e) set il bien* LP, *Or set ce bien* A, *Et si set b.* S; 442 *Or vei jo morte* L, *Ici vei mort* A, *Ci vei morte* P (-1), *Que ci voi m.* S(=Ma), *Cant chi voi mort* Mb, *Kant ci vei morte* V; 491 *Ore sui jo vedve* L, *Or(e) par sui vedve* A=PS, *Or per soi veve* V. Toujours conservée dans L, l'inversion du pron.-suj. par rapport au verbe agit, à notre avis, comme facteur dynamique dans les autres témoins. Si l'on accepte au contraire le point de vue de Contini, il faudra mettre cette tournure sur le compte de la dernière révision à laquelle StAl a été soumis.

250. Cf. Mt. 10,37; *mielz* A(=S) a été modifié en *plus* (cett.): cf. v.483 et Contini 1986:118, note 6; *que tut sun linage* L (=P, l'un et l'autre avec une syllabe en moins), *trestut sun lignage* A(=S). Contini 1986:124 propose de reconstituer *tot le son linage*; aux v.243 *trestut (-ot)* est en tout cas 'facilior', de même qu'au v.269, où AS l'emploient pour pallier un hiatus. Cf. encore v.311, 530, 569.

251 ss. Cf. Md 14 *parum exinde in usibus suis adsumebat, cetera aliis pauperibus tribuebat.* Les str. 51-52 manquent dans A. Bâtie à partir de la str. 20, la str. 51 (où le dernier vers, conservé dans P seulement, est tautologique) présente une assonance *-i-:-ie-*; SM en font tout naturellement

une laisse unique en *-ie-* (mais Mb présente des irrégularités), que S dédouble par la suite en deux laisses, dont l'une en *-é-* (S 877-882) et l'autre en *-ié-* (S 883-889). D'après notre analyse, les trois premiers vers représentent soit un archaïsme récupéré par L, soit en tout cas un effort d'adéquation à la Vie la plus ancienne; toujours est-il qu'ils appartiennent à une couche antécédente à celle qui fournit la base au texte de ce ms.; et c'est dans ce sens qu'on pourra intégrer la remarque faite, avec une toute autre intention, par Jung 1984:220, note 10, à propos du ms.A: «En outre, par l'omission, dans A, de L str.51 et 52, L str. 50 et 53 deviennent contiguës, avec des débuts similaires» (sauf que, de notre point de vue, il n'y a pas d'omission dans A, s'agissant au contraire d'un rajout, ou plutôt d'une récupération, dans L).

251. *del herberc li* L, d'où *devant lui* P, *del ostel li* S, cf. Contini 1986:107.

253. *pourins* L (-1) est changé en *asmosniers* P, *prouvendiers* S (cf. ad v.100 et 123-4).

254-5. *Ne fist estui por sun cors engresser/Mais as plus povres le done a mainger* P, *N'en fait mugot pour son cors encraissier;/As povres gens le redonne a mangier* S, *.I. poi em prent por son fain apaier/Et l'autre rent a chiaus ki n'ont mestier:/N'en fait mugot por son cors escarsier* Ma 792-4 (= Mb 636-7 *Un poi en prent pour son fain reposer/Et l'autre rent a chiaus qui n'ont mestier*); le v.255 manque dans L.

254. *musgode* L (cf. ci-dessus, p.145), modifié en *mugot* dans SMa (Mb manque), alors que A emploie la glose *estui*; cf. Mt. 6,19 *nolite thesaurizare vobis thesauros in terra* (Lausberg 1958:139).

255. *done* P (avec hiatus, cf. v.94), mais *redonne* S (L manque): cf. ad v.188 et 285 (où *rafuï* S). Quant à *escarsier* Ma, c'est pratiquement le seul exemple attesté de dérivation verbale à partir de *EXCARPSUS > eschars* 'avare, chiche', cf. FEW s.v. et Gdf III 376b 'user avec épargne, modérément de' ou plutôt 'traiter avec une sévère économie, mortifier' (il nous paraît toutefois plus vraisemblable de l'interpréter comme adj.).

256-7. Cf. C,A 18 *Sancta quoque Dei mysteria singulis diebus dominicis accipiebat* ainsi que le récit du *minister hominis Dei* dans les 'Vitae' plus récentes (toute allusion aux sacrements est par contre absente dans le récit correspondant de Md 19). Il convient peut-être de rappeler que les actes du synode de 1025 insistent sur l'importance de l'eucharistie (Lobrichon 147-150).

258. *ert* L, modifié en *est* P.

259. *se volt mult esforcer* L, *le rove esforcier* P (avec hiatus), *se commence efforcier* S, *ki le rueve esforchier* Ma, *ne reveut e.* Mb: cf. Contini 1986:117 et 120; dans son emploi modal, ce verbe est fréquent dans StLéger (v.18, 65, 150, 195, 200), dans Pass. (20, 96, 119, 453) et dans StBrendan.

264. *Alii dabant ei alapas, alii exspuebant in faciem eius, alii flagellabant eum, alii capillos capiti trahebant ei, alii sordidam aquam, quae de lavandis catinis fluebat, illi superiactabant* C 41 (=Ct); le récit est plus succinct dans les autres versions, cf. *et aquam, qua discos lavabant, super caput eius fundebant* A: *Alii autem lavantes discos vel sciptros super caput eius aquam lavationis proiciebant* B. Absent dans Md 16, qui se borne à une allusion générique (*qui deridebant eum ac verbis iocularibus obiurgabant eum*), le détail des *lavadures* est inséré dans C,Ct parmi d'autres qui rappellent les railleries auxquelles Jésus-Christ fut soumis avant sa crucifixion. Dans StAl ce détail est isolé et souligné par une anaphore, tandis que la glose évangélique est incorporée aux paroles prononcées par le saint homme (celles-ci ne se trouvent dans aucun des modèles: dans Md 16 Alexis étale un sermon farci de citations bibliques, alors que dans les autres Vies, § 42, il n'y a qu'une courte réflexion en style indirect).

265. *net il* L, *ne il* AP, *Ne s'en courouce neïs* [*ne il* éds] *nes en apele* S; cf. v.374 et StLéger 169 *Sed il.*

267. Cf. Le *Donnei des amants* 671-2 *E bricun se feseit clamer,/Ewe de bro sur sei geter.* La leçon originaire à partir de *licun* P, *liton* [Elliot 1983, lecture sans doute préférable à *licon* F.-K., par comparaison notamment à *bricon* dans le vers précédent] S, cf. Contini 1986:117: l'éventail des recodifications prévoit *linçol* L, *plicon* Ma, *plichon* Mb, *muillent sun grabatun* A (cf. v.218).

268. Pour accepter *giens* L, attesté dans L encore au v.93, il faudrait lire *saintisme* avec synalèphe, ce qui paraît peu probable sur la base du v.359 *saintismes hom* L(=S), *saintisme hom* AP. Les suspicions de Contini 1986:106 sont donc tout à fait justifiées. Tous les autres témoins proposent *icil.*

269. L'hiatus de L agit comme facteur dynamique, cf. *k'il lor pardunst* P (-2), *que trestut lur parduinst* A(=S); pour la terminaison cf. Pope 1973:§ 955.

270. *quer* L, *que* A, *k'il* P, *mais* S ('difficilior'? cf. v.65). Après ce passage, SM font suivre plusieurs laisses où Alexis s'entretient avec ses familiers sans être reconnu pour autant.

271. <i>cist: la leçon originaire à partir de *cist* A, *eisi* L, *issi* PS, *si* M; à remarquer par ailleurs *diz e uit anz* A; SM souligne la correspondance numérique par rapport au séjour à Alsis, cf. S 877-8 *Dis et .vii. ans a prouvendiers esté/Et autretant en Ausis la cité,* de même que Ma 896-7, *xvii ans i a si conversé/Et autretant en Alis la cité* (=Mb 729-730). La Vie espagnole, avec laquelle s'accorde Ct 26, ne mentionne le numéro 17 que pour le séjour à Edesse, gardant le silence pour ce qui est de la seconde période. Quant aux trois autres Vies éditées par Sprissler, A donne 10 et 17 ans, alors que C et B s'accordent sur la bipartition entre 17 (§ 26) et 17 ans (§ 43), ce deuxième chiffre étant confirmé au § 81 dans C,A,B (plainte de la mère). Or la leçon de la Vie latine A n'est pas isolée: même à ne pas tenir compte du ms. A, où la partition entre 10 et 18 ans (cf. ad v.161) est finalement démentie par le nombre total des ans explicité au v.276 (*Trente treis anz*), la Vie métrique éditée par Wagner 1965 présente elle aussi une partition entre 10 et 17 ans (v.100 *Ac ducens denos vivens feliciter annos*; v.182 *Sic et sic denos septemque peregerat annos*), le deuxième chiffre étant une fois de plus confirmé dans la plainte de la mère (v.324-5 *nam bis quinos mansit septemque per annos/Domate sub nostro pausans*). Outre la tradition attestée par Md et Ct (où 17 ne figure que pour la première période), il y a donc lieu de distinguer entre une partition moins répandue (10 et 17), et une vulgate commune à la plupart des mss vernaculaires, où par surcroît l'auteur se charge de spécifier le nombre total des ans vécus par le saint (c'est évidemment une manière de faire le point dans une tradition où la durée de la vie du protagoniste, loin d'être une donnée acquise, apparaît une fois de plus comme l'aboutissement d'un processus d'élaboration du texte). Les mss LPS portent unanimement 17 et 17, précisant que le total s'élève au nombre de 34 ans (pour l'imitation christique impliquée par cette numérologie, cf. Gnädinger 1972:57, note 152). Même bipartition dans la Vie abrégée d'un bréviaire de Châlons-sur-Marne du XIIIe s. (Mölk 1976a:235). Jung 1984:220-1, note 11, signale encore deux exceptions: chez Sigebert de Gembloux, le saint demeure 16 ans à Edesse et 16 ans à Rome (cf. Mölk 1978a:349); plus étonnant, dans la Vie BHL 293 en rimes léonines (éd. Wagner 1973), Alexis est 14 ans à Edesse [en fait 13, cf. v.98 *Annos ter ternos peragens sic atque quaternos*] et 15 ans à Rome (v.161 *Sic annos senos ibi transigit atque novenos*; par ailleurs, au v.256 l'épouse précise le temps où, d'une manière ou d'une autre, elle a été

privée de la communion avec son mari: *Instabam frustra votis per sex quoque lustra*). Dans l'ensemble de la légende alexienne, les différences ne manquent d'ailleurs pas, surtout en ce qui concerne la première période (cf. Rösler 1905:53-54).

272. *Nel reconut nuls sons* L, *Nel conut nuls hum* A, *Nel conurent les suens* P, *Nel recounurent ne li serf ne li franc* S. Cf. la note suivante.

273. *Ne nuls hom (hum)* LA (-1): *N'est hom en terre* P: *N'onques nus hom* S; *nuls* au vers précédent rend improbable l'intégration *n<e>üls*, commune à tous les éds, à moins de corriger également le v.272 (Contini 1986:124 parle pourtant de «crescendo» à propos des deux allomorphes), p.ex. *Nel reconut n<e>üls apartenanz,* aux dépens de *sons* (*suens*) que AP pourraient bien avoir puisé à la ligne suivante. Mais ce serait une solution sans doute trop coûteuse. Il convient plutôt d'observer que les v.274-5 manquent dans L, ce qui constitue la seule lacune importante dans ce ms. (cf. au reste v.349, 255, 473, les deux dernières lacunes étant plus ou moins justifiables). Ce n'est d'ailleurs pas l'effet du hasard que l'épisode d'Alexis sous l'escalier soit encadré entre deux passages très proches de la *Vita Joh. Calybitae* (il s'agit par surcroît du même paragraphe, cf. ad v.247 et 275).

274-5. Après les trois mots écrits au début (*les sons ahanz*), le copiste de L a laissé le reste de la ligne en blanc, évidemment pour signaler la lacune.

274. *Mais que* P, *Fors sul* A(=S): pour la supériorité de P cf. 37. Les v. 274-5 ne peuvent guère signifier que seul le lit connaissait les souffrances d'Alexis, le sens étant plutôt: quant à sa vie ascétique, personne ne s'apercevait que du lit, qui était forcément sous les yeux de tout le monde (Tobler 1912:337).

275. *Ne puet müer ne seit aparissant* A [cf. Moignet 1959:9], *Nel puet celer cil est ap.* P, *Ne pot muer, cil fu aparissans* S. Cf. *Vita Joh. Calybitae,* § 11 *Et adeo humiliavit corpus suum, ut parerent compagines ossium eius et enumerarentur prae multa abstinentia et afflictione.* – Sckommodau 1954:186 voit dans la double rédaction du ms. A qui suit après cette strophe (cf. v.236 ss.) une itération voulue par le copiste, dans la mesure où ces strophes sont à considérer «als der moralische Höhepunkt in der Askese des Heiligen». Cf. Jung 1984:220, note 10: la reprise des str. 48 et 49 «porte à trois le nombre des strophes où le saint homme n'est pas reconnu par la famille, ce qui est un parallèle évident avec les trois strophes 23, 24, 25, où il n'est pas reconnu par les servi-

teurs. Les récurrences caractérisées des str. 23 à 25 ont été signalées depuis longtemps (en dernier lieu par Rychner 1985). La reprise des str. 48 et 49 après la str.55 obéit aux mêmes critères de la diction épique». Cf. enfin Hemming 1994:xxiv: «Ceci a pour effet d'encadrer, donc de mettre en relief, les quatre strophes littéralement centrales de cette version, qui racontent l'humiliation du saint dans la maison de son père». Tout recevables qu'elles soient, ces remarques ne concernent en tout cas que le ms. A à son état brut.

276. *ad si sun cors* L (=S), *aveit sun cors* A, *a le suen cors* P. La fluctuation entre 33 et 34 pour désigner l'âge du Christ est attestée entre autres par Honorius d'Autun, cf. Meyer 1975:158.

277-8. Les deux lignes sont inversées dans A.

278. *angreget* L, *agrieve* AS, *agrege* P: cf. v.289, ainsi que Ma 889 (=Mb 722) *Priés est ma fins car molt vois agrevant*; Rythme 243-4 *Alexin morbus gravidus/affligebat intrinsecus*. T.-L. connaît tant *agregier* (ChRol 2206 etc.) qu'*engregier*, mais il faudra aussi prendre en compte la possibilité d'un calque sur le médiolatin, cf. p.ex. Anselme Ep. 9,3,12 *infirmitatis tuae nimis ingravatam molestiam...litterarum tuarum lectione cognovit*. Partagé par le texte de Massmann, l'aggravement de la maladie est un détail qui remonte apparemment jusqu'aux versions les plus anciennes (syriaque, carschouni [cf. Rösler 1905:56] ainsi que le cod. Marcianus): dans Md 17 il est question d'une vision prémonitrice (*per visum*), alors que les autres versions (sauf B) utilisent tout simplement le verbe *cognovit, cognovisset* (pour l'éventail complet des variantes cf. Rösler 1905:63-64).

279. Contini 1986:123 propose *Or set ce* (A), cf. pourtant ad v.249.

280. *Cel son (suen* AP*) servant* LAP, *Son bo(i)n sergant* M; *a sei* LP, *a lui* cett.

281 ss. Alexis partage un certain nombre de traits propres aux saints fondateurs, dont ce corps brillant que seule confère l'ascèse; la part essentielle assignée aux instruments de celle-ci (en l'occurrence, le *grabatum*); l'attention accordée (surtout dans le texte latin) au jour de la mort dans la semaine s'il s'agit d'un vendredi, d'un samedi ou d'un dimanche (Dalarun 1991:197); la tradition du testament, dont la *chartre* représente une variante qui souligne l'individualisme ascétique du saint, en même temps que son ancrage dans une solide tradition littéraire (à savoir, la mise en abîme du document dont le texte lui-même puise son authenticité).

282. Cf. *par ta merci* A ainsi que les modifications plus radicales attestées dans SM.

283 *receit le Aleïs* L, *tendit le ad Alexi* A, *et cil la coilli* P, *si li a aporté* S: cf. ad v.181.

284. *Escrit la cartra tute de sei medisme* L, *De sei meïsme dedenz ad tut escrit* A, *De sei meïsme tote la chartre escrist* P. Ainsi que nous le supposons, c'est à partir de **medis → medisme* L (qui fausse l'assonance) qu'AP ont déplacé *escrit* à la fin du vers.

285. C'est à cet endroit que les modèles latins insèrent un récit abrégé de la vie du saint (déplacé dans StAl aux str. 76-77). Les 'Vitae' plus récentes (sauf A) en profitent pour évoquer à nouveau les instruments de l'agnition, auxquels Md 17 fait par contre allusion pour la première fois (*plicavit cyrographum et involvit in palleum, quem dederat ei sponsa propter consuetudinem pro scriptione eius*). Au lieu de *s'en revint* L, les autres mss portent *s'en fuï* avec une syllabe en moins (A rallonge en *cument*): selon Contini 1986:114, «l'esclusione delle 'singulares' porta al *s'en rafuï* di S (924)», cf. v.385.

286. *Tres* LA, *Triers* P, *Les* S; cf. v.178. Il s'agit d'une innovation, cf. Md 17 *Et scripsit omnia notumque fecit parentibus, ut agnoscerent eum et de ipsa hora non haberent tristitiam pro illo*; les autres versions (sauf A, qui omet cette réflexion) disent tout simplement *Haec omnia fecit dumtaxat sine dubio, ut a parentibus valeret agnosci*: texte de Ct 45, qui permet de bien circonscrire l'espace mis à profit par l'auteur du poème.

287. *Tresque al jur qu'il s'en deie aler* A: pour *deie* (originaire?) cf. v.291 et 295, ainsi que le dédoublement de S, à savoir *C'om nel counoisse dusqu'il s'en soit alés* (S 918) et *En es le jour que il dut devier* (S 922).

288. Le souvenir de la mort de Roland ne saurait faire oublier que l'*ordo commendationis animae* est un élément bien connu dans le récit de la mort d'un saint homme (Dalarun 1991:197). En tout cas, *De Deu preer parfitement* est une locution stéréotypée, qu'on retrouve p.ex. dans l'apparat critique de StBrendan 48.

289. *agravet* L, *agregez* A, *agrevez* P, *-és* S; cf. v.278.

290. Cf. *cesse* P, *Droit entour none s'acoise de parler* S (cf. ad v.188). Dans Md 17 le saint meurt aussitôt après avoir écrit son testament; dans les autres 'Vitae', la mort n'a lieu (voire n'est annoncée, cf. Ct 49) qu'après la deuxième voix. Pour la détermination du jour de la mort

dans les différentes versions cf. Rösler 1905:64-66. Ce n'est qu'au § 62, où Euphemien découvre le corps de son fils et cherche en vain à le réveiller, que trois versions sur quatre lisent: *Et non erat ei vox neque sensus* (C=A), *et non erat in ipso vox neque auditus* (B).

291. § 46 *dominica die post missarum solemnia completa* A,C: *Quadam vero die, cum missarum solemnia celebraret beatissimus Martianus papa urbis Romae* Ct: *In una ergo dominica, dum esset pontifex et imperatores Romae* B. Par contre, Md 18 se borne à cette information: *Populi autem, qui erant congregati in domum sancte Marie, audierunt vocem de summo altario* (une seule voix au lieu de trois).

294. *li ad tuz amuiét* L, *tuz i ad aünez* A, *a a sei enuiez* P: il faut sans aucun doute préférer A sur la base de StLéger 91, Pass. 115 et 429; la variante de L est 'facilior', cf. T.-L. *amoier* 'seinen Sinn richten auf'.

295 ss. Dans Md 18, c'est une unique voix qui prononce le discours complet: *Ite ad domum Fimiani, quia ibi est famulus Domini, et dedit ei Dominus coronam eternam et glorificavit eum propter confessionem suam sanctam et dedit ei benedictionem et requiem eternam*; quant aux auditeurs, *mirati sunt et stupuerunt nimis*. Dans les autres 'Vitae', le récit est plus complexe. La première voix dit: *venite ad me omnes, qui laboratis et onerati estis, et ego vos reficiam* [Mt. 11,28], après quoi les fidèles, stupéfiés et effrayés, s'écrient: *kyrieleison* (§ 46-47). C'est après la deuxième voix: *quaerite hominem Dei, ut oret pro Roma* (notre auteur suit la version plus élargie témoignée par Ct: *ut preces effundat pro urbe Romana, ut per eum inconcussa maneat*) que le saint rend enfin son âme, tandis que tout le monde est en train de se rassembler dans l'église (de St.-Pierre, d'après C,Ct) (§ 48-50). C'est là qu'on entend la troisième voix: *in domum Eufimiani quaerite* (il y a de légères variantes dans les quatre versions), après quoi tout le monde reproche à Euphemien son silence (§ 51-52).

295. *prest*: «Je conserve cette forme, qui est celle de LA, et dont *preste* dans PS me paraît être un rajeunissement. *Prest* serait l'adverbe *praesto*» (Paris ad v., cf. T.-L. 'bereit' hap. «unsicher»).

296. Critiqué par Paris 1889:300 mais approuvé par Foerster 1915:137, Blau 1888 suppose une lacune entre les str. 59 et 60 (cf. aussi Rajna 1929:75). *A l'altre feiz* du ms. A paraît, sinon préférable, en tout cas antérieure à *En l'altra voiz* L, *A l'altre voiz* P, *A haute vois* S.

298. *Si depreient* L (-1), *E si li prient* A, *Si lui deprient* P; cf. 309 *Depr(e)ient Deu* LP, 311 *C(e)o li deprient* LP, en outre 549. Quant à

fundet, qui s'explique sur la base de Ct (cf. ad v.295), cf. Rythme 213-6 *per cuius adiutorium/declinetis periculum,/quod vos fundet abyssitus,/nisi pro eius precibus.*

299. *fregunder* (<*frecond, fregond*) n'est encore attesté qu'en GodBouill 256 avec emploi transitif, par ailleurs le seul indiqué (*frequentare locum*, etc.) dans les lexiques médiolatins.

301. Cf. *ert dunc* P (-1), *qui dunc iert* A, *iert adonc* S, *estoit donc* M.

302. *repairent* L, d'où *en vindrent* A, *vienent* P (-1), *en vinrent* S (cf. Contini 1986:108).

303. Cf. *de ceste* APMa, *de cele* SMb [pourtant *de tele* Elliot 1983 dans le premier cas]. Pour la dégradation de *icil, icel(e), icest(e), iço, ici, idunc* cf. ci-dessus, p.108 (le phénomène est attesté dans toute la tradition, cf. Contini 1986:123).

305. 'Ils attendent à tout moment que la terre les engloutisse' (cf. notamment Jeanroy 1915-7; résumé de la bibl. dans Waters 1928 ad v.1426). La diffraction *anglutet* L(=S), *encloe* A, *asorbe* P doit être considérée 'in praesentia' dans la mesure où *enclore* recoupe le sémantisme de *includere* 'to enclose (with ref. to tomb)', cf. p.ex. Alcuin. Carm. 99,9,3 *hic quoque sanctorum pausant duo corpora patrum,/.../inclaususque pater meritis Leonius almis*, Mir. Nin. 350 *quo sanctum defossae viscera petrae/inclausum corpus captant, penetralia saxi* (Lath. s.v.). Au vu des gloses employées par les autres mss, le sens oscille entre 'ensevelir sous des ruines' et 'engloutir', cf. Ruteb. II 95 *Ahi, terre, quar oevre, si me va anglotuant*; GMuis II 210 *Pour peckiés est grant doubte que tiere tout m'engloute.*

306-7. Pour la stratification impliquée dans la distribution 'définitive' des str. 62, 66 et 72 cf. ci-dessus, p.75. La synalèphe dans *li altre*, tout à fait isolée dans notre texte (où l'art. *li* n'est jamais élidé) et pourtant exigée par la mesure du vers, est un indice supplémentaire que cette strophe appartient à une couche plus récente. – La présence solennelle des empereurs correspond à un modèle ancien dans la littérature relative à la translation des reliques (Heinzelmann 1979:69 cite un passage de saint Jean Chrisostome sur l'arrivée à Constantinople des reliques du martyr Phocas).

311. *la süe* (= *la soie* S) agit comme facteur dynamique, cf. *par sa grant pieté* P (A manque) et v.282. La locution se trouve déjà dans Pass. 308 *tüa pietad*.

312. *ol poissent* L, *ul purrunt* A, *ou le porunt* P, *u le puissent* S (pour la supériorité de AP cf. ad v.227). Pour le maintien graphique de la désinence dans *anseinet* cf. Avalle 1963:151.

314-5. Pour l'ancienne terminaison *-eiz* dans l'ind. prés. et fut. cf. aussi v.548. *Kar veirement iluec le truverez* A est plus proche du modèle évangelique.

318. *Iceste* LPS, *Ceste* A (-1).

320. Cf. *mult en as* AP, *mout i a* S.

321. Pour *escondire* tr. cf. Tobler 1912:337-8; tous les mss autres que L lisent *(C)il s'escondit*; cf. en outre *cume cil* L, d'où *cum li hum* A, *cum cil* P (-1), *que li hom* S (la dégradation de *cume* en *cum* est bien attestée dans PhThaon, cf. Walberg 1900:xxxiv).

322. *Mais* LP, *Cil* A, *Il* S; *helberc* L, d'où *(h)ostel* AP, *herenc* S (cf. v.251 et Contini 1986:108).

323. Cf. *Il vat avant la maisun aprester (atorner* S) L(=PS); Md 18 *Et festinans venit ad domum et interrogavit familiam suam, si esset inter eos aliquis dignus, qui hanc benedictionem et gratiam acciperet.* L'auteur du poème combine cette version avec celle des 'Vitae' plus récentes, cf. C,A 56 *Eufimianus autem praeivit cum pueris suis, ut sedes ordinaret* (des légères variantes dans les autres versions, dont *praecepit servis suis, ut festine pergerent in domum suam et praepararent illic thronos* [Ct], ce qui est encore plus proche du ms. A; à remarquer que, selon Foerster 1915:144, *bans* au v.327 présuppose forcément une lacune dans les vers qui précèdent).

325. Aucune trace dans le poème des § 57-59 des 'Vitae' plus récentes, où la femme et la mère d'Alexis demandent aux serviteurs la raison de tout ce va-et-vient. Outre la réduction d'*Icil,* le mss autres que L présentent celle de *neüls,* cf. *nuls d'*els A (suit une lacune), *nul de els* P (cf. ad v.185), *nus d'iaus* S (où *nel → ne le*), cf. Contini 1986:123-4.

326 ss. Cf. les 'Vitae' plus récentes (sauf Ct 60): *Et cum illuc pervenissent (supradicti imperatores una cum pontifice* [C]), *factum est silentium magnum.* C'est bien ce silence solennel que l'auteur du poème cherche à rendre, en utilisant des matériaux en partie communs à la str. 62. A l'exception du deuxième et du troisième vers, la str. 66 coïncide en effet avec celle-ci. L et P ont cherché à pallier ces effets d'écho en introduisant chacun une variation (avant-dernier et dernier vers). Quant au ms. A, il n'a pas la str. 62, dont il rajoute pourtant les trois premiers vers

au début de la str. 72, elle aussi similaire à 62 et 66. Comme le v.311 (qui d'ailleurs manque aussi dans A) pourrait également se rapporter à la foule, il est légitime de voir dans la str. 62 un arrangement plus récent attribuable à l'ancêtre de LP; dans ce cas le ms. A nous aurait conservé (ainsi qu'il l'a fait ailleurs) le début de ce processus de dilatation (différente l'explication de Hemming 1994 ad v., qui suppose une faute mécanique de la part du copiste).

327. *pensif e plurus* LA (-1), *pensis et coroçous* P, *pensif et ploureos* S: le rétablissement de *e...e* (cf. ad v.236) déjà chez G. Paris (mais Contini 1986:125-6 suppose un synonyme de *pensis* pourvu d'une syllabe supplémentaire).

328. *Iloc esguardent* L, *Il les esgardent* P, *E devant els* A, *Et entour aus* S.

329. *Si preient* L.

330. *De cele chose dunt si desiros sunt* P.

331. *Endementres que* A, *Endementiers que* S attestent un hiatus après *que* (au lieu de *cum*). Avant de mourir, Alexis a dans SM un dernier colloque avec son épouse, qui finit par le reconnaître.

332-3. Pour les implications de *deseivret* et *aneme* dans la tradition hagiographique cf. Corbet 1986:219. C'est à la même topique que remonte le texte de A: *Angeles l'enportent en ciel en pareys,* apparemment assez proche de ChRol 2374, 2396.

334. *qu'il (k'il) aveit* LP, *que il ot* A.

335. *E reis* L, d'où *O reis* A, *Deu rei* P; *tu nus i fai venir* L, *kar nus fai...ir* A, *la nos fai parvenir* P, cf. Contini 1986:108-9 (qui propose *i nos fai parvenir* sur la base de StLéger 180).

338. *Vint li devant* A, en vue d'escamoter *Süef* (cf. v.32).

339-343. Dans les sources latines on profite de l'occasion pour résumer les souffrances qu'Alexis avait coutume de s'imposer ainsi que les railleries des serviteurs; les 'Vitae' récentes (§ 61) contiennent en plus des allusions aux sacrements de l'église.

341. Cf. ad v.151.

343. *E ço m'est vis* L: *Et mei est vis* P: *Si espeir bien* A: *Çou m'est avis* S; *que ço est* L(=S): *k'il est* P (-1): *que il seit* A. C'est l'un des cas où S coïncide avec L en 'lectio facilior'. Cf. Contini 1986:116 et, pour le second hémistiche (où *li hom Dé* S), 119.

345. *ou il gist* L (pour l'enclyse cf. v.312), alors que cett. omettent le pron.-suj.: *u est* A, *ou gist* PS; *lu degrét* (=486).

347. *le vis en apert* A (-1); cf. Md 20 *Et convenerunt omnes ad domum eius et mirabantur fulgentem vultum eius*: C,A 63 *et vidit vultum ipsius velut lampadem fulgentem* [*lucentem* A] *vel sicut vultum angeli Dei* (similiter cett.): cf. ad v.281 ss. Dans certaines versions (dont Mb 256) la figure d'Alexis est comparée à une rose ou au soleil (Rösler 1905:69).

348. Cf. *Tint en sa mein* A, *Tient en sun poing* P, *Et en sa main* S; quant à la formule *Deu serf,* cf. ad v.530: elle est d'ailleurs usitée dans M, cf. Mb 310, Ma 498 = Mb 356, Ma 815 = Mb 657, Ma 983 = Mb 808, Ma 1222 = Mb 1038 (et encore Ma 994 = Mb 820).

350. Cf. *que ceo espialt* P, *k'ele espialt* S (A manque).

351. Il n'y a dans Md 20 pas de vis-à-vis entre le fils mort et le père vivant, au contraire le corps est entouré par une foule de gens *obsecrantes Dominum, ut resolveret manum sanctissimi viri*, après quoi le pontife se fait l'interprète de ce que tout le monde souhaite.

352. *esmeriz* L, que cett. changent en *esbahiz*: cf. Contini 1986:111; Lex. Unt. s.v. *esmarit*.

353. Prononcée par Euphemien, cette citation évangélique ne se trouve que dans les 'Vitae' plus récentes, § 65 *quem quaerebamus, invenimus*.

355. Discours direct seulement dans Ct 66, indirect dans les autres.

356. Dans Ct,B (§ 66) les empereurs font préparer un lit pour y allonger le corps saint.

357. Pour la synalèphe après *sei* cf. v.462 et Lausberg 1958:169; 1959:144.

360. *nen* L, *ne te* cett. (AS abrégeant en *co(u)numes*).

361 ss. Dans Md 20 on ne lit que l'invocation du pape: *Rogo te, adleta Christi, ut des nobis cyrographum hunc, ut intellegamus, quid scriptum continet in se*. Dans le texte de Ct 68 celui-ci est rejoint par les empereurs: *Da nobis, Domine, hanc cartam, ut et te cognoscamus et virtutem tuam, quae in te est, et videamus, quod in ea continetur.* Les autres 'Vitae' présentent désormais un texte assez proche du poème; nous donnons la version de C: *steteruntque ante grabattum et adoraverunt eum proni in terram dicentes: quamvis peccatores sumus, gubernacula tamen regni gerimus* [*quamvis peccatores nos tamen imperatores sumus*

COMMENTAIRE

B]. *Iste autem pontifex pater universalis est. Da nobis, domine,* etc. Werner 1990:535 appelle l'attention sur «cette déclaration remarquable entre toutes qu'on fait faire aux empereurs réunis de l'ouest et de l'est (!) du monde romain». Id., p.541, renvoie à Folz 1979:11 pour la tendance, propre à l'Empire ottonien, «d'affirmer contre Byzance l'essence romaine de l'Empire d'Occident».

361. *pechethuor*: graphie hap., O fermé en syllabe libre étant représenté soit par *o* soit surtout par *u*.

364. Ainsi que le montre *governeor* P(=SM), le vers dans l'archétype a dû avoir une syllabe en moins. Il y a lieu de supposer une forme latinisée **judigedor,* cf. *judicar* dans Pass. 471. Les réfections en moyen fr. et en pr. (à l'exception de l'anc. béarn.) sont des latinismes tardifs.

365. Cf. *mult* (=S; AM manquent).

366. Cf. *ki les anmes baillist* A, *des almes a baillie* P (à l'encontre de l'assonance), *doit les ames garir* S.

368. *Dune li la cartre par tüe mercit* L, *Lai li <la> chartre, par la tüe merci* A (suppl. Hemming 1994; l'impér. *lai* est attesté dans StBrendan, cf. Waters 1928:clxxii, ainsi que dans le *Bestiaire* de PhThaon, cf. Walberg 1900:lxxix-lxxx), *Done li la chartre par la toue merci* P, *Rent li la cartre par la toie merci* S. G. Paris attribue à l'archétype l'hypermétrie du vers, ce qui pourrait avoir entraîné tant la suppression de *la* dans L, que les réductions *Lai* et *Rent* dans A et S. Faisant fond dans la 'maior' sur la leçon de S, Paris se résout dans la 'minor' à écourter l'hémistiche de P (*Done li la*). Quant aux autres éds: Rösler élimine *li*, Rohlfs adopte A, Storey remarque: «Mon ancien maître E. Hoepffner se demandait si l'auteur n'aurait pas écrit *doin*». Contini 1986:126 songe à «un monosyllabe qui soit synonyme de *done,* peut-être *da».

370. *qu'or en puisum grarir* L, *que nus en poissum goïr* [fréquent dans StBrendan] A, *que or li puissuns plaisir* P, *qu'encor puissons garir* S (=éds). Contini 1986:126 propose **graïr,* **greïr,* qu'il faudrait reconstruire à partir de pr. *grazir* 'plaire' (le verbe *graïr* 'agréer; remercier' n'est signalé que dans le ms. unique de *l'Entrée d'Espagne*; à deux endroits sur quatre, il pose problème, cf. l'éd. p.p. A. Thomas, Paris, SATF, 1913, gloss.). Dans le ms. L, *grarir* est en tout cas à rapprocher des v.398 *consireres,* 468 *demurere,* qu'on a inutilement essayé d'expliquer soit par échange de suffixe (Avalle 1963:165), soit par assimilation (Storey). On peut supposer qu'il s'agit d'un phénomène de réaction à un -δ- de provenance étrangère, et notamment méridionale, comme il

arrive une fois dans GirRouss, cf. Lex. Unt. s.v. *ausire < auzida* dans O 2346 = P 1735, attribué par Pfister à l'original: «Vielleicht kann das unorganische *-r-* als hiatustilgender Laut wie bei *auvir* interpretiert werden, entstanden auf der Sonorisierungsstufe -δ-». Ce phénomène ne doit pas en tout cas être confondu avec l'échange *d/r* signalé de bonne heure devant yod (cf. notamment Havet 1877; Pope 1973:§ 645).

372. *alascet* (=578): pour le graphème cf. Avalle 1963:162.

373. *Lui le consent ki de Rome esteit pape* L, *Lui la cunsent qui de Rome ert pape* P, *A li la cunsent ki de Rume ert pape* A (+1), *Cil le reçut ki ert de R. pape* S: Contini 1986:121 propose *er<e>t*, mais tant *esteit* L que l'inversion pratiquée par S confirment l'hiatus de AP. Pour la forme *pape*, hap. dans le texte par rapport à *apostolie*, cf. Leo Spitzer, *'pape' in afr. Alexius*, «Zeitschrift für romanische Philologie», 16 (1932), 769. Dans la version officiellement acceptée par les Bollandistes, c'est le pape qui reçoit le testament; dans SM ainsi que dans les versions allemandes, dérivées de la légende italienne, c'est l'épouse qui le reçoit; dans les versions russes, c'est le père (Stebbins 1973:497, note 1).

374. Cf. *ne dedenz ne esguarde (n'esgarde* P [-1]) AP.

375. *Avant la tent* LP, *Einz la tendi* A. Cf. *dedit diacono suo* Md 20; *tradidit cartulario sanctae Romanae ecclesiae, nomine Ethio* C 69 (similiter cett., cf. Rösler 1905:70).

376. *cui* → *a qui* P (+1).

378-380. Absent dans A, le v.378 est déplacé dans L en fin de strophe; tous les éds acceptent l'ordre de P.

378. Cf. Ekkehard IV (mort vers 1060), *De lege dictamen ornandi* (cité par Curtius 1936:129): *Pro 'justo' gemma, pro 'nobile' sit tibi stemma.* Cf. déjà Rythme 183 *Alexin, gemmam pauperum*. Des trois fonctions reconnues par Philippart dans l'hagiographie lotharingienne du Xe s., Alexis en partage deux, l'une esthétique et l'autre patronale. La première en fait «une pierre spirituelle, superbement taillée, destinée à être sertie dans le diadème royal» (Philippart 1991:132). Le rôle stratégique joué par le mot *gemmula* (*gemme*) témoigne, par delà son identité rhétorique, de la primauté de cette fonction tant dans le Rythme que dans le poème vernaculaire. Il s'agit d'une tradition bien ancienne dans l'hagiographie (quant à son emploi allégorique, cf. l'étude de Meier 1977). La métaphore simple, sans référence au diadème divin, est appliquée p.ex., au VIIe s., à sainte Bathilde, *gemma illa omnibus desiderabilis,* et

au Xe s., par Radbod, à saint Martin, *gemma illa pretiosissima* (ibid., note 20). D'autres mots-clé, tels que *thesaurus* et aussi *mune* (v.534), relèvent du même champ métaphorique. – Dans la littérature profane, *geme* est employé par PhThaon pour célébrer Adeliza de Louvain, seconde femme de Henry I d'Angleterre: *une geme/Ki mult est bele feme/E est curteise e sage,/De bones murs e large* (*Bestiaire* 5-8; le passage avait déjà été signalé par Paris 1872:189).

381. *Içο* A (Hemming 1994, qui corrige *Co* chez F.-K.) confirme qu'on a affaire à une diffraction 'in praesentia', cf. *E(t) ço (ceo)* LP, *Et si* S.

382. *fut = s'en alad* agit comme facteur dynamique (Contini 1986:126), cf. *E cum s'en alad* A (+1), *Et cum en ala* P (+1), d'où vraisemblablement *Con s'en ala* S.

383. L'ordre O-S-V a été bouleversé dans les mss autres que L: cf. *Deus fist l'ymage pur soe amur parler* A, *Et cum Deus fist l'ymage por lui p.* P (+1), alors que S se borne à déplacer le sujet après le verbe (*Et com l'ymaige fist Dius pour lui p.*).

384-5. Cf. A: *Al servitur ki servi a l'altier,/E del honur dunt il ne volt estre encumbred.*

386 ss. Pour la plainte funèbre en tant que genre littéraire cf. le résumé de Burger 1996b:207-8, avec bibl.

386. *ço que dit ad la cartre* L, *que de sei dist la chartre* A, *ceo que dist en la chartre* P, *ke on troeve en la cartre* S: Contini 1986:116-7 choisit P à cause de *dist* impersonnel.

387. Cf. Md 21 *scidit vestimenta sua cum fletu amarissimo*; C(=A) 70-71 *cum ingenti mugitu...scidit vestimenta sua coepitque canos capitis sui evellere, barbam trahere atque semetipsum discerpere...deosculans eum cum fletu et magno dolore animi* (les deux autres versions abrègent). *ambes* LA est recodifié dans PS, cf. *A ses deus (.ii.) m.*; *derumpet* L, d'où *detire* A (+1, cf. Avalle 1963:163-4, qui corrige Lausberg 1955:294 et 1958:178), *detrait* P, *desront* S: cf. 428 *derumpre* LSV (s'y ajoute P, quoique dans un contexte différent) par rapport à *detraire* A (cf. v.429). La comparaison est acquise (Rychner 1985; Burger 1996b:211 ss.) avec ChRol 2930-1 *Sa barbe blanche cumencet a detraire,/Ad ambes mains les chevels de sa teste*; 2943 (cf. 3712, 4001) *Ploret des oilz, sa blanche bar<b>e tiret*; on peut encore ajouter 2906 *Trait ses crignels, pleines ses mains amsdous*.

389. *Jo atendi* L, d'où *Tant a.* A, *Vif atendoie* P, *Jou aesmoie ke tu vis r.* S.

390. *que tun reconfortasses* L, *si me r.* S, *que tu me confortasses* P, alors *Que une feiz ensemble od mei parlasses* A anticipe sur le v.448 (cf. *confortasses* en assonance au v. suiv.).

393. A remarquer que, dans l'original, le participe ne s'accorde pas avec son sujet (cf. Jensen 1990:336).

394. *cum par* L(=S), *cum mal* A, *tant par* P; *pecables,* qu'on traduit d'habitude (à tort) comme un adj. ('misérable, malheureux'), équivaut en fait à une interjection (cf. *Et jou peciere* S, *Dolans pec(h)ieres* M) attestée aussi bien en anc. fr. qu'en anc. pr., cf. FEW s.v. PECCARE, Lex. Unt. s.v. *pechaire.*

397. L'absence de *-s* (cf. *Tantes a<n>goisses ad pur tei endurees* A) caractérise le modèle commun à LPS, cf. *Mainte dolor a por tei enduree* P, *Tante dolour a pour toi enduree* S; peut-être l'intégration n'est-elle pas nécessaire, cf. ad v.469.

398. *E tantes feims e tantes seis passees* A, *Et tant gran fain et tant soif trespassee* S (P manque): *feims* (qui «paraît très lisible», Hemming 1994) a entraîné dans AS l'antonyme *seis,* de sorte que se trouve reconstituée une formule épique bien connue, ce qui a provoqué la disparition de *consireres* 'souffrances, soucis' (mais il s'agit encore une fois d'un stéréotype, attesté à partir d'Alisc. 60 *Tant faim, tant soif et tante consirree*); pour *-r-* cf. ad v.370.

399. A remarquer *a por* [= *enpur*] *ton cors* P, cf. v.405, 408.

400. *l'aurat en quor par acurede* L, *encui la par averad acuree* A, *l'ara enqui par tuee* P (-1), *l'ara sempres paracoree* S: nous voyons dans la leçon de A un exemple de tmèse; pour la synalèphe *-ad a-,* cf. v.145, où elle agit comme facteur dynamique. Quant à l'adv. en question, cf. Contini 1986:133 («non liquet») et v.409.

401 ss. C'est ici que A présente la str. 83.

401. Deux facteurs dynamiques, à savoir *E* initial (cf. Contini 1986:109) et *ereditez* en quatre syllabes, cf. *Filz, a cui larrai jo mes granz heritez* A; *& fiz qui ierent mes granz heritez* P; *Fils, qui seront mes grandes iretés* S; *Fius, qui tenra mes larges yretages* Ma; *Fieus, ki tenra tes larges iretés* Mb.

403. *en Rume* A=PS.

404-5. Tous les mss autres que L inversent ces deux lignes: cf. 414-5. *Puis* est préposition (cf. v.33 et Contini 1986:133), d'où A*prés mun deces* A, *Qu'apr(i)és ma mort* M.

405. *Ed enpur tei* L, d'où *E(t) pur (por) tei fiz* AP, *Par (Pour) toie amour* SM. Cf. v.219, 408 et Contini 1986:109: «La diffraction dont témoignent les mss nous autorise à inférer la légitimité de *et empor* au sens de 'uniquement au bénéfice de', avec en tout cas *et* 'und zwar' dont T.-L. fournit passablement d'exemples, en premier lieu StAl 243».

408. *Ed anpur tei* L, d'où *E pur tei bel fiz* A (+1), *Por tei fiz* P (-1). Cf. ad v.405.

409. *or m'est* L, *m'est ui* P, *m'est hui cest jour [v]enue* S (ms. *tenue*; A manque): cf. Contini 1986:130; pour *aparude* cf. ibid. 126-7, en outre v.484 et 533.

410. Selon Burger 1996b:216-7, il faut voir dans ce souhait du père un trait distinctif par rapport aux plaintes prononcées par les deux femmes. Tous les mss autres que L présentent l'ordre *seit el ciel*, cf. 443 *a grant duel est venude* L (=V, cf. *a quel duel* S), mais *m'est a grant duel (re)v.* AP.

414. Cf. *e tut tis altres parentez* A, *et si altre per* P, *et tous tes parentés* S. Tous les mss autres que L inversent 414-5.

416 ss. Présente dans LPS seulement, la strophe devrait appartenir à la couche plus récente. A remarquer l'équivalence presque totale des seconds hémistiches aux v.418 et 420, dont le premier présente une hypométrie qu'on a du mal a rationaliser. Quant au vers initial, il est calqué sur 248, 262.

418. *E d'icel bien ki toen doüst estra* L, *Ices granz biens qui tuens deüssent estre* P, *Et de cest bien qui tous deüst tiens estre* S (d'où Paris): Contini 1986:127 propose de rétablir **deuisset*, ce qui expliquerait à son avis, d'une part *doüst* L → *deüssent* P, et d'autre part la cheville *tous* S.

419. *Quer am perneies* L, *Ne vousis prendre* P, *Poi em presis* S. Pour cet emploi de *quer* cf. v.438; d'habitude on rétablit *quer <n'>* dans un cas et dans l'autre, cf. T.-L. s.v. *car*. Un résumé des différentes solutions proposées pour les deux vers dans Avalle 1963:166-9. Contini 1986:127 propose de rétablir 419 *quer en pre(s)isses*. On pourrait y voir une variante de *cor*, cf. Waters 1928 ad v.561 ainsi que S 749, Mb 843 (alors que Ma 1018 banalise en *or*); voy. aussi Lex. Unt. s.v. *cor* (O 4028, glosé *quant* dans P et L). Paris 1872:190 cite pour la forme *perneies* PhThaon et le Psautier d'Oxford.

420. Pour *servit* L cf. Ma 1157-8 (=Mb) *Molt m'esmerveil u tu che (tel) cuer presis (fesis)/qu'ains une fois siervir (servis) ne te fesis.*

422. Au lieu de *dols* L, tous les autres mss portent *noise*, qui désigne à l'origine 'les bruits du contresens païen' (Cazelles 1993:31, note 11); cf. v.502.

423-5. Md 21: *At illa statim cursu rapidissimo cum omni familia ad filium accedit et corruens super corpus filii eiulabat*; C(=Ct) 76 *venit ad eum quasi torva leaena rugiens de cubili suo, scidit vestimenta sua et coma dissoluta, erectis in caelum oculis ungulis scindebat laxas quas suxerat mammas* (cett. abrègent). Pour la diffusion de la similitude dans les autres versions cf. Rösler 1905:72.

423. *La vint* LPS, *Dunc vint* A (qui refuse également l'adv. *La* au v.80).

425. **A partir de cette ligne, on peut compter sur le témoignage de V.**

425. *cet* < CADIT corrigé ensuite en *chet* par le copiste de L (devant voyelle palatale alternent *c/ch*).

426. *Chi dunt li vit* L(=SV), *Ki dunt lui veïst* P (+1), *Ki la veïst* A, sans doute innovation sur base formulaire.

428. *Ses crinz detraire e sun vis demaiseler* A, *Son vis derumpre ses chevels detirer* P, *Ses crins derompre, son vis desmaiseler* S (cf. Mb 1008 *Ses crins sachant et tirant se maistele*; dans Ma 1191 la même formule est référée à l'épouse); V confirme le texte de L.

429. Tous les mss autres que L portent *E sun mort fiz (fiz mort* P); AP introduisent en plus le stéréotype *baisier e acoler (acoler et b.* P), auquel Sckommodau 1954:180 accorde pourtant sa préférence.

430. Tous les mss autres que L (*Mult fust il dur*) remontent a *N'i out si dur.*

431 ss. La strophe, qui ne se trouve ni dans A ni dans V, est un assemblage de plusieurs calques tirés des vers précédents (cf. notamment 427 et 394-5); les formes *medisme* et *avoglie* à l'assonance semblent confirmer qu'il s'agit d'une interpolation récente (cf. ci-dessus, p.145-7).

431. *Desront ses crins, si debat sa poitrine* S, calqué sur les v.427-8.

432. *A doel demeine* P (cf. v.426).

433. Cf. L. 14,26 (Bordier 1993:251).

434. *pechable* P, d'où *dolente* L, *caitive* S; cf. ad v.394, en outre v. 444 *dolente*] *chaitive* V. T.-L. s.v. *avoglir* cite PhMousk 12315, 12253 et GuillBrit 98a.

436. A (*En halte voiz* etc.) et V (*Ad altes voiz* etc.) introduisent une anaphore par rapport à la str. 79, ce qui nous paraît garantir l'authenticité de la leçon de L, lucidement illustrée par Contini 1986:115-6: c'est la même formule que l'on retrouve aux v.242 *e de lur oilz mult tendrement plurer* et 222 *plurent si oil, ne s'en puet astenir*. Dans ce dernier vers PS lisent *plore des oilz*. ChRol offre *ploret des oilz* (v.2943, 3712, 4001, suivi partout de l'arrachage de la barbe; cf. encore v.3645) et *plurent des oilz* (v.1446, 2415), à considérer comme dérivation de PS ou – inversement – comme réaction à ceux-ci. Bien que l'emploi du possessif (attesté également dans le *Cid*: *De los sos ojos tan fuertemientre llorando*) soit inconnu à la ChRol [cf. pourtant Pass. 52 *de·ssos sanz olz fort lagrimez* (Burger 1996b:213)], à ChRol 773 *Ne poet muer que des oilz ne plurt* (première occurrence de cette formule) il ne faut pas moins intégrer *s<es>* sur la base de V4: *No pò muer che ses olcli non plor*. Puisqu'il s'agit évidemment d'un écho de StAl (cf. aussi v.275 *ne puet muer* AS), il faut en conclure que, dans ce cas, l'anamnèse et la donnée ecdotique se confirment mutuellement.

437. *Sempres regret* L, *Si lu regrete* A, *Ço dist la meire* V, *Aprés le regrete* P, *Puis se regrete* S: Contini 1986:110 propose *Sempre·l* (cf. StLéger 22), mais il pourrait bien s'agir de *Sempre·s*, cf. ad v.17.

438. Cf. *kar aviez* A, *nen aveies* P, *c[o]m nen eüs* S, *kar auisses* V (ce dernier signalé par Contini 1986:112 en tant que forme wallonne, cf. Burger 1998b:381): cfr. ad v.419.

439. Md 21 reprend le détail *Tu enim sciebas planctum et afflictionem meam in cilicio et cinere pro te*. Quant à la leçon de V, *Per tei me veeies de deseier morir,* cf. Rajna 1929:22 et Contini 1986:113-4 (que *deseier* soit 'difficilior', ce n'est à notre avis qu'une possibilité à envisager avec précaution).

440. Foerster 1915:143 signale à bon droit l'opposition entre *pietét* (deux syllabes) et 311 *pïetét*. Le premier hémistiche relève d'une série de diffractions qui seraient occasionnées, d'après l'analyse de Contini 1986:119-120, par une forme quadrisyllabique **mereveille,* cf. 440 *Ço est grant merveile* L: *Ja est merveille* P: *Çou fu mervelle* S: *Zo est mervelhe* V; 445 *Ço est granz merveile* L: *Ço (Ceo) est merveille* AP: *Molt m'esmerve(i)l* M: *Milz me venist* V; 465 *N'est merveile* L: *N'est pas*

merveille A: *N'est mervelhe* V: *Il n'est merveille* P (=S 1209). Il nous paraît pourtant moins coûteux de supposer respectivement *Ço est merveile* (avec hiatus, cf. v.258, bien que la strophe soit interpolée, et v.343; ChRol 1774) et *N<e>n est merveile* (=ChRol 2877; cf. Lausberg 1955:299): cette dernière solution est partagée par la plupart des éds, qui dans les deux autres cas s'en tiennent au texte de L.

441. *A lasse mezre* L (accepté par les éds), *Lasse maleüree* A (hémistiche d'alexandrin), *Lasse pechable* V, *Ohi lasse mere* P, *E lasse mere* S, *Dex dist la mere* Ma. Inspirés par le vers qui suit, PSM proposent une interprétation plutôt graphique que sémantique. Ce vers est inclus dans une liste de diffractions dressée par Contini 110-1, qui comprend encore v.110, 128, 434, 450, 478 (voy. notre commentaire à tous ces vers). Contini propose de trancher sur la base de 352 *esmeriz* L, glosé par *esbahiz* APS. L'ensemble ne nous paraît pourtant pas assez homogène pour qu'on puisse songer à une solution unitaire.

442. Contini 123 propose *ici vei morte* (A); cf. ad v.249.

444. Tous les mss autres que L changent *Por quei portai* (cf. v.131) en *Que po(r)rai* (*purra* A) *faire*; quant au mot à l'assonance, seuls LV conservent *malfeü(d)e*, A change en *ma faiture* (d'où *purra*), PS en *creature*.

445. Reliées par une épiphore (v.440 et 445), les str.88 et 89 sont séparées dans A et V respectivement par une (str.90) et trois strophes (str.90-92); dans S, elles sont séparées par une strophe résultant de la jonction de 91a et 90b-e (M manque).

446-7. *dur*: cf. Perrot 1978. Curtius 1936:120 cite Verg. Aen. IX 481-3 (plainte de la mère d'Euryalus), passage loué par Servius dans son commentaire (Cernyak 1975:156-7), outre qu'imité dans C,A 79 *quare sic nobis fecisti, quare tam crudeliter nobiscum egisti? Videbas patrem tuum et me miserabiliter lacrimantes et non ostendebas te ipsum nobis* (similiter cett.); le motif est d'ailleurs courant dans l'hagiographie (bibl. chez Bordier 1993:250, note 37). Quant au v.447, cf. *Cum avilas* L, mais *Quant adosas* P, *Si as adossé* A, *Si adoisaisses* S.

448. Tous les mss autres que L (auquel s'en tiennent les éds) ont réagi à la tmèse *Set...vels* pratiquant une inversion (*Se une feiz*) avec élimination de *vels* (que A pourtant récupère au vers suivant, *E ta chaitive de mere seveals recunfortasses,* ce qui entraîne une hypermétrie): quant au reste, S se montre le plus fidèle (*a moi seule parlasses*); A pratique une rallonge (*ensemble od mei p.,* cf. v.390 dans le même ms.); P a une syllabe de moins (*uncore p.*); V présente une modification plus radicale

(*bels filz ot moi p.*). Différente la solution proposée par Contini 1986:130.

450. *Ki si 'st dolente* L, *Qui 'st si dolans* S, *Que si est graime* P (AV ont omis le vers): cf. ad v.441 et 608-9.

451 ss. Etayée par LPV (quant à S, il n'a retenu que la première ligne), cette strophe reflète vraisemblablement une double rédaction. En tout cas, le premier vers est un écho de 116 (cf. encore v.476, texte de AV); le deuxième reprend 248 et 262 (cf. aussi 416-7, qui ne se trouvent que dans LPS); le troisième concentre 131-2; enfin, le dernier vers est un calque de 135.

454. Dans V il y a anaphore par rapport au v.459; cf. par ailleurs *or sui jeo mult dolente* P.

456-8. Voici les leçons concurrentes:

Ainz que tei vedisse fui mult desirruse,/Ainz que ned fusses sin fui mult angussuse,/Quant jo vid ned sin fui lede e goiuse L;

Ainz que tei oüsse tant en fui desiruse,/Ainz que fus nez en fui mult anguissuse,/E quant fustes nez, lee fui e mult joiuse A;

Anz ke t'oüsse sin fui mult desirouse,/Anz ke te veïsse mult en fui dolorouse,/Kant tu fus neiz lié en fui e joiouse V;

Ains que te eüsse fui mult desirose,/Ains que te veïsse mult par fui angoissose,/Puis que fus nez si fui jeo mult joiouse P;

Ains que t'eüsse en sui si dolerouse,/Quant tu fu nés, sen fui issi joiose S.

La plupart des éds se basent sur L, tout en greffant *oüsse* (mais *vedisse* Storey) sur le v.456. Nous supposons que tous les mss autres que L ont résolu le problème graphique posé par l'enclise moyennant la transformation *tei vedisse* → *t'oüsse*; dans PV, *veïsse* a remplacé *ned fusses* en guise de 'résidu sémantique'.

456. Au second hémistiche, l'hypométrie de LP a été différemment palliée dans A (*tant*) et dans V (*sin*).

458. La 'difficilior' semble être l'apanage de AV (d'où P), alors que L rétablit l'ordre direct (d'où S).

459. *tute en sui doleruse* L, *si sui si corochose* P, *sin sui mult curruçuse* A, *tot'en sui corrozose* V.

460. Cf. *tant dure* P (-1).

461 ss. Dans la plainte prononcée par la mère, cette strophe occupe la dernière place, sauf dans le ms. A, où elle est suivie par la str. 92. Cf.

C,A 81 *Plorate mecum, o matres et omnes, qui adestis* (similiter cett.); plus proche du texte du poème est Md 21, où cette invocation est prononcée par l'épouse (il s'agit en tout cas d'un motif recourant dans les plaintes de la Vierge): *Vos autem, seniores mei electissimi, flete mecum et adiuvate me in orationibus vestris, ut illi coniungar in vita eterna* [cf. str. 122]. Le témoignage de Md confirme donc les suspicions de Rajna 1929:76 (les remarques de Rösler 1933:527 perdent leur valeur dans la mesure où l'ancienne Vie espagnole y est totalement ignorée): en effet, *mun ami* ne convient pas dans la bouche de la mère (tandis que 154 *nostre ami* associe la mère et l'épouse); cf. par ailleurs ad v.465.

463-4. Dans L ces deux lignes sont interverties.

463. *sor* LV, d'où *desur* A (+1), *sus* P. Cf. 572, 596.

464. *sen sazit* L ['se rassasier' Storey, sens déjà critiqué par Rajna 1929:23], *seit saziz* P, *en partist* A (mais *est assis* à la fin de la ligne précédente: *Granz est li duels qui desur mei est assis*), *est saisi* S, *en saisis* V. Sans doute faudrait-il rétablir *nen (*ou *nem) p.* dans la variante de A, cf. T.-L. s.v. *partir* 'übertr. zergehen, zerspringen, brechen (v. Herzen)' avec p.ex. RomTroie 15446 *Ni a celi ne s'oceïst/E que li cuers ne li partist.* Rajna 1929:23 propose *mon cuer ens aisis* 'dentro acquieti il mio cuore' sur la base d'anc. pr. *aizir* ainsi que de *Liris et Liriope* de Robert de Blois, v.1474 *Mout en a bien son cuer aisié,* d'où Rösler 1933:527 (cf. ad v.) *mes cuers s'en aizit* 'mein Herz sich erleichtert'; Rohlfs au contraire garde *s'en saizit,* cf. gloss. 'se rendre maître, maîtriser, s'apaiser'. La difficulté signalée par Rajna lui-même, à savoir l'emploi du subj. au lieu de l'ind., est réelle, dans la mesure où nous trouvons un subj. prés. dans P, un subj. imparf. dans A et (avec terminaison méridionale) dans V. Une fois la forme *s'en sazi<s>t* rétablie, le problème sémantique n'est pas résolu pour autant. Si l'on accepte la métaphore indiquée par Rohlfs, il faut se référer à *sazir* 'mettre la main sur, saisir', avec une graphie sans doute méridionale (les autres exemples de -*z*- dans le ms. étant 31 *baptizet* et 552 *palazinus*).

465. Pour le premier hémistiche cf. ad v.440; *n'ai mais filie ne filz* L: *kar nen ai mais fille ne fiz* A: *kar n'ai filhe ne fil* V: *n'a<i> mes fille ne fiz* P (=S 1209). Rajna 1929:76 préfère la leçon de V, qu'on ne saurait d'ailleurs attribuer qu'à l'épouse. Nous pensons que dans l'original il y avait *mais* 'puisque' en début d'hémistiche (cf. Schultz-Gora 1938:70): la leçon de A s'explique donc comme une double rédaction.

468. *demurere* avec -T- > -r-, cf. ad v.270; *demuree, demoree* cett. Le subst. se trouve presque exclusivement dans la locution stéréotypée *sans nule demouree*.

469. *Ai atendude* L accepté par Paris dans la 'maior' (= Rösler et Storey), cf. *Tant t'atendi* A, *Tantai atendu* V, *T'ai atendu* PM, *Atendu t'ai* S (=Paris dans la 'minor'); Rohlfs propose *<T'>ai atendud,* Contini *Tant t'ai *atent* (p.p. fort) sur la base de V, afin d'éliminer «quell'inammissibile accusativo dell'oggetto interno ('attendere un'assenza')» (Contini 1986:80-81, 127-8). S'agirait-il d'une sorte d'accord avec le sujet? Cf. 397 *andurede*, 423 *curante* (-Ø cett.) et, par réaction, 393 *faite* surnuméraire; deux exemples aussi dans S 1216-7. Ce phénomène, il est vrai, n'est signalé que pour les participes passés à signification active (cf. Jensen 1990:338-340) à partir de Tobler 1902:146-160, auquel nous puisons l'exemple du *Lai de Doon* 79 *A l'ainz qu'il pot, est mer passez*. Si notre explication est acceptable, il pourrait s'agir d'un croisement avec ce type syntaxique.

470. *O(u) tun (tum) lais(s)as* LV, d'où *(O)u me laissas* AMb, *Tu me leissas* P(=S), *Quant me laissastes* Ma, cf. Contini 1986:112.

472. *an luins guardét* L, *loin esgardez* A(=V), *en loins esgardé* P (avec *tei* en proclise).

473. A la différence du v.399, le participe ne s'accorde pas avec l'objet qui précède, cf. Jensen 1990:336.

475. A part L (à remarquer l'emploi de *nient,* cf. Mölk 1977:301), ce vers n'est resté que dans V: *Per felonie o lassas o per grant meil* et dans S 1218 (à la fin d'une laisse en *é-e*): *Et tot pour bien et nient tout pour el* (ce qui implique une lacune commune à A et PM), cf. StLéger 102 *Toth per enveia, non per el.* Foerster 1915:146 suppose qu'il ait appartenu à une strophe perdue, d'autant que la plainte de l'épouse présente une strophe en moins par rapport aux deux autres. Paris 1872:192 n'introduit dans L aucune modification, en référant la teneur du vers non pas à Alexis, mais à son épouse ('si elle regardait au loin, ce n'était pas par oisiveté ou infidélité, c'était pour voir s'il ne revenait pas à elle'); cet avis est partagé par Spitzer 1932:487. La discussion de Sckommodau 1954:191-2 sur le sens et l'authenticité de *lastét* n'aboutit à aucun résultat concret. Rösler, elle aussi après discussion (cf. 1933:525), se résout à ne rien changer. Storey adopte la suggestion de Wilmotte 1930:151 (avec un point à la fin du v.473): 'Si tu étais revenu consoler ta femme ce n'aurait été (de ta part) ni par félonie ni par lâcheté'. Richter 1932:65

propose, sur la base de V : *por felonie nem la<i>ssas ne por meil*, ce qui a finalement été intégré par Rohlfs. Cf. encore les résumés de Avalle 1963:170-2; Gnädinger 1972:72. Nous pensons que la collocation du vers qui se termine en *plurez* soit essentielle pour la compréhension du passage. Si l'on accepte la séquence de AV, où ce vers occupe la troisième place dans la strophe (il manque dans L, alors que dans P se trouve à la deuxième place, et cet ordre est accepté par tous les éds), on perçoit assez clairement le lien entre *Per felonie nïent ne pur lastét* et le p.p. *plurez,* ces deux éléments de la phrase étant séparés par une hyperbate (*Si revenisses* etc.), dont il s'était aperçu, quoique confusément, Lausberg 1955:304. La strophe entière est donc bâtie sur un triple zeugma, dans lequel *t'ai* régit les participes *desirrét, guardét* et enfin *plurez...pur felonie nïent ne pur lastét,* ce dernier membre étant séparé de son participe à l'aide d'une 'incisio' ('que de larmes n'ai-je pas versées, non pas par félonie ni par lâcheté, mais c'était dans l'espoir que tu reviennes consoler ta femme'). Dans cette optique, la séquence de AV est la seule acceptable, dans la mesure où le v.475 ne saurait être référé qu'à *plurez,* alors qu'aucun lien sémantique ne subsiste avec *guardét* (par ailleurs nous avons cru reconnaître dans ce vers le souvenir précoce d'une héroïne ovidienne : cf. M.P., *Des farcitures en forme de gloses : Les Héroïdes vernaculaires entre roman farci et commentaire à citations,* dans R. Brusegan & A. Zironi [éds], *L'Antiquité dans la culture européenne du Moyen Age,* Greifswald, Reineke-Verlag, 1998, 3-20, à la p.13).

476. *O kiers amis* L (=P, mais avec la note tyronienne signalant l'*E* initial), *Sire Alexis* ASV (qui accentue la similarité avec le v.451); *de ta juvente bela* L (=PS), *de ta charn tendre e bele* A, *de ta tendre char bele* V. Les deux variantes correspondent aux v.452 et 451 respectivement (doubles rédactions). Pour *juvente* cf. bien entendu ChRol. 2916 (ce rapprochement a été dernièrement illustré par Burger 1996b:219-220; à son avis, «cette rencontre de *noveles* et de *pesmes* faisait partie des assonances virtuelles d'un poète du XIe s.»). Selon Sckommodau 1954:180 les variantes de L ici et au v.493 seraient le résultat d'une censure, ce qui est tout à fait probable.

477. *Ço peiset mai* L (cf. v.580), *Sin sui dolente* A, *Cum soi dolente* V(=S), *Cum ore sui graime* P; *que si purirat terre* L, *qu'ele purrirad en terre* A, *quant toi porrira t.* S, *c'or purira en t.* V(=P). Au second hémistiche, Paris se fonde sur S dans la 'maior', sur P dans la 'minor', auquel se conforment les autres (*que purirat en terre*; cf. par ailleurs S 179 *Que caut del cors quant en tere porrist?*). Contini 1986:130-1 propose *que*

la (ou li) por(r)rira(t) terre par référence à la *jovente bele*: «L et A en seraient aussitôt justifiés». Sur cette base, on pourrait s'en tenir à la leçon de L, à condition d'interpréter *si* < IPSA.

478. *E gentils hom* LS(=P), *Sire dist ele* A, *Ei chiers amis* V (cf. v.485); *dolente* LAPS: *marie* V.

480. *si dures* L, *moult dures* P, *si graimes* AV [cf. ad v.110, en outre P au v.477], *dolerouses* S [cf. ChRol 2919 *merveilluses e pesmes*]. En début de vers, la préférence que Rajna accorde à *Ore* du ms. V est réfutée par Contini 1986:93.

481 ss. Double rédaction de A: la première strophe, qui ne compte que quatre vers, est proche de LP; la deuxième, qui intègre le vers omis par la précédente (*Cume vei müed vostre clere visure* = v.482), apparaît comme une récriture de la première, sauf l'opposition au v.484 entre *Ma lunge atente a grant duel m'est revenue* et *Merveillus duel m'est ui avenue*. La première de ces deux lignes est commune à V, qui aux v.483-4 porte: *Ma longe atende a grant dul m'est venue;/Ke porrai faire, chaitive, mal feüe?* En conclusion: tant A dans sa première rédaction que V répètent le v.443, auquel V ajoute le v.444, lui aussi tiré de la str. 89, prononcée par la mère et dont l'assonance est la même que celle de la str. 97. A noter enfin que *Sire Alexis,* au début de A (première rédaction), marque une anaphore par rapport à la str. 96, qui dans A vient après la str. 97. Sckommodau 1954:182 tient cette double rédaction pour une diplographie du ms. A. L'analyse de Hemming 1994 ad v. est franchement impressioniste.

481. Cf. *O (E* V [à préférer, cf. Contini 1986:109]*) bele buce* L(=V), *Ohi bele chose* P, *Sire Alexis* A. A l'assonance de 481-2, V propose *bele figure: tendre faiture* (et *faiture* est à l'assonance dans A au v.444).

482. Cf. *Cume vei müed* A, *Cumme vei müé* P, *Cum vei müee* V.

483. Leçon de A (première rédaction), cf. *Plus vos amai* L, *Plus vus ai chier* A (deuxième rédaction), *Plus vos aveie chier* P. Pour *Mielz* A cf. ad v.250 et Contini 1986:118, note 6.

484. Cf. *or m'est aparude* L, *m'est ui aparue* P, *Merveillus duel m'est ui avenue* A (deuxième rédaction): *oi (ui) m'est* Paris, les autres suivent L; Contini 1986:130 n'accepte *ui* qu'avec réserve.

485. La diffraction comprend *amis* L (= éds), *sire* A, *contres* V, om. P (-2). Dans cette plainte Alexis est toujours appelé *sire* (vv.468, 471, 491) ou *amis* (v.476, où AV et S reprennent d'ailleurs *Sire Alexis* au début de

la str. précédente), et *ami* S: *sire* A s'échangent encore au v.155. Il est probable que l'original avait un mot bisyllabique 'difficilior'. Selon Rajna, *contres* est à interpréter comme faute pour *certes*; mais Contini objecte que *certes* «è scevro di qualsiasi difficoltà» parce qu'il est très répandu dans ce texte, y compris en début du second hémistiche: cf. v.342 et 532. Peut-être s'agit-il d'une diffraction 'in praesentia', dans la mesure où *contres* (avec *-s* adverbiel) serait hap. avec le sens de 'au contraire, en échange' (Contini 1986:131). Nous le mettons sur le compte des nombreux autres latinismes présents dans ce ms.

486. *la jus suz lu d.* L, *la de suz les d.* A, *de desoz lo d.* V, *sos le d.* P (-1), *ça defors le d.* S, *chaiens sus* (*cha sus sous* Mb) *le d.* M. Pour *(la) jus* cf. StLéger 176, 224. Contini 1986:128 propose de rétablir *laïs* ou *çaïs* (mais *la* serait préférable, parce qu'il serait attesté «par deux familles»). On pourrait encore penser à *la por* 'là-bas, là-dehors', typique de GirRouss: cf. Lex. Unt. s.v. *la fors,* que les mss OL glosent une fois à l'aide de *la por.* – Quant au premier hémistiche, *Se jo s.* L(=V), *Se vus s.* A, *Se jeo vos s.* P, *Se te s.* SM (*Se jot* éds), il est probable que AP signalent la présence du pron. *vos* en enclise (pour le virage d'allocution cf. déjà la strophe précédente, en outre la str.95 dans le texte de A, où *vos* et *pur vus* sont suivis de *le tuen cors* et *t'espuse*). Typique du sud-ouest et de l'ouest de la France (cf. Pope 1973:504 ainsi que p.ex. Béroul, v.230 et 4252 *os* < *vos*), cette réduction est bien entendu à sa place dans l'aire sud-orientale proche de la région occitane. Dans GirRouss, gloss. s.v. *vos,* on signale (cf. Hackett 1970:43) quatre cas de réduction en *s,* deux en *os,* un en *us*; dans la plupart de ces occurrences, conservées dans O, l'autre ms. P réagit, cf. notamment 801 *ques es granz pros* (*que vos es p.* P); 3389 *Eu quos en mentirie?* (*Que vos en m.* L, *A que·us en m.* P), 3669 *quis* (*quet* P) *vol servir;* 8931 *Cel quis a vil tenguz* (*Cel quen pro tolgut* P).

488. *Ja tute gent ne m'en sousent turner* L, *Ja tute gent ne me seussent esgarder* A, *N'est home qui vive qui m'eüst trestorné* P, *Nus hom qui vive ne t'en peüst tourner* S, *Trestote terre ne m'en sore turneir* V. Pour le premier hémistiche, cf. *Ja tute terre ne m'en fesist turner* A au v.490, en plus du v.493. Contini 1986:113 estime pourtant que «nessun credito può avere *terre*». Pour *sore* et 490 *oure,* dont la valeur irréelle constitue un trait distinctif du frpr., cf. ci-dessus, p.110, 140.

489. Seuls L et V (*O tei*) postposent *ansemble,* cf. *Qu(e) ensemble o(d) tei* AP (=S,M).

490. *Si me leüst, si t'ousse bien guardét* (=P, mais sans *bien,* tout comme les éds), *Si je poüsse, si t'oure costumé* V (SM manquent, A porte autre

chose, cf. ad v.488). Contini 1986:113 voit dans *costumé* (qu'il ne croit pourtant pas originaire) un téléscopage sémantique avec *costoïr, costeïr*; on pourrait peut-être mieux l'interpréter sur la base de *coustumer* 'payer, sur une marchandise, la redevance appelée coutume' (Bordeaux, Bretagne, XIVe s.), *c. un hiretage* 'remplir les charges auxquelles est tenu un héritage' (Nord 1350): il s'agirait dans notre cas d'accomplir les cérémonies funèbres que l'on doit à un mort selon la coutume établie (cf. les nombreux sens liés en lat. méd. au terme *consuetudo*).

491 ss. Md 21: *Ecce dies afflictionis mee, de quo intellexi, quia viduitas mea vera est. Sumam igitur lamentum et defleam omnibus diebus vite mee* (le veuvage en tant que prolongement du mariage constitue par ailleurs un motif typique de l'hagiographie ottonienne, cf. Corbet 1986:191-4). Les versions plus récentes développent encore une fois la similitude de la tourtre, cf. notamment Ct 84: *Heu me, amate, diu desiderate, te caste expectando tuumque memorabile nomen facta sum velut turtur, quae habitat in convallibus, te lugens, te gemens teque deserto expectavi. Et quem vivum sperabam cernere, nunc mortuum video. Quia ego pro te multos annos deserta resedi et sperabam te vivum videre et modo te extinctum prae oculis video.*

491. Cf. ad v.249 (Contini 1986:123 choisit *par* du ms. A). Quoique d'une manière implicite, les 'Vitae' récentes rapprochent ce motif des *Lamentationes* de Gérémie, cf. notamment C,Ct 86 *et hodie inter viduas maestissima apparebo*; B(=A) 84 *desolata hodie facta sum et appareo vidua.*

492-3. AP présentent l'interversion des seconds hémistiches, cf. *Kar jo leësce jamais n'avrai en terre/Ne charnel hume n'averai, kar il ne peut estre* A, *Jamais leëce n'arei charnel en terre/Ne charnel home n'arei, car ne puet estre* P; *Jamais leëce n'arai, car ne puet estre,/N'a carnel houme n'arai jamais a faire* S: outre que par PS, le texte de L 492 est appuyé par V: *Jamais n'ir lié, amis, kar ne puis estre,/Ne charnal ome n'aurai jamais en terre.* Texte de L, sauf *Ne jamais hume,* dû probablement à une censure (cf. ci-dessus, p.127); dans le second hémistiche, il semblerait que la diffraction ait été occasionnée par *an tute terre* (cf. ad v.488).

494. Cf. 1 C. 7,8 (Uytfanghe 1984:484).

495. *Il nel* L, *Il ne me* A, *Ne me* PSV; *jo lui serve* L, d'où *jel serve* AP (-1), *jou le s.* S (cf. par ailleurs S 241 *Il ne faut mie a houme qui le serve*), *bien li serve* V: cf. Contini 1986:112.

496. *plurerent* dans tous les mss autres que L, pour éliminer le zeugma.

497. Cf. Ma 427-8 *Tantes fois l'a de pité enbrachie/Que toute en fu lassee et anuiie* (=Mb 288 *et travellie*).

498-9. *conreierent:acustumerent* L(=S pour 498 seulement), *apruecerent:cunreerent* A, *apresterent:conduierent* P, *apresterent:conreerent* V; S ne porte que *conreerent,* Ma et Mb respectivement *atornerent* et *apresterent.* Cf. Contini 1986:113, note 4. Accepté par G. Paris, *acustumer* est hap. (mais cf. v.490; les autres éds suivent V).

498. Les mots *le cors, le saint cors* reviennent treize fois dans les 18 strophes consacrées aux funérailles (Bordier 1993:254).

499. *Tuit cil seinur* L(=P,V), *Icil seignur* A; *e bel* L, *mult bien* A(=V), *mult bel* P, *Molt b(i)element* M.

500. *Com felix cels* L(=P), *Cume boneurez sunt* A, *Riches toz cels* V, *Boineüré tout cil qui l'ounererent* Mb; *Devant tous chiaus ki aluec honere(re)nt/Et lai le jor de bon cuer l'ounererent* Ma.

501 ss. Le modèle des str. 101-2 ne se trouve que dans le 'Vitae' plus récentes, cf. p.ex. C 87-88 *tandem imperante venerabile pontifice ex imperatorio iussu sancti iusserunt levare feretrum.*

501. *ne faites (faides)* AV.

502. *Que valt cist crit* L(=éds), *Ne nus valt rien* A, *Que vos valt* P (-1), *Ke vos aiüe* V (=S, cf. Pass. 497 *Lui que aiude?*): «Une fois les 'singulares' de L et A éliminées, de même que P avec son vers hypométrique, il reste la leçon de VS qui donc représente deux branches sur trois: c'est celle-ci qu'il faudra encore privilégier au v.529», si l'on s'en tient au raisonnement de Contini 1986:115-6 (l'analyse de Lausberg 1958:144-5, 180; 1959:142, est basée sur le parti pris que L représente la leçon originelle, corrompue dans cett. suite à la chute de *cist crit* par haplographie).

503. *Chi chi se doilet* L, *A qui il est duel* P; la bonne leçon peut être reconstituée sur la base de *Qui que seit li duels* A (+1), *Cui ke seit duls* V. Dans l'autre hémistiche, *a nostr'os* agit comme facteur dynamique (Contini 1986:112), cf. *la nostre en est la joie* A, *a nos est il glorie* P (-1), *a nostre us est grant joe* V.

505. *Si li preiuns que de tuz mals nos tolget* L, vraisemblablement par anticipation du v.622, cf. *Ceo li proiun que por Deu nos asoille* P, *Mais preem li per Deu ke nos asolhe* V (avec *mais* 'pourvu que'?): cf. Contini 1986:131.

508. *E tuit (tout* S) *li* LS, *E ço li* A, *Et si li* M, *E! sire* V. Après ce vers (pour la 'varia lectio' cf. encore ad v.185), V insère une ligne surnuméraire: *Al tun senhiour nos soes buns plaidis* (par anticipation du v.600).

509. *icels* L, *les clers* A, *cels* P (-1), *celui ki l'a oï* V, *cels qui l'orent oï* S (=M); cf. Contini 1986:123.

510. *li grant e li petit* L, *nis (nes* VMa*) li enfant petit* PVM, *et li enfant petit* S (A manque). Cf. Md 22 *Quumque hoc auditum esset in Roma de inventione filii Fimiani, concurrunt omnes videre tam magnum miraculum*; C 88 *Et nuntiatum est populo inventum esse hominem Dei, quem civitas tota quaerebat, et omnes currebant obviam corpori sancto* (similiter cett.).

511. 'Lectiones faciliores': *Issent s'en fort* A, *Si s'en esmurent* S; *comoveir* refl. 'sich erregen, erregt werden' n'est attesté qu'ici et dans Serm. Sap. 291,31 *l'air, en cui li vent et li tonoires se commuevent* (le texte dans W. Foerster, *Li Dialoge Gregoire lo Pape,* Halle 1876, p.283 ss.).

512. Cf. *Primiers i vait ki primiers i pot cure* V.

514. *n'i (ne) pot faire rute (rote)* AP (-1), *ne set quel part aler* Ma, *ne set par u* [*mi* éd.] *deronpre* Mb, alors que S (*entreotes*) et V (*ente ropte*) s'accordent avec L. Cf. B 90 *Populus vero comprimebat se nimis super illum et non poterat antecedere*.

515. Cf. *n'i pot passer ultre* A (-1), *ne pout passer outre* P (-1), *ne puent porter outre* S, *Ne de quel part il puissent passer outre* Mb; la leçon de L est appuyée par V (*ne porent passeir oltre*). «En présence des leçons divergentes des mss, surtout de AP, on serait tenté de lire *li sainz cors* et *povret* au singulier; ce serait un second exemple de plus-que-parfait signalé dans *firet* (25e). Mais je n'ai pas osé introduire dans le texte une forme aussi rare, sans l'autorité d'un manuscrit» (Paris 1872:193; cf. Contini 1986:122). Paris se tient à L dans la 'maior' (imité par les autres éds), tandis que dans la 'minor' il suit la leçon de S.

516 ss. V a interverti les str. 104 (*Entr'els en prenhent cil senhiour a parleir*) et 105 (*Cil en parleirent ki lo secle bailissent*).

517. Au lieu de *poduns,* les mss autres que L portent le futur.

518. *Cest saint cors* L (-1), *Pur cest seint cors* A (=P), *Per cel saint cors* V (=S), *Por cest cors saint* M.

521. *l'ampirie* L (=A,P), *lo secle* V, *le regne* S; cf. *empire* 'armée, réunion des vassaux' ou, comme dans GirRouss, 'cour, suite; armée'.

Dans Md 22 il s'agit des patrices (cf. ci-dessus, p.69), dans les autres versions ce sont les empereurs, cf. notamment C,A 91 *Tunc imperatores iusserunt copiam auri et argenti in plateis spargi, ut turbae occuparentur amore pecuniarum et finirent perduci grabatum ad ecclesiam. Sed plebs amore pecuniae seposito magis ac magis ad tactum sanctissimi corporis irruebant.*

523. *largas departies* L (+1), *granz departies* A (=VS), *grant departie* P: probable écho du v.93, la variante de L présuppose une réduction de la prétonique de *feruns,* cf. v.155.

524. Tous les mss autres que L portent *La gent menue* (cf. Contini 1986:112), cf. RomTroie 6772 *Ne vavassor de basse main.* Le syntagme *la menue mains* est encore attesté par T.-L. dans *Le Couronnement de Renart* 2089.

525. *uncore an ermes* L, *si en iermes* S, *dunc en serrum* A, *tost en serum* P, *encui serem* V, cf. *donc an (i)ermes* Paris (=Storey), *encui ermes* Rösler, *uncore iermes* Rohlfs; selon Contini 1986:132-3, il est actuellement impossible de résoudre la diffraction.

528. *Par iço quident* L(=Ma), d'où *Pur ço qu'il quident* A, *Par ceo quident* P (-1), *Pour çou quidierent* S, *Car pour chou quident* Mb, *Per cel espeirent* V (cf. Contini 1986:123). Cf. notamment B 91 *ut forsitan populus inclinaretur ad thesaurum et daretur locus antecedendi cum corpore sic. At nemo Dei nutu intendebat in aurum vel argentum, sed potius in sancto corpore.*

529. *Mais ne puet estra* L, *De cel aver* A, *De quanqu'il getent* P, *Et els ke valt* V, *Que lor aiüe* S, *Ke caut de chou* Mb [Ma manque; cf. Rythme 319 *Sed nihil illud profuit*]; les éds s'en tiennent à L (cf. 156 *Ne poet estra altra,* 492 *quar ne pot estra,* 580 *mais altre ne puet estra*), sauf Rohlfs qui propose *Mais els que valt.* Rajna a signalé le premier qu'une formule semblable, *De ço qui calt?,* est attestée cinq fois dans ChRol. Contini 1986:114-5 précise que la leçon de Mb fait écho au v.1840 du ms. d'Oxford; il propose par ailleurs de résoudre cette diffraction sur la base du v.502.

530. *A cel saint hume* L, *A cel seint cors* A (=PS, cf. *Qu'a cest c.s.* Ma, *Mais au s.c.* Mb), *A cel ser Deu* V [qui représente peut-être le texte primitif, cf. ci-dessus, p.124, ainsi que Ma 1222 *le Diu serf,* Mb 1038 *le serf Dieu*]; *trestut est lur talent* L, *unt aturné lur talent* A (+1), *ont torné lor talent* PS, *ont tresto(u)t l.t.* M, *unt trestuit lor talent* V. Même formule aux v.50 et 139. Cf. *sed nullus ad hoc intendebat, magis autem*

diligebant corpus sanctum, texte imprimé par Rohlfs et signalé par Lausberg 1955:306, note 15: il s'agit du ms. Bruxell. II 992 = B2 dans Sprissler 1966, dont l'édition se fonde par contre sur le ms. Bruxell. II 1050 = B1, qui porte un texte quelque peu différent (§ 91): *At nemo Dei nutu intendebat in aurum vel argentum, sed potius in sancto corpore.* C'est d'ailleurs le texte imprimé par Sprissler qui explique *Mais aime lui ke ne l'or ne l'argent,* vers rajouté par le ms. V à la fin de cette strophe (cf. également ms. A, v.164 *Pur or ne pur argent ne pur rien ki vive*); beaucoup plus génériques C,A 91 *Sed plebs amore pecuniae seposito,* cités par Rajna 1929:18.

531. *Senhiour ne faides, ço dist la genz menue* V: cf. ad v.501 (*-d-* dans *faides* est un trait frpr., cf. Stimm 1963:331).

532. *D'icest* A, *De cest* cett.; *nus n'avum cure* L(=V), *nen avum c.* A, *n'avun nos c.* P (=SMa).

533. *Si granz letice nos est appareüe* V permet de remédier à l'hypométrie de LP (cf. encore v.409 et 484).

534-5. Le ms. de base présente une fausse assonance au v.534, alors qu'au v. suiv. APV font écho au v.504: *D'icest saint cors que avum am bailide:/Par lui avrum se Deu plaist bone aiude* L; *D'icest seint cors, n'avum soin d'altre mune,/Car par cestui averum nus bone aiüe* A; *De cest saint cors [...] ou avun nostre aiüe* P; *Per cest saint cors, n'avem sonh d'altre munere,/Kar per cestui aurem nos bune aiüe* V; *Mais del saint cors que il nous face aiüe,/Car par celui nous iert vie rendue* S; *Fors ce c.s. ne querons chose nule/Car par cestui n'arons chose ki nuise* Ma. Comme G. Paris l'avait déjà constaté, quoique d'une manière assez confuse (cf. Rajna 1929:19), la faute de L a été occasionnée par *mune(re) <* MUNUS, dont le FEW n'atteste que deux occurrences puisées dans le *Dictionnaire historique du parler neuchâtelois et suisse romand* de W. Pierrehumbert, Neuchâtel 1926, à savoir *mondres* f.pl. 'bijoux, présents de noces' (1594-1640), d'où frb. *mōdrɛ* pl. 'cadeau de fiançailles', et *mondrer* v.a. 'donner des bijoux, surtout comme présent de noces à son épouse' (XVIe-XVIIIe s.); cf. aussi Burger 1998b:376. L'origine franco-provençale du mot n'est pas tout à fait assurée pour autant:

1) déjà Rajna 1929:20, note 4, appelle l'attention sur la locution *Dei munera* ou *sancta munera* employée dans le texte latin (cf. Sprissler 1966:§ 61) pour désigner l'eucharistie. Les connotations religieuses de ce terme sont d'ailleurs nombreuses (cf. Bl. s.v., ainsi que les occurrences telles que *caelesti munere* etc. enregistrées dans LHL);

2) il est bien connu que *munus* (de même que *virtus* au v.562) constitue un mot-clé dans la littérature hagiographique: c'est sans doute pourquoi il n'a pas choqué le copiste de A, alors que celui de V adopte l'une des ses typiques graphies latinisantes. Parmi les nombreux exemples disponibles dans l'hagiographie, nous renvoyons à un passage de la *Vita Mahthildis posterior* (MGH, *SS*, IV, 296, c.19, 6-19), vraisemblablement rédigée l'année 1002: le remanieur y accentue le sens primitif du miracle, qui est bien révélation de la sainteté de la reine et de la protection exercée par Dieu sur ses desseins; le miracle y est défini «comme don divin (*munus*), expression de la puissance (*virtus*) céleste» (cf. Corbet 1986:156-162);

3) à l'origine de notre mot, Paris 1873:193 avait d'ailleurs évoqué non pas *munera*, mais le synonyme partiel (et beaucoup plus rare) *muna* [= *munia*], en principe applicable à la variante de A d'après Rajna (où «*mune* dovrebb'esser corretto, stando alla grafia del codice, in *munie* o *muine*»), qui pourtant lui préfère la leçon de V *munere* («Volendo accostarsi alla pronunzia, sarebbe da scrivere *munre* o *mundre*», ce qui donne effectivement le mot enregistré dans FEW). Or, si Rajna a certainement raison sur la forme, reste que *munia* est tout aussi, sinon plus apte que *munera* à expliquer le patrimoine sémantique et stylistique de notre mot: cf. les signifiés énumérés dans Bl. s.v., dont 'bienfaits spirituels', 'bienfait matériel', et même 'objet précieux', notamment le corps du saint, dans *Vita s. Galli*, MGH *Poet.* 2, 428-473, v.1521 *is cum presbitero feretrum per inane levando/alipedum dorsis commendat munia sancta* (*concedit munia larga* revient au v.1325, cf. LHL; d'ailleurs *munus* a lui aussi le sens de 'reliques' chez Hrab. Carm. 73,2).

La *Vita s. Galli* (où l'on trouve, entre autres, d'intéressants spécimens de plaintes) est un texte exemplaire du point de vue de ce maniérisme, dont de nombreux échos résonnent dans StAl. D'autres modèles pourront sans aucun doute être repérés (cf. en tout cas la Vie métrique de saint Alexis éditée par Wagner 1973, v.272 *Crura labantia pristina munia promeruere,* juste dans le passage consacré aux miracles; dans l'autre Vie métrique éditée par Wagner 1965, on signale l'hémistiche 367 *divinaque munia solvunt* dans la description de l'enterrement: bien qu'employé dans des acceptions différentes, la présence de *munia* dans ces deux passages n'est sans doute pas casuelle). Pour l'instant, sans vouloir nier la diffusion éventuelle d'un successeur de *munera* dans la frontière orientale à l'époque où notre texte se situe, reste qu'un calque de *munera* ou *munia* est tout à fait à sa place dans un contexte très riche en latinismes, et en général caractérisé par un style assez artificiel. En tout cas, le fossile témoigné par les dialectes de la Suisse romande semble par trop récent et limité, pour épuiser le complexe patrimoine sémantique et stylistique que notre texte présuppose: par contre, une spécialisation locale ne serait pas en mesure d'expliquer la persistance de ce mot dans le ms. A, dont le diasystème se montre par ailleurs toujours très vigilant face aux infiltrations allophones (cf. aussi FEW VI/3:226, qui parle d'un calque savant de MUNUS). En conclusion, *mune* cadre fort bien dans le paradigme auquel appartiennent *gemma* et *thesaurus*, cf. p.ex. *Translatio s. Epiphanii*, MGH, *SS*, IV, 250: *coelestem thesaurum pretiosissimum, sancti patris Epiphanii corpus...incorruptum thesaurum*; Gerhardi *Miracula s. Oudalrici,* ibid., p.419 *Post commendacionem preciosi thesauri sacri corporis Oudalrici.*

536. La forme *letice* (à rétablir dans L) est propre de V, cf. v.533 et 610. Dans T.-L. s.v. *leëce*, cet allomorphe n'est signalé que dans Oxf. Ps. 4,7 (cf. Paris 1889:550-2); dans FEW s.v. LAETITIA il n'est pas mentionné du tout.

539. Alexis est un 'alter Christus' (Lausberg 1955:315; cf. aussi Uytfanghe 1984:486).

542. Cf. *Pur oc est ui en cest jur honurez* A, *Por ceo est ore el ciel coroné* P, cf. Pass. 292 *oidi*, 299 *oi en cest di* (c'est la diffusion du poème qui fait tomber dans P la mention liturgique de la date, selon Lausberg 1955:308).

543. *est* L, *gist* AP (pour ce dernier cf. encore S 9, 36, 43).

544. *enz el* agit comme facteur dynamique, cf. *el* A (-1), *el saint p.d.* P; Lausberg 1955:318 cite Eul. 19 (*enz enl fou*) et Pass. 78 *enz <en> lor cors* (cf. ibid. 102).

545. *Mult puet* A (P manque).

549. *Ço preiums Deu* L, *Ço depreums* A (Rösler et Storey s'en tiennent à L; cf. Contini 1986:131).

550. Cf. *Od Deu el ciel ensemble puissum regner* A. **Ici se termine le texte de A.**

551-560. Tant dans les 'Vitae' plus récentes que dans la tradition manuscrite du poème, cette insertion vise manifestement à consolider le culte du saint ainsi que sa relation à l'église romaine de St.-Boniface. Le texte, qui coïncide à quelques détails près dans les quatre rédactions des 'Vitae' (§ 89), est on ne peut plus schématique (il va de soi que l'archétype remonte à Mt. 4,24; 11,5; A. 8,7, cf. Uytfanghe 1984:484); il suffira de reproduire ici le texte de C: *Si quis autem infirmus illud sacratissimum corpus tangebat, protinus curabatur. Caeci visum recipiebant, daemonia eiciebantur, leprosi ad pristinam rediebant cutem, mutis in laudem Christi lingua reserabatur, claudis reddebatur gressus et omnes infirmi quacumque infirmitate detenti tacto corpore sancto curabantur.* La description des miracles constitue un poncif hagiographique bien établi, qui est parfois étayé par une citation biblique, comme dans ce passage exemplaire de la *Vita Bertuini* (IXe s., MGH, *SS rer. Merov.* 7, 179; cf. Ps. 67,36): *Multa vero signa atque miracula Dominus dignatus est ostendere per servum suum Bertuinum. Caecis reddebat visum, surdis auditum, claudis restaurabat gressum, aegrotos curabat, daemones effugabat, ut ait psalmista: Mirabilis Deus in sanctis suis, et rursum: Laudate Dominum in sanctis eius.* La sécheresse du catalogue est souvent justifiée par les exigences de 'brevitas', cf. p.ex. Joh. Gorziensis *Miracula s. Gorgonii*, MGH, *SS*, 4, 246: *Longus est per singula disserere, quae et quanta Dominus per patronum nostrum virtutum propalavit prodigia. Hoc tantum subnectimus, quia nobis cernentibus caecis plurimis visum reddidit, claudis gressum, mancis manuum restaurationem, daemoniacis liberationem, phreneticis, caducis, sensu fraudatis pristinam sanitatem ac celerem morborum omnium curationem; quam prolixitatem fastidii causa devitamus* (le modèle de ce tópos se trouve une fois de plus chez Grégoire de Tours, cf. Heinzelmann 1979:71, note 99). Par rapport à notre texte, nous citerons encore un passage de Gerhardi *Miracula s. Oudalrici* (ibid., p.425): *quoniam si coepero cuncta adeuntibus ad sepulchrum sancti Oudalrici et inde revertentibus vel iuxta sepulchrum infirmis atque debilibus a Deo concessa singillatim enumerare, nullius adiutorio nisi solius Dei, qui omnia potest, possum perficere.* Dans le poème vernaculaire, le récit stéréotypé des miracles est le premier exemplaire d'une série qui pourrait être illustrée à l'aide de nombreux parallèles. L'une des variantes les plus proches est sans aucun doute le roman *Florence de Rome,* éd. Wallensköld, Paris 1909, v. 5861-64: *Il n'a soz ciel contrait, tant plain de palazin,/poacreus, langoreus ne ladre ne tapin/que la voist par creance et par verai destin/que il ne s'en reveignent tot sain et enterin.* Cf. également le *Roman de Renart* (branches I et XV, éd. A. Strubel, Paris, Gallimard, 1998, p.79, v.2936-41 et p.525-6, v.484-496). On fait évidemment abstraction du miracle en tant que genre littéraire autonome, dont l'évolution remonte encore une fois à un courant de l'hagiographie latine (Rosenfeld 1959; Ebel 1965:46 ss.; Harmening 1966:47-49; Assion 1969:6-10; Oury 1983:19). Les reliques ne sont par ailleurs qu'une source de miracles parmi d'autres dans le cadre d'une phénoménologie assez vaste, qui

551-5. Il convient de reproduire en entier le texte de chaque témoin:

L

Surz ne avogles ne contraiz ne leprus
ne muz ne orbs ne neuls palazinus,
ensur tut ne nuls languerus,
nuls nen i at ki n'alget malendus,
cel nen i at kin report sa dolur.

V

Sorz ne avogles ne contraiz ne leprous
ne muz ne clos ne nuls palesinous,
ensore tot ne nuls languorous,
cil nen i vint k'il n'aportast languor,
ne cil n'i vint k'il nen alhe repous.

S

Sours n'avules ne contrais ne lepreus
ne crestïens qui tant soit langueruos,
ensorquetout nus hom palasinex,
icil n'i vint qui·nn'alast refusés,
ne nus n'i vient qui report sa dolour.

Ma

Ne nus liepreus ne malades ne sours
ne nus enfers ne nus palasinous
n'i est alés ken portast ses langurs.

Mb

Sours ne contrais, awles ne liepprous,
ensourketout ne li palasineus,
k'ains nul n'i ot tant portant grant dolour
n'en soit garis au saint cors glorious.

On constate d'abord un certain nombre d'irrégularités qui, dans le texte du ms. L, gravitent autour de la répétition *neuls...nuls* (111b-c): en effet dans le premier cas on exige *nuls*, alors que dans l'autre, *n<e>üls* serait seul en mesure de rétablir le décompte des syllabes. Le problème se pose pour V en des termes tout à fait analogues. Proposant de «redresser» L sur la base de V, Contini 1986:124 n'envisage, semble-t-il, qu'une simple interversion entre *nuls* et *neüls*. Non moins précaire qu'improbable (partant de prémisses fort différentes, Sckommodau 1954:173 avait exprimé le même avis: «In der Str. 111 scheint aber diese Unterscheidung nicht sinnvoll zu sein»), une pareille solution, bien qu'acceptée par tous les éds, ne suffirait pourtant guère à rationaliser l'ensemble des témoignages fournis par les autres mss, dont notamment la leçon de S. Ce ms. propose les deux mots assonants *languereus:palasinex* en séquence inverse par rapport aux autres témoins. Or, si l'on applique la séquence de S au texte de LV, cette extrapolation permet de garder la forme dissyllabique *neüls* au v.552 en même temps que de la réintégrer au v.553, ce qui a pour résultat de redonner au texte sa cohérence prosodique.

552. La variante *orbs* L a toujours posé problème, cet adjectif et *avogles* faisant double emploi (cf. déjà Brandin 1911); à l'appui de *clos* V, évidemment 'difficilior' par rapport à *orbs* (Rajna 1929:29), et remplacé ailleurs par *crestïens* (S) ou par *enfers* (Mb), Rösler ad v. cite le *Poème sur l'Antechrist* d'Henri d'Arci, v.99 *E les clops irrunt, les muz avrunt santez*. Qui plus importe, ce détail se trouve dans deux 'Vitae', cf. C(=Ct) 89 *claudis reddebatur gressus*. La fiche de T.-L. propose, entre autres, Livre des Rois 136 *les cieus e les clops e les leprus*; Mont. Fab. V 25 *Ne clo ne droit ne mu ne sort*; Serm. poit. 110 *febles, avogles, clops*. Pour l'anc. occ. cf. LR II,412b *E·l fazia los sortz auzir/E los clops sautar e salhir* (traduction de l'Evangile de Nicodème). SW atteste la forme latinisée *claus de l'un pe,* hapax déjà signalé par Rajna (qui suppose pour le domaine gallo-roman un croisement ancien entre CLAUDUS, bientôt disparu, et *KLOP-).

553. L'intégration sur la base de *ensore tot* V, *ensor que tout* S; cf. ad v.615. La solidarité de LV est confirmée par la cheville *ne* avant *nuls,* attestée au v.553 dans les deux mss, alors que le copiste de S a, lui, eu recours à *nus hom* (il s'agit là d'un commutateur on ne peut plus canonique). Mb, qui partage avec Ma l'omission du v.552, propose *ne li* en déclinant *palasineus* au pl. (ce qui ne contredit pas pour autant le témoignage de S).

554-5. A comparer notamment avec Ct 89 *et qui a diversis languoribus tenebantur, ad eum veniebant et ab omni infirmitate curabantur,* qui semble surtout étayer le texte de V (cf. de toute façon C,A *et omnes infirmi quacumque infirmitate detenti tacto corpore sancto curabantur*). Mis à part *malendus* L et *repous* V (cf. les notes suivantes), l'opposition entre L et les autres témoins concerne encore les deux premiers hémistiches, où deux systèmes anaphoriques s'opposent, *nuls nen i at: cel nen i at* dans L et *cil nen i vint: ne cil n'i vint* dans V+S, cette dernière séquence étant en rapport avec *N'i vi(e)nt* donné par tous les témoins (sauf M) au début de la strophe suivante (pour l'emploi des 'coblas capfinidas' cf. ad v.31). Comme L est en l'occurrence appuyé par *k'ains nul n'i ot* Mb, on est amené à réintégrer encore une fois n<e>üls au v.554. G. Paris, dont le texte a considérablement varié de la 'maior' (*Icil n'i vint qui n'alast malendos,/Ne nus n'i vient qui report sa dolour*) à la 'minor' (*Nul n'en i at quin alget malendous,/Cel n'en i at quin report sa dolour*), considère les deux vers comme à peu près synonymes ('Il n'y a aucun qui en parte souffrant; il n'y a pas un seul qui reporte sa douleur'); Rösler pratique une interversion, en greffant là-dessus *aportast* V (*Cel n'en i at ki n'aportast dolur,/Nuls n'en i at ki n'alget malendus*; cf. le texte adopté par Rohlfs: *Cel n'en i vint ki n'aport sa dolur,/Nuls n'en i at ki n'alget malendus*). Nous sommes en partie d'accord avec Rajna 1929:29 sur le fait que ces lignes, et notamment le v.555, ne sauraient admettre qu'une solution provisoire. On pourra néanmoins tenter de se rapprocher de l'original sur la base de L, tout en gardant *repous* (V) même au prix d'accentuer l'effet d'écho dans les deux vers: 'Tout le monde s'y rend, pour autant qu'il soit atteint d'une de ces maladies graves; nul ne se rend auprès de lui, sans qu'il s'en aille complètement remis'. A remarquer que *N<e>üls...malendus*, en plus de fournir un excellent exemple d'hyperbate, fonctionne comme dernier élément d'un imposant zeugma: référés à un seul verb au sing., les neufs sujets sont organisés par syntagmes de plus en plus étendus.

554. S glose *malendus* à l'aide de *refusés* (fausse-rime, et en partie rime pour l'œil, par rapport au *palasinex* qui précède; par ailleurs, *n'alget* est remplacé par *n'alast*). Hapax dans T.-L. s.v. *malandos* (cf. aussi FEW s.v. *malandria*), le terme est en tout cas attesté dans la littérature hagiographique, cf. Du Cange s.v. *malandreusus*: «Est etiam hominum, quae elephantiasis et lepra, qua qui laborant, *malandriosi* dicuntur...Miracula S. Desiderii Ep. Cadurc. cap.12».

555. *repous* V est un latinisme formé à partir de *reponere* 'réintégrer, restaurer', selon l'analyse irréprochable de Rajna 1929:29-30, qui cite *Berthe aux grans piés*, v.651 *En la forest fu Berte repuse entre buisson* (cf. pourtant T.-L. s.v. *repondre* refl. 'sich verbergen'). Le texte de L, avec *report* 'remporte' et *dolur*, bénéficie encore une fois de l'appui de S. Come on l'a dit tout à l'heure, le sens de L paraît être le suivant: 'pas un malade qui n'aille au corps saint; pas un non plus qui retourne avec sa maladie'; cf. la relation de synonymie avec les distiques suivants 112a-b, 112d-e (où, selon Lausberg 1955:209, l'auteur prend le contrepied de Ps. 125,6 *euntes ibant et flebant...,venientes autem venient cum exultatione*), et notamment v.557 *S'il vint a lui ki nen porte santé* (Ma), *S'il vient a lui, n'en revoist tous sanés* (Mb). Vraisemblablement introduit dans L suite à la dégradation de *repous,* le verbe n'aurait pas à son tour été compris par les autres témoins, qui semblent renverser le sens

originaire de la phrase (*aportast* V, *portast* Ma, *portant* Mb). Ce malentendu est surtout manifeste dans Mb, où le part. *portant*, tout en gardant la substance graphique de la leçon originaire, finit par lui attribuer une signification opposée; dans ce ms., la strophe se termine d'ailleurs par un vers refait de toutes pièces (*n'en soit garis au saint cors glorious*), en vue de combler la lacune moyennant 'traduction' du patrimoine sémantique de *report*. Quant à *languor* V, *langurs* Ma, il s'agit bien entendu d'un écho de *languerus* (cf. aussi Rösler ad v., pour qui *languor* V «ist...des in v.553 stehenden *languorous* wegen verdächtig»).

557. Dans ce vers, où *sempres* L agit comme facteur dynamique, l'antagonisme entre les deux témoins principaux revient à propos d'*il l'apelet* L (cf. *apele* au v.170), auquel V répond par l'*at vochié,* alors que SM confirment par voie indirecte le régime de diffraction (cf. *A cel saint cors lués ne soit rasenés* S, *S'il vint a lui ki n'en porte santé* Ma, *S'il vient a lui n'en revoist tous sanés* Mb). Moins garanti qu'*espece* (v.559) dans le cadre de la tradition manuscrite, *vochié* reproduit de toute façon *vocare* au sens de 'invoquer, implorer' (Ambroise, Prudence). Rajna 1929:30 propose *touchié sur la base de C,A 89 *Si quis autem infirmus illud sacratissimum corpus tangebat.*

558. La corrélation *Alquant...alquant* (variée aux v.564 et 584) est typique de Pass. (cf. 37-38, 491-4, 496).

559. Par rapport à *veirs miracles* L, S+Mb s'accordent avec V pour *vraie espesse* (*espece*). T.-L. s.v. *espece, espice* suppose le sens de 'Zeichen, Kundgebung' (hap.) spécialement pour notre passage. Le champ sémantique de *signum* dans la littérature hagiographique est illustré par Assion 1969:21-22. En l'occurrence, le modèle est 2 C. 5,7 *per fidem enim ambulamus, et non per speciem* (διὰ εἴδους), d'où p.ex. Aug. Serm. 216,4; Trin. 14,2. Chez Hilar. Myst. 1,15 *species* a le sens de 'préfiguration'. La 'lectio difficilior' a très bien été identifiée par Rajna 1929:31 (qui pourtant lui attribue le sens de 'arôme' pour désigner le corps saint).

561. *l'empirie* L, *lo seigle* V, *le regne* S, cf. 521.

562. Il s'agit d'un tópos hagiographique, dont nous citons quelques exemples dans MGH, *SS,* 4; cf. *Vita Mahthildis,* 40-41: *Quod qui aderant videntes mirati sunt, divina id contigisse testantes virtute*; *Translatio s. Liborii,* p.149: *et ostensa per eius merita virtutum signa, pro concessa divinitus facultate*; *Vita s. Counradi altera,* 443: *Et quamquam haec mirabilia a priscis temporibus per illum semper virtus ope-*

raretur divina. L'évolution sémantique de *virtus,* jusqu'à signifier les miracles opérés par un saint, est illustrée par Ebel 1965:55-57 (cf. d'ailleurs Pass. 212). L'insistance de l'auteur sur l'origine divine des *signa* (cf. le lien profond déjà signalé entre 534 *mune* et 559 *Si veir'espece lur ad Deus demustrét*), de même que le raccourci tout à fait stéréotypé dont les miracles sont expédiés tant dans les 'Vitae' que dans StAl, témoignent d'une réticence à donner aux miracles une place excessive. Nous croyons donc pouvoir rapporter à notre texte ce que Corbet 1986:143 observe à propos de la *Vita Mahthildis,* qui serait à situer «dans un courant de l'hagiographie du haut Moyen Age opposé à la multiplication des phénomènes miraculeux, et qui, à ce titre, maintient certains échos de la controverse biblique et patristique sur la valeur de ceux-ci» (avec un renvoi à Uytfanghe 1981). Rappelons par ailleurs que dans une partie significative de l'hagiographie clunisienne, les miracles revêtent moins d'importance. Il en va de même pour l'hagiographie de la réforme lotharingienne. Au XIe s., Sigebert de Gembloux affirme que c'est dans la vie et non dans les capacités thaumathurgiques qu'il faut chercher la preuve d'une sainteté réelle: *miracula vero solis virtutibus commendantur* (*Vita Guicberti,* MGH, *SS,* 8, 515; cf. Barone 1991:442).

563. *sil plorent* L, *sil portent* V, cf. *Alquant le prendent et li auquant le servent* S.

565. *Vunt en avant* L, d'où *Passent av.* S, *Cil vunt av.* V; cf. v.38.

566. Cette strophe a la même assonance que la précédente. A remarquer *cui l'um* V, d'où *que l'um* L, *que l'un* P, *que on* SM.

567. *un eglise*: cf. Avalle 1963:175. Rappelons que dans Md 22 il s'agit de l'*aulam, <que> sancta vocatur*; les versions plus récentes, § 92, s'accordent avec notre poème, sauf Ct (*ad limina beati Petri apostoli*).

568. Cf. *saint Alexis* P (=SM), *don Alexis* V: Carr 1976 attire l'attention sur le virage formulaire, de *sainz Alexis* à *danz Alexis,* dans V et L, ce qui, à son avis, appuie la thèse de la nature adventice des str. 111-125 dans les deux mss.

569. *Ed attement* L, *A|aptement* V, *Trestot souef* P, *Molt gentement* M.

570. *Felix le le liu* [cf. 133 *leu*] *u sun saint cors herberget* L, *Felix est li lieus ou le saint cors converse* P, *Riches lo lu o si sainz cors arberge* V: cf. v.500 et (pour *converse* P) Contini 1986:108.

572. *sor* LV, *sus* P: cf. v.464 et Contini 1986:133-4.

573. *la presse* L, *la feste* S, *li duls* V (P anticipe le v.589). Peut-être la diffraction pourrait-elle s'expliquer sur la base de *folc,* **fulc,* attesté dans Pass. 45 (le contexte est analogue) ainsi que dans le prologue de L (traduction du passage de saint Grégoire, cf. Mölk 1977:302).

575. *(h)abiter* 'toucher à, s'approcher de' (Sjögren 1929, qui propose une étymologie norroise). V s'accorde avec L (cf. aussi *Sous ciel n'a home qui i puist habiter* S, cf. v.590), tandis que P glose *Que ains unques i pout l'um adeser* (cf. Ma 317 = Mb 176). Ainsi que le précisent les études de Sigal sur les guérisons miraculeuses au cours des XIe et XIIe s., toucher les reliques était «le principal désir de ceux qui venaient implorer un saint. Toucher directement le corps n'était possible qu'au lendemain de la mort du saint, avant son ensevelissement ou, éventuellement, à l'occasion d'une translation de reliques. C'est ce qui explique l'affluence des fidèles dès la nouvelle de la mort d'un personnage considéré comme saint» (Sigal 1983:43; cf. aussi Id. 1976:88; 1985:35-40). Les versions C,A emploient d'ailleurs les mots *tangere* et *tactum,* cf. § 89 et 91.

576. *la herberge*: cf. Contini 1986:108.

578. *si derumpent la presse* V accentue la similarité par rapport à la str. 113.

579. Anaphore par rapport au v. 597; cf. v.156, où S utilise *Veullent u non* pour pallier un facteur dynamique (la formule est fréquente dans la ChRol).

580. Cf. *Ceo lor peise* P, *Zo poisa els* V (S manque); pour le second hémistiche, cf. ad v.529.

583. *enz en* L, *en son* P, *en un* VS (cf. les soupçons exprimées par Foerster 1915:159, qui d'ailleurs considère la strophe entière comme interpolée). Cf. Md 22 *Fecit autem apostolicus arcam ex auro et gemmis pretiosis*; C,A 93 *Et illic per septem dies in Dei laudibus persistentes operati sunt monumentum de auro et gemmis pretiosis* (similiter cett.).

584. *lermes* LP, à corriger sur la base de 595 *lairmes*; cf. *lacrimes* V.

585. Cf. v.167.

587. *qu'il i deivent poser* L, *qui ens deit reposer* P, *veulent metre et poser* S, *ke Deus lor a doné* V.

588. *Meten l'en terre* V, d'où *En terre el metent* L, *En terre le maitent* P, *Si l'enfouirent* S.

589. Par rapport à *li poples* (*pules*) LPS, la leçon de V *li seigles* présente une 'variatio' bien échelonnée, cf. 571 *La genz de Rome ki tant l'a desirré,* 589 *Plora li seigles ki tant l'a desirré* (la terminaison *-a* de l'ind. prés. est un provençalisme, cf. ad v.580 et Burger 1998b:378), 601 *Vait s'en li publes,* alors que dans L l'anaphore est défaite comme d'habitude (571 *La gent de Rome ki tant l'unt desirrét,* 589 *Pluret li poples de Rome la citét*); il faut rappeler par ailleurs que la str.121, qui débute par le v.601 (cf. *Vait s'en li pople* L), fait double emploi avec la str. 119: bâties sur la même assonance, et consécutives dans V, les deux strophes ont été séparées dans L par une strophe intermédiaire.

590. *Suz ciel n'at home kis puisset atarger* L, *Tuit i acourent, n'en veut nul retorner* P (cf. v.510), *So siés n'a home qui puist reconforter* (d'où *conforter* Paris) S, *Ne fu nuls om kils poüst akeser* V. La conjecture de Storey (*atarder*) est à bon droit rejetée par Rösler. Contini 1986:128 accepte «il piccolo intervento praticato dall'ottimo fonetista Rohlfs, *aqueer* [< ADQUIETARE]». Mais il faut garder la leçon de V en tant que latinisme (à ne pas confondre avec *acquiescer* qui, lui, n'est attesté que dès le XIVe s.) au sens de 'to bring to rest; stop' (Lath.), ce qui explique très bien le pron.-obj. *ki(l)s* LV; cf. p.ex. Berthgyth, Ep. Bonif. 148 *quia ullo modo fontem lacrimarum adquiescere non possum.*

591 ss. La teneur de cette strophe ne se trouve que dans Ct 93: *Pater autem eius et mater simul et fidelis sponsa flentes custodiebant eum*; cf. B 93: *Mater quidem et sponsa cum omni parentela eius stantes in circuitu plorabant magno luctu.*

591. *Or n'estot dire* L, *Ore avons dire* S, *Dire n'estuet* V.

592. *E de la spuse cum il s'en doloserent* L, *comme il le regreterent* S, *De la pucele com il lo doloseirent* V; cf. ad v.594. L'emploi tr. de *doloser* est bien attesté à partir de ChRol 2022.

593. «Wie weit entfernt sind wir von der einfachen, klaren, knappen, natürlichen und schlichten Ausdrucksweise, Erzählungsart und Satzverbindung des grössten Teiles des bisherigen Erzählung und in welch ungeschickter, überladener, undeutlicher und schlecht verbundener Partie befinden wir uns hier!» (Foerster 1915:162, qui en plus soulève des doutes linguistiques à propos du sing. *cent mil*).

594. *Que tuit le plainstrent e tuit le doloserent* L, *Ke tote genz cel di lo regreteirent* V (SM manquent).

596. *Desur* L (-1), *Sus* P (-2), *Quant sour la* S, *Cum sore* V; cf. Contini 1986:133-4.

597. *Ensus se trahent, sil lassent sevelhir* V, cf. v.579.

598. L=S, *Pristrent congié* P, *Lo congié kierent* V.

599-600. *E si li preient que d'els ait mercit* (-1),/*Al son seignor il lur seit boens plaidiz* L, dont le premier vers est calqué sur 508, où L garde le facteur dynamique *aiet*. C'est sur cette base que Lausberg 1955:317 soutient, comme d'habitude, le texte de L, citant à l'appui Pass. 200). Sckommodau 1954:195-6 est convaincu du contraire; cf. aussi Contini 1986:117-8, qui propose d'accepter le texte de V avec *aies*, dans la mesure où celui-ci est rejoint par PS, cf. *& sire pere, de nos aies merci,/Al tuen seignor nos soies plaidis* P: *E! sire peres, de nos aies merci,/O tun senhiour nos seies buns plaidis* V: *Biaus sire pere, aies de nous merci,/A ton signour nous soies boins plaidis* S (au v.508, par contre, il s'agit d'une des nombreuses fautes d'anticipation dont V porte la responsabilité).

600. *plaidiz*: 'baron de l'entourage immédiat du roi qui devait l'aider à juger ses *plaids*'; cf. *Vie de Ste Euphrosine*, MeyerRec 338,117 *Tu nos soies o lui a Deu bons plaidoïs*.

601 ss. Rythme 337-342 *Omnibus discedentibus/sponsa remansit penitus,/ numquam sepulchrum liquerat,/donec vitam finiverat./Sic ambo coram domino/coniunguntur perpetuo*. Par contre, la seule comparaison possible dans les 'Vitae' est avec Md 23, où aucune allusion n'est pourtant faite à l'épouse: *Parentes vero eius vendiderunt omnia, que habebant, et distribuerunt pauperibus vel monasteriis et conversi sunt ad Dominum credentes sine dubio, quod perseverantes atque temporales tribulationes sustinentes ad gaudia eterna perveniant*.

601. *li pople* L, cf. *li publes* V, *li pueples* P, *li pules* S, *li peules* Ma.

602. *Et la pucele k'il out espousee* P, cf. 102.

605. *Par cel saint cors* L, *Par cel saint (h)o(m)me* cett., cf. ad v.612.

606. A la place de *Sainz Alexis est el ciel senz dutance* L = *Saint Alexis est el ciel sains dotance* P, nous avons choisi le texte de V, qui semble bien être 'difficilior' (cf. la leçon de A au v.271: *Iluec cunversat cist diz e uit anz*).

607. Pour *compáignie* cf. Lausberg 1955:307 (note 18, où il signale après Rajna la distinction pratiquée dans V entre 604 *companhie* et 607 *companhe*).

608-9. *dunt il se fist si estranges/Or l'at od sei* L: *dunt il se fist estranges/Or l'a privee (sont privé)* V(=S). Qu'il s'agisse de conjonction (v.31, 578), d'adverbe (v.16, 103, 166, 562, 574, 593, 618), ou de pron. poss. (v.222, 436), le monosyllabe *si* ne s'élide pas devant voyelle. Dans le cas d' *e-* prosthétique, le seul exemple d'aphérèse (10 *si 'st*) concerne la conjonction, tandis que l'adverbe se conforme à la loi générale, cf. 545 *si est* (au v.450 le texte de L est à corriger).

610. Les soupçons de Foerster 1915:164 au sujet du fém. *grande* ont été rejetés par Rajna 1929:75.

611. *si* L, *com* cett.

612. *A cis cors sains menét en ceste vie* Ma.

613. *replenithe* L, *rĕplie* V, *raemplie* S (M manque): tenant la variante de V pour bisyllabique, Sckommodau 1954:196 estime (évidemment à tort) que *replenithe* L sert à annuler une prétendue diérèse (*glorïe*).

614. *nïent n'est a dire* L (-1), *nïent n'end* [trait frpr. selon Burger 1998b:377] *est a dire* V, *n'en est un point a dire* S. Cf. StLéger 38 *laudaz enn er,* 76 *oc s'ent pauor*; *ent* dans StBrendan, Waters 1928:liii, clxii.

615. *Ensor tut* L (-1), *Ensore tot* V (= Pass. 47, 187 *ensobre tot*), *Ensorquetout* S (= ChRol 312 *Ensurquetut*): cf. Contini 1986:133-4.

617. Cf. *Que porrons dire* S, *Zo poem dire* V.

619. VS lisent *v(o)ie* et *entro(u)blier*.

620. *doüssum* L, *deuriem* V, *devoumes* S; *ralumer* 'récupérer la vue', Herz 1879 ad v.1149.

621. *Aiuns seignors* LP: *Aiez senhior* V(=S): *Signor, aiés* Ma; l'opposition se poursuit aux vers suiv. Comme le texte de L se montre préférable (cf. la note suiv.), nous gardons la première pers. pl., sans pouvoir exclure pour autant que l'allocution dont témoignent VSM reflète une rédaction plus ancienne.

622-3. Afin de voir plus clair dans la tradition de ces vers (dernièrement analysés par Contini 1986:131-2), il faut rappeler l'opposition au v.505 entre *Si li preiuns que de tuz mals nos tolget* L et *Ceo li proiun que por Deu nos asoille* P, *Mais preem li per Deu ke nos asolhe* V (ASM manquent). Ici l'opposition se présente à nouveau entre *Si li preiuns que de toz mals nos tolget* L(=P), et d'autre part, *Çou li prions de tous mals nous asoille* S; *Se li proiés por Diu ki vus assoile* Ma; *Se li proiiés pour ki nous assole* Mb. Quant à V, il neutralise l'opposition en proposant les deux variantes à la suite l'une de l'autre, en guise de double rédaction (v.622-4): *Si li preiez ke toz mals nos tolhe,/En icest siegle prie* [< **per*] *Deu ke vos assolhe/Et en la celeste vos achat pais e glorie.* Il est possible que cette double rédaction ait été occasionnée dans V par un saut du même au même de *goie* à *glorie* (cf. la faute de L par anticipation); le v.623 (qui fait écho au v.548 dans la première conclusion) repose en tout cas sur une tradition extrêmement instable: *En icest siecle nus acat pais e glorie/Ed en cel altra la plus durable glorie* L (cf. v.548); *Et en cest siecle nos donst pais et concorde/Et en l'altre parmanable gloire* P; *Et en cest siecle nous amoneste joie/Et en l'un et en l'autre de paradys la gloire* Ma; *Et qu'en cest sicle nous i otroit si grant joie/Et ens en l'autre del regne Dieu le glore* Mb. Dans le premier de ces deux vers, la tradition a été brouillée de surcroît par la présence du facteur dynamique *acat* L(=V), d'où *donst* P (avec *glorie* → *concorde*), *amoneste* Ma, *otroit grant* Mb. Pour *goie*, déjà proposé par G. Paris et étayé par Lausberg 1955:310-1, cf. v.503.

625. V s'accorde avec L, cf. *En esse verve si direz pater nostre*: à remarquer *esse* < IPSE qui agit en facteur dynamique chez PhThaon, *Bestiaire* 1087 *Par esse la chariere,* avec deux exemples de recodification (à savoir *Par meme* et *Oltre par*; cf. aussi Walberg 1900:lxxv). En lieu et place du v.625, le ms. P propose les deux alexandrins suivants: *Que la poisum venir nos donst Deus aiutoire/Et encontre deable et ses engins vitoire,* cf. Sckommodau 1954:196-7; Lausberg 1955:312; enfin Contini 1986:92, qui attire l'attention sur le remplacement du décasyllabe par l'alexandrin, «vistoso carattere della fenomenologia delle *chansons*» (en effet, ce ms. présente encore quelques alexandrins isolés, dont v.211 et 500). A remarquer que *aiutorie* provient une fois de plus de la str. 101 (v.504). Meunier 1933:68 cite la fin de la *Vie de sainte Catherine*: *e en cel altre secle glorie et saciement./En iceste parole Amen.*

Bibliographie

Aebischer 1965 = Paul Aebischer, *Le Voyage de Charlemagne à Jerusalem et à Constantinople,* Genève, Droz, 1965

Aigrain 1953 = René Aigrain, *L'Hagiographie: ses sources, ses méthodes, son histoire,* Paris, Bloud & Gay, 1953

Amiaud 1889 = Arthur Amiaud, *La légende syriaque de saint Alexis, l'Homme de Dieu,* Paris 1889 (Bibl. de l'Ecole des Hautes Etudes, n°79)

Assion 1969 = Peter Assion, *Die Mirakel der Hl. Katharina von Alexandrien. Untersuchungen und Texte zur Entstehung und Nachwirkung mittelalterlicher Wunderliteratur,* Bamberg 1969

Assmann 1955 = Erwin Assmann, *Ein rythmisches Gedicht auf den heiligen Alexius,* dans U. Scheil (éd.), *Festschrift Adolf Hofmeister,* Halle/Saale, 1955, 31-38

Auberbach 1959 = Erich Auerbach, *Mimesis, Dargestellte Wirklichkeit in der abendländischen Literatur,* Bern 1959[2]

Avalle 1962 = d'Arco S. Avalle, *Cultura e lingua francese delle origini nella «Passion» di Clermont-Ferrand,* Ricciardi, Milano-Napoli, 1962

Avalle 1963 = Id, *La 'Vie de saint Alexis' nella cultura anglo-normanna dell'XI-XII secolo,* Appunti di Paola Mottura riveduti e corretti dal prof. d'Arco S. Avalle (anno accademico 1962-63), Torino, Cooperativa libraria universitaria torinese, 1963

Avalle 1972 = Id., *Principî di critica testuale,* Padova, Antenore, 1972

Baehr 1968 = Rudolf Baehr, *Das Alexiuslied als Vortragsdichtung,* in *Serta Romanica, Festschrift für Gerhard Rohlfs zum 75. Geburtstag,* Tübingen, Niemeyer, 1968, 175-199

Bambeck 1974 = Manfred Bambeck, c.r. de Gnädinger 1972, in «Zeitschrift für romanische Philologie», 90 (1974), 306-312

Barone 1991 = Giulia Barone, *Une hagiographie sans miracles, Observations en marge de quelques Vies du Xe siècle,* dans *Fonctions des saints,* 435-446

Beckmann 1964 = G.A. Beckmann, c.-r. de Stimm 1963, dans «Romanistisches Jahrbuch», 15 (1964), 206

Bédier 1928 = Joseph Bédier, *La tradition manuscrite du 'Lai de l'Ombre', Réflexions sur l'art d'éditer les anciens textes,* «Romania», 54 (1928), 161-196; 321-356

Beggiato 1993 = Fabrizio Beggiato, *'Tu por ton per', Vie de saint Alexis v.155. Sulla congettura in regime di diffrazione,* dans S. Guida & F. Latella (éds), *La filologia romanza e i codici,* Atti del Convegno (Messina 19-22 dicembre 1991), Messina, Sicania, 1993, I, 153-162

Bischoff 1957 = B. Bischoff, *Die lateinische Umwelt der ältesten französischen Dichtungen,* «Sitzungsberichte» der Bayerischen Akademie der Wissenschaften, Philosophisch-Hist. Klasse, 12 (1957), 12-13

Blaess 1973 = M. Blaess, *Les manuscrits français dans les monastères anglais au Moyen-Age,* «Romania», 94 (1973), 321-358

Blau 1888 = Max F. Blau, *Zur Alexiuslegende,* Leipzig & Wien, Gerold, 1888

Bordier 1993 = Jean-Pierre Bordier, *La maison d'Alexis,* dans *Hommage à Jean Dufournet, Littérature, Histoire et Langue du Moyen Age,* Paris, Champion, 1993, I, 243-256

Brandin 1911 = Louis Brandin, *Vie de St. Alexis, Strophe CXI,2,* «Modern Language Review», 6 (1911), 98.

Brooke 1991 = Christian Brooke, *The Medieval Idea of Marriage,* Oxford University Press, 1991

Bulatkin 1959 = Eleanor W. Bulatkin, *The arithmetical Structure of the Old French VSA,* «Publications of the Modern Language Association», 74 (1959), 495-502

Burger 1996a = Michel Burger, *Existait-il au XIe siècle deux versions de la Vie de Saint Alexis, une longue et une courte?,* dans *Le Moyen Age dans la Modernité, Mélanges R. Dragonetti,* Paris, Champion, 1996, 173-181

Burger 1996b = Id., *Les traits formels communs de l'Alexis et du Roland: témoins d'emprunts intentionnels ou témoins d'une langue poétique en formation?,* dans *Mélanges M.-R. Jung,* Alessandria 1996, 199-225

Burger 1998a = Id., c.r. de Hemming 1994, «Vox Romanica», 57 (1998), 260-8

Burger 1998b = Id., *La langue et les graphies du manuscrit V de la VSA,* dans *Festschrift Wunderli,* Tübingen, Narr, 1998, 373-386

Camille 1996 = Michael Camille, *Philological Iconoclasm: Edition and Image in the VSA,* in R.H. Bloch & S. Nichols (éds), *Medievalism and the Modernist Temper,* Baltimore and London, The John Hopkins University Press, 1996

Carr 1976 = Gerald F. Carr, *On the VSA,* «Romance Notes», 17 (1976), 204-7

Cazelles 1995 = Brigitte Cazelles, *La Chasse au saint: noise et sacré dans la 'Vie de saint Gilles' par Guillaume de Berneville,* dans *Robert Favreau* (éd.), *le culte des saints aux IXe-XIIIe siècles,* Actes du Colloque tenu à Poitiers les 15-17 septembre 1993, Université de Poitiers, 1995, 27-35

Cernyak 1975 = A. Cernyak, *Pour l'interprétation du vers 15 de la Séquence de sainte Eulalie,* «Romania», 96 (1975), 145-162

Châtillon 1984 = Jean Châtillon, *La Bible dans les écoles du XIIe siècle,* dans P. Riché & G. Lobrichon (éds), *Le Moyen Age et la Bible,* Paris, Beauchesne, 1984, 163-197

Cingolani 1985 = Stefano M. Cingolani, *Conservazione di forme, adattamento e innovazione. Note preliminari sulla metrica della letteratura religiosa francese fra XI e XIII secolo,* «Cultura Neolatina», 45 (1985), 23-44

Cingolani 1990 = Id., *Agiografia, epica, romanzo: Tradizioni narrative nella Francia del XII secolo,* dans Sofia Boesch Gajano (éd.), *Raccolte di vite di santi dal XIII al XVIII secolo: Strutture, messaggi, fruizioni,* Roma, Schena, 1990, 65-89

Cingolani 1993 = Id., *Normandia, Le Bec e gli esordi della letteratura francese,* dans G. D'Onofrio (éd.), *Lanfranco di Pavia e l'Europa del secolo XI,* Roma, Herder, 1993, 281-293

Cingolani 1994 = Id., *La metrica antico-francese e l'invenzione della strofe pentastica della VSA,* dans R. Lorenzo (éd.), *Actas* do XIX

Congreso Internacional de Lingüística e Filoloxía Románicas, A Coruña 1994, VII, 453-461

Contini = Gianfranco Contini, *Breviario di ecdotica,* Milano-Napoli, Ricciardi, 1986 [la traduction de quelques-uns parmi les passages cités est de notre responsabilité]

Corbet 1986 = Patrick Corbet, *Les saints ottoniens,* Sigmaringen, Jan Thorbecke Verlag, 1986 (Beihefte der Francia, 15)

Cracco 1981 = Giorgio Cracco, *Ascesa e ruolo dei «viri Dei» nell'Italia di Gregorio Magno,* dans *Hagiographie* 1981:283-296

Curtius 1936 = Ernst Robert Curtius, *Zur Interpretation des Alexiusliedes,* «Zeitschrift für romanische Philologie», 56 (1936), 113-137

Curtius 1948 = Id., *Europäische Literatur und lateinisches Mittelalter,* Bern, Francke, 1948

Dalarun 1991 = Jacques Dalarun, *La mort des saints fondateurs, De Martin à François,* dans *Fonctions des saints* 1991:193-215

Dedeck-Héry 1931 = Venceslas L. Dedeck-Héry, *The Life of St. Alexis,* New York, Publications of the Institute of French Studies, 1931

Delehaye 1925 = Hippolyte Delehaye, *Les recueils antiques de miracles des saints,* «Analecta Bollandiana», 43 (1925), 5-85

Delisle 1888 = L. Delisle, *Bibliothèque Nationale, Catalogue des Manuscrits des fonds Libri et Barrois,* Paris 1888

Dembowski 1966 = Peter F. Demboski, c.r. de l'édition Rohlfs 1966, «Romance Philology», 19 (1966), 627-9

Díaz 1981 = Manuel Díaz y Díaz, *Passionnaires, légendiers et compilations hagiographiques dans le haut Moyen Age espagnol,* dans *Hagiographie* 1981:49-59

Dinzelbacher 1991 = Peter Dinzelbacher, *Nascita e funzione della santità mistica alla fine del medioevo centrale,* dans *Fonctions des saints* 1991:489-506

Dolbeau 1992 = François Dolbeau, *Les hagiographes au travail: collecte et traitement des documents écrits (IXe-XIIe siècles),* dans *Manuscrits* 1992:49-76

Dubois-Lemaître 1993 = Dom Jacques Dubois & Jean-Loup Lemaître, *Sources et méthodes de l'hagiographie médiévale,* Paris, Editions du Cerf, 1993

Duchesne 1890 = Louis Duchesne, *Notes sur la topographie de Rome au Moyen Age, VII: Les légendes chrétiennes de l'Aventin,* «Mélanges d'Archéologie et d'Histoire de l'Ecole Française de Rome», 10 (1890), 225-250

Duchesne 1900 = Id., *Notes sur la date de la légende grecque de saint Alexis,* «Analecta Bollandiana», 19 (1900), 254-6

Ebel 1965 = Uda Ebel, *Das altromanische Mirakel, Ursprung und Geschichte einer literarischen Gattung,* Heidelberg, Carl Winter, 1965

Elkins 1988 = S.K. Elkins, *Holy Women of Twelfth-Century England,* Chapel Hill – London 1988, 27-38

Elliot 1980 = Alison Goddard Elliott, *The Ashburnham Alexis again,* «Romance Notes», 21 (1980), 254-8

Elliot 1983 = Id., *The VSA in the Twelfth and Thirteenth Centuries, An Edition and Commentary,* Chapel Hill, University of North Carolina, 1983

Eusebi 1998 = Mario Eusebi, *Le due conclusioni del Saint Alexis,* dans J.-C. Faucon, A. Labbé, D. Quéruel (éds), *Miscellanea Mediaevalia, Mélanges offerts à Philippe Ménard,* Paris, Champion, 1998, 485-491

Fawtier 1923 = Robert Fawtier & E.C. Fawtier-Jones, *Notice du manuscrit 'French 6' de la John Rylands Library, Manchester,* «Romania», 49 (1923), 321-342

Fawtier 1924 = Id., *Notes sur un légendier français conservé dans la bibliothèque du chapitre de Carlisle,* «Romania», 50 (1924), 100-110

Fawtier-Jones 1930 = E.C. Fawtier-Jones, *Les Vies de sainte Catherine d'Alexandrie en ancien français, Premier article,* «Romania», 56 (1930), 80-104 [cf. *Deuxième et dernier article,* ibid., 58 (1932), 206-217]

Falk 1940-1 = Paul Falk, *Comme 'trans' est devenu la marque du superlatif absolu en français,* «Studia Neophilologica», 13 (1940-1), 11-44

Favati 1965 = Guido Favati, *Il Voyage Charlemagne,* éd. crit., Bologna, Palmaverde, 1965

Feldhohn 1964 = Sophronia Feldhohn, *Siehe da bin ich, Das Zeugnis heiliger Väter und Mönche,* Düsseldorf, Patmos Verlag, 1964

Flasche 1957 = H. Flasche, c.r. de l'éd. Rohlfs, «Zeitschrift für romanische Philologie», 73 (1957), 326-8

Foerster 1915 = Wendelin Foerster, *Sankt Alexius, Beiträge zur Textkritik des ältesten französischen Gedichts (Der Aufbau, Nachweis von Lücken und Einschiebseln)*, Halle, Niemeyer, 1915

Folz 1979 = Robert Folz, *L'interprétation de l'Empire ottonien*, dans *Occident et Orient au Xe siècle*, Actes du 9e Congrès des Historiens médiévistes (Dijon, 2-4 juin 1978), Paris 1979, 5-22

Fonctions des saints 1991 = *Les fonctions des saints dans le monde occidental (IIIe-XIIIe siècles)*, Actes du Colloque organisé par l'Ecole française de Rome (27-29 octobre 1988), Rome 1991

Forstner 1968 = Karl Forstner, *Das mittellateinische Alexiusgedicht und die zwei folgenden Gedichte im Admonter Codex 664*, «Mittellateinisches Jahrbuch», 5 (1968), 42-53

Fotitch 1958 = Tatiana Fotitch, *The mystery of 'Les renges de s'espethe', VSA, 15b*, «Romania», 79 (1958), 495-507

Foulet 1977 = Lucien Foulet, *Petite syntaxe de l'ancien français*, 3e éd. revue, Paris, Champion, 1977

Gaiffier 1900 = Baudouin de Gaiffier d'Hestroy, *Note sur la date de la légende grecque de S. Alexis*, «Analecta Bollandiana», 19 (1900), 254-6

Gaiffier 1945 = Id., *Source d'un texte relatif au mariage dans la VSA, BHL 289*, ibid., 63 (1945), 48-55

Gaiffier 1947 = Id., *'Intactam sponsam relinquens', A propos de la VSA*, ibid., 65 (1947), 157-195

Gnädinger 1972 = Louise Gnädinger, *Zur 'Cançun de saint Alexis'*, dans Id., *Studien zur altfranzösischen Heiligenvita des 12. und 13. Jahrhunderts*, Tübingen, Niemeyer, 1972 (Beihefte zur Zeitschrift für romanische Philologie, 130), 1-90

Goldschmidt 1895 = Adolph Goldschmidt, *Der Albani-Psalter in Hildesheim und seine Beziehung zur symbolischen Kirchensculptur des XII. Jh.s*, Berlin, G. Siemens, 1895

Goosse 1960 = André Goosse, *La VSA*, «Lettres Romanes», 14 (1960), 62-65

Gougaud 1920 = Dom Louis Gougaud, *La vie érémitique au Moyen Age,* «Revue d'ascétique et de mystique», I (1920), 209-240, 313-328

Gougaud 1928 = Id., *Ermites et reclus, Etudes sur d'anciennes formes de vie religieuse,* Ligugé 1928

Graf 1944 = G. Graf, *Geschichte der christlichen arabischen Literatur,* Bd. 1 (Studi e Testi 118), Città del Vaticano 1944

Hackett 1970 = Winifred M. Hackett, *La langue de Girart de Roussillon,* Genève, Droz, 1970

Hagiographie 1981 = *Hagiographie, cultures et sociétés (IVe-XIIe siècles),* Paris, Etudes Augustiniennes, 1981

Hahnel 1934 = Kurt Hahnel, *Sprachliche Untersuchung zur Alexius – Handschrift V,* Coburg, Rossteutscher, 1934

Harmening 1966 = Dieter Harmening, *Fränkische Mirakelbücher. Quellen und Untersuchungen zur historischen Volkskunde und Geschichte der Volksfrömmigkeit,* «Würzburger diözesan Geschichtsblätter», 28 (1966), 25-240

Hatcher 1952 = Anna G. Hatcher, *The Old French Alexis Poem: a mathematical Demonstration,* «Traditio», 8 (1952), 111-158

Havet 1877 = Louis Havet, *Français R pour D,* «Romania», 6 (1877), 254-7

Heinzelmann 1979 = Martin Heinzelmann, *Translationsberichte und andere Quellen des Reliquienkultes* (Typologie des sources du Moyen Age occidental, 3), Turnhout, Brepols, 1979

Heinzelmann 1981 = Id., *Une source de base de la littérature hagiographique latine: le recueil de miracles,* dans *Hagiographie* 1981:235-257

Hemming 1974 = Timothy D. Hemming, *La forme de la laisse épique et le problème des origines,* dans Société Rencesvals, *Actes* du VIe Congrès intern., Aix-en-Provence 1974, 221-239

Hemming 1994 = Id., *La VSA, Texte du manuscrit A (B.N. nouv. acq. fr. 4503), Editée avec Introduction, Notes et Glossaire,* University of Exeter Press, 1994

Hermann 1940 = Léon Hermann, *Thiébaut de Vernon,* «Moyen Age», 40 (1940), 30-43

Herz 1879 = Joseph Herz, *"De Saint Alexis", eine altfranzösische Alexiuslegende aus dem 13. Jahrhundert,* Frankfurt, J. Wohlfarth, 1879

Histoire 1983 = *Histoire des Miracles,* Actes de la VIème rencontre d'Histoire Religieuse..., Angers, Presses de l'Université, 1983

Horrent 1961 = Jules Horrent, *Le Pèlerinage Charlemagne, Essai d'explication littéraire avec des notes de critique textuelle,* Paris, Les Belles Lettres, 1961

Iogna-Prat 1992 = Dominique Iogna-Prat, *Panorama de l'hagiographie abbatiale clunisienne (v. 940 – v. 1140),* dans *Manuscrits* 1992:77-118

Jeanroy 1915-7 = Alfred Jeanroy, *'Ne garder l'eure', Histoire d'une locution,* «Romania», 44 (1915-7), 586-594

Jensen 1990 = Frede Jensen, *Old French and Comparative Gallo-Romance Syntax,* Tübingen, Niemeyer, 1990

Jung 1984 = Marc-René Jung, *La strophe, la laisse et la métrique,* dans *Essor et fortune de la Chanson de geste dans l'Europe et l'Orient latin,* dans Société Rencesvals, *Actes* du IXe Congrès intern., Modena, Mucchi, 1984, 217-222

Lapidge 1994 = Michael Lapidge, *Editing Hagiography,* dans C. Leonardi (éd.), *La critica del testo mediolatino,* Atti del Convegno (Firenze 6-8 dicembre 1990), Spoleto, Centro Italiano di Studi sull'alto Medioevo, 1994, 239-257

Lausberg 1955 = Heinrich Lausberg, c.-r. de M. Delbouille, *Sur la genèse de la Chanson de Roland,* Bruxelles 1954, «Archiv für das Studium der neueren Sprachen und Literaturen», 191 (1955), 112-116; Id., *Zum Alexiuslied,* in Id., *Zur altfranzösischen Metrik,* ibid., 202-213; Id., *Zum altfranzösischen Alexiuslied,* ibid., 285-320

Lausberg 1956 = Id., *Das Proömium (Strophen 1-3) des altfranzösischen Alexiusliedes,* «Archiv für das Studium der neueren Sprachen und Literaturen», 192 (1956), 33-58

Lausberg 1957 = Id., *Zum altfranzösischen Alexiuslied,* «Archiv für das Studium der neueren Sprachen und Literaturen», 194 (1958), 138-180

Lausberg 1959 = Id., *Kann dem altfranzösischen Alexiuslied ein Bilderzyklus zugrunde liegen?,* «Archiv für das Studium der neueren Sprachen und Literaturen», 195 (1959), 141-144

Legge 1956 = M. Dominica Legge, *'Les renges de s'espethe'*, «Romania», 77 (1956), 88-93

Legge 1961 = Id., c.-r. de Pächt 1960, dans «Medium Aevum», 30 (1961), 113-7

Legge 1963 = Id., *Anglo-Norman Literature and its Background*, Oxford 1963

Legge 1967 = Id., *Les origines de l'anglo-normand littéraire*, «Revue de linguistique romane», 31 (1967), 44-54

Legge 1970 = Id., c.-r. de Storey 1968, dans «Medium Aevum», 39 (1970), 187-9

Legge 1972 = Id., *'Caput Baltei'*, in *Studies in Honor of Tatiana Fotitch*, Washington D.C., Catholic University of America Press, 1972, 75-78

Leonardi 1981 = Claudio Leonardi, *L'agiografia romana nel secolo IX*, dans *Hagiographie* 1981:471-489

L'Hermite Leclercq 1992 = Paulette L'Hermite Leclercq, *Enfance et mariage d'une jeune anglaise au début du XIIe siècle: Christina de Markyate*, dans H. Dubois & M. Zink (éds), *Les âges de la vie au Moyen Age*, Paris, Presses de l'Université Paris-Sorbonne, 1992, 151-169

Lobrichon 1991 = Guy Lobrichon, *L'engendrement des saints: le débat des savants et la revendication d'une sainteté exemplaire en France du Nord au XIe et au début du XIIe siècle*, dans *Fonctions des saints* 1991:143-160

McCulloch 1977 = Florence McCulloch, *Saint Euphrosine, Saint Alexis and the Turtledove*, «Romania», 98 (1977), 168-185

Maddox 1973 = Donald L. Maddox, *Pilgrimage, Narrative and Meaning in the VSA*, «Romance Philology», 27 (1973), 143-157

Manuscrits 1992 = Martin Heinzelmann (éd.), *Manuscrits hagiographiques et travail des hagiographes*, Sigmaringen, Jan Thorbecke Verlag, 1992

Massmann 1843 = Hans Ferd. Massmann, *Sanct Alexius Leben in acht gereimten mittelhochdeutschen Behandlungen, Nebst geschichtlicher Einleitung so wie deutschen, griechischen und lateinischen Anhängen*, Quedlinburg und Leipzig, Druck und Verlag von Gottfr. Basse, 1843

Medium Aevum Romanicum 1963 = H. Bihler & A. Noyer-Weidner (éds), *Medium Aevum Romanicum,* Festschrift für Hans Rheinfelder, München, Max Hueber Verlag, 1963

Meier 1977 = Christel Meier, *'Gemma spiritalis', Methode und Gebrauch der Edelsteinallegorese vom führen Christentum bis ins 18. Jahrhundert,* München, Fink, 1977

Meunier 1933 = Jean-Marie Meunier, *La VSA, poème français du XIe siècle, texte du manuscrit de Hildesheim,* Paris, Droz, 1933

Meyer 1975 = Heinz Meyer, *Die Zahlenallegorese im Mittelalter, Methode und Gebrauch,* München, W. Fink, 1975

Moignet 1959 = Gérard Moignet, *La forme en -re(t) dans le système verbal du plus ancien français,* «Revue des langues romanes», 73 (1958-59), 1-65

Moignet 1988 = Id., *Grammaire de l'ancien français,* Paris, Klincsieck, 1988^2

Mölk 1976a = Ulrich Mölk, *Das Offizium des Hl. Alexius nach französischen Brevierhandschriften des XI.-XIII. Jahrhunderts,* dans *Lebendige Romania, Festschrift H.-W. Klein,* Göppingen 1976, 231-244

Mölk 1976b = Id., *Die älteste lateinische Alexiusvita (9./10. Jahrhundert), Kritischer Text und Kommentar,* «Romanistisches Jahrbuch», 27 (1976), 293-315

Mölk 1977 = Id., *Bemerkungen zu den französischen Prosatexten im Albanipsalter,* «Zeitschrift für romanische Philologie», 87 (1977), 289-303

Mölk 1978a = Id., *La 'Chanson de saint Alexis' et le culte du saint en France aux XIe et XIIe siècles,* «Cahiers de Civilisation Médiévale», 21 (1978), 339-355

Mölk 1978b = Id., *Deux hymnes latines du XIe siècle en l'honneur de saint Alexis,* dans *Mélanges de philologie et de littératures romanes offerts à Jeanne Wathelet-Willem* = «Marche Romane», 1978, 455-464

Mölk 1981 = Id., *Saint Alexis et son épouse dans la légende latine et la première chanson française,* dans W. van Hoecke & A. Welkenhuisen (éds), *Love and Marriage in the twelfth Century,* Leuven University Press, 1981, 162-170

Mölk 1997 = Id., *La Chanson de saint Alexis,* Fac-similé en couleurs du manuscrit de Hildesheim publié avec introduction et bibliographie par U.M., Göttingen, Vandenhoeck & Ruprecht, 1997

Mulertt 1918 = Werner Mulertt, *Laissenverbindung und Laissenwiederholung in den Chansons de geste,* Halle, Niemeyer, 1918 (Rom. Arbeiten, 7)

Naudeau 1982 = Olivier Naudeau, *La Passion de sainte Catherine d'Alexandrie par Aumeric,* Tübingen, Niemeyer, 1982 (Beihefte zur Zeitschrift für romanische Philologie, 186)

Nicholls 1979 = J.A. Nicholls, *The Voyage Charlemagne, A suggested reading of Lines 100-108,* «Australian Journal of French Studies», 16 (1979), 270-7

Oury 1983 = Guy-Marie Oury, *Le miracle dans Grégoire de Tours,* in *Histoire* 1983, 11-28

Paris 1872 = Gaston Paris & Léopold Pannier, *La Vie de saint Alexis, Poème du XIe siècle et renouvellements des XIIe, XIIIe et XIVe siècles,* Paris, Ecole des Hautes Etudes, 1872; éd. reproduite par F. Vieweg, Paris 1887

Paris 1879 = Gaston Paris, *La VSA en vers octosyllabiques,* «Romania», 8 (1879), 163-180

Paris 1888 = Id., *Un second manuscrit de la rédaction rimée (M) de la VSA,* «Romania», 17 (1888), 106-120

Paris 1889 = Id., c.-r. de Blau 1888, dans «Romania», 18 (1889), 299-302; *Note additionnelle* à A. Mussafia, [*Osservazioni sulla fonologia francese,* «Romania», 18 (1889), 529-550], 550-2

Paris 1903 = Id., *La Vie de saint Alexis, Poème du XIe siècle,* Texte critique accompagné d'un lexique complète et d'une table des assonances, Paris, Champion, 1903

Peeters 1950 = P. Peeters, *Orient et Byzance, Le tréfonds oriental de l'hagiographie byzantine,* Bruxelles 1950 (Subsidia hagiographica, 26)

Perrot 1978 = Jean-Pierre Perrot, *Le cœur dur d'un saint: Un motif hagiographique. A propos du v.446 de la VSA,* «Romania», 99 (1978), 238-246

Perugi 1990 = Maurizio Perugi, *La dimensione linguistica nell'ecdotica di Contini,* «Filologia e critica», XV,ii-iii (maggio-dicembre 1990) [=*Su/per Gianfranco Contini*], 259-280

Perugi 1993 = Id., *Patologia testuale e fattori dinamici seriali nella tradizione dell'«Yvain» di Chrétien de Troyes,* «Studi Medievali», 34 (1993), 841-860

Perugi 1994 = Id., *Dal latino alle lingue romanze, Diglossia e bilinguismo nei testi letterari delle origini,* in G. Cavallo, C. Leonardi, E. Menestò (éds), *Lo spazio letterario del medioevo,* 1. *Il medioevo latino,* vol.II: *La circolazione del testo,* Roma, Salerno, 1994, 63-111

Philippart 1991 = Guy Philippart, *Le saint comme parure de Dieu, héros séducteur et patron terrestre d'après les hagiographes lotharingiens du Xe siècle,* dans *Fonctions des saints* 1991:123-142

Philippart 1992 = Id., *Le manuscrit hagiographique latin comme gisement documentaire, Un parcours dans les «Analecta Bollandiana» de 1960 à 1969,* dans *Manuscrits* 1992:17-48

Philippart 1994 et 1996 = *Hagiographies, Histoire internationale de la littérature hagiographique latine et vernaculaire en Occident des origines à 1550,* sous la direction de Guy Philippart, Turnhout, Brepols, vol. I (1994) et II (1996)

Philippart 1996 = Id., *Pour une histoire générale, problématique et sérielle de la littérature et de l'édition hagiographiques latines de l'antiquité et du moyen âge,* «Cassiodorus», 2 (1996), 197-213

Pinder 1994 = Janice M. Pinder, *Transformations of a Theme: Marriage and Sanctity in the Old French St Alexis Poems,* dans Karen Pratt (éd.), *Shifts and Transpositions in Medieval Narrative,* A Festschrift for Dr. Elspeth Kennedy, Cambridge, D.S. Brewer, 1994, 71-88

Poncelet 1889-90 = Albert Poncelet, S.J., *La légende de saint Alexis,* «La Science Catholique», IV (1889-90), 269-271; 632-645

Pope 1973 = Mildred K. Pope, *From Latin to modern French, with especial Consideration of Anglo-Norman,* Manchester University Press, 1973

Rechnitz 1910 = Franz Rechnitz, *Sur le vers 213 de la VSA,* «Romania», 39 (1910), 369-370

Reid 1933 = T.B.W. Reid, *Old French* giens, *Provençal* ges, *Catalan* gens, «Medium Aevum», 2 (1933), 64-67

Richard 1975 = J.-C. Richard, *Les «miracula» composés en Normandie aux XIe et XIIe siècles,* Ecole Nationale des Chartes, Positions des Thèses, 1975

Richter 1932 = Elise Richter, *Alexius 95e, Pur felunie nient ne pur lastet,* «Zeitschrift für französische Sprache und Literatur», 56 (1932), 65-7

Richter 1933 = Id., *Studien zum altfranzösischen Alexiusliede,* «Zeitschrift für französische Sprache und Literatur», 57 (1933), 80-95 [avec des remarques par H. Adolf et E. Winkler, p.88 ss.]

Robertson 1970 = Howard S. Robertson, *La VSA: Meaning and Manuscrit A,* «Studies in Philology», 67 (1970), 419-438

Rohlfs 1968 = Gerhard Rohlfs, *Sankt Alexius, Altfranzösische Legendendichtung des 11. Jahrhunderts,* 5., verbesserte Auflage, Halle, Niemeyer, 1968

Rosenfeld 1959 = Hellmut Rosenfeld s.v. *Legende,* in P. Merkler & W. Stammler (éds), *Reallexikon der deutschen Literaturgeschichte,* Bd. 2, Berlin 1959², 14

Rösler 1905 = Margarete Rösler, *Die Fassungen der Alexiuslegende mit besonderer Berücksichtigung der Mittelenglischen Versionen,* Wien u. Leipzig, W. Braumüller, 1905

Rösler 1933 = Id., *Alexiusprobleme,* «Zeitschrift für romanische Philologie», 53 (1933), 508-528

Rösler 1941 = Id., *Sankt Alexius, Altfranzösische Legendendichtung des 11. Jahrhunderts,* 2. verbesserte Auflage, Halle/Saale, Niemeyer, 1941 (Sammlung romanischer Übungstexte, 15)

Rychner 1977 = Jean Rychner, *La VSA et le poème latin 'Pater Deus ingenite',* «Vox Romanica», 36 (1977), 67-83

Rychner 1985 = Id., *Les formes de la VSA: les récurrences* et *La VSA et les origines de l'art épique* [1980], dans Id., *Du Saint-Alexis à François Villon,* Genève, Droz, 1985, 39-45 et 47-63

Scheludko 1935 = Dimitri Scheludko, *Über die ersten zwei Strophen des Alexiusliedes,* «Zeitschrift für romanische Philologie», 55 (1935), 194-7

Schmolke 1977 = Beate Schmolke-Hasselmann, *Ring, Schwert und Gürtel im Albanipsalter,* «Zeitschrift für romanische Philologie», 87 (1977), 304-313

Schöning 1982 = Udo Schöning, *'Electio' oder 'Imitatio'? Bemerkungen zum Alexiuslied (Hs. L),* «Zeitschrift für französische Sprache und Literatur», 92 (1982), 233-242

Schultz-Gora 1938 = Otto Schultz-Gora, *Vermischte Beiträge zum Altprovenzalischen: Kausales mas 'da'*, «Zeitschrift für romanische Philologie», 58 (1938), 63-73

Sckommodau 1954 = Hans Sckommodau, *Zum altfranzösischen Alexiuslied*, «Zeitschrift für romanische Philologie», 70 (1954), 161-203

Sckommodau 1956 = Id., *Alexius in Liturgie, Malerei und Dichtung*, «Zeitschrift für romanische Philologie», 72 (1956), 165-194

Sckommodau 1963 = Id., *Das Alexiuslied – Die Datierungsfrage und das Problem der Askese*, dans *Medium Aevum Romanicum* 1963:311-328

Segre 1974a = Cesare Segre, *Dai poemetti agiografici alle 'chansons de geste': l'insegnamento della tradizione*, dans Id., *La tradizione della Chanson de Roland*, Milano-Napoli, Ricciardi, 1974, 80-93

Segre 1974b = Id., *Des vies des saints aux chansons de geste: techniques et centres culturels*, dans Société Rencesvals, *Actes* du VIe Congrès intern., Aix-en-Provence 1974, 303-313

Sigal 1976 = Pierre-André Sigal, *Les voyages des reliques aux XIe et XIIe siècles*, dans «Sénéfiance» 2 (*Voyage, Quête, Pèlerinage dans la Littérature et la Civilisation Médiévales*), 1976, 73-104

Sigal 1983 = Id., *Miracle in vita et miracle posthume aux XIe et XIIe siècles*, in *Histoire* 1983:41-49

Sigal 1985 = Id., *L'homme et le miracle dans la France médiévale (XIe-XIIe siècle)*, Paris, Les Editions du Cerf, 1985

Sjögren 1929 = Albert Sjögren, *Sur un passage de la VSA*, «Neuphilologische Mitteilungen», 30 (1929), 20-22

Smeets 1963 = J.R. Smeets, *Alexis et la Bible de Hermann de Valenciennes, Le problème de l'origine de la laisse*, «Cahiers de Civilisation Médiévale», 6 (1963), 315-325

Spitzer 1932 = Leo Spitzer, *Erhellung des 'Polyeucte' durch das Alexiuslied*, «Archivum Romanicum», 16 (1932), 473-500

Sprissler 1966 = Manfred Sprissler, *Das rhythmische Gedicht 'Pater Deus ingenite' (11. Jh.) und das altfranzösische Alexiuslied*, Münster i.W., Aschendorffsche Verlagsbuchhandlung, 1966

Stebbins 1971 = Charles E. Stebbins, *The Oxford Version of the VSA: an Old French Poem of the Thirteenth Century*, «Romania», 92 (1971), 1-36

Stebbins 1973 = Id., *Les origines de la légende de saint Alexis,* «Revue belge de philologie et d'histoire», 51 (1973), 497-507

Stebbins 1974 = Id., *A critical Edition of the 13th and 14th Centuries Old French Poem Versions of the VSA,* Tübingen, Niemeyer, 1974 (Beihefte zur Zeitschrift für romanische Philologie, 145)

Stebbins 1975 = Id., *Les grandes versions de la légende de saint Alexis,* «Revue belge de philologie et d'histoire», 53 (1975), 679-695

Stimm 1963 = Helmut Stimm, *Zur Sprache der Handschrift V des Alexiusliedes,* dans *Medium Aevum Romanicum* 1963:325-338

Storey 1968 = Christopher Storey, *La Vie de saint Alexis, Texte du manuscrit de Hildesheim (L) publié avec une introduction historique et linguistique, un commentaire et un glossaire complet,* Genève, Droz & Paris, Minard, 1968

Storey 1987 = Id., *An annotated Bibliography and Guide to Alexis Studies (la VSA),* Genève, Droz, 1987

Strecker 1999 = Karl Strecker, *Introduction to Medieval Latin.* English Translation and Revision by Robert B. Palmer, Zürich & Hildesheim, Weidmann, 1999

Talbot 1959 = C.H. Talbot, *The Life of Christina of Markyate, a Twelfth Century Recluse,* Oxford, Clarendon Press, 1959

Talbot 1962 = Id., *Christina of Markyate: A monastic Narrative of the Twelfth Century,* «Essays and Studies», 15 (1962), 13-26

Tilliette 1989 = Jean-Yves Tilliette, *Les modèles de sainteté du IXe au XIe siècle, d'après le témoignage des récits hagiographiques en vers métriques,* dans *Santi e demoni nell'alto medioevo occidentale (secoli V-XI),* Settimane di Studio del Centro italiano di studi sull'alto medioevo, Spoleto 1989, 381-406

Tobler 1902, 1908, 1912 = Adolf Tobler, *Vermischte Beiträge zur französischen Grammatik,* Leipzig, S. Hirzel, Erste Reihe, 1902; Vierte Reihe, 1908; Fünfte Reihe, 1912

Uitti 1966-7 = Karl D. Uitti, *The Old french VSA: Paradigm, Legend, Meaning,* «Romance Philology», 20 (1966-7), 263-295

Uytfanghe 1981 = Marc van Uytfanghe, *La controverse biblique et patristique autour du miracle et ses répercussions sur l'hagiographie dans l'Antiquité tardive et le haut Moyen Age latin,* dans *Hagiographie* 1981:205-231

Uytfanghe 1984 = Id., *Modèles bibliques dans l'hagiographie,* dans P. Riché & G. Lobrichon (éds), *Le Moyen Age et la Bible,* Paris, Beauchesne, 1984, 449-488

Vauchez 1991 = André Vauchez, *Saints admirables et saints imitables: les fonctions de l'hagiographie ont-elles changé aux derniers siècles du Moyen Age?,* dans Fonctions des saints 1991:161-172

Vincent 1963 = Patrick R. Vincent, *The dramatic Aspect of the Old French VSA,* «Studies in Philology», 60 (1963), 525-541

Vita Ioh. Calybitae = *Vita S. Iohannis Calybitae* [BHL 4358], Interpretatio latina auctore Anastasio Bibliothecario, «Analecta Bollandiana», 15 (1896), 257-267

Wagner 1965 = F. Wagner, *Die metrische Alexius-Vita «Euphemianus erat, ceu lectio sacra revelat»,* «Mittellateinisches Jahrbuch», 2 (1965) [=P. Klopsch u. F. Wagner (éds), *Festgabe für Karl Langosch*], 145-164

Wagner 1973 = Id., *Das Alexiusgedicht der Brüsseler Codex NR. 8883-94,* dans D. Schmidtke & H. Schüppert (éds), *Festschrift für Ingeborg Schröbler,* Tübingen, Niemeyer, 1973, 144-169

Walberg 1900 = E. Walberg, *«Le Bestiaire» de Philippe de Thaun,* Lünd-Paris, 1900

Waters 1928 = Edwin George Ross Waters, *The Anglo-Norman Voyage of St. Brendan by Benedeit,* Oxford University Press, 1928

Werner 1990 = Karl Ferdinand Werner, *La légende de saint Alexis: un document sur la religion de la haute noblesse vers l'an mil?,* dans Cl. Lepelley et alii (éds), *Haut Moyen-Age, Culture, éducation et société, Etudes offertes à Pierre Riché,* Université Paris X-Nanterre, 1990, 531-546

Wilmotte 1930 = Maurice Wilmotte, c.-r. de Richter 1932, dans «Moyen Age», 40 (1930), 138-143

Wilmotte 1940 = Id., *Note sur le texte français du saint Alexis,* «Moyen Age», 50 (1940), 44-45

Dictionnaires, répertoires, textes

BHL = Socii Bollandiani (éds), *Bibliotheca Hagiographica Latina antiquae et mediae aetatis,* Bruxelles, t.I, 1898-99 (réimpr. anast. 1992) et II (Novum Supplementum ed. Henricus Fros), 1986

Bl. = Franz Blatt, *Novum Glossarium mediae Latinitatis* (ab anno 800 usque ad annum 1200), Hafniae, E. Munksgaard, 1959-69

ChRol = Cesare Segre, *La Chanson de Roland,* t.I et II, Genève, Droz, 1989

DEC = Joan Coromines, *Diccionari etimològic i complementari de la llengua catalana,* Barcelona, Curial, 1980-

EWFS = Ernst Gamillscheg, *Etymologisches Wörterbuch der französischen Sprache,* Heidelberg, Winter, 1969

FEW = Walter von Wartburg, *Französisches Etymologisches Wörterbuch,* Leipzig 1922-, ensuite Bâle 1944-

F.-K. = W. Foerster & E. Koschwitz, *Altfranzösisches Übungsbuch,* Leipzig, O.R. Reisland, 1915[5]

Gdf = F. Godefroy, *Dictionnaire de l'ancienne langue française et de tous ses dialectes,* Paris 1880-1902

GirRouss = Winifred M. Hackett, *Girart de Roussillon, chanson de geste,* Paris, SATF, 1953-55 (3 vols)

GRLMA = H.R. Jauss & E. Köhler (éds), *Grundriss der romanischen Literaturen des Mittelalters,* Heidelberg 1961-

Lath. = R.E. Latham, *Dictionary of Medieval Latin from British Sources,* London, Oxford University Press, 1975-

Lex. Unt. = Max Pfister, *Lexikalische Untersuchungen zu Girart de Roussillon,* Tübingen, Niemeyer, 1970 (Beihefte zur Zeitschrift für romanische Philologie, 122)

LHL = Otto Schumann, *Lateinisches Hexameter-Lexikon, Dichterisches Formelgut von Ennius bis zum Archipoeta,* München 1981

LR = F.-J.-M. Raynouard, *Lexique roman, ou Dictionnaire de la langue des troubadours,* Paris, Silvestre, 1836-44

MGH = *Monumenta Germaniae historica,* Berlin 1819-, ensuite München 1948-

PL = *Patrologiae cursus completus, Series latina,* accurante J.-P. Migne, 221 volumes et 4 volumes de tables, Paris 1844-1864

RomTroie = Léopold Constans, *Le Roman de Troie par Benoît de Sainte-Maure,* Paris, Firmin-Didot, 1904-1912

Serm. poit. = *Sermons écrits en dialecte poitevin,* dans A. Boucherie, *Le dialecte poitevin au XIIIe siècle,* Paris 1873

S.-R. = Louise W. Stone & William Rothwell, *Anglo-Norman Dictionary*, London, The Modern Humanities Research Association, 1977-1992

SW = Emil Levy, *Provenzalisches Supplement-Wörterbuch,* Leipzig, O.R. Reisland, 1894-1924

T.-L. = A. Tobler & E. Lommatzsch, *Altfranzösisches Wörterbuch,* Berlin 1915-, ensuite Wiesbaden 1954-

Index des formes

1. Cet index des formes contenues dans le poème de StAl est basé sur l'édition critique tant du texte que du ms. L. Il comprend donc: 1) toutes les formes du ms. L présentes aussi bien dans le texte que dans l'apparat critique en bas de page; 2) les formes puisées à d'autres témoins pour intégrer des lacunes; 3) les formes puisées à d'autres témoins pour remplacer celles rejetées dans l'apparat critique en bas de page; 4) les quatre formes reconstruites par correction de l'archétype.

Les numéros des vers relatifs à 2) et à 3) sont respectivement compris entre <> et []; en ce qui concerne 4), aux [] s'ajoute un astérisque.

Cet index exclut les variantes erronées du ms. L, qui ont été recueillies dans un apparat spécial en appendice. Il exclut à plus forte raison une partie des matériaux imprimés en caractères plus petits, et notamment les strophes et les fragments de strophes étrangers au ms. L.

2. Pour l'emploi des abréviations on a suivi de près le dict. Robert. La flexion bicasuelle des noms et des adjectifs est signalée moyennant *s.* = cas-sujet sing., *r.* = cas-régime sing., les mêmes abréviations étant précédées par *pl.* au pluriel. Dans le cas des *art.* et des *pron. pers.*, on distingue entre *obl.* et *r.*

A l'exception de l'art. et pron. **la**, seule la distinction entre zéro et *pl.* est marquée pour les thèmes en **-e**. Aucune marque n'est prévue pour le cas-sujet sing. des imparisyllabiques (**cons, emfes, hom, sire**)[1] ni, en général, pour les thèmes en sifflante (**-s, -x, -z**). Sauf des cas exceptionnels, seuls *pl.* et *f.* ont été marqués dans l'emploi des participes passés (*p.p.*). On a, par contre, consacré une attention particulière à la caractérisation du vocatif (*voc.*).

Dans le cas d'homographes remplissant des fonctions grammaticales différentes, l'ordre des catégories est celui de la grammaire traditionnelle (*n., adj., numér., art., pron., v., prép., conj., adv., interj.*). Il en est de même pour les modes et les temps des conjugaisons verbales, où

---

[1] On n'a pas reconstruit le cas-sujet sing. dans les cas de **bricun, enpereor, pechethuor, servitor.**

les personnes sont indiquées par des chiffres de *1* à *6*. Les distinctions entre les emplois *tr., intr., pron., impers.* ne sont communiquées que lorsqu'il est apparu utile.

3. Toutes les formes enregistrées étant imprimées en gras, le romain caractérise les formes de référence non-attestées dans le texte et comprises entre []² (ainsi que toute forme introduite à titre purement exemplificatif), tandis que l'italique est réservé aux éventuelles informations d'ordre syntaxique ou lexical. Le trait - remplace toujours la forme immédiatement précédente.

Les formes flexionnelles étant rangées sous des entrées principales (thèmes nominaux et infinitifs), les renvois (signalés par →) concernent les formes contractées, quelques thèmes modifiés, et surtout les formes irrégulières des verbes, ainsi que nombre de variantes de forme ou de graphie considérées, en l'occurrence, comme secondaires, à savoir:

em(-), en(-) toniques et atones prévalent respectivement sur **am(-), an(-)**;

qui et **cher** prévalent respectivement sur **ki** et **ker**;

on a privilégié les variantes non diphtonguées (**-er, cher, melz, let, secle; dol, bon, estot, iloc**);

o tonique fermé plutôt que *u* (**amor, dolor, home, maison, sor**; exceptions: **lur, mun, nus, pur, sul, suz, tut, vus**), en suivant le même critère pour l'atone initiale (**com-, con-** plutôt que **cum-, cun-**);

-e finale atone plutôt qu'*-a* (**altre, medre, pedre**).

4. On a essayé de distinguer avec un soin tout particulier les différents emplois grammaticaux et sémantiques d'un même mot, ainsi que les termes corrélatifs, les locutions et, en général, les stéréotypes lexicaux relatifs à chaque entrée.

---

[2] Dans les formes reconstruites, on a maintenu la diphtongue la plus ancienne (p.ex. [apareistre], [creire]), tout en évitant de marquer les intervocaliques à valeur purement graphique (p.ex. [poeir],[veeir]).

A

a *v. pr. 3.* 108, 172, <349>, 519 → **aveir**

a, ad *prép.; contr. avec l'art.m.:* **al** (*sing.*), **as** (*pl.*).

Obj. indir.: 50, 73, 118, 319 [*mais p.-ê.* atut 'avec'], 324, 448, 530, 577, 577, **al** 127, 169, **as** 94, 100, 253, <255>, 537, 537.

Rapports de direction: 101, 126, 176, 196, 280, 302, 334, 345, 352, 371, 389, 425, 569, **ad** 33, 288, 375, **al** 101, 169, 322, 598, 600; *loc. prép.* <an>**dreit a** [55], **andreit a** 195, 211, **dreit a** 81, 190, **dreitement a** 76, **jus a** [146], **jusqu'a** 603.

Rapports de temps: 39, [296], **al** 1, 6, 6, 7, 576, **as** 5.

Appartenance (*cf.* de): 197, **ad** 42, **as** 5, 607.

Moyen: 25, 391 **ad** 387, 531, 581, 581, **al** 53; *loc.* **a certes** 83, 147, 568, **a gret** 172, **a nostr'os** 503.

Après un v. 1) devant un n.: [aturner] **a tel tristur** 139, **a grant dol** 145; [aveir] **a·nnum** 16; [deduire] **a grant poverte** 248, **a tel dolur** 416, **a si grant poverte** 416, **a quel dolor** 452; [metre] **a grant duel** 432; [revertir] **a grant tristur** 70; [tenir] **ad espus** 66; [venir] **a grant duel** 443; *2) devant un inf.:* [aidier] **a** 462; [aveir] **a** 165, 367, **ad** 187; [cunvenir] **a** 411; **desirrer a** 439; [estre] **a dire** 161, 614; [prendre] **a** 63, 129, 130, 317, 391, 516, **ad** 62, [redoner] **a** <255>; [traire] **a** 205; *impers.* [venir] **al** 47.

a *prép.* 'avec' (*cf.* **od**) 151, 341, 489

A! *interj.* (*cf.* E!) 441

aaptement *adv.* 'habilement, doucement' [569], **attement** 569

[a(b)solre] *v.* 'absoudre': *subj. pr. 3.* **asoille** [505]; *p.p. f.* **absoluthe** 410

[acater] *v.* 'procurer': *pr. 3.* **acatet** 40; *subj. pr. 3.* **acat** 623

acoler *v.* 'embrasser' 429

acomunier *v.* 'communier' 257

[acorre] *v.* 'accourir': *pr. 6.* **acorent** 510, 520

[acustumer] *v.* 'revêtir d'un habit d'apparat': *pf. 6.* **acustumerent** 499

ad *v. pr. 3.* 50, 58, 69, 71, 73, 91, 96, 145, 166, 210, <274>, 276, 280, 288, 294, 313, 338, 367, 386, 397, 518, 546, 559, 614 → **aver**

ad *prép.* 33, 42, 62, 66, 187, 288, 375, 387, 531, 581, 581 → **a**

adaisement *n.m.* 'mariage': *r.* 46

adiutorie *n.m.* 'aide, secours': *r.* 504

[adoser] *v.* 'tourner le dos, abandonner': *pr. 2.* **adosas** [447]

[afermer] *v.* 'affermir': *p.p.* **afermét** 166

afflictïun *n.f.* 'affliction, détresse': *pl. r.* **-s** 358

[agraver] *v.* 's'aggraver, empirer': *p.p.* **agravét** 289

ahan *n.m.* 'tâche lourde et pénible': *r.* 230; 'peine, souffrance': *pl. r.* **-z** 273

ahust *v. subj. imp. 3.* 143 → **aver**

ai *v. pr. 1.* 106, 109, 148, 150, 187, 208, 341, 353, 393, 395, 406, 406, 465, 469, 471 → **aver**

[aider] *v.*: *pr. 3.* **aiüe** [502]; *impér. 5.* **aidiez** 462

aies *v. subj. pr. 2.* [599], *3.* **aiet** 508, 599, **ai<e>t** 185 → **aver**

ailurs *adv.* 'ailleurs' 194

aimet *v. pr. 3.* 250 → [amer]

ainz *adv.* 'bien au contraire' 269; - **que** *prép.* 'avant que' 456, 457

ait *v. subj. pr. 3.* 557 → **aver**

aiude *n.f.* 'aide, secours' 535

aiüe *v. pr. 3.* [502] → [aider]

aiuns *v. subj. pr. 4.* 621 → **aver**

akeser *v. pron.* 's'apaiser' [590]

al *prép. contr.* 1, 6, 6, 7, 47, 53, 101, 127, 169, 169, 322, 576, 598, 600 → **a**

alas *interj.* 'hélas' 394

[alascer] *v.* 'céder, laisser aller': *pr. 3.* **alascet** 372, 578

[alasser] *v. pron.* 'se lasser': *pf. 6.* **s'en alasserent** 497

albe *n.f.* 'aube, vêtement ecclésiastique de lin blanc que les officiants portent pour célébrer la messe': *pl.* **-s** 582

aler *v.* 'aller' 194, 279, 291: *pr. 3.* **vait** 174, 181, 212, 333, - **s'en** 601, **vat** 323, *6.* **vunt** 558, 565; *pf. 3.* **alat** 86, 285; *subj. pr. 1.* **alge** 134, *3.* **alget** 554 [*d'où* 555]; *subj. imp. 2.* **alasses** 450; *p.p.* **alét** 103, 287, 322. *Avec inf.*: *pr. 2.* **vas** 52, *3.* **vait** 35, *6.* **vunt** 44; *avec gér.*: **vait** 10, **vat** 9

aliene *adj.* 'étranger': *f. pl.* **-s** 417

almosne *n.f.* 'aumône' 98, 118, 524; *pl.* **-s** 93

almosner *n.m.* 'mendiant': *s.* **-s** 123

[aloër] *v.* 'loger': *p.p.* **aloët** 78, *s.* **alüez** 545

alquant, -z *pron.m.* 'quelques-uns': *pl. s.* 317, 584; **alquant...aquant** 'les uns...les autres' 558

alques *adv.* 'quelque peu' 564

alter *n.m.* 'autel': *r.* 169

altre *adj.* 'autre': *m. s.* 412, *r.* 534, *pl. s.* **li -e** 119, **cil -e** 328; *f.* **-a** 296, 296; *pron.m. s.* **li -e** 307, *r.* **cel -a** 624, *pl. s.* **li -a** 377; **n'-a pur -e mais** 'personne d'autre que' 213; *neut.* 'autre chose': **-e** 580, **-a** 156

am *pron.* 419 → **en**

am- → **em-**

[amanver] *v.* 'préparer': *pr. 3.* **amanvet** 233

ambes *adj.f. pl.* 'les deux' 387

Amen 625

[amer] *v.* 'aimer': *pr. 3.* **aimet** 250; *pf. 1.* **amai** 483, *3.* **amat** 7, 18, 37

amf- → **enf-**

ami *n.m.* 'ami': *r.* 154, 163, 223, 462, *voc.* **-s** 109, 476, 485

amie *n.f.* 'amie' 163

amistét *n.f.* 'amitié': *r.* 163

amor *n.f.* 'amour': *r.* 68, 220, 223, **-ur** 152, 168, 230, 461, *s.* 2

[amuier] *v.tr.* 'éveiller l'attention de qqn.': **amuiét** *p.p. pl.* 294

an *n.m.* 'an, année': *pl. r.* **-z** 161, 271, 276

an *pron. et prép.* → **en**

an- → **en-**

aname *n.f.* 410, 613, **anema** *n.f.* 'âme' 544, **-e** 332, *pl.* **anames** 366, 605, 609

anceisur *n.m. pl. s.* 'ancêtres' 12, *r.* **as -s** 5

ancïenur < ANTIANORUM: **al tens -** 'au temps des anciens' 1

andui *pron.m. pl. s.* 'les deux' 23

anel *n.m.* 'anneau': *r.* 73

anema, -e *n.f.* 332, 544 → **aname**

angele *n.m.* 'ange': *pl. s.* **-s** 88, [333], *r.* **as -s** 607

angussus *adj.* 'oppressé par l'angoisse': *f.* **-e** 457

[**anuiter**] *v. impers.* 'faire nuit': *p.p.* **anuitét** 51

[**apareistre**] *v.* 'apparaître': *p. pr.* **aparissant** <275>; *p.p. f.* **apar<e>üde** 409, 484, 533

aparler *v. tr.* 'adresser la parole' [62]

apartenant *n.m.* 'parent, proche': *s.* **-nz** 272

apeler *v.* 'appeler' 62: *pr. 3.* **apelet** 265 ('accuse'), 338, 557, 566, *6.* **apelent** 23; *impér.* **apele** 170; *p.p.* **apelét** 280

apert *adj.* 'manifeste': *pl. f.* **-es** 562

[**aporter**] 'apporter' *v.: pr. 3.* **aportet** 283

apostolie *n.m.* 'pape': *r.* 352, *s.* 301, 306, 326, 356, 371, 501, **-s** 366

[**apresser**] *v.* 'opprimer, accabler': *pr. 3.* **apresset** 59

[**aprendre**] *v.* 'apprendre': *pf. 3.* **aprist** 34

aprester *v.* 'préparer' 323

[**aproismer**] *v.* 'approcher': *pr. 3.* **aproismet** 289

aquant *pron.* 558 → **alquant**

argent *n.m.* 'argent (métal)': *r.* 526

ariver *v.* 'parvenir au port, toucher terre' 193: *pr. 3.* **arivet** 82, 197

as *v. pr.2.* 219, 224, 320, 320, 452, 487 → **aver**

as < ECCE *adv.* 'voilà' 229

as *prép. contr.* 5, 94, 100, 253, <255>, 537, 537, 607 → **a**

asembler *v.tr.* 'marier' 45

asez *adv.* 'beaucoup' 402

[**aseeir**] *v. pron.* 's'assoir': *pf. 3.* **s'asist** 146

asoille *v. subj. pr. 3.* [505] → [abs-]

astenir *v. pron.* 's'abstenir' 222

at *v. pr. 3.* 3, 43, 68, 116, 143, 554, 555, [557], 590, 609 → **aver**

[**atemprer**] *v.* 'diminuer, affaiblir' ou 'accorder, harmoniser': *p.p. f. pl.* **atempredes** 593

[**atendre**] *v.* 'attendre' : *imp. 1.* **atendeie** 479; *pf. 1.* **atendi** 389; *impér. 4.* **atendeiz** 548; *p.p. f.* **atendude** 469

atente *n.f.* 'attente' 443

attement → **aapt-**

[**aturner**] *v. tr.* 'tourner': *pf. 3.* **aturnat** 139; *p.p.* **aturnét** 245, *f.* **-ede** 145

[**aüner**] *v.* 'annoncer, déclarer': *p.p. pl.* **aünez** [294]

avant *adv.* 'avant' 228, 323, 375; **del secle an -** 'pour l'avenir' 38, **vont en -** 565

aveir *n.m.* 'avoir, bien': *r.* 58, 532, **aver** 91, 95, 96, *pl. r.* **aveirs** 523

aver *v.* 'avoir' 528: *pr. 1.* **ai** 148, 150, 187, 406, 406, 465, *2.* **as** 219, 320, *3.* **ad** 50, 58, 367, 614, **at** 43, 609, *4.* **avum** 532, 534, *6.* **unt** 538; *imp. 1.* **aveie** 402, 407, *2.* **aveies** 408, 438, *3.* **aveit** 567; *pf. 1.* **oi** 441, *2.* **oüs** 446, *3.* **out** 16, 31, 307, 541, *6.* **ourent** 12, 22, 192; *fut. 1.* **avrai** 492, 493, *2.* **avras** 153, *3.* **avrat** 36, 400, *4.* **averum** [535], **avrum** 504; *subj. pr. 2.* **aies** [599], *3.* **aiet** 508, **ai<e>t** 185, 599, **ait** 557, *4.* **aiuns** 621; *subj. imp. 1.* **oüsse** 226

[**aver**] *v. aux. pr. 1.* **ai** 106, 109, 208, 341, 353, 393, 395, 469, 471, *2.* **as** 224, 320, 452, 487, *3.* **a** 108,172,

<349>, 519, **ad** 71, 73, 91, 96, 145, 166, <274>, 276, 280, 288, 294, 313, 338, 386, 397, 518, 546, 559, **at** 116, 143, [557], *5.* **avums** 353, *6.* **unt** 29, [44], 104, 118, 121, 304, 331, 378, 509, 571, 574, 593; *pf. 2.* **oüs** 433, *3.* **out** 102, 467, **ot** [334]; *ppf. 1.* **oure** [490]; *fut. 3.* **avrat** 400, **averad** [400]; *subj. imp. 1.* **oüsse** 489, **ousse** 490, *3.* **ahust** 143

[aver] *v. impers.* 'y avoir': *pr. 3.* **n'i ad** 69, **n'i at** 3, 554, 555, **nen at** 68, **n'at** 590; **tanz jurz ad** 210 'il y a si longtemps'; *pf. 3.* **i out** 228, [430], 595, **out** 537, **nen out** 536

avenir *v.* 's'approcher, arriver' 506: *pf. 3.* **avint** [197]

aventure *n.f.* 'destinée, sort' 441

[aviler] *v.* 'avilir, outrager': *pf. 2.* **avilas** 447

[aviruner] *v.* 'entourer': *p.p.* **avirunét** 574

aviser *v.* 'reconnaître' 395; *pf. 6.* **aviserent** 238; **c'est avis** 'il semble bien' 575

avoc *prép.* 'avec' 53, 208

avogle *n.m.* 'aveugle': *s.* **-s** 551

[avogler] *v.* 'aveugler': *p.p.* **avoglét** 394, *pl.* **-ez** 616

[avoglir] *v.* 'aveugler': *p.p.* **avoglie** 434

B

bailie *n.f.* 'possession, pouvoir' 209, **bailide** 534

baillir *v.* 'gouverner' 366: *pr. 6.* **baillissent** 521

[banc] *n.m.* 'banc, siège': *pl. r.* **bans** [323], 327

[baptizer] *v.* 'baptiser': *p.p.* **baptizét** 31

barbe *n.f.* 'barbe' 387, 406

batesma *n.m.* 'baptême': *r.* 29

[batre] *v.* 'battre (des mains)': *gér.* **batant** 424

bel *adj.m.* 'beau': *r.* 30, 347, *voc.* 216, 281, 481; **-s** *voc.* 201, 437; *f.* **-e** 81, 567, **-a** 476, 482, *voc.* **-e** 481, 481; **bel** *adv.* 499

belament *adv.* 'avec toutes les cérémonies coutumières' 48

bien *adv.* 'bien' 34, 172, 212, 279, 490, 545, 546, 547

blanc *adj.m.* 'blanc, chenu': *r.* 406, *f.* **-e** 387

blasmer *v.* 'blâmer' 63, 235, 342

blastenger *v.* 'blâmer' 317

bon *adj.m.* 'noble, excellent, etc.': *r.* 28, **boen** 375, 504, 611, *s.* **bons** 1, 8, 33, 340, **boens** 336, 600, *voc.* 224, *f.* **bone** 129, 159, 535, 541, 604, 611, *pl.* **-s** 479

bor *adv.* 'par bonheur' 450

bosuin *n.m.* 'besoin': **quanque -z li ert** 'tout ce qu'il lui faudra' 233

bricun *n.m. terme d'injure* 266

[brief] *adj.m.* 'bref': *s.* **briés** 548

brunie *n.f.* 'broigne, cotte de mailles' 411

buce *n.f.* 'bouche' 481

busuinus *adj.m.* 'besogneux' 365

C

cambre *n.f.* 'chambre' 74, 136, **-a** 55, 61, *voc.* 141

canceler *n.m.* 'chancelier': *s.* **-s** 376

candelabre *n.m.* 'chandelier': *pl. r.* **-s** 581

[**canter**] *v.* 'chanter': *pr.* 6. **cantent** 584; *gér.* **cantant** 507, 560

[**canu**] *adj.* 'chenu': *f.* **canuthe** 406

cape *n.f.* 'chape': *pl.* **-s** 582

car *conj.* [535] → **quar**

carn *n.f.* 'chair': *r.* 116, 225, 432, 451, **char** [476]

cartre *n.f.* 'lettre, document' 348, 355, 368, 371, 377, 386, **-a** 284

cascun *adj.* 'chaque': *f.* **-e** 257

ceindra *v.* 'ceindre' 412

cel, cele *pron.* → **cil**

celeste *adj.* 'céleste, divin': *m. r.* 57, *voc.* 24, 335; *f.* 64, 577

[**celer**] *v.* 'cacher': *p.p.* **celét** 320

celui *pron.* → **cil**

cent *numér.* 'cent' 595

certes *adv.* 'certainement' 177, 187, 342, 532, **a -** 'sans aucune hésitation, aussitôt' 83, 147, 568

[**cesser**] *v. pr. 3.* **ne cesset** 'il ne cesse pas de' 85

cest, cesta, cestui *pron.* → **cist**

char *n.f.* [476] → **carn**

charnel *adj.m.* 'charnel': *r.* [493]

chef *n.m.* 'tête': *r.* 406

cher *adj.m.* 'cher': *r.* 58, 223, **ker** 130, *voc.* **cher** 106, 450, **-s** 109, **kers** 135, **kiers** 476

[**chëeir**] *v.* 'tomber': *pr. 3.* **chet** 425

chevel *n.m.* 'cheveux': *pl. r.* **-s** 431

chi *pron.* 426, 545, **chi chi** 503 → [**qui**]

ci *adv.* 'ici' 202, 361

ciel *n.m.* 'ciel': *r.* 53, 122, 179, [333], 410, 550, 590, 606

cil *adj.m.* 'ce, cet, le (*marque éloignement, cf.* icil)': *s.* 268, **cel** 612, *r.* **cel** 37, [49], 140, 280, 530, 538, 577, 587, 595, 605, 621, **celui** 66, *pl.* **cil** 499, 516, 561, *f.* **cele** 183; *pron.m.* 'celui-ci': *s.* **cil** 174, 178, 181, 283, 321, 351, 377, [555], *r.* **cel** 555, *pl. s.* **cil** 126, 521, 529, **tuit cil altre** 328, *r.* **cels** 500

cince *n.f.* 'haillon': *pl.* **-s** [144]

ciptét *n.f.* 42, 86, 189 → **cité**

cist *adj.m.* 'ce, cet (*marque rapprochement, cf.* icist)': *s.* 366, 400, 502, 502, 548, *r.* **cest** 364, 518, 532, 542, 620, **-ui** 504, [535], *f.* **-a** 70, 502, 612

citét *n.f.* 'cité': *s.* 81, 298, *r.* 13, 93, 126, 158, 292, 382, 385, 403, 543, 589, **ciptét** 42, 86, 189, **citiéd** 167, **citiét** 105

clamor *n.f.* 'appel': *r.* 221

cler *adj.m.* 'clair': *r.* 347

clerc *n.m.* 'clerc': *r.* 375, **clers** *pl. s.* 582

[**clop**] *n.m.* 'boiteux': *s.* **clos** [552]

ço *pron.* 'ce' 170, 282, 580; **ço di(t)** 151, **ço dist** 52, 106, 108, 171, 501; **ço est** 49, 178, 343, 363, 367, **c'est** 575, **ço ert** 258, **ço fut** 81; **ço que** 353, 386, 614; **ço...que(d/t)** 103, 104, 186, 249, 311, 340, 343, 363, 369, 370, 440, 445, 460, 477, [508], 539, 549, 617, **ço...de quels** 380, **ço...cum** 381, **ço...cum longes** 84

cointe *adj.m. s.:* **dont il...fut -** 'qui lui étaient si familières' 212

coisir *v.* 'reconnaître' 174

colcer *v. pron.* 'coucher' 52

colur *n.f.* 'couleur, éclat': *r.* 4

com *adv.* 500 → **cum**

[comander] *v.* 'recommander': *p.p.* **comandethe** 73

[commoveir] *v. pron.* 'se remuer': *pf. 6.* **s'en commourent** 511

commun *adj. f.* **par -e oraison** 'à l'unisson' 308

compáignie *n.f.* 'compagnie' 607, **cumpainie** 604

conforter *v.* 'soulager' 474

congét *n.m. r.*: **prenent -** 'ils prendent congé' 598

[conreer], **cunreer** *v.* 'parer' [323]: *pf. 6.* **conreierent** 498

cons *n.m.* 'comte' 17, **quons** 514, **conpta** 42

conseil *n.m.* 'conseil, inspiration': *r.* 303, 309, 329, 365

conseiler *n.m.* 'conseiller, directeur spirituel': *s.* **-s** 258

[conseiler] *v.* 'parler en secret': *p.p.* **conseilét** 338

[consentir] *v.* 'consentir, céder': *pr. 3.* **consent** 363, 373

consirere *n.f.* 'soupir, sanglot': *pl.* **-s** 398

consirrer *n.m. r.*: turner el - 'soupirer, pousser des sanglots' 156, metre el - 'id.' 244

[contenir] *v. pron.* 'se comporter': *3. pf.* **se contint** 140

contra *prép.* 'vis-à-vis de' 234

[contrait] *n.m.* 'paralytique': *s.* **-aiz** 551

contrede *n.f.* 'pays' 133, **contrethe** 75, **cuntretha** 20

contres *adv.* 'au contraire' [485]

[conuistre] *v.* '(re)connaître': *pr. 4.* **conuissum** 360, *6.* **conuissent** 203; *imp. 1.* **cunuisseie** 435; *pf. 4.* **coneümes** 360, *6.* **conurent** 115; *fut. 6.* **conuistrunt** 210

convers *n.m.* 'vie' <349>

[converser] *v.* 'demeurer, séjourner': *pr. 3.* **converset** 84, 256, 261, 271; 'habiter ensemble (=se connaître carnalement)': *pf. 6.* **converserent** 21; 's'entretenir avec': *p.p.* **conversét** 341; ('id. carnalement') 489

corocer *v. tr.* 'courroucer, contrarier' 54 ; *v. pron. pr.* 'se mettre en colère, se fâcher': *3.* **s'en corucet** 265, 268

cors *n.m.* 'corps' 332, 498, 507, 515, 518, 534, 538, 543, 570, 577, 583, 587, 598, 605; (=*pron. pers.*) *r.* **ton** - 399, **tuen** - <473>, *s.* **ses** - 99, 289, *r.* **sun** - 162, 252, 254, 276, 427, **lur** - 358

cose *n.f.* 'chose' 318, 342

costre *n.m.* 'sacristain': *s.* 176

[costumer] *v. tr.* 'accomplir les cérémonies funèbres que l'on doit à un mort selon la coutume établie': *p.p.* **costumé** [490]

creance *n.f.* 'foi, confiance' 3

creature *n.f.*: **nule -** 'quiconque' 483

[creire] *v.* 'croire': *pr. 1.* **creid** 205, *6.* **creient** 322

[criembre] *v.* 'craindre': *pr. 1.* **criem** 60

crïer *v.* 'pousser des cris, dire d'une voix forte' 391: *pr. 6.* **crïent** 531; *gér.* **criant** 424

crin *n.m.* 'chevelure': *pl. r.* **-s** 428

cristïen *n.m.* 'chrétien': *s.* **-s** 340

cristïentét *n.f.* 'chrétienté' 12, 30

crit *n.m.* 'cri': *s.* 502, *pl. r.* **-iz** 436

cui *pron. rél. obl. et r.* **cui** 175, 177, 376, 401, [566], **qui** 7 → **qui**

cum *conj. compar.* 'comme, ainsi que' 414, 423; *compar. hyp.* 'comme si' 143; *cons.* **tel cum** 5, **si...cun** 537; *excl.* **cum** 59, 388, 394, 433, 434, 441, 447, 468, 478, 482, 611, 616, **com** 500; *fin.* **pur...cum** [45]; *interr.* **cum** 106, 125, 285, 285, 381, 382, 592, 610, **cum longes** 84; *temp.* **cum** 'aussitôt que' 56, **tant cum** 'tant que' 165, **an tant dementres cum** 'pendant que' 331

cum- → **com-**

cumand *n.m.* 'commandement': *r.* 53, 229

cumandement *n.m.* 'commandement': *r.* 24, 88, 293

[**cumander**] *v.* 'confier, recommander': *pr. 3.* **cumandet** 72, 170; *p.p.* **cumandét** 288

cume *conj. comp.* 'comme' 119, 321, 412

cun *conj.* 537 → **cum**

cun- → **con-**

curage *n.m.* 'coeur': *r.* 446

cure *n.f.* '[n'avoir] cure' 408, 532

curre *v.* 'courir' 79, 192, 512: *p.pr. f.* **curante** 423

curruçus *adj.* 'angoissé': *f.* **-e** [459]

curtine *n.f.* 'rideau': *pl.* **-s** 144

[**cuvenir**] *v.impers.* 'convenir': *subj. impf. 3.* **cuvenist** 411

cuvert *adj.m.* 'couvert': *s.* 346

D

dam 316 → **danz**

dama *n.f.* 'dame' 148

danz < DOMINUS *titre d'honneur qui se place ordinairement devant le prén.*: *s.* 48, 62, 83, 97, 122, 158, 191, 244, *r.* 114, 147, 568 **dam** 316

de, d' *prép.; contr. avec l'art. m.*: **del** (*sing.*), **des** (*pl.*).
Provenance 74, 75, 167, 189, 211, 247, 479, 574, **d'** 86, **del** 251; *origine* 13, 20, 41, 42, 240, 380, **d'** 40, 534; *après un v. marquant séparation ou interruption* 85, 585, 622, **del** 290, 332; *origine figurée* 487, 556, 618, **d'** 123, 188, **del** 146, 200; *moyen* 29, 67, 242, **del** 247; *manière* 14, 50; *agent* 284; *loc.* **en guise de** 149, **pres de** 179, 196, **pres... des** 179, **de tut an tut** 290, **hors del** 293.

Appartenance, détermination, relation 46, 64, 72, 154, 155, 221, 364, 373, 379, 403, 421, 461, 462, 466, 511, 571, 589, **d'** 173, 203, 378, **del** 53, 122, 179, 347, 379, 466; *matière* 583, 586, **d'** 586; *partie d'un ensemble* 17, 111, 214, 251, 523, 526, **d'** 325, 418, **des** 20, 196; *après un terme de quantité* 136, 613, **d'** 188.

Pour introduire l'objet d'un sentiment ou d'un intérêt 438, 532, [599], **d'** 163, 163, 185, 508, 534, **del** 259, 365; *sujet, propos* [49], 57, 175, 199, 342, 591, 592, **d'** 15, 303, 310, 330, **del** 38, 591; *excl.* 396, 451, 476

debatre *v.* 'frapper' 427: *pr. 3.* **debat** 431

decés *n.m.* 'décès' 404

[**decliner**] *v.* 'être dans son déclin': *gér.* **declinant** 9

dedenz *adv.* 'là-dedans' 374

[**deduire**] *v.* 'réduire à', 'mener': *pr. 3.* **deduit** 248, 262, 452; *v. pron.* 'se conduire': *p.p.* **deduit** 417

degrét *n.m.* 'escalier': *r.* 218, 231, 246, 261, 345, 354, 393, 486

deit *v. pr. 3.* [232], 279, 366, *6.* **deivent** 587 → [deveir]

dejeter *v.* 'jeter par terre' 427

delivre *adj.* 'libre, débarrassé': *m. pl. s.* **-s** 525

demander *v.* 'demander' 128, 573: *pf. 6.* **demanderent** 239

demener *v.* 'manifester (*avec* dol, dolur, ledece)' 426: *pf. 3.* **demenat** 421; *p.p.* **demenét** 104, *f.* **-ede** 142

dementer *v.* 'se lamenter' 129

dementres *adv.*: **en tant -** 'pendant ce temps' 498; *conj.*: **an tant - cum** 'pendant que' 331

[**demorer**] *v.* 'tarder': *pr. 3.* **domoret** 460

demurere *n.f.* 'attente' 468

demustrer *v.* 'montrer, témoigner' 286: *p.p.* **<de>mustrét** 559

departie *n.f.* 'distribution': *pl.* **-s** 523

[**departir**] *v.* 'partager': *pr. 3.* **depart** 92, *p.p.* **departit** 96

[**deplaint**] *n.m.* 'plainte': *pl.* **-ainz** 105

[**deprier**] *v.* 'prier': *pr. 4.* **depreums** [549], *6.* **depreient** 298, 309, **deprient** 311, [329]

[**deramer**] *v.* 'déchirer': *p.p. f. pl.* **deramedes** 144

derumpre *v.* 'déchirer' 428: *pr. 3.* **derumpet** 387; 'se frayer un passage à travers': *pr. 6.* **derumpent** 565

[**desconforter**] *v.* 'désemparer': *pr. 3.* **desconfortet** 304

[**desconseiler**] *v.* 'désemparer': *p.p.* **desconseilét** 319

[**desevrer**] *v.* 'se séparer': *pr. 3.* **deseivret** 332; *pf. 6.* **deseverrerent** 602; *subj. imp. 6.* **desevrassent** 585

desirrer *v.* 'désirer, regretter' 439: *pr. 3.* **desiret** 524, **-rr-** 206; *p.p.* **desirrét** 471, 519, 571

desirrus *adj.* 'désireux': *f.* **-e** 456

[**desmüer**] *v.* 'changer, transformer': *p.p. f.* **des-...-mudede** 116

[**desparer**] *v.* 'dépouiller': *pr. 3.* **despeiret** 137

[**desservir**] *v.* 'mériter': *p.p.* **des-...-servit** [172]

[**destruire**] *v.* 'dévaster': *p.p.* **destruite** 143

desur<e> *prép.* 'sur' 596

desvé *adj.m.* 'fou': *pl.* **-z** 617

detraire *v.* 'attirer à soi' 429

devant *adv.* 'devant' 357; *prép.* 361, 527

[**deveir**] *v.* 'devoir': *pr. 3.* **deit** 366; *subj. imp. 2.* **doüses** 318, 413, **-ss-** 420, *3.* **doüst** 418, *4.* **doüssum** 620; *avec inf., pour exprimer le fut.*: *pr. 3.* **deit** [232], 279, *6.* **deivent** 587; *imp. 3.* **deveit** 77; *pf. 3.* (=*fut. dans le passé*) **dut** [77], 291

[**devenir**] *v.* 'devenir': *p.p.* **devenut** 107

di *n.m.* 'jour': *r.* 140

di *v. pr. 1.* 15, *3.* **di(t)** 151 → **dire**

digne *adj.m.* 'digne': *s.* **-s** 173

dire *v.* 'dire' 125, 340, 591, **-rr-** 610: *pr. 1.* **di** 15, *3.* **di(t)** 151, *4.* **dimes** 625; *pf. 3.* **dist** 52, 59, 106, 108, 141, 148, 171, 175, 177, 187, 201, 226, 229, 239, 296, 339, 379, 380, 381, 388, 433, 468, 491, 501; *fut. 3.* **dirrat** 369; *p.p.* **dit** 386

INDEX DES FORMES

[estre a] **dire** *v.* 'manquer' 161, 614

dis *numér.* 'dix' 161, 271

discumbrement *n.m.*: **aver** - 'fendre la presse' 528

[dispreder] *v.* 'ravager': *p.p.* **dis-...-predethe** 143

dist *v. pf. 3.* → **dire**

dit *v. pr. 3.* 151; *p.p.* 386 → ***dire***

doilet *v.* → [doleir]

dol *n.m.* 'deuil, douleur': *r.* 145, 426, 466, **doel** 154, **duel** 146, 241, 432, 443, 462, *s.* **dols** 104, 392, 400, 422, 463, 502, **duels** [503]

[doleir] *v. pron.* 'souffrir': *subj. pr. 3.* **se doilet** 503

dolent *adj.* 'dolent, malheureux': *f.* **-e** 132, 434, 444, 450, 454, 470, 478, **-a** 396

dolerus *adj.* 'douloureux': *m.* 388, *f.* **-e** 459

dolor *n.f.* 'douleur': *r.* 452, *s.* **-ur** 409, 484, *r.* 157, 219, 416, *pl. r.* **-urs** 397

[doloser] *v.* 'plaindre': *pf. 6.* **doloserent** 594; *pron.* 's'affliger': **s'en -** 592

domoret *v.* → [demorer]

done *v. impér.* 25, **donét** *p.p.* 518 → **duner**

dous *numér.* 45 → **dui**

doüs(s)es *v. subj. imp. 2.* 318, 413, 420, *4.* **doüssum** 620, *3.* **doüst** 418 → [deveir]

[drap] *n.m.* 'drap': *pl.* **dras** 346

[drecer] *v.* 'dresser': *pr. 6.* **drecent** 79

dreit *adj.m.* 'droit': *r.* 215, *f.* **-e** 619; *prép.* **dreit a** 81, 190

dreitement *adv.* 'tout droit': - **a** 76, **tut** - 333

duel *n.m.* 146, 241, 432, 443, 462, [503] → **dol**

dui *numér.* 'deux': *s.* 44, 113, 117, 361, 561, *r.* **dous** 45

duinst *v. subj. pr. 3.* 309, 329, 370 → **duner**

dum *pron.* 346 → **dunt**

dunc *adv.* 'donc' 19, 40, 74, 76, 83, 111, 231, **dunt** 426; 'en ce temps-là' 17; **quant...dunc** 38, 47, [72], **cum...dunc** 57

duner *v.* 'donner' [80], 295: *pr. 3.* **dunet** 28, 78, 94; *pf. 3.* **dunat** 27; *fut. 1.* **durai** 224; *subj. pr. 3.* **duinst** 329, 370, **duins<t>** 309; *impér.* **done** 25; *p.p.* **donét** 518, **dunethe** 118

dunt *adv.* 426 → **dunc**

dunt *pron.* 'dont' 3, 87, 212, 219, 367, 384, 402, 608, **dum** 346; *avec valeur cons.* **dunt** 153, **tant...dunt** 99, 252, **tel...dunt** 49

dur *adj.m.* 'dur': *r.* 430, 446, *f. pl.* **-es** 480

durable *adj.* 'durable': *m. r.* 548, *f.* 69, 624

durai *v. fut. 1.* 224 → **duner**

durement *adv.* 'fort, extrêmement' 198

[durer] *v.* 'durer, résister': *pr. 3.* **duret** 445

dut *v. pf. 3.* [77], 291 → [deveir]

dutance *n.f.* 'doute' [606]

dute *n.f.* 'crainte' 300

E

e *conj.* 9, 105, 130, [144], 179, 184, 185, 200, 211, 223, 242, 261, 285, 326, 340, 343, 356, 370, 375, 379,

294   INDEX DES FORMES

406, 411, 413, 414, 418, 427, 428, 431, 434, 436, 438, 454, 458, 466, 480, 499, 508, 510, 526, 540, 544, 563, 564, 586, 594, 599, 607, 611, 623; *dans un numér.* 161, 271; **ed** 19, 51, 73, 78, 172, 173, 315, 416, 429, 470, [529], 537, 569, 582, 604, 624
polys. **e...e(...e)** 306, 308; 380, 381, 382, 383, 384; 398, 398, 399; 472, 473; 591, 592; 601, 602, 602; **ed...ed** 6, 7; 101, 102; **e...ed** 2; **ed...e...e...e** 225
polys. débutant par la conj. **e...e(...e)** 236, 236, 237; 302, 302; <327>, 327; 347, 347; 496, 496, 497; **ed...e...ed** 281-2

e *conj.* 'et notamment, et nommément' 243, 615, **ed** 405, 408

E! *interj.* 24, 59, 109, 201, 226, 335, 388, 433, [441], [476], 478, [481], [599]

edrer *n.m.* 'voyage': *s.* **-s** 190

eglise *n.f.* 'église' 256, 567

egua *n.f.* 'eau' 267

eguarede *p.p.* → [esguarer]

[eissir] *v.* 'sortir': *pr. 3.* **eist** 211; *pf. 3.* **eissit** 74, **-s-** 83; *fut. 3.* **istrat** 167

eil *pron.* 'autre chose' 243

eisi *adv.* → **issi**

el, ele *pron.* → **il**

el = **en** (*prép.*) + **le** (*art.*)

ela, els *pron.* → **il**

em *pron.* → **en**

emfes → [enfes]

emp- → **enp-**

en *pron.* 9, 22, 28, 34, 52, 60, 65, 74, 75, 83, 91, 92, 113, 120, 125, 126, 134, 161, 165, 166, 180, 189, 198, 222, 227, 228, 234, 245, 253, 254, 260, 265, 265, 268, 279, 285, 285, 287, 291, 316, 322, 333, 344, 370, 381, 385, 404, 405, 408, 420, 421, 440, <456>, [458], 459, 464, 488, 497, 511, 520, 529, 542, 544, 546, 547, 554, [555], 557, 560, 578, 592, 593, 601, 603; **an** 44, 99, 115, 122, 132, 205, 230, 252, 252, 309, 329, 376, 513, 516, 521, 522, 525, 543, 568; **em** 60, 129, 235; **am** 419; <**end**> 614, **enn** 555; *encl.* **'n** 100, **kin** 555, **sin** [454], 457, 458, 625;

en *prép.* 55, 136, 158, 173, 191, 256, 292, 296, 300, [333], 333, 348, 358, 382, 385, 419, 453, 536, 538, 588, 612, 621, 623, 624; **an** 61, 68, 86, 113, 142, 209, 217, 291, 297, 314, 357, 469, 493, 543, 567, 579, 582, 582; **el** (= **en+le**) 89, 156, 162, 176, 181, 244, 410, 544, 550, 606, *pl.* **es** 327; **en avant** 565, **an** - 38; **an guise de** 149; **en ipse verbe** 625; **an luinz** 472; **en sus** 578; **en tant dementres** 498, **an** - 331; **de tut an tut** 50, 290

enca *n.f.* 'encre' 281

[encenser] *n.m.* 'encensoir': *pl. r.* **ancensers** 581

[enclore] *v.* 'engloutir': *subj. pr. 3.* **encloe** 305

encui *adv.* 'aussitôt' [400]

[encumbrer] **an-** *v.* 'encombrer' 188, 384: *subj. pr. 6.* **encumbrent** 200; *p.p. s.* **ancumbrét** 95, *pl. s.* **-ez** 618

[encuntrer] *v.* 'rencontrer': *pr. 3.* **ancuntret** 213

end *pron.* 614 → **en**

[enditer] *v.* 'indiquer': *p.p.* **anditét** 313

[endreit] **an-** *adv.* 'tout droit' 193, 231; *loc. prép.* <**an**>**dreit a** [55], **andreit a** 195, 211

INDEX DES FORMES

[endurer] *v.* 'endurer': *p.p. f.* **andurede** 397

enemi *n.m.* 'adversaire (le diable)': *s.* **-s** 160

[enfes], **em-** *n.m.* 'enfant' 35, 54, 116, **amfant** 22, 25, 36, 43, 112, 429, *pl. s.* **enfant** [510], *r.* **amfanz** 45

[enferm] **am-** *n.m.* 'malade': *s.* 556; *adj.m. s.* 220

[enfermeté] **amfermetét** *n.f.* 'maladie' *r.* 487, 556, *s.* **an-** 278

enfodir *v.* 'enterrer' 597

[enganer] **an-** *v.* 'tromper' 160

engraisser *v.*: **sun cors -** 'engraisser, devenir gras' 254

[engreger] *v.* 's'aggraver': *pr. 3.* **angreget** 278

[enhadir] *v.* 'haïr': *p.p.* **enhadithe** 433

enor- *v.* 405, 500 → [honor]-

[enpeirer] *v.* 'empirer': *p.p.* **ampairét** 10

[enpereor] *n.m.* 'empereur': *s.* **emperere** 18, *r.* **emperethur** 35, *pl. s.* **empereor** 306, 356, **-eür** 326, **amperedor** 362, **emperedur** 415

[enpirie] *n.m.* 'cour, suite; armée': *r.* **empirie** 561, **am-** 521

[enporter] *v.* 'emmener': *pr. 6.* **enportent** [333], 507

enpur *prép.* 'pour' 405, **em-** 219, **an-** 408

[enquerre] *v.* 'demander': *pr. 3.* **enquer** 324

enquor *adv.* 'une fois de plus' 400

[enseiner] *v.* 'indiquer': *subj. pr. 3.* **anseinet** 312

[ensemble] **an-** *adv.* 'ensemble' 21, 44, 154, 489, 550, 603, 609, **ansembl'ot** 150, 214, **ensembl'ot** 607

[ensure] *prép. avec valeur temp.*: **ensur<e> nuit** 75, 189, **ensur<e> tut** 553, **ensor<e> tut** 615

[entendre] *v.* 'entendre': *pf. 3.* **antendit** 422

[entercier] **an-** *v.* 'interroger' 177; *p.p.* **anterciét** 121

[entrametre] *v.* 'assigner, attribuer': *p.p. f. pl.* **en-...-tramise<s>** 164

entrarote *n.f.* 'passage' 514

entre *prép.* 'entre' 466, **-a** 97, **entr'** 516

[entrer] *v.* 'entrer' 77, 173: *pf. 3.* **entrat** 191

enz *adv.* 'dedans' [77], 78, 299, 369, **enz el** 544

erc *v. fut. 1.* 455 → [estre]

eredité *n.f.* 'héritage': *pl.* **-ez** 401

eret *v. imp. 3.* 17, 55, 240, 376, 380, *6.* **erent** 401, *4.* **ermes** 525 → [estre]

errant *adv.* 'tout de suite' 76, 113

ert *v. imp. 3.* 2, 3, [102*], 233, 237, 258, 301, 319, [373]; *fut. 3.* 8, 135, 142 → [estre]

[es] < IPSE *art.m.* **de·s melz** 17; *pron.m.* **sempre·s regret<e>** 437, *pron.f.* (?) **si** 477

es = **en** (*prép.*) + **les** (*art.*)

esample *n.m.* 'nouvelle': *r.* 182

[escarnir] *v.* 'se moquer de': *pr. 6.* **escarnissent** 266

eschevelé *adj.* 'échevelé': *f.* **-ede** 424

escole *n.f.* 'école' 33

[escondire] *v. tr.* 'repousser une accusation': *pr. 3.* **escondit** 321

[escrire] *v.* 'écrire': *pr. 3.* **escrit** 284; *p.p.* **escrit** <349>, 369

escriture *n.f.* 'écriture' 258

[esculter] v. 'écouter': pf. 6. **esculterent** 377

esforcer v. 's'efforcer' 259

[esguarder] v. 'regarder': pr. 6. **esguardent** 328; pf. 3. **esguardat** 56

[esguarer] v. 'égarer': p.p. f. **eguarede** 470

esluiner v. pron. 's'éloigner' 180, 260

esmeri adj.m. 'troublé, désolé': s. **-z** 352

esmes v. pr. 4. 616 → [estre]

espece n.f. 'miracle' [559]

espede n.f. 'épée' 412, **-ethe** 72

[espelir] v. 'signifier': pr. 3. **espelt** 350

[esperer] v. 'espérer, compter': pr. 3. **espeiret** 193

espus n.m. 'époux' 66

[espuser] v. 'épouser': pr. 3. **espuset** 48; p.p. **espusede** 237, 467, **-ethe** 102

est pron. 'ce, cet': f. **-e** [203]

est v. pr. 3. 4, 9, 10, 65, 69, 77, 107, 123, 124, 173, 178, 179, 196, 245, 245, 289, 295, 297, 315, 339, 343, 343, 344, 363, 367, 392, 409, 440, 443, 445, 450, [450], 463, 463, 465, 482, 484, 503, 517, 519, 530, 533, 539, 542, 543, 544, 545, 548, 573, 575, 606, 610, 613, 614 → [estre]

est < ECCE adv. 'voilà': **est vus** 182

ester v. 'être; se tenir' 187: pr. 6. **estunt** 361; imp. 1. **esteie** 405, 3. **esteit** 240, 346, 373

[estoveir] v. impers. 'falloir': pr. 3. **estot** 128, 194, 509, 591, **estuet** 573; subj. imp. 3. **estoüst** 430

estra v. inf. 95, 110, 150, 156, 194, 202, 418, 420, 478, 492, 529, 545, 580; **estras** fut. 2. 141 → [estre]

estrange adj. 'étranger': m. s. **-s** 608

[estre], **-a** v. 'être' 110, 150, 156, 194, 202, 418, 420, 478, 492, 529, 545, 580; pr. 1. **sui** 110, 134, 454, 459, 491, **soi** 220, 2. **ies** 132, 3. **est** 9, 65, 69, 77, 123, 124, 173, 178, 179, 196, 245, 295, 297, 315, 343, 363, 367, 440, 445, [450], 463, 465, 503, 517, 519, 530, 543, 544, 548, 573, 606, 610, 614, **'st** 450, 4. **sumes** 364, 365, 6. **sunt** 609; imp. 3. **eret** 240, 376, 380, er<e>t 55, **ert** [102*], 233, 258, 301, 319, [373], 4. **ermes** 525; pf. 1. **fui** 456, 457, 458, 3. **fud** 14, fut 1, 5, 8, 17, 81, 104, 124, 128, 161, 212, 340, 422, 604, 6. **furent** 603; fut. 1. **ierc** 135, **erc** 455, 3. **ert** 8, 135, 142, **iert** 5, [196], 6. **erent** 401; subj. pr. 2. **seies** [600], 3. **seit** 25, 85, [503], 600; subj. imp. 3. **fust** 430

[estre] v. aux. pr. 1. **sui** 132, 2. **ies** 417, 3. **est** 4, 107, 245, 289, 339, 343, 344, 392, 409, 443, 463, 482, 484, 533, 539, 542, 545, 575, 613, **'st** 10, 4. **esmes** 616, **sumes** 617, 618, 6. **sunt** 322, 605; pf. 1. **fui** 394, 434, 3. **fu** 576, **fud** 31, 41, 103, **fut** 34, 51, 586, 6. **furent** 61; fut. 2. **estras** 141, 3. **ert** 142, 237; subj. pr. 3. **seit** 65, <275>, 287, 410; subj. imp. 1. **fusse** 485, 2. **fusses** 404, 457, 6. **fussent** 164; inf. **estra** 95

[estre] v. 'être là': imp. 3. **i eret** 17, **i ert** 2, 3; pf. 3. **si fut** 13, **ne fu nuls om** 'il n'y eut pas un' [590]

[estre] v. 's'en aller': pf. 3. **fut** 382

F

[faillir] *v.* 'manquer': *fut. 3.* **faldrat** 495

fain *n.f.* 'faim': *pl. r.* **-s** 398

faire *v.* 'faire' 45, 464, 514, **fare** 47: *pr. 3.* **fait** 112, 144, 181, 232, 254, 257, 560, *5.* **faites** 501, *6.* **funt** 47, 270, 525, 527, 558, 619; *fut. 1.* f<e>rai 155, *4.* **feruns** 523; *pf. 3.* **fist** 32, 147, 168, [323], 383, 414, 608, 612, *6.* **firent** 88; *p.pf. 3.* **firet** 125; *cond. 1.* **fereie** 227; *impér.* **fai** 171, 218, 335; *p.p.* **fait** 29, *f.* **-e** 393, 576

fecunditét *n.f.* 'fécondité' 27

fedeil *n.m.* 'fidèle': *pl. r.* **-z** 294

feit *n.f.* 'foi': *s.* 2, *r.* 500

feiz *n.f.* 'fois': *pl. r.* 241, 292, [296], 448, 472

felix *adj.* 'bienheureux': *m. r.* 570, *pl. r.* 500

felunie *n.f.* 'félonie' 475

femme *n.f.* 'femme' 207, 423, 455

feste *n.f.* 'fête' 257

figure *n.f.* 'figure, visage' 482

filie *n.f.* 'fille' 40, 465, **fille** 42

filz *n.m.* 'fils' 15, 28, 52, 130, 150, 155, 219, 221, 345, 425, 465, *voc. s.* 388, 401, 410, 417, 433, **filz Aleïs** 131, **filz Alexis** 392, 396, 446, 451, **bels filz** 437, **cher filz** 106, **kers filz** 135, **cher fiz** 450 (*cf.* 130)

fin *n.f.* 'fin, mort' *s.* 289, **-s** 460

fist *v. pf. 3.* 32, 147, 168, [323], 383, 414, 608, 612, *6.* **firent** 88, *p.pf. 3.* **firet** 125 → **faire**

forment *adv.* 'beaucoup' 22, 317, 324

forsené *adj.* 'hors de sens': *f.* **-ede** 423

fort *adj.* 'grave, douloureux': *m. s.* 59; *f.* 441

fraile *adj.* 'frêle': *f. s.* 69, *m. s.* **-s** 9

franc *adj.m.* 'de condition libre': *r.* 40; faire - 'afranchir' 227

[fregunder] *v.* 'fréquenter, habiter': *pr. 6.* **fregundent** 299

frere *n.m.* 'frère': *pl. s.* 119; *voc. s.* **bel** - 281

fu *v. pf. 3.* 576, [590], **fud** 14, 31, 41, 103, *1.* **fui** 394, 434, 456, 457, 458 → [estre]

[fuïr] *v.tr.* 'fuir, abandonner': *pf. 2.* **fuïs** 453; *v. pron.* 's'enfuir': *pr. 1.* **m'en fui** 60, *3.* **s'en fuit** 75, 189; *pf. 3.* **s'en fuït** 381; *p.p.* **fuït** 132

[funder] *v.* 's'effondrer': *subj. pr. 3.* **fundet** 298

funt *v. pr. 6.* 47, 270, 525, 527, 558, 619 → **faire**

furent *pf. 6.* 61; *subj. imp. 1.* **fusse** 485, *2.* **fusses** 404, 457, *6.* **fussent** 164, *3.* **fust** 430 → [estre]

fut *v. pf. 3.* 1, 5, 8, 13, 17, 34, 51, 81, 104, 124, 128, 161, 212, 340, 382, 422, 586, 604 → [estre]

G

gemme *n.f.* 'pierre précieuse; fleuron' 378, 577, *pl.* **-s** 586

gens *adv.* 'guère, point' 92, **giens** 268

gent *n.f.* 'gens': *s.* (*avec v. au pl.*) 299, 488, 511, 531, 571; *r.* 527

gentement *adv.* 'dignement' 47

gentil *adj.m.* 'noble': *r.* 447, **-s hom** *voc.* 478, *pl. r.* **-s** 20 [gesir] *v.* 'gésir': *pr. 3.* **gist** 246, 261, 345, 354; *p.p.* **geüd** 487, **jeü** <274>

getent *v. pr. 6.* 264, 267 → **jeter**

geüd *v. p.p.* 487 → [gesir]

giens *adv.* → **gens**

gist *v. pr. 3.* 246, 261, 345, 354 → [gesir]

glorie *n.f.* 'gloire' 295, 613, 624

goie *n.f.* 'joie' 503, 623

goius *adj.* 'joyeux': *f.* **-e** 458

grabatum *n.m.* 'grabat, lit misérable': *r.* 218

grace *n.f.* 'grâce' 362

[gracïer] *v.tr.* 'rendre grâce à': *pr. 3.* **gracïet** 540

graim *adj.m.* 'triste': *s.* 128, *f.* **-e** 110, [450], *pl.* **-es** [480]

grant *adj.* 'grand': *m. r.* 145, 241, 248, 320, 426, 432, 443, *s.* **granz** 104, 105, 463, *pl. s.* **grant** 184, 510, **granz** 403, *r.* 436; *f. s.* **granz** 445, 517, **grant** 409, 422, 440, 484, 533, 573, **grande** 610, *r.* **grant** 14, 26, 70, 145, 148, 214, 248, 300, 407, 413, 416, 536; *pl. s.* **granz** 513, *r.* 358, 401, 523

grarir *v.intr.* 'bénéficier de qqch, s'en réjouir' 370

gret *n.m. r.* 'gré': **si l'en sourent bon** - 28, **a** - 172

guarde *n.f.* 'garde' 393

[guarder] *v.* '(re)guarder, veiller sur qqn': *pr. 3.* **guardet** 374, *6.* **guardent** 305; *fut. 1.* **guardarai** 152, *3.* **guardrat** 227; *subj. pr. 1* **guard** 229; *subj. imp. 3.* **guardast** [227]; *p.p.* **guardét** 472, 490

guarir *v. tr.* 'guérir' 153; *v. intr.* 'survivre, se préserver' 99: *fut. 6.* **guarirunt** 310, 330

[guarnir] *v.* 'pourvoir, fournir': *p.p.* **guarnit** 34

guereduner *v.* 'récompenser' 277

guerpir *v.* 'abandonner' 351: *p.p.* **guerpide** 208

guise *n.f.* 'guise, manière': **an - de** 149, **par nule -** 180, 235, 238, 260

gunfanun *n.m.* 'gonfanon': *r.* 415

guverner *v.* 'gouverner' 413: *pr. 2.* **guvernes** 201, *3.* **guvernet** 494, *6.* **guvernent** 561

H

habiter *v.* 'toucher à, s'approcher de' 575

halt *adj.m.* 'haut': *r.* 41, *f.* **-e** 391

helberc *n.m.* 'maison': *r.* 322, **herberc** 251, *cf.* **herberge**

helme *n.m.* 'casque, heaume': *r.* 411

herberge *n.f.* 'maison' 419, 576

[herberger] *v.tr.* 'héberger, loger': *impér.* **herberges** 217; *intr.* 'demeurer': *pr. 3.* **herberget** 570

hoc *adv.*: pur - 15 'pour ça', cf. **nepurhuec**

hom *n.m.* 'homme': *s.* 14, 240, 268, **homo** 612, **ume** 343, *voc.* **hom** 216, 224, 359, 478, *r.* **home** 175, 197, 347, 455, 590, 620, 621, **ume** 170, 171, 297, **hume** 310, 330, 493, 530, *pl. r.* **-s** 214

hom *pron. indéf.* 'on' 235, 575, **l'um** 247, 566; **nuls hom** 'personne' 273, **nuls om** [590]

honur *n.f.* 'décor somptueux': *r.* 145; 'domaine, fief; office, charge': *r.* 69, 188, 200, 407, **onor** 363, 384, *pl. r.* **honurs** 164 [hon-], **onurer** *v.tr.* 'attribuer une charge' 186, *p.p.* **enorét** 405; **honurer** 'honorer, rendre honneur' 43: *pr. 6.* **onurent** 184; *pf. 6.* **enorerent** 500; *p.p.* **oneurét** 542, *f.* **honorethe** 604, **honurede** 19

hors *prép.* 'hors' 293

hume *n.m.* 310, 330, 493, 530, **-s** 214 → **hom**

humilitét *n.f.* 'humilité': *r.* 26

I

i *adv.* 'y' 84, 137, 138, 144, 148, 187, 213, [294], 320, 335, 450, 496, 510, 512, 512, 514, 517, 520, 555, 556, 558, 562, 575, 584, 587; **i ad** 69, **i at** 3, 554, **i out** 228, [430], 595, **i ert** 2, 3, **i eret** 17

icel, icele → **icil**

ices *adj. ou art. m.* 'ce, cet' 68 (*cf.* **es**)

icest *adj. ou art. m.* 'ce, cet, le (*marque rapprochement*)': *r.* 188, 534, 623, **icez** *pl. r.* 123, *f.* **iceste** 318; <i>**cist** *pron.* 'celui-ci': *m. s.* [271]

ici *adv.* 'ici' [202]

icil *adj. ou art. m.* 'ce, cet, le (*marque éloignement*)': *s.* [268], *r.* **icel** 11, 175, 197, 310, 330, 418, *pl. s.* **icil** [499], *f.* **icele** 303, 378; **icil** *pron.* 'celui-là': *pl. s.* 325, [606], *r.* **icels** 509

<i>**cist** → **icest**

iço *pron.* [381], 528

idunc *adv.* 'en ce temps-là' 301

ierc *v. fut. 1.* 135, *3.* **iert** 5, [196]; *pr. 2.* **ies** 132, 417 → [estre]

il *pron.* 'il': *m. s.* 37, [49], 59, 65, 77, 85, 87, 94, 102, 103, 119, 123, 124, 125, 128, 165, 172, 173, 174, 177, 186, 187, 201, 212, 226, 229, 232, 239, 240, 246, 249, 261, 265, 269, <274>, 279, 279, 285, 287, 291, 295, 321, 323, 334, 337, 339, 340, [343], 345, 346, 351, 363, 367, 374, 374, 380, 382, 388, 430, 467, 495, 495, 557, 600, 608;

obl. **lui** 65, 100, 253, <298>, 373, **a -** 118, 302, **a** ('avec') - 341, **ansembl'ot -** 214, **de -** 585, **par -** 535, **pur -** 243, 383; **li** 26, 30, 40, 57, 98, 170, 232, 233, 233, 237, 251, 264, 267, 277, 278, 283, 294, 295, 303, 311, 338, 351, 355, 368, 372, 505, 508, 599, 622, **l'** 28, 92, 164, 194, 245;

r. **lui** 32, 495, **le** 32, 33, 92, 108, 185, 215, 231, 236, [255], [259], 315, 319, 563, 569, 572, 594, 594, **li** 317, 506, **l'** 18, 29, 121, 172, 181, 184, 200, 227, 235, 238, 247, 266, 300, 322, [333], 338, 377, 499, 500, 509, 519, 557, 560, 571, 574, [588], **el** 588, *encl.* **nel** 117, 120, 121, 127, 160, 174, 199, 239, 272, 325, 342, 395, 435, 435, 495, 596, **ne·** 287, **ol** 312, **paist·l** 247, **quil** 186, **kil** 227, 229, 336, **sil** 100, 174, 181, 215, 253, 266, 527, 563, 563, 579, 597;

pl. s. **il** 103, 104, 199, 204, 205, 304, 310, 330, 331, 525, 538, 562, 563, 587, 592, **els** 239; *obl.* **lur** 22, 28, [80], 96, 208, 239, 241, 269, 296, 309, 312, 313, 329, 379, 380, 381, 539, 559, 600, **els** 185, 325, 508, 516, [529], 580, 599; *r.* **les** 80, 94, 195, 304, *encl.* **jos** 205, **nes** 265, 305;

pron. f. s. **ele** 148, 433, **-a** 141, 468; *obl.* **li** 63, 64, 71, 72; *r.* **la** 62, 98, 129, 137, 286, 286, 351, 374, 375, [400], 449, **le** 373, **lui** 43, **li** 73, 426, **l'** 48, 143, 143, 320, 400, 422, 609; *r. pl.* **les** 480;

pron. neut. **le** 47, 244, 249, 269, 283, 337, 454, **l'** 128, 135, 321, 324, 573, *encl.* **jol** 155, **nel** 321

il *pron. impers.* 'il': *s.* 51, 503

iloc *adv.* 'là' 86, 114, 262, 271, 315, 328, 378, **iloec** 82, 197, 315, 331, 568, **iluec** 247

imagene *n.f.* 'image' 175, **-a** 171, **imagine** 87, 168, 176, 178, 183, 383

ipse < IPSUM *adj.m.* 625

issi *adv.* 'ainsi' 245, **eisi** 271

istrat *v. fut. 3.* 167 → [eissir]

J

ja *adv.* 'jadis' 212, 453; 'jamais' *avec nég. au passé:* 488, 585; *au fut.:* 142, 153, 167; **ja mais** 5, 8, 135, 141, 455, 492, 493

jeter *v.* 'jeter' 527: *pr. 3.* <**j**>**etet** 436, 6. **jetent** 357, 584, **getent** 264, 267

jeü *p.p.* <274> → [gesir]

jo *pron.m.* 'je': *s.* 84, 148, 208, 227, 389, 402, 434, 442, 458, 479, 486, 491, 495, **jol** 155, **jos** 205; *obl.* **mei** 151, 281, [343], 389, 448, 460, **mai** 463, 477, **me** 218, 227, 485, 490, **m'** 108, 132, 224, 343, 392, 409, 484, *encl.* **nem** [495], **quem** 439, 453; *avec v. pron.:* **m'en fui** 60, **m'en esteie** 405; *r.* **mei** 66, 462, **me** 203, 204, 205, 206, 217, 229, **m'** 59, 433, 488, **nem** 188, 209, 210, 210, **sim** 220, **tum** 390, 470

jugedor *n.m.* 'chef suprême': *pl. s.* 364

jurn *n.m.* 'jour': *r.* 537, 542, 576, 595, **jurz** *s.* 51, *pl. r.* 210, 471, 572

jus *adv.* 'en-bas' [146], 486

jusque *adv.* 'jusque' 113, **usque** 287; *loc. prép.* **jusque a** 146, **jusqu'a** 603

justise *n.f.* 'justice' 2

juvente *n.f.* 'jeunesse' 476, **-a** 452

K

ker, kier → **cher**

ki, ke → **qui, que**

kil = **ki** + **le** (*pron.*)

kin = **ki** + **en** (*pron.*)

kis = **ki** + **sei**

L

la *art.* → **li**

la *pron.* → **il**

la *adv.* 80, 423, **- jus** 'là-bas' 486

lairme *n.f.* 'larme': *pl.* **-s** [584], 595, **lermes** 399, <473>, 584

[**laier**] *v. fut. 1.* **ne lairai** 'je ne manquerai pas' 209; 'lâcher': *impér. 2.* **lai** [368]

[**laisser**] *v.* 'laisser': *pr. 6.* **laisent** 79, 192, **-iss-** 579, 597; *pf. 2.* **laisas** 470

languerus *n.m.* 'malade' 552

large *adj.* 'copieux': *f. pl.* **-s** 93, 402

las *adj.m.* 'malheureux': *pl.* 616, *f.* **lasse** 107, 441, 449

lastét *n.f.* 'lâcheté': *r.* 475

lavadures *n.f.* 'lavure de vaisselle': *pl.* 264

le *art.* → **li**

INDEX DES FORMES

le *pron.* → **il**

lede *adj.f.* 135, 455, 458 → [let]

ledece *n.f.* 'joie' 142, 492, 533, 536, 610, **lethece** 70

ledement *adv.* 'joyeusement' 140, 262

[**leisir**] *v.impers.* 'être possible, être permis': *subj. imp. 3.* **leüst** 490

leprus *n.m.* 'lépreux' 551

lerme *n.f.*: *pl.* -**s** 399, <473>, 584 → **lairme**

[**let**] 'heureux': *s.* **liez** 125, 519, 545; *f.* **lede** 135, 455, 548

lethece *n.f.* 70 → **ledece**

letre *n.f.* 'lettre': *pl.* -**s** 34

leu *n.m.* 'lieu': *r.* 133, **liu** 570

leüst *v.* → [leisir]

li *art.m. s.* 1, 8, 16, 18, 33, 35, 36, 51, 52, 54, 106, 111, 176, 190, 195, 221, 307, 307, 336, 356, 356, 371, 376, 376, 386, 391, 414, 421, 422, 445, 463, 501, 519, 586, 589, 601, **le** 236, 308, 348, 496, 540, 543, 570, 601, **l'** 343, 566; *r.* **le** 46, 56, 133, 154, 182, 231, 246, 261, <274>, 347, <349>, 379, 399, 406, 415, 462, 466, <473>, 494, 498, 507, 515, 537, 564, 570, 583, 585, **l'** 35, 170, 171, 178, 182, 230, 297, 352, 363, 384, 415, 521, 526, 526, 561, **lu** 345, 486; *pl. s.* **li** 44, 117, 119, 184, 184, 263, 302, 302, 306, 306, 326, 326, 356, 356, 377, 510, 510, 584; *r.* **les** 97, 273, [323]; 346; **la** *art.f. s.* 41, 69, 77, 82, 107, 108, 129, 146, 147, 151, 197, 236, 278, 295, 298, 299, 323, 386, 410, [422], 422, 467, 491, 496, 497, 511, 517, 524, 531, 571, 573, 578, 601, 602, **l'** 171, 175, 178, 332, 544, **le** 236; *r.* **la** 13, 20, 27, 30, 42, 55, 56, 61, 63, 64, 74, 75, 76, 86, 89, 93, 101, 102, 105, 126, 133, 136, 157, 158, 167, 189, 211, 247, 251, 263, 264, 284, 291, 292, 311, 314, 362, 368, <368>, 371, 372, 377, 379, 382, 385, 403, 421, 432, 451, 466, 469, 527, 543, 549, 565, 569, 576, 577, 589, 591, 592, 607, 608, 619, 624, **le** 221, 348, 406, **l'** 98, 118, 168, 267, 296, 305, 383, 524; *pl. r.* **les** 72, 212, 366, 513, 562

li *pron.* → **il**

li[ç]un *n.m.* 'petit lit': *r.* [267*]

linage *n.m.* 'lignage': *r.* 250, 447

[**lire**] *v.* 'lire': *pf. 3.* **list** 374, 377

lit *n.m.* 'lit': *r.* 56, 225, 232, <274>

liu *n.m.* 570 → **leu**

[**löer**] *v.* 'louer': *pr. 3.* **lodet** 540, **lothet** 122

long *adj.* 'long': *f.* -**a** 468, **lunga** 443, **lung'** 487

longament *adv.* 'longtemps' 21, **lun-** 341

longes *adv.* 'longtemps' 84

lothet *v. pr. 3.* 122 → [löer]

lu *art.m.* 345, 486 → **li**

lui *pron. obl.* 65, 100, 118, 214, 243, 253, <298>, 302, 341, 373, 383, 535, 585; *r.* 32, 43, 495 → **il**

luinz *adv.*: **an** - 'au loin' 472

lung → **long**

lur *adj. poss. pl.* 'leur' 45, 46, 79, 124, 124, 192, 209, 242, 264, 358, 526, 530, 538, 585, 604, 605, 609, 610, **lor** 593

lur *pron.* 22, 28, [80], 96, 208, 239, 241, 269, 296, 309, 312, 313, 329, 379, 380, 381, 539, 559, 600 → **il**

M

ma *adj. poss. f.* 207, 208, 407, 442, 443, 460 → **mun**

mai *pron.* 463, 477 → **jo**

main *n.f.* 'main': *r.* 371, *pl.* -s 387

main *n.f.* 'peuple' 524

mainger *v.* 'manger' <255>

mais *conj.* 'mais' 49, 115, 174, 194, 206, <255>, 322, 355, 408, 480, 529, 580; 'plus longtemps' 187, 596, **ja** - 5, 8, 135, 141, 455, 492, 493; 'plus', 'davantage' 36, 43, 465; 'puisque' 65, 157 (?), *cf.* v.465; 'pourvu que' (?) [505]; **mais que** 'sauf' 37, <274>; **n'altra pur altre mais** 213, *cf.* **altre**

maiseler *v.* 'déchirer' 428

maisnede *n.f.* 'famille' 263, 413

maison *n.f.* 'maison': *r.* 217, **-un** 314, 323, 469

mal *n.m.* 'mal, malheur': *r.* 153, *s.* **-s** [289], *pl. r.* **-s** 505, 622

malendus *n.m.* 'souffrant, malade' 554

malfeü *adj.m.* 'malheureux': *pl. r.* **-üz** 616, *f.* **malfeüde** 444

malveis *adj.* 'mauvais': *f.* **-e** 393

mar *adv.* 'par malheur' 437

marbre *n.m.* 'marbre': *r.* 583

mari *adj.* 'affligé': *f.* **-ie** [478]

marrement *n.m.* 'affliction': *r.* 136

martir *n.m.* 'martyr': *s.* 566

masse *n.f.*: **grant - de** 'nombre de' 214

m(e) *pron. obl.* 60, 108, 132, 218, 224, 227, 343, 392, 405, 409, 439, 453, 484, 485, 490, [495]; *r.* 59, 188, 203, 204, 205, 206, 209, 210, 210, 217, 220, 229, 390, 433, 470, 488 → **jo**

mecine *n.f.* 'remède' 522

medisme *adj.* 'même' 118, 432, 539, 615, **medis** [284*]

medre *n.f.* 'mère': *s.* 107, 129, 131, 146, 151, 422, **-a** 207, 236, 496, 601, **mere** 249, *r.* **medre** 379, 449, 466, **-a** 101, 396, 438, 591

mei *pron. obl.* 151, 281, [343], 389, 448, 460; *r.* 66, 462 → **jo**

meilur *adj.m.* 'meilleur': *pl.* **-s** 111

melz *adv.* 'mieux' 20, 485; **mielz** [250], [483]; *neut.* **melz** 17

memorie *n.f.* 'mémoire' 621

men *adj. poss.* 445, 453 → **mun**

mener *v.* 'emmener' 80; *pf. 3.* **menat** 231; *inf.* **grant duel -er** 'manifester' 241

menestrel *n.m.* 'serviteur': *pl. r.* **-s** 324

menu *adj.* 'menu': *f.* **-ude** 524, 531

mer *n.f.* 'mer': *r.* 76, 79, 192, 381

mercit *n.f.* 'grâce, pitié': aver - 185, 438, 508, 599; **par <la> tüe -** 368, **tüe -** 282, **par sa -** 270, **par Deu merci** 390, **sa -** 363; *interj.* **mercit** 359, 359, 359, 461, 522

mere *n.f.* 249 → **medre**

merveile *n.f.* 'merveille' 440, 445, 465

mes *adj. poss.* 464, *pl.* 401, 402, 403 → **mun**

mesaler *v. pron.* 'se conduire d'une manière incorrecte' 234

message *n.m.* 'message': *r.* 388

mester *n.m.* 'métier, office': **-s** *s.* 367, 376

[metre], **-a** *v.* 'mettre' 579: *pr. 3.* **met** 244, 432, *6.* **metent** 30, 358, 583, 588; *pf. 3.* **mist** 33; *subj. pr. 1.* **mete** 209

mezre *adj.f.* 'malheureuse' 441

mi *adj. poss.* 203 → **mun**

mielz *adv.* [250], [483] → **melz**

mil *numér.* 'mille' 595

miracle *n.m.* 'miracle': *pl. r.* **-s** 559

mist *v. pf. 3.* 33 → [metre]

[moiler] *v.* 'mouiller': *pr. 6.* **moilent** 267

mort *p.p. adj. m.* 'mort': *r.* 425, 429, [454], 459, *s.* **morz** 339, 354, *f.* **morte** 442, 485

mortel *adj.* 'mortel': *f. r.* 63, 612

mostret *v. pr. 3.* 64 → [mustrer]

müer *v.* 'empêcher' <275>; 'changer': *p.p.* **müez** 4, *f.* **mudede** 482

muiler *n.f.* 'femme': *r.* 19, 27, 55, **moyler** 39

mult *adv.* 'moult, beaucoup': *f. pl.* **-es** 112

mult *adv.* 'beaucoup, très' (*avec adj.*) 81, 320, 430, 446, 456, 457, 567; (*avec v.*) 43, 60, 63, 259, 278, 304; (*avec adv.*) 242, 341, [547]

mun *adj.poss. m.* 'mon': *s.* 206, **mes** 464, li **mens** 445; *r.* **mun** 155, 223, 354, 393, 404, 462, **men** 453; *pl. s.* **mi** 203, **mes** 401, 402, 403; *f.* **ma** 207, 208, 407, 442, 443, 460

mund *n.m.* 'monde': *r.* 364

mune < MUNERE *n.m.* 'récompense, trésor': *r.* [534]

murir *v.* 'mourir' 439

musgode *n.m.* 'provision': *r.* 254

muster *n.m.* 'église': *r.* 176, 181

[mustrer] *v.* 'montrer, démontrer': *pr. 3.* **mostret** 64; *p.p. f.* **mustrethe** 71

[mut] *n.m.* 'muet': *s.* **muz** 552

N

na *conj.* 355 → **ne**

nacele *n.f.* 'nef, navire' 82

[naistre] *v.* 'naître': *p.p.* **ned** 457, 458, *f.* **nethe** 41

nate *n.f.* 'natte' 246

ne *conj. nég.* 49, 54, 60, 60, 84, 85, 92, 95, 110, 121, 125, 128, 133, 133, 140, 156, 157, 177, 180, 194, 200, 202, 209, 222, 234, 235, 238, 239, 245, 249, 260, 265, 268, 270, 273, <275>, <275>, 286, 298, 299, 305, 322, 351, 360, 374, 374, 440, 464, 488, 492, 515, 520, 529, 573, 580, 585, [590], 602, 610, **na** 355, **net** 265, 360, **n'** 3, 5, 8, 22, 36, 43, 69, 115, 135, 137, 138, 141, 142, 150, 153, 161, 165, 167, 187, 213, 254, 408, [430], 430, 455, 465, 489, 492, 493, 509, 514, 517, 529, 532, 534, 554, 554, 555, [555], 556, 557, 575, 590, 591, 614; *cf. aussi* **nel** (*s.v.* **il**), **nem** (*s.v.* **jo**), **nes** (*s.v.* **il**)

ne *conj. nég.* 'ni' 115, 121, 138, 142, 164, 240, 273, 299, 374, 455, 465, 475, 493, 502, 515, 551, 551, 551, 552, 552, 552, [555], **n<e>** 239, **n'** 239, **nu** 135; **ne...ne** 163, 514

ned *v. p.p.* 457, 458 → [naistre]

nef *n.f.* 'nef, navire': *s.* 77, 197, *r.* 191, 211

nel = **ne** + **le** (*pron.*)

nem = **ne** + **me**

nen *conj. nég.* 68, 133, [150], 360, [*corr.* net?], [532], 536, **<n>en** [60], 465

nepurhuec *conj.* 'néanmoins' 206

nes = ne + sei

nes *adv.* 'même pas' [510]

net *conj.* 265, 360 → **ne**

nethe *v. p.p. f.* 41 → [naistre]

neül *adj.m.* 'nul, aucun': *r.* 138, *s.* **-s** 553, **n<e>üls** 554, *f.* **n<e>üle** [606]; *pron. s.* **neüls** 325; *cf.* **nul**

nïent *pron.* 'rien' [92], 137, 161, 243, 529, 614; *adv.* 'nullement' 49, 475

nobilitét *n.f.* 'noblesse': *r.* 14

noble *adj.* 'noble': *m. r.* 40

noise *n.f.* bruit' [422], 502

noment *v. pr. 6.* 46 → [numer]

non *conj. nég.* 597, **nun** 579

nos *pron. obl.* [600]; *r.* 505, [599], 622 → **nus**

nostre *adj. poss.* 'notre': *r.* 154, 625, **nostr'** 503, *pl. s.* **nostra** 12, *r.* **nos** 618, **noz** 523

novele *n.f.* 'nouvelle': *pl.* **-s** 479

nu *conj.* 135 → **ne**

nuit *n.f.*: ensur<e> - 'à la tombée de la nuit' 75, 189

nul *adj.m.* 'nul, aucun': *r.* 3, 95, *s.* **-s** 272, 273, [590], *f.* **-e** 180, 235, 238, 260, 342, 483, **nul<e>** 556; *pron. s.* **nuls** 520; *cf.* **neül**

num *n.m.* 'nom': *r.* 16, 30, 31, 89, 215, 307, 379

[**numer**] *v.* 'appeler': *pr. 3.* **numet** 215; 'arrêter': *pr. 6.* **noment** 46

nun *conj. nég.* 579 → **non**

nuncier *v.* 'annoncer' 318: *pr. 6.* **nuncent** 127, *pf. 3.* **nunçat** 337

nurrir *v.* 'nourrir' 32

nus *pron.m.* 'nous': *s.* 517, 522, 532, [535], *obl.* 25, 318, 363, 369, 518, 525, 533, 619, 623, **nos** [600], *r.* **nus** 11, 67, 335, **nos** 505, [599], 622

O

o *conj.* 579, 597; *adv.* 80, 232, 312 → **ou**

o *interj.* 'ô' 401, 476, 481

od *conj.* 'avec' 91, 608, 609; **ansembl'ot** 150, 214, 607

[**oïr**] *v.* 'écouter': *pr. 3.* **ot** 221, 386; *pf. 3.* **oït** 87; *impér. 2.* **oz** 66; *p.p.* **oït** 304, 509, **oïd** 300

oi *v. pf. 1.* 441 → **aver**

oi *adv.* 542 → **ui**

oil *n.m.* 'oeil': *pl. s.* 222, 436, *r.* **-z** 242

ol = **o** (*adv.*) + **le** (*pron.*)

on- → **hon-**

or *n.m.* 'or': *r.* 526, 586

or *adv.* → **ore**

oraisun *n.f.* 'prière': *r.* 308, **ureisuns** *pl. r.* 357

orb *n.m.* 'aveugle': *s.* **-s** 552

ore *adv.* 'maintenant' 3, 149, 353, 480, 491, **or** 39, 60, 101, 110, 124, 203, 209, 279, 370, 409, 442, [454], 459, 484, 591, 609, 613

[**orét**] *n.m.* 'vent': *s.* **orez** 195

orié *adj.m.* 'doré': *pl.* **-s** 581

ornement *n.m.* 'ornement': *r.* 138

os < OPUS *n.m.* 'profit, avantage' 503

ostel *n.m.* 'logement': *r.* 225

ot *v. pf. 3.* [334] → **aver**

ot *v. pr. 3.* 221, 386 → [oïr]

ot *conj.* 150, 214, 607 → **od**

ou *conj.* 'ou' 204, **o** 579, 597

ou *adv.* 'où' 55, 77, 246, 261, 345, 470, 487, **o** 80, 232, **u** 134, <274>, <349>, 570, **ol** 312; **ou que** 85, **u qu'** 94

oure *v. ppf. 1.* [490], **ourent** *v. pf. 6.* 12, 22, 192 → **aver**

oüs *v. pf. 2.* 433, 446; **oüsse** *subj. imp. 1.* 226, 489, **ousse** 490 → **aver**

out *v. pf. 3.* 16, 31, 102, 228, 307, [430], 467, 536, 537, 541, 595 → **aver**

oz *v. impér. 2.* 66 → [oïr]

P

pain *n.m.* 'pain': *r.* 225

pais *n.f.* 'paix' 623

pais *v. impér. 2.* 220 → [paistre]

païs *n.m.* 'pays' 182

[paistre] *v.* 'nourrir': *pr. 3.* **paist** 247; *impér. 2.* **pais** 220

palazinus *n.m.* 'paralytique' 553

paleis *n.m.* 'palais' 403

palie *n.f.* 'tenture' 138

palme *n.f.* 'paume, main': *pl.* **-s** 424

pape *n.m.* 'pape': *s.* 373

par *prép.* 24, 26, 79, 88, 93, 105, 112, 159, 180, 182, 192, 204, 204, 212, 215, 235, 238, 260, 270, 293, 308, 310, 330, 362, 368, 381, 390, 417, 500, 504, 528, 535, 547, 564, 564, 588, 605, 620

par *adv. d'intensité* 7, 37, 394, 434

[paracurer] *v.* 'affliger': **par-...-acurede** *p.p. f.* 400

paradis *n.m.* 'paradis' 173, 333, 544

parage *n.m.* 'lignage': *r.* 248

parcamin *n.m.* 'parchemin': *r.* 281

[pardoner] *v.* 'pardonner': *subj. pr. 3.* **parduinst** 269

parent *n.m.* 'parent': *pl. s.* 203, *r.* **-enz** 199, 380

parentét *n.m.* 'parenté': *r.* 41, *s.* **-ez** 414

[parer] *v.* 'parer, décorer': *p.p.* **parez** 586, *f.* **-ede** 141

[parfit] *adj.* 'parfait': *f.* **parfit<e>** 68

parfitement *adv.* 'conformément aux règles' 23, 288

parler *v.* 'parler': 15, 44, 87, 168, 290, 383, 516; *pf. 3.* **parlat** 183; *subj. imp. 2.* **parlasses** 448; *p.p.* **parlé** [44]

par mi *prép.* 'parmi' 513

[part] *n.f.* 'côté': *pl.* **parz** 574

[pasmer] *v.* 's'évanouir, perdre connaissance': *p.p. f.* **pasmede** 425

passer *v.tr.* 'faire passer' 515; *intr.* 'passer' 517: *pr. 3.* **passet** 51

pecables *interj.* 'hélas' 394, **pechable** [434]

[pecher] *v.* 'pécher': *p.p.* **pechét** 546

pechét *n.m.* 'péché': *r.* 320, *s.* 108, **pecét** 59, *pl. r.* **pechez** 618

pechethuor *n.m.* 'pécheur': *pl. s.* 361

pedre *n.m.* 'père': *s.* **-s** 52, 106, **li pedre** 16, 36, 111, 221, 386, **li -a** 391, 421, **li bons pedre** 33, **le pedre** 236, **le -a** 496, **mun pedre** 206, **tis -** 414, **tun -** 135, **le pere** 601, *r.* **pedre** 54, 74, 117, 127, 213, 263, 337, 379, **-a** 101, 466, 469, 591, *voc.* **pere** [599], *pl. s.* **li...pedre** 44

peine *n.f.* 'pénitence, pratique ascétique' 611

peiset *v.* → [peser]

peitrine *n.f.* 'poitrine' 431

pelerin *n.m.* 'pèlerin': *s.* **-s** 354

pendre *v.* 'pendre, suspendre' 144

[pener] *v.tr.* 'mortifier': *pf. 3.* **penat** 162; *p.p.* **penét** 276; *v. pron.* 'se donner de la peine': *p.p.* **penét** 405

penitence *n.f.* 'pénitence, contrition' 547

penne *n.f.* 'plume' 282

pensif *adj.m.* 'pensif, préoccupé': *pl. s.* 327

per *n.m.* 'pair': *pl. s.* 412, *r.* **-s** 18; 'conjoint' *r.* **per** [155*]

pere *n.m.* [599], 601 → **pedre**

[perdre] *v.*: traire a **-a** 'mettre en état de perdition' 205; 'perdre' *subj. pr. 1.* **perde** 60; *p.p.* **perdut** 4, 106

[perir] *v.* périr': *subj. imp. 6.* **perissent** 299

perte *n.f.* 'perte' 148

[peser] *v. impers.* 'peser, être pénible': *pr. 3.* **peiset** 22, 460, 477, 580

pesme *adj.* 'mauvais': *f. pl.* **-s** 480

petit *n.m.* 'petit': *pl. s.* 184, 510; *adj. pl. s.* [510]

pïetét, pie- *n.f.* 'pitié': *r.* 311, 440

piz *n.m.* 'poitrine' 427

plaidiz *n.m.* 'avocat' 600

[plaindre], **-a** *v.* 462 'plaindre': *pf. 6.* **plainstrent** 594; *subj. pr. 4.* **plainums** 154

[plain] *adj.* 'plein': *f.* **-e** 136

[plaire] *v.* 'plaire': *pr. 3.* **plaist** 535; *subj. imp. 3.* **ploüst** 202, 420

plait *n.m.* 'affaire': *s.* 49, *r.* [49]

plor- → **plur-**

ploüst *v.* → [plaire]

pluisur *pron. pl. s.*: **li -** 'la plupart' 584

plurer *v.* 'pleurer': 242, 430: *pr. 3.* **pluret** 589, 6. **plurent** 222, 436, **plorent** 563; *pf. 3.* **plurat** 496; *p.p.* **plurez** <473>, *f. pl.* **pluredes** 399, 595; *gér.* **plurant** 560

plurus *adj.* 'pleurant' 327

plus *adv.* 'plus, davantage' (*avec adj.*) 58, 110, <255>, 548, 624; (*avec v.*) 207, 250, 435, 483; (*avec adv.*) 196, 512, 512; **le -** 'surtout' 564

podeste *n.f.* 'force' 564, **poeste** 204

podestét *n.f.* 'force': *r.* 572, **poestét** 588

[poëir] *v.* 'pouvoir': *pr. 1.* **puis** 110, 355, 464, 478, *3.* **pot** 232, 492, 546, 547, **poet** 156, 514, 545, 575, **puet** 99, 194, 222, 235, <275>, 529, 580, *4.* **poduns** 517, *6.* **pothent** 157; *imp. 3.* **poët** 160; *pf. 1.* **poi** 395, *3.* **pout** 94, 512, *6.* **pourent** 127, 506, 515, 596; *subj. pr. 1.* **puisse** 153, *3.* **puisset** 590, *4.* **puisum** 370, **poissum** 550, *6.* **poissent** 312

poes- → **podes-**

poet *v. pr. 3.* 156, 514, 545, 575; **poët** *imp. 3.* 160 → [poëir]

poi *v. pf. 1.* 395; *subj. pr. 4.* **poissum** 550, *6.* **poissent** 312 → [poëir]

pois *adv.* 72 → **puis**

pople *n.m.* 'peuple': *r.* 319, *s.* 308, 540, **popl<e>** 601, **poples** 519, 589

por *prép. et adv.* 223, 444 → **pur**

porter *v.* 'porter; amener' 411, 415, 558: *pr. 1.* **portet** 195, *6.* **portent** [563], 568; *pf. 1.* **portai** 437, 444, 453, *3.* **portat** 32, 89, 90, 131; *p.p.* **portét** 91

porteüre *n.f.* 'progéniture' 442

[port] *n.m.* 'port': *pl.* **porz** 196

poser *v.* 'déposer' 587: *pr.* 6. **posent** 569

pot *v. pr. 3.* 232, 492, 546, 547; **pothent** 6. 157 → [poëir]

pou *adv.* 'peu' 109

pourent *v. pf. 6.* 127, 506, 515, 596; *3.* **pout** 94, 512 → [poëir]

poverin *n.m.* 'pauvre': *pl.* **-s** 100, **pov<e>rins** 253

poverte *n.f.* 'pauvreté' 248, 262, 416

povre *n.m.* 'pauvre': *pl. s.* 302, *pl. r.* **-s** 94, 97, <255>, 537; *adj.f. r.* 419, 527

precïus *adj.m.* 'précieux' 67

[**preier**] *v.* 'prier': *pr. 1.* **pri** 282, *3.* **priet** 269, *4.* **preiuns** 505, 622, **-ums** 549, *6.* **preient** 329, 506, 508, 599, **prient** 185; *pf. 6.* **prierent** 26

[**prendre**], **-a** *v.* 'prendre' 351: *pr. 3.* **prent** 111, *6.* **prenent** [506], 526, 598, **prennent** 317, 516; *imp. 2.* **perneies** 419; *fut. 6.* **prendrunt** 204; *pf. 3.* **prist** 19, 440, **prist a(d)** 62, 63, 129, 391, *6.* **pristrent** 80; *subj. pr. 3.* **prenget** 39

pres: *loc. prép.* **- de** 'près de' 179, 196

[**presenter**] *v.* 'arriver, survenir': *p.p.* **presentét** [392]

presse *n.f.* 'foule' 517, 565, 573, 578, (faire) **-** 525

prest *adj.* 'prêt': *f.* **-e** 77

prest *adv.* 'à la portée' [77], 295

pri *n.m.* 'prière': *r.* 204, 564

privé *adj. f.* **-ee** 'seul à seule' [609]

provender *n.m.* 'mendiant': *s.* **-s** 124, 339

prut *n.m. r.*: **n'i at nul -** 'il n'y en a plus guère' 3

puet *v. pr. 3.* 99, 194, 222, 235, <275>, 529, 580 → [poëir]

puing *n.m.* 'poing': *r.* 348

puis *v. pr. 1.* 110, 355, 464, 478; **puisse** *subj. pr. 1.* 153, *3.* **-et**, 590, *4.* **puisum** 370 → [poëir]

puis *prép.* 'depuis' 11, 140, 404; *conj.* 'depuis que' 21, 33, [74]; *adv.* 35, **pois** 72

pulcele *n.f.* 'jeune fille' 237, 467, **-a** 41, 56, 491, 497, 602, 608, *voc.* **-e** 66

pur *prép.* 'pour' [45], 87, 95, 152, [155], 163, 164, 168, 183, 217, 220, 223, 229, 230, 243, 243, 254, 266, 383, 384, 397, 399, 439, 455, 455, 461, 472, <473>, 475, 475, <518>, 538, 587, **por** 223; *adv.* **pur hoc** 15, **pur oec** 542, **pur quei** 131, **por -** 444, **pur quem** 439, 453; *loc.* **n'altra pur altre mais** 213 (→ **altre**)

[**purir**] *v.tr.* 'pourrir, corrompre': *fut. 3.* **purirat** 477

[**purpenser**] *v. pron.* 'prendre des mesures, se garantir' : *pr. 3.* **se purpenset** 38

Q

quanque *pron.* 'tout ce que' 224, 233

quant *conj.* 'quand, lorsque' (*avec pr.*) 36, 51, 150, 186, 221, 386, 562, (*avec pass. comp.*) 71, 96, 166, 557, (*avec pf.*) 47, 61, 98, 103, 198, 458

quar *conj.* 'car' 172, 492, 504, **car** [535], **quer** 2, 270, 315, 593, 613, 617; (*avec impér.*) 52, 217; *optatif* **quer** 226; *interr.* **quer** [= cor] 419, 438

quatre *numér.* 'quatre' 276

que *conj. introduisant une complétive* 36, 39, 60, 127, 183, 185, 297, 298, 305, 309, 312, 325, 329, 383, 390, 454, 495, 505, 599, **qued** 199, 279, **quet** 65, 269, 389; **ço...que** 249, 312, 343, 440, 445, 460, 477, 508, 539, 550, 617, **ço...qu'** 340, 363, 369, 370, **ço...qued** 103, **ço...quet** 104, **ço...quil** [= quel] 186

que *conj. comp.*: **mais** - 37, <274>; **m(i)elz...que** 250, 483, 485; **plus** - 207, 435, **plus...que** 58

que *conj. cons.* 92, **qu'** 489, **si...que** 110, 137, 167, 594, 622, **tant...que** 27, 34, 464, 497

que *conj. temp.* 'où' 11, **qued** 291; **que** 'depuis que' 210; **ainz** - 456, 457

quel *pron.m.* 'quel': *s.* **-s** 240, 392, *pl. r.* 380, **quel** *f.* 240, 452

quer *conj.* → **quar**

querre *v.* 'chercher, apporter' 112, 134: *pr. 3.* **quert** 174, 181; *fut. 4.* **querreuns** 522; *subj. pr. 6.* **quergent** 297; *impér. 2.* **quer** 281, *5.* **quereiz** 314; *p.p.* **quis** 224, 353

ques = **que** (*conj.*) + **se**

quet, -d *pron. rél., pron. indéf., conj.* → **que**

qui *pron.rél. m. s.* [102], 178, 201, 207, **ki** 17, 25, 67, 89, 90, 169, 196, 227, 228, 229, 251, 294, 297, 304, 313, 319, 321, 336, 373, 418, 450, 463, 494, 519, 524, 554, 555, 590; *pl.* 164, 263, 500, 506, 509, 521, 561, **la gent ki** 299, 571; *obl.* **cui** 175, 376, 401, **qui** 123, **par** - 310, 330; *r.* **que** 37, 58, 208, [334], 353, 386, 467, 518, 566, **qued** 88, 102, 295, 378, **quet** 237, **qu'** 91, 304, 334, 421, 538, 587, **qui** 7, **cui** [566], **ço que** 353, 386, **ço...que** 614

[**qui**] *pron. rél. indef.* 'celui qui': **chi** 426, 545, **ki** 32, 512, 546, 560, 'ceux qui' 300; **chi chi** 503, **qui** [= cui] **que** [503], **ou que** 85, **u qu'** 94

[**qui**] *pron. interr.*: **que** 270, 501, 502, [529], **qued** 107, **quet** 350, **cui** 177

[**quider**] *v.* 'chercher à, tâcher': *pr. 6.* **quident** 528

quil = **que** (*conj.*) + **le** (*pron.*)

quis *v.* → **querre**

quons → **cons**

quor *n.m.* 'coeur': *r.* 166, *s.* **-s** 445, 464

R

[**raembre**] *v.* 'racheter': *pf. 3.* **raens** 67

raisun *n.f.* 'argumentation, arguments': *r.* 71

raler *v.* 'retourner' 560: *pf. 6.* **ralerent** 603

ralumer *v.intr.* 'recouvrer la vue' 620

[**receivre**] *v.* 'recevoir': *pr. 3.* **receit** 283, *6.* **receivent** 563; *pf. 3.* **receut** 119, **reçut** 98

[**recesser**] *v.* 'cesser': *pr. 3.* **recesset** 290

[**reconforter**] *v.* 'reconforter, soutenir': *subj. imp. 2.* **reconfortasses** 390, <re>**confortasses** 449

[**reconuistre**] *v.* 'reconnaître': *pf. 3.* **reconut** 215, 272, *6.* **reconurent** 117, 120, 121; *subj. pr. 6.* **reconuissent** 287, **recu-** 199

recorder *v. pron.* 'se souvenir' 546

recovrer *v.* 'recouvrer, retrouver' 312

[**redoner**] 'donner à son tour' *v.*: *pr. 3.* **redone** <255>

INDEX DES FORMES

[reduter] *v. pron.* 'redouter': *pr. 3.* **s'en redutet** 198

[reemplir] *v.* 'remplir': *p.p. f.* **reemplie** [613]

[refuïr] *v. pron.* 's'enfuir de nouveau': *pf. 3.* **s'en refuït** 385

regenerer *v.* 'régénérer' 29

regne *n.m.* 'royaume': *r.* 198, *pl. r.* **-s** (?) 179

regner *v.* 'régner' 550

regreter *v.* 'regretter, pleurer' 130: *pr. 3.* **regret<e>** 437; *pf. 6.* **regreiterent** [594]

rei *n.m.* 'roi': *r.* 494, *s.* **-s** 514, *voc.* (= Dieu) 24, 201, 335

relef *n.m.* 'reliefs, restes': *r.* 247

[remaneir] *v.* 'demeurer, rester': *pr. 3.* **remaint** 100, 253, *6.* **remainent** 300; *pf. 3.* **remest** 92, 137, 138; *p.p.* **remés** 61, *f.* **remese** [102], 132; *gér.* **remanant** 10

[remembrer] *v.* 'se souvenir': *pr. 3.* **remembret** 57

remest, remés *v.* → [remaneir]

renge *n.f.* 'ceinturon de l'épée': **-s** *pl.* 72

[rendre] *v.* 'rendre': *pr. 3.* **rent** 100, 253

[repairer] *v.* 'revenir, retourner': *pr. 6.* **s'en repairent** 126, **repairent** 302; *subj. imp. 2.* **reparaisses** 389

[replenir] *v.* 'remplir': *p.p. f.* **-ithe** 613

[reporter] *v.* 'ramener': *subj. pr. 3.* **report** 555

reposer *v.* 'reposer' 232

repous < REPOSITUS *p.p.* 'rétabli, guéri' [555]

[requerre] *v.* 'demander': *pr. 6.* **requerent** 303

[respondre] *v.* 'répondre': *pr. 3.* **respont** 107, 178, *6.* **respondent** 325, 521

[retenir] *v.* 'retenir' : *pf. 3.* **retint** 99, 252; *p.p. f.* **retenude** 407

[returner] *v. pron.* 's'en retourner': *pr. 6.* **s'en returnent** 316; *pf. 3.* **s'en returnerent** 120

[revenir] *v.* 'revenir': *pf. 3.* **revint** 176, 190, 352, **s'en -** 285; *fut. 1.* **revendrai** 101; *subj. imp. 2.* **revenisses** 474

[revertir] *v.* 'retourner': *pr. 3.* **revert** 70

[revestir] *v.* 'vêtir': *p.p. pl. s.* **revestuz** 582

[revoleir] *v.*: *pr. 1.* **nem revoil** 'en ce qui me concerne, je ne veux pas' 188

rice *adj.* 'puissant, noble': *m. s.* **rices** 14, *voc.* **riches** 216; *n.m. pl. s.* 302, *r.* **riches** 537

rien *pron.* 'rien' 245

[rover] *v.* 'demander': *pr. 3.* **rove** [259], *6.* **rovent** 529

rue *n.f.* 'rue': *pl.* **-s** 212, 513

S

sa *adj. poss. f.* → **son**

sacet *v. subj. pr. 3.* 249 → **saveir**

sacrarie *n.m.* 'sanctuaire': *r.* 293

sainement *adv.* 'sain et sauf' 82

sai *v. pr. 1.* 84, 125, 133, 133, 177, 340, 342, 610 → **saveir**

saint *adj.m.* 'saint': *r.* 175, 197, 310, 330, 498, 507, 515, 518, 530, 534, 538, 577, 587, 598, 605, 620, 621, **sainz** 332, **sain** 29, 347, *s.* **sainz**

301, 372, 541, 566, 606, **saint** 570, 612, *f.* **-e** 256, 258, 549, **-a** 90

saintismes *adj.m.* 'très saint': *s.* 268, *voc.* 359

salver *v.* 'sauver' 11, 547: *p.p. f. pl.* **salvedes** 605

salvetét *n.f.* 'salut': *r.* 89

sameine *n.f.* 'semaine' 291

sanc *n.m.* 'sang': *r.* 67

sanctét *n.f.* 'santé': *r.* 557

saner *v.* 'guérir' [547]

sarqueu *n.m.* 'cercueil': *r.* 583, *s.* **-s** 586

[**sac**] *n.m.* 'sac': *pl. r.* **sas** 144

saveir *v.* 'savoir' 350: *pr. 1.* **sai** 84, 125, 133, 133, 177, 340, 342, 610, *3.* **set** 174, 279, 321, 325, 454, *6.* **sevent** 270; *pf. 3.* **sout** 273, *6.* **sourent** 28, 103; *ppf. 1.* **sore** [488]; *subj. pr. 3.* **sacet** 249; *subj. imp. 1.* **soüsse** 486, *6.* **sousent** 488

savie *adj.* 'savant': *m. r.* 375

[**sazir**] *v. pron.* 'mettre la main sur, saisir' (?): *subj. pr.* **s'en sazi<s>t** 464

s(e) *pron.* → **sei**

se *conj. hyp.* 'si' 60, 100, 151, 202, 205, 253, 420, 486, 535, **s'** 203, 495, 525, **set** 128, 448, **si** 474, 490

secle *n.m.* 'monde, gens': *r.* 38, 68, 200, *s.* **-s** 1, 8, 548, **seigles** [589], **siecle** 623

sedme *numér.* 'septième' 576

[**sëeir**] *v.* 's'asseoir, être assis': *pr. 3.* **set** 178, *6.* **sedent** 327; *pf. 3.* **se sist** 97; *gér.* **sedant** 114

sei *pron. pers.* 'soi' 91, 280, 284, 286, 357, 609, **se** 38, 97, 140, 257, 259, 288, 503, 558, 608, **s'** 146, **s'en** 9, 65, 75, 120, 125, 126, 180, 189, 198, 222, 234, 260, 265, 268, 279, 285, 285, 287, 291, 316, 344, 381, 385, 464, 497, 511, 520, 546, 547, 578, 592, 601, 603, **s'em** 129, *encl.* **kis** 590, **nes** 384, **ques** 614

seies *v. subj. pr. 2.* **seies** [600], *3.* **seit** 25, 65, 85, <275>, 287, 410, [503], 600 → [estre]

sei(g)nor, -ur → **sire**

semblant *n.m.* 'apparence': *r.* 115

sempres *adv.* 'aussitôt' 120, 228, 557, **sempre** 437

sen *adj. poss.* 428 → **son**

seniur 522, **-s** 561 → **sire**

senz *prép.* 'sans' [606]

serf *n.m.* 'serviteur': *s.* 348, *pl. s.* 263, *r.* **sers** 123

sergant *n.m.* 'valet, écuyer': *r.* 226, *s.* **-anz** 336, *pl. s.* **sergant** 117, *r.* **-anz** 111

servant *n.m.* 'servant, serviteur': *r.* 280

servir *v.* 'servir' 35, 85, 367: *pr. 3.* **sert** 159, *6.* **servent** 263, 563; *imp. 3.* **serveit** 169, 336; *fut. 1.* **servirei** 494; *subj. pr. 1.* **serve** 495; *p.p.* **servit** 334

servise *n.m.* 'service': *r.* 162, 259, 277, 611

servitor *n.m.* 'servant, serviteur': *r.* 169

set *numér.* 'sept' 271, **seat** 161, 572

set *v. pr. 3.* 174, 279, 321, 325, 454, *6.* **sevent** 270 → **saveir**

set *v. pr. 3.* 178 → [sëeir]

set *conj. hyp.* 128, 448 → **se**

si *adj. poss.* 222, 436 → **son**

si *pron.* 477 → [es]

si *conj.* 'et, ainsi, pourtant' 10, 13, 28, 31, 267, 298, 303, 329, 338, 395,

INDEX DES FORMES

422, 436, 449, 490, 505, 511, 565, 578, 599, 615, 622, **s'** 3, **sil** 100, 174, 181, 215, 253, 266, 527, 563, 563, 579, 597, **sim** 220, **sin** [454], 457, 458, 625, **sit** 152

si *conj. hyp.* 474, 490 → **se**

si *adv.* 'ainsi' 16, 103, 276, 545

si *adv.* 'aussi, autant' 8, 109, 147, 148, 207, 409, 416, 450, 480, 480, 484, 513, 533, 536, 559, 562, 574, 608, 611, 618, **si...cum** 143, **si...ki** [430], **si...que** 110, 137, 166, 593

siecle *n.m.* 623 → **secle**

sigle *n.m.* 'voile': *r.* 79

sil = **si** (*conj.*) + **le** (*pron.*)

sim = **si** (*conj.*) + **me** (*pron.*)

sin = **si** (*conj.*) + **en** (*pron.*)

sire *n.m.* 'seigneur': 13, 124, [420], *voc.* 216, 339, 468, 471, 491, [599], **seignor** 600, **seinor** 57, 334, **-ur** 159, 234, *pl. s.* **seinor** 516, **-s** 328, **-ur** 499, **seniur** 561, *voc.* **seignors** 501, 621, **seinurs** 461, **seniurs** 522

sist 97 *v.* → [sëeir]

sit = **si** (*conj.*) + **te** (*pron.*)

[**sofrir**] *v.tr.* 'se charger d'une tâche': *fut. 1.* **soferai** 230

soi *v. pr. 1.* 220 → [estre]

soin *n.m. r.* 'soin': **n'avum** - 534

somondre *v.* 'appeler' 509

son *adj. poss. m.* 'son': *r.* 15, 280, 600, **suen** <349>, **sen** 428, **sum** 54, 74, 78, 115, 115, 117, 167, 263, 337, 348, 425, 427, **sun** 39, 50, 57, 67, 91, 96, 112, 130, 139, 159, 162, 166, 198, 213, 215, 221, 232, 248, 250, 252, 254, 267, 276, 277, 334, 345, 426, 427, 429, *s.* **ses** 99, 160, 258, 289, 367, **sons** 190, 272, **sun** 570, *pl. s.* **si** 222, 436, *r.* **ses** 18, 199, 214, 294, 324, 428, 431, **sons** 123, 273; *f.* **sa** 4, 55, 71, 116, 145, 246, 249, 262, 270, 289, 363, 371, 387, 431, 555, **s'** 72, 613, **sue** 168, 220, 278, **süe** 311, 432, *pl.* **ses** 424, **se-** 111

sor *prép.* 'sur' 463, 572, **sur** 18, 30, 246, 264, 316

sore *ppf. 1.* [488]; **sourent** *pf. 6.* 28, 103 → **saveir**

soüsse *v. subj. imp. 1.* 486, *6.* **sousent** 488 → **saveir**

sout *pf. 3.* 273 → **saveir**

sovent *adv.* 'souvent' 236, **su-** 130; **soventes feiz** 'maintes fois' 241

soz *prép.* 246 → **suz**

spuse *n.f.* 'épouse' 53, 102, 108, 147, 208, 474, 592

sue *adj. pron. poss. f.* → **son**

süef *adv.* 'doucement' 32, 338

suen *adj. poss.* <349> → **son**

sui *v. pr. 1.* 110, 132, 134, 454, 459, 491 → [estre]

sul *adj.m.* 'seul': *s.* 344, *r.* 37, *pl. s.* 61, *f.* **sole** [102], 448

sum, sun *adj. poss.* → **son**

sumes *v. pr. 4.* 364, 365, 617, 618 → [estre]

summunse *n.f.* 'ordre, commandement' 296

sunt *v. pr. 6.* 322, 605, 609 → [estre]

sur → **sor**

[**surt**] *n.m.* 'sourd': *s.* **surz** 551

sus *adv.*: **en -** 'en haut' 578

[**sustenir**] *v.* 'soutenir': *pf. 3.* **sustint** 252

suvent 130 → **sov-**

suz *prép.* 'sous' 218, 231, 261, 345, 354, 393, 486, 590, **soz** 246

[**suzlever**] *v.* 'soulever': *pr. 3.* **suzlevet** 346

T

ta *adj. poss. f.* → **tun**

tabla *n.f.* 'table' 247

talent *n.m.* 'souhait, volonté': *r.* 25, 50, 139

tant *adj.m.* 'tant de': *pl. r.* **tanz jurz** 210, 471, *f. pl.* **tantes** 397, 398, 398, 399, 472, <473>

tant *adv.* 'tant' 7, 37, <274>, 320, 334, 353, 395, 445, 460, 519, 571, **tant...que** 26, 34, 464, 496, **tant...dunt** 99, 252; **tant cum** 'tant que' 165, **an (en) tant dementres** 331, 498 (→ **dementres**)

tart *adv.*: **lui est** - 'il lui tarde' 65

t(e) *pron. pers. obl.* 224, 393, 407, 440, *r.* 52, 60, 106, <131>, 134, 151, 153, 360, 417, 437, 453, [454], 458, 459, 471, 479, 490 → **tu**

tei *pron. pers. obl.* 202, 411, *r.* [60], 142, 150, 361, 397, 405, 408, 456, 472, 489 → **tu**

tel *adj.* 'tel': *m. s.* 5, 49, *r.* 139, *f.* 219, 416

tendre *adj.* 'tendre': *f. r.* [476], **-a** 116, 451

tendre *v.* 'tendre, présenter': *pr. 3.* **tent** 371, 375

tendrement *adv.* 'avec tendresse' 242

tenir *v.* 'tenir' 151, 596: *pr. 3.* **tent** 355, 6. **tenent** 266, 572; *pf. 3.* **tint** 286, 348; *subj. pr. 6.* **tengent** 539, *impér. 2.* **tien** 66

tens *n.m.* 'temps' 1, 6, 6, 11

terme *n.m.* 'délai': *r.* 46

terre *n.f.* 'terre' 80, 203, 240, 305, 477, *pl.* **-s** 112, 402, 417; **a terre** 146, 425, **a la -** 569, **desur<e> -** 596, **en -** 588, **an -** 579, **sor -** 572; *pron. indéf.* **tute -** 'personne' [488], 493

terrestre *adj.* 'terrestre, profane': *m. r.* 58

tes *adj. poss.* 339 → **tun**

teste *n.f.* 'tête' 264

tis *adj. poss.* 414 → **tun**

tolir *v.* 'ôter, prendre' 355: *subj. pr. 3.* **tolget** 505, 622; *p.p.* **tolut** 108

toen *adj. poss.* 418, **ton** 24, 229, 365, 399, **-s** 414 → **tun**

tost *adv.* 'tôt' 512, 512

tot *adj.m.* 96, **toz** 622 → **tut**

tot *pron.m.* 494 → **tut**

[**traire**] *v.* 'tirer, traîner': *pr. 3.* **trait** 431, *fut. 6.* **trairunt** 205; *v. pron.* 'se retirer' *pr. 6.* **s'en traient** 578

[**trametre**] *v.* 'transmettre, faire parvenir': *pf. 3.* **tramist** 98

treis *numér.* 'trois' 292

trente *numér.* 'trente' 276

tres *adv.* 'derrière' 178, 286; 'très' 547

tresoblïer *v.* 'oublier entièrement' 619

tresor *n.m.* 'richesse': *pl. r.* **-s** 526

trestut *adj.m.* 'tout': *r.* 182, 530, **-ot** <349>, <**tres**>**tut** 250, *s.* **trestut** 540; *pron.m. pl. s.* **-uit** 184, **-uz** 506

tristur *n.f.* 'tristesse': *r.* 70, 139

trover *v.* 'trouver' 94, **tru-** 127: *pf. 3.* **truverent** 114; *fut. 3.* **trov<e>rat**

INDEX DES FORMES

369, 5. trovereiz 315; *p.p.* **trovét** 353, *f.* **truvede** 378

tu *pron. pers.* 'tu' 132, 155, 219, 335, 390, 470; *obl.* **tei** 202, 411, **te** 224, **t'** 393, 407, 440; *r.* **tei** [60], 142, 150, 361, 397, 405, 408, 456, 472, 489, **te** <131>, 151, 153, 360, 437, 453, [454], 459, 479, **t'** 52, 60, 106, 134, 417, 471, 490, *encl.* **sit** 152, **jo·** 458, **por quei·** 444

tue(n), tui *adj. poss.* → **tun**

tuit *adj. m. pl.* 328, 499; *pron.m. pl.* 185, 508, 510, 520, 593, 594, 594, 617 → **tut**

tum = tu + me

tun *adj. poss. m.* 'ton': *r.* 25, 150, 155, 218, 219, 447, 469, [600], **ton** 24, 229, 365, 399, **tuen** <473>, *s.* **tes** 339, **tis** 414, **tons** 414, **toen** 418, **tun** 135, *pl.* **tui** 412, *f.* **ta** 53, 131, 396, 419, 438, 449, 452, 474, 476, **tue** 217, 230, 410, **tüe** 282, 368, 451

turbe *n.f.* 'foule': *pl.* **-s** 513

turner *v.* 'détourner, s'en détourner' 165, 488, 520: *pr. 6.* **turnent** 156; *p.p.* **turnét** 65, 344

turtrele *n.f.* 'tourtre' 149

tut *adj.m.* 'tout': *r.* 58, 91, 92, 166, 364, 447, **tot** 96, *s.* **tut** 10, 308, *pl. s.* **tuit** 328, 499, *r.* **tuz** 18, 294, 324, 505, **toz** 622, *f.* **tute** 71, 284, 442, 488, 493, **-a** 20, 105, **tota** 511, *pl.* **tutes** 574

tut *pron.m. r.* 201, 224, 233, 243, **tot** 494, *pl. s.* **tuit** 185, 508, 510, 520, 593, 594, 594, 617, **tuz** 266, 316, 497

tut *adv.* 4, 9, 220, 333, 344, **tuz** 352, *pl.* **tut** 61, 365, **-e** *f.* 134, 454, 459; **a tut** 'avec' (?) 319, **de tut an tut** 'entièrement' 50, 290, **ensure tut** 553, **ensor<e> tut** 615

U

ublïer *v.* 'oublier' 157

ui *adv.* 'aujourd'hui' [409], 525, **oi** 542

ultra *adv.* 'au delà' 515

ume *n.m. r.* 170, 171, 297, *s.* 343 → **hom**

un *art.m. r.* 15, 28, 40, 42, 73, 196, 218, 226, 228, 375, 583, *s.* **uns** 354, **un** 13; *f.* **-e** 87, 191, 282, 292, 313, 355, 448, 531, **un<e>** 567

un *pron.m.* 'un': *s.* **li uns** 307

unches *adv.* 'jamais' 140, 435, 536, 575, 602, **unces** 238, 243

uncore *adv.* 'encore' 360

unt *v. pr. 6.* 29, [44], 104, 118, 121, 304, 331, 378, 509, 538, 571, 574, 593 → **aver**

ure *n.f.*: **ne guardent l'-** 'ils attendent à tout moment' 305

uraisun → **or-**

us *n.m.* 'porte' 178

usque *prép.* 287 → **jusque**

V

vailant *adj.* 'vaillant': *m. s.* 8, *f.* **-e** 19

vait *v. pr. 3.* **vait** 10, 35, 174, 181, 212, 333, 601 → **aler**

[**valeir**] *v.* 'valoir': *pr. 3.* **valt** 502, [529]

vas *v. pr. 2.* 52, *3.* **vat** 9, 323 → **aler**

[**vëeir**] *v.* 'voir': *pr. 1.* **vei** 442, [454], 459, 480, *3.* **veit** 36, 56, 186, 241, 495, 615, *4.* **veduns** 617; *imp. 2.* **vedeies** 439; *pf. 1.* **vid** 458, *3.* **vit** 198, 426, *6.* **virent** 210, 236; *subj. imp. 1.* **vedisse** 435, 456; *p.p.* **vedud** 395

vedve *n.f.* 'veuve' 491

vei *v.* → [vëeir]

veir *adj.m.* 'vrai': *pl. r.* **-s** 559, *f.* **veir'** [559]

veirement *adv.* 'vraiment' [315]

veit *v.* → [vëeir]

vel *adj.m.* 'vieux': *s.* **-z** 9

venir *v.* 'venir' 171, 181, 335: *pr. 6.* **venent** 357, 513; *pf. 3.* **vint** 76, 211, 228, 251, 423, 512, [555], 556, 560, *6.* **vindrent** 113; *subj. imp. 3.* **venist** 485; *p.p. f.* **venude** 443

vent *n.m.* 'vent': *r.* 192

ventre *n.m.* 'sein': *r.* 453

verbe < VERBUM *n.m.* 625

veritét *n.f.* 'vérité': *r.* 64

[**vertir**] *v.* 'tomber, tourner': *p.p.* **vertiz** 463

vertu *n.f.* 'miracle': *pl. r.* **-z** 562

viande *n.f.* 'nourriture' 251

vid *v. pf. 1.* 458 → [vëeir]

vide *n.f.* 'vie' 612, 619, **vithe** 63, 69

vin *n.m.* 'vin': *r.* 225

vindrent *v. pf. 6.* 113, *3.* **vint** 76, 211, 228, 251, 423, 512, [555], 556, 560 → **venir**

virent *v. pf. 6.* 210, 236, *3.* **vit** 198, 426 → [vëeir]

virgine *n.f.* 'vierge' 89

vis *n.m.* 'visage, figure' 115, 347, 428, 481

vis: est - 'il semble bien' 343, 539

[**vif**] *adj.f.* **vive** 588

vivre *v.* 'vivre' 165: *fut. 1.* **vivrai** 149; *subj. 3.* **vivet** 207; *gér.* **a sun vivant** 39

[**vocer**] *v.* 'appeler': *p.p.* **vocét** 362, **vochié** [557]

voil *n.m. r.* 'volonté': **sum -** 's'il ne tenait qu'à lui' 167, **le lur -** 585

voil, voil(l)ent → [voleir]

voiz *n.f.* 'voix': *s.* 292, 313, *r.* 296, 391, 531, *pl. r.* 593

[**voleir**] *v.* 'vouloir': *pr. 1.* **voil** 15, 150, *2.* **vols** 151, *3.* **volt** 39, 43, 54, 95, 165, 180, 234, 249, 259, 260, 277, 286, 295, 350, 351, 351, 520, 614 (*v. pron.* **ques -**), *6.* **volent** 45, 186; *pf. 3.* (*seuls exs qui paraissent non équivoques*) **volt** 80, 384; *subj. pr. 6.* **voilent** 597, **-ill-** 579; *subj. imp. 1.* **volisse** 202, *3.* **volsist** 49

volenters *adv.* 'volontiers' 256, **-iers** 336

volentét *n.f.* 'volonté': *r.* 159, 541

volisse, vols, volsist, volt *v.* → [voleir]

[**vostre**] **-a** *adj. poss. f.* 'votre' 482

vunt *v. pr. 6.* 44, 558, 565 → **aler**

vus *pron. pers.* 'vous': *obl.* 15, 125, 182, 610, *r.* **vos** 483, [502], **vus** 109, *encl.* **jo·soüsse** 486

Index des noms

Abraham r. 6

Acharies 307

Alexis, 31, 48, 62, 83, 97, 114, 122, 147, 152, 158, 183, 191, 244, 332, 372, 392, 396, 446, 451, 471, 507, 541, 568, 598, 606, **Aleïs** 131, 283

Alsis 86, 93, 113, 158, 382

Anories 307

Boneface s. 566

Deus s. 7, 11, 80, 98, 168, 277, 370, 383, 454, 518, 559; r. **Deu** 50, 53, 73, 85, 88, 122, 170, 171, 172, 179, 217, 223, 250, 259, 269, 288, 293, 297, 309, 329, 343, 348, 362, 390, 420, 461, 494, 505, 535, 539, 540, 544, 549, 550, 603, 607, 615, **Damnedeu** 90, 162; voc. **Deu** 23, **Deus** 59, 201, 226, 611

Eufemïen s. 344, 350, voc. 216, r. 314, 316, 337, <E>**ufemïen** 16

Innocenz s. 301

Lalice 81, 190

Marie 90

Noë r. 6

Pater nostre 625

Rome 13, 17, 42, 126, 195, 196, 211, 297, 373, 385, 403, 461, 511, 536, 543, 567, 571, 589

Tarson r. 193

Trinitét r. 549

Table des matières

Explication des sigles et des abréviations 9

Préhistoire de la *Vie de saint Alexis* 13

Le problème de l'unité du poème 23

STRATIGRAPHIE DES SOURCES LATINES ET DU TEXTE VERNACULAIRE

Les source latines 51

   3.1.   La question du modèle latin 51
   3.2.   Le rythme 'Pater Deus ingenite' 55
   3.3.   La Vie espagnole: les archaïsmes 59
   3.4.   La Vie espagnole: éléments mobiles
         par rapport aux Vies plus récentes 63

Le texte vernaculaire 71

   3.5.   L'analyse stratigraphique 71
   3.6.1) Strophes
         consécutives bâties sur les mêmes assonances 72
   3.6.2) Strophes bâties sur des assonances mixtes . . . 74
   3.6.3) Strophes
         résultant d'un processus de dédoublement . . 75
   3.7.   Les 'miracula' 76
   3.8.   La 'translatio' 80
   3.9.   La strophe 108 84
   3.10. Les autres strophes rajoutées 88

Conclusions 90

Diffraction et facteurs dynamiques 101
   4.1.   Diffraction 101
   4.2.   Facteurs dynamiques 106
   4.3.   Tmèse et hyperbates 112

Etablissement du stemma 116
   5.1.   Editions précédentes 116
   5.2.   Le stemma de Contini 117
   5.3.   Les relations entre les témoins 120
   5.4.   L'archétype 125
   5.5.   Recodifications et innovations 126
   5.6.   Conclusions 132

La langue de l'original 135

Critères d'édition 149
   7.1.   Choix du manuscrit de base 149
   7.2.   Transcription 151

Texte critique 159
Liste des mss utilisés dans la présente édition 159
Liste des éditions critiques utilisées 162
Critères d'emploi
   des différentes ressources typographiques 162
Apparats critiques 164

Vie de saint Alexis 167
Apparat critique 192
Vers de S et de M effectivement utilisables 192

Commentaire 197

Bibliographie 265

Dictionnaires, répertoires, textes 281

Index des formes	283
Index des noms	315
Table des matières	317

Mise en pages:
Nadine Casentieri, Genève

IMPRIMERIE F. PAILLART, B.P. 324, 80103 ABBEVILLE — (11269)
DÉPÔT LÉGAL : 4ᵉ TRIMESTRE 2000